Das Kapital

Karl Marx

新 版

資本論 3

第一巻　第三分冊

カール・マルクス

日本共産党中央委員会社会科学研究所　監修

新日本出版社

凡　例

一　本書は、カール・マルクス著『資本論』第一部―第三部の全訳である。本訳書は、一九八二年一一月から八九年九月にかけて新書版として刊行された訳書（一三分冊）を改訂したもので、一二分冊の新版『資本論』として刊行される。

二　翻訳にあたっての主たる底本には、ドイツ語エンゲルス版（第一部第四版、第二部第二版、第三部第一版）を用いた。

三　新版では、『資本論』諸草稿の刊行と研究の発展をふまえ、エンゲルスによる編集上の問題点も検討し、訳文、訳語、訳注の全体にわたる改訂を行なった。

第一部では、マルクスが校閲した初版、第二版との異同、フランス語版にもとづく第三版、第四版の主な改訂個所を訳注で示し、「独自の資本主義的生産様式」、「全体労働者」など、マルクス独自の重要概念について、訳語を統一した（第一―第四分冊）。

第二部では、初版と第二版との異同、エンゲルスによる文章の追加、加筆個所、および編集上の問題点を訳注で示し、必要な場合には、マルクスの草稿を訳出した。第三篇第二一章については、訳注で独自の節区分を示し、拡大再生産の表式化に到達するまでのマルクスの研究の経過をつかめるようにした。また、マルクスが第二部第三篇の最後の部分を恐慌理論の解明に充てていたことを考慮し、第二部第一草稿（一八六五年）に書きこまれた新しい恐慌論の全文を訳注として収録した（第五―第七分冊）。

第三部の草稿は、『資本論』諸草稿のなかでもっとも早い時期に準備されたもので、執筆時期の異なる二つの部分（第一篇―第三篇、第四篇―第七篇）からなっている。さらに、研究の進展のなかでマルクスの到達点が前進し、第三篇の論点には、利潤率低下法則の意義づけ、およびそのもとでの資本主義的生産の必然的没落の展望など、マルクスにとって克服ずみの見解であることの指摘を要する部分も生まれた。第三部では、こうした点に留意し、マルクスの研究の発展とその到達点、エンゲルス版の編集上の弱点、草稿との異同、エンゲルスによる文章の混入個所を訳注で示した。とくに第五篇では、本来『資本論』の草稿ではなかった諸章の混入個所を指摘した。また、必要な場合には、マルクスの草稿を訳出した。第七篇第四八章では、エンゲルスによる原稿配列をマルクスの草稿の順序に組み替えた（第八―第一二分冊）。

全三部を通して、マルクス自身の研究の発展史と歴史的事項にかんする訳注を大幅に拡充した。

改訂にあたっては、新『マルクス・エンゲルス全集』（新メガ Marx-Engels-Gesamtausgabe）の諸巻を参照した。

四　注については、マルクス、エンゲルスによる原注は（　）に漢数字を用いてそれを示し、各段落のあとに訳出した。訳文中や、＊印によって訳文のあとに、〔　〕を用いて挿入されたものは、すべて訳者、監修者による注ないし補足である。

五　訳注のなかで、〔邦訳『全集』第〇巻、〇〇ページ〕とあるのは、ディーツ社（現カール・ディーツ社、ベルリン）発行の『マルクス・エンゲルス著作集（ヴエルケ）』を底本とした邦訳『マルクス・エンゲルス全集』（大月書店）の巻数とページ数を指している。

六　『資本論』のドイツ語原文にあたろうとする読者の便宜のために、ヴェルケ版『資本論』の原書ページ数を、訳文の欄外上に（　）で算用数字を用いて付記した。ただし、ヴェルケ版では、マルクスが引用した著作などについて、本来一つの段落文中に含まれているものを改行し、その引用文のみを独立した段落にしているため、本訳書とは改行の位置に相違がある。

七　訳文中の〃　〃でくくられた語、句、文は、すべて、マルクス（またはエンゲルス）によってドイツ語以外の言語（ラテン語などを含む）が単独で使用されている個所である。専門用語の場合、〃　〃でくくらず、必要に応じて、綴りないしルビによって示したものもある。なお、それらドイツ語以外の言語による語、句、文が、同じ意味のドイツ語と併記されていて、相互の言い換えとして使用されている場合には、それらにニュアンスの相違がある場合をのぞき、訳出や明示を省略した。

八　訳文で、傍点を付した部分は原文の隔字体またはイタリック体の部分を表わしている。

九　マルクス（またはエンゲルス）が引用した文章について、必要な場合、原文との異同を訳注で示した。また、固有名詞、数値などの明白な誤記、誤植はとくに注記せずに訂正した。

一〇　引用文献のうち邦訳のあるものは、入手の便宜なども考慮し、邦訳書を掲げた。これは、新書版での記載を改訂し、新たに追加したものである。

一一　第一二分冊の巻末に、人名索引を付した。

一二　新版『資本論』の改訂作業は、日本共産党中央委員会社会科学研究所によって行なわれた。研究所からは、不破哲三、山口富男、卜部学、小島良一が、監修と改訂の作業にあたった。本訳書のもとになった新書版の刊行にあたっては、研究所の委嘱により翻訳のための委員会が組織され、多くの研究者の参加と協力を得た。新書版および一九九七年一二月に刊行された上製版（五分冊）の訳出・編集体制については、それぞれの版の「凡例」を参照いただきたい。

目　次

第一巻分冊目次

第一分冊

第二分冊

第三分冊

第四分冊

（331）

第四篇　相対的剰余価値の生産

第一〇章　相対的剰余価値の概念

労働日のうち、資本によって支払われた労働力の価値の等価物だけを生産する部分は、これまでわれわれによって不変の大きさとみなされたが、それは、与えられた生産諸条件のもとでは、社会のそのときの経済的発展段階においては、事実、不変の大きさである。労働者は、この必要労働時間を超えて、さらに二時間、三時間、四時間、六時間など、労働することができた。剰余価値率および労働日の大きさは、この延長の大きさによって決まった。必要労働時間は不変であったが、総労働日は反対に可変であった。いま一労働日をとって、その大きさと、その必要労働および剰余労働への分割とが与えられているものと想定しよう。たとえば、線分ａｃ、すなわち、

ａ――――――――――ｂ―――ｃ

は一二時間労働日を表わし、そのうちａｂ部分は一〇時間の必要労働を表わし、ｂｃ部分は二時間の

剰余労働を表わすとしよう。では、ａｃをこれ以上延長せずに、あるいはａｃのこれ以上の延長とは無関係に、どのようにして剰余価値の生産を増大することができるか、すなわち剰余労働を延長することができるか？

労働日ａｃの限界が与えられているにもかかわらず、ｂｃは、延長できるように見える。それは、ｂｃを、その終点ｃ――それは同時に労働日ａｃの終点でもある――を超えて延長するのでなく、その始点ｂを逆方向に、すなわちａのほうに移すことによって、延長する場合である。かりに、

ａ――――――ｂ′―ｂ――ｃ

のなかのｂ′―ｂが、ｂｃの半分すなわち一労働時間に等しいものと仮定しよう。いま一二時間労働日ａｃのなかで、ｂ点がｂ′のほうに移されるとすれば、労働日は相変わらず一二時間であるにもかかわらず、ｂｃはｂ′ｃに拡大し、剰余労働は、半分だけ増加して二時間から三時間になる。しかし、このようなｂｃからｂ′ｃへの、すなわち二時間から三時間への剰余労働の拡大は、同時に必要労働がａｂからａｂ′に、すなわち一〇時間から九時間に収縮しなければ、明らかに不可能である。剰余労働の延(332)長には、必要労働の短縮が対応するはずである。すなわち、労働者がこれまで実際に自分自身のために費やしてきた労働時間の一部分が、資本家のための労働時間に転化する。変化するのは、労働日の長さではなく、必要労働と剰余労働とへの労働日の分割なのである。

他方で、剰余労働の大きさは、労働日の大きさが与えられ、労働力の価値が与えられていれば、明らかにおのずから決まる。労働力の価値、すなわち労働力の生産に要する労働時間は、労働力の価値

の再生産に必要な労働時間を規定する。一労働時間が半シリングすなわち六ペンスの金分量で表わされ〔一シリングは一二ペンス〕、そして労働力の日価値が五シリングであるとすれば、労働者は、資本が支払った彼の労働力の日価値を補填するために、または彼が必要とする日々の生活諸手段の価値にたいする等価物を生産するために、日々一〇時間労働しなければならない。この生活諸手段の価値とともに彼の労働力の価値が定まり（一）、彼の労働力の価値とともに彼の必要労働時間の大きさが定まる。ところで、剰余労働の大きさは、総労働日から必要労働時間を差し引くことによって得られる。一二時間から一〇時間を差し引けば二時間が残る。しかし、与えられた諸条件のもとで、どうすれば剰余労働をこの二時間を超えて延長することができるのかは、まだ見てとれない。もちろん資本家は、労働者に五シリング支払うのではなく、四シリング六ペンスしか、またはそれよりももっと少なくしか支払わないかもしれない。この四シリング六ペンスの価値を再生産するためには、九労働時間で十分であり、したがって一二時間労働日のうち、二時間ではなく三時間が剰余労働に帰属し、剰余価値そのものは一シリングから一シリング六ペンスに増加することになる。とはいえこの結果は、労働者の賃(333)銀を彼の労働力の価値未満に引き下げることによってのみ得られるであろう。労働者が九時間で生産するこの四シリング六ペンスで彼が自由に使えるのは、いままでより $\frac{1}{10}$ だけ少ない生活諸手段であり、そうなると、彼の労働力の萎縮した再生産しか行なわれない。剰余労働は、この場合、ただ、その正常な限界を踏み越えることによってのみ延長されるのであり、剰余労働の範囲は、必要労働時間の範囲を横奪的に侵害することによってのみ拡大されることになるであろう。この方法は、労賃の現実の運動においては重要な役割を果たすが、とはいえ、ここでは、諸商品は、したがって労働力もまた、まったく価値どおりに売買されるという前提に立っているので、考察から除外されている。このことが前提される以上、労働力の生産または労働力の価値の再生産に必要な労働時間が減少しうるのは、労働者の賃銀が彼の労働力の価値未満に低下するからではなくて、労働力の価値そのものが低下するからにほかならない。労働日の長さが与えられていれば、剰余労働の延長は、必要労働時間の短縮から生じなければならず、その逆に、必要労働時間の短縮が、剰余労働の延長から生じるのではない。われわれの例においては、必要労働時間が $\frac{1}{10}$ だけ、すなわち一〇時間から九時間に減少し、したがって剰余労働が二時間から三時間に延長されるためには、労働力の価値は、現実に $\frac{1}{10}$ だけ低下しなければならない。

（一）日々の平均賃銀の価値は、労働者が「生活し、労働し、繁殖するために」必要とするものによって、規定されている（ウィリアム・ペティ『アイルランドの政治的解剖』、一六七二年、〔一六九一年初版〕六四ページ〔松川七郎訳『アイァランドの政治的解剖』、岩波文庫、一九五一年、一三四ページ〕）。「労働の価格は、つねに生活必需品の価格から構成される」。「……労働者の賃銀が、彼らの多くの者の宿命であるような大家族を、労働者としての低い地位と状態とに応じて、養うに足りない場合にはいつでも」労働者は相応な賃銀を受け取っていないのである（J・ヴァンダリント『貨幣万能論』、一五ページ〔浜林正夫・四元忠博訳『貨幣万能』、東京大学出版会、一九七七年、二四ページ〕）。「自分の腕と自分の勤勉以外にはなにももっていない単純労働者は、自分の労働を他人に売ることができる場合のほかは、なにも手に入れないのである。……どんな種類の労働においても、労働者の賃銀は、彼が生計を維持するためにぜひ必要とするものに限られるものになるはずであり、また実際にそうなっている」（チュルゴ『富の形成および分配にかんする諸考察』、デール編『著作集』第一巻〔パリ、一八四四年〕、一〇ページ〔津田内匠訳『チュルゴ経済学著作集』、岩波書店、一九六二年、七三ページ。永田清訳『チュルゴオ　富に関する省察』、岩波文庫、一九三四年、二六―二七ページ〕）。「生活必需品の価格は、事実、労働の生産費に等しい」（マルサス『地代の性質および増進にかんする研究』、ロンドン、一八一五年、四八ページの注〔楠井隆三・東嘉生訳『穀物条例論および地代論』、岩波文庫、一九五二年、一五一―一五二ページ〕）。

しかし、このように労働力の価値が $\frac{1}{10}$ だけ低下するということは、それ自体また以前に一〇時間で生産されたのと同じ分量の生活諸手段が、いまでは九時間で生産されるということを条件とする。とはいえ、このことは、労働の生産力が増大しなければ不可能である。たとえば、ある靴屋は、与えられた諸手段を使い、一二時間からなる一労働日で一足の長靴をつくることができるとしよう。彼が同じ時間で二足の長靴をつくろうとするなら、彼の労働の生産力は二倍にならなければならず、そして、彼の労働諸手段もしくは彼の労働方法、またはこれら両方で、同時に、ある変化が起こらなければ、労働の生産力は二倍になりえない。だから、彼の労働の生産諸条件に、すなわち彼の生産様式〔方法〕[*]に、したがって労働過程そのものに、ある革命が起こらなければならない。ここで労働の生産力の増大と言うのは、一般に、ある商品を生産するために社会的に必要な労働時間が短縮され、したがって、より少ない分量の労働がより大きな分量の使用価値を生産する力を獲得するような、労働過程でのある変化のことである。[二] したがって、いままで考察してきた形態における剰余価値の生産にあ

(334)

っては、生産様式は与えられたものと想定されていたのであるが、必要労働を剰余労働に転化することによる剰余価値の生産のためには、資本が、労働過程をその歴史的に伝来した姿態またはは現存の姿態のままで支配下におき、ただその継続時間を延長するだけでは、決して十分ではない。労働の生産力を増大させ、労働の生産力の増大によって労働力の価値を低下させ、こうしてこの価値の再生産に必要な労働日部分を短縮するためには、資本は、労働過程の技術的および社会的諸条件を、したがって生産様式〔方法〕そのものを変革しなければならない。

(三)「技能が改善されるという場合、それが意味するのは、以前よりも少ない人々で、あるいは（同じことであるが）以前よりも短い時間で、ある生産物を仕上げることができるような新しい方法が発見されるということにほかならない」（ガリアーニ『貨幣について』〔クストーディ編『イタリア古典経済学者叢書』、近代篇、第四巻、ミラノ、一八〇三年〕、一五八、一五九ページ〔黒須純一郎訳『貨幣論』、京都大学学術出版会、二〇一七年、三〇二ページ〕）。「生産の諸費用における節約は、生産に用いられた労働量の節約以外のなにものでもありえない」（シスモンディ『経済学研究』第一巻〔ブリュッセル、一八三七年〕、二二ページ）。

＊〔マルクスは、Produktionsweise を、生産方法という技術的な意味と、生産様式という体制的な意味と、二つの意味をもった用語として使っている。本訳書では、この用語を「生産様式」と訳出し、前者の意味合いが強い場合は「生産様式〔方法〕」とした〕

労働日の延長によって生産される剰余価値を、私は絶対的剰余価値と名づける。これにたいして、剰余価値が、必要労働時間の短縮およびそれに対応する労働日の両構成部分の大きさの割合における変化から生じる場合、これを、私は相対的剰余価値と名づける。

労働力の価値を低下させるためには、労働力の価値を規定するような生産物、したがって慣習的な生活諸手段の範囲に属するか、そうでなければそれらに代わりうるような生産物を生産する産業諸部門を、生産力の増大がとらえなければならない。しかし、一商品の価値は、その商品に最後の形態を与える労働の分量によって規定されているだけではなく、その商品の生産諸手段のなかに含まれている労働総量によっても規定されている。たとえば長靴の価値は、製靴労働によってだけでなく、革、蝋（ろう）、縫い糸などの価値によっても規定されている。したがって、生活必需品を生産するための不変資本の素材的諸要素、すなわち労働諸手段および労働材料を提供する諸産業において、生産力が増大し、それに対応して諸商品が安くなると、労働力の価値もまた低下する。それにたいして、生活必需品をも、それらを生産するための生産諸手段をも提供しない生産諸部門においては、その生産力が増大しても労働力の価値には影響しない。

　商品が安くなったことにより労働力の価値は低下するが、それは、もちろん、その商品が労働力の再生産のなかにはいり込む〝その分だけ〟、すなわちその割合に応じてのことにすぎない。たとえばシャツは、生活必需品ではあるが、多くの生活必需品の一つにすぎない。シャツが安くなっても、そ(335)の分の労働者の支出が減るだけである。とはいえ、生活必需品の総体は、それぞれ特殊な諸産業の生産物にほかならないさまざまな商品からのみ成り立っているのであり、このような各商品の価値は、つねに労働力の価値の一可除部分をなしている。この価値は、その再生産に必要な労働時間とともに減少するが、この労働時間の短縮の総量は、こうしたそれぞれ特殊な生産諸部門のすべてにおける労働時間の短縮の総和に等しい。ここでは、この一般的な結果を、それぞれ個々の場合における直接の結果であり直接の目的であるかのように取り扱うことにする。個々の資本家が労働の生産力を増大させてたとえばシャツを安くする場合、彼の頭には、労働力の価値を引き下げこうして必要労働時間を〝その分だけ〟引き下げるという目的が、必ずしも浮かんでいるわけではない。しかし彼が結局はこの結果に貢献する限りにおいてのみ、彼は一般的剰余価値率の増大に貢献するのである。〔三〕資本の一般的かつ必然的な諸傾向は、これらの傾向の現象諸形態とは区別されなければならない。

〔三〕「工場主が、機械の改良〔……〕によって、彼の生産物を二倍にする場合……彼が利益を得るのは」（結局は）「ただ、彼がそれによって労働者にもっと安く衣料を供給しうるようになり……こうして総収益のうち労働者の手に帰する部分がより小さくなる限りにおいてである」（ラムジー『富の分配にかんする一論』、一六八〔、一六九〕ページ）。

資本主義的生産の内在的諸法則がどのように、諸資本の外的運動のうちに現われ、競争の強制法則として貫徹し、したがって推進的動機として個々の資本家の意識にのぼるのか、その仕方は、ここでは考察されないが、しかし、競争の科学的分析が可能なのは、資本の内的本性が把握されているときに限られることはもともと明らかであり、それは、天体の視運動〔観測者から見た運動〕が、天体の現実の、しかし感性上知覚しえない運動を認識する人にだけ理解されうるのとまったく同じである。そうは言っても、相対的剰余価値の生産を理解するために、われわれがすでに自分のものとした諸成果だけにもとづいて、次の点を指摘しておきたい。

（336）

もし一労働時間が、六ペンスすなわち $\frac{1}{2}$ シリングの金分量で表わされるとすれば、一二時間労働日には六シリングの価値が生産される。与えられた労働の生産力で、この一二労働時間に一二個の商品が仕上げられると仮定しよう。各個の商品に消耗された原料などの生産諸手段の価値が、六ペンスとしよう。このような事情のもとでは、個々の商品は一シリングになる。すなわち生産諸手段の価値が六ペンス、その商品が加工されるなかで新たにつけ加えられた価値が六ペンスである。いま、ある資本家が労働の生産力を二倍にすることに、したがって、一二時間労働日において、この商品種類を一二個ではなく二四個生産することに成功するとしよう。生産諸手段の価値が変わらなければ、個々の商品の価値は、いまや九ペンスに下がる。すなわち、生産諸手段の価値が六ペンスで、最後の労働によって新たにつけ加えられた価値が三ペンスである。生産力が二倍になったにもかかわらず、一労働日は相変わらず六シリングの新価値をつくり出すだけであるが、その新価値は、いまや二倍の生産物に配分される。だから、一つ一つの生産物には、いまではこの総価値の $\frac{1}{12}$ ではなく $\frac{1}{24}$ が、すなわち六ペンスではなく三ペンスが、割り当てられるにすぎない。または同じことであるが、生産諸手段が生産物に転化するさいには、生産物一個について計算すると、以前は生産諸手段にまる一労働時間がつけ加えられたが、いまでは半労働時間がつけ加えられるにすぎない。この商品の個別的価値は、いまや、その社会的価値よりも低い。すなわち、この商品には、社会的平均的諸条件のもとで生産されるたくさんの同種の物品とくらべてより少ない労働時間しかかからない。その一個は、平均して一シリングであり、言い換えれば社会的労働の二時間を表わしている。一方、変化した生産様式〔方法〕では、その一個は九ペンスにしかならない、言い換えれば一時間半の労働時間しか含んでいない。しかし、一商品の現実の価値は、その個別的価値ではなく、その社会的価値である。すなわち一商品の現実の価値は、その商品が個々の場合に生産者に実際に費やさせる労働時間によってはかられるのではなく、その生産に社会的に必要な労働時間によってはかられる。したがって、新しい方法を用いる資本家が彼の商品をその社会的価値である一シリングで売るならば、彼は、商品を個別的価値よりも三ペンス高く売るのであり、三ペンスの特別剰余価値を実現する。しかし他面、一二時間労働日は、いまや彼にとって、以前のように一二個ではなく二四個の商品で表わされる。したがって、一労働日の生産物を売るために、彼は二倍の販路を、すなわち二倍の大きさの市場を必要とする。他の事情が同じであれば、彼の諸商品は、その価格の引き下げによってのみ、より大きな市場圏を獲得する。だから彼は、その諸商品を個別的価値より高く、しかし社会的価値よりは安く、たとえば一個一〇ペンスで、売るであろう。こうして彼は、相変わらず一個あたり一ペニーの特別剰余価値をたたき出す。剰余価値のこの増大が彼に生じるのは、彼の商品が生活必需品の範囲に属しているかどうかにはかかわりがなく、したがって労働力の一般的価値に規定的にはいり込むかどうかにはかかわりがない。したがって、後者の事情はさておき、個々の資本家にとっては、労働の生産力を高めることによって商品を安くしようとする動機が存在する。

ところが、この場合でさえも、剰余価値の生産の増大は、必要労働時間の短縮とこれに対応する剰余労働の延長とから生じる。[三a] 必要労働時間が一〇時間、すなわち労働力の日価値が五シリングであり、

（337）剰余労働が二時間、したがって日々生産される剰余価値が一シリングであるとしよう。ところで、わが資本家は、いまや二四個を生産し、これを一個あたり一〇ペンスで、すなわち合計二〇シリングで売る。生産諸手段の価値〔一個につき六ペンス〕は、一二シリングであるから、一四$\frac{2}{5}$個の商品は、ただ前貸不変資本を補填するだけである。一二時間労働日は、あとに残る九$\frac{3}{5}$個で表わされる。労働力の価格は五シリングであるから、六個の生産物で必要労働時間が表わされ、そして三$\frac{3}{5}$個で剰余労働が表わされる。必要労働と剰余労働との比率は、社会的平均的諸条件のもとでは五対一であったが、いまではもう五対三になるにすぎない。同じ結果は、次のようにしても得られる。一二時間労働日の生産物価値は、二〇シリングである。そのうち一二シリングは、再現するだけの生産諸手段の価値に属する。したがって、八シリングが労働日を表わす価値の貨幣表現として残る。この貨幣表現は、同じ種類の社会的平均労働の貨幣表現よりも大きいのであって、その社会的平均労働の一二時間は、六シリングで表わされるにすぎない。例外的な生産力の労働は、力能を高められた〔何乗かされた〕労働として作用する。すなわち、同じ時間内に、同じ種類の社会的平均労働よりもより大きい価値をつくり出す。しかし、わが資本家は、労働力の日価値にたいして、相変わらず五シリングを支払うだけである。だから労働者は、この価値を再生産するのに、以前のように一〇時間ではなく、いまではもう、七$\frac{1}{2}$時間[*1]を必要とするにすぎない。だから彼の剰余労働は、二$\frac{1}{2}$時間[*2]だけ増加し、彼によって生産される剰余価値は、一シリングから三シリングに増加する。そのため、改良された生産様式〔方法〕を用いる資本家は、同業の他の資本家たちよりも、労働日のうちのより大きい部分を剰余労働として取得する。彼は、資本が相対的剰余価値の生産にさいして全体として行なうことを、個別的に行なうのである。しかし他面、この新しい生産様式〔方法〕が普及し、それにともなって、より安く生産された諸商品の個別的価値とその社会的価値との差が消滅すれば、右の特別剰余価値も消滅する。労働時間による価値規定の法則は、新しい方法を用いる資本家には、彼の商品を社会的価値より安く売らなければならないという形態で感知されるようになるのだが、この同じ法則が、競争の強制法則として、(338)彼の競争者たちを新しい生産様式〔方法〕の採用にかり立てる。(四) したがって、一般的剰余価値率が全過程を通じて結局、影響を受けるのは、労働の生産力の向上が、〔生活必需品の〕生産諸部門をとらえた場合、すなわち、生活必需品の範囲に属していて、労働力の価値の諸要素を形成している諸商品を安くした場合に限られる。

(三a)「ある人の利潤は、他人の労働の生産物にたいする彼の指揮権にではなく、労働そのものにたいする彼の指揮権にかかっている。彼の労働者の賃銀が変わらないのに、彼が自分の商品をより高い価格で売ることができるならば、明らかに彼は利益を得ている。……その労働を動かすのに、彼の生産する物のより小さい部分で十分であり、その結果、より大きい部分が彼に残る」（J・キャザノウヴ『経済学概論』、ロンドン、一八三二年、四九、五〇ページ）。

(四)「もし私の隣人が、少ない労働で多くつくることにより、安く売ることができるならば、私は、彼と同じように安く売るようにつとめなければならない。こうして、より少ない人手の労働で、その結果より安く作業をする、あらゆる技能、手順、または機械が、他の人々のあいだに、同じ技能、手順、もしくは機械を用いるか、または類似のものを考案するという、一種の強制および競争を引き起こすのであり、そのため、すべての者が同じ立場に立ち、だれもその隣人より安く売ることができなくなるであろう」(〔H・マーティン〕『イギリスにとっての東インド貿易の諸利益』、ロンドン、一七二〇年、六七ページ)。

*1 〔フランス語版による。初版、第二版では「八時間より少ない時間」、第三版、英語版、第四版では誤って「七$\frac{1}{5}$時間」とされた〕

*2 〔フランス語版による。初版、第二版では「一二時間から四時間より長い時間に」、第三版、英語版、第四版では誤って「二$\frac{4}{5}$時間」とされた〕

商品の価値は、労働の生産力に反比例する。労働力の価値も、諸商品価値によって規定されているので、同じく、労働の生産力に反比例する。これに反して、相対的剰余価値は、労働の生産力に正比例する。それは、生産力が上がれば上がり、生産力が下がれば下がる。一二時間という社会的平均労働日は、貨幣価値が変わらないものと前提すれば、つねに六シリングという同じ価値生産物を生産する。それは、この価値総額が、労働力の価値の等価と剰余価値とのあいだにどう配分されるかにはかかわりがない。しかし、生産力が上がった結果、日々の生活手段の価値、それゆえ労働力の日価値が五シリングから三シリングに下がると、剰余価値は一シリングから三シリングに上がる。労働力の価値を再生産するために、かつては一〇労働時間が必要であったが、いまではもう六労働時間しか必要としない。四労働時間が自由になったのであり、それは剰余労働の範囲に編入されうる。このように、商品を安くするために、そして商品を安くすることによって労働者そのものを安くするために、労働の生産力を増大させることは、資本の内在的な衝動であり、不断の傾向である。[五]

（五）「労働者の諸支出がどんな割合で減らされようと、もし産業にたいする諸制限が同時に廃止されるなら、彼の賃銀も同じ割合で減らされるであろう」（『穀物輸出奨励金の廃止にかんする諸考察』、ロンドン、一七五三年、七ページ）。「産業の利益は、穀物およびすべての食糧品ができるだけ安いことを要求する。というのは、それらを高くするものがなんであろうと、それは、労働も高くするに違いないからである。……産業が制限を受けていないすべての国では、食糧品の価格は、労働の価格に影響を与えるに違いない。生活必需品がより安くなれば、労働の価格は、つねに引き下げられるであろう」（同前、三ページ）。「賃銀は、生産諸力が増加するのと同じ割合で、減少させられる。機械は確かに生活必需品を安くするが、しかし、それはまた労働者も安くする」（『競争と協同との功罪の比較にかんする懸賞論文』、ロンドン、一八三四年、二七ページ）。

商品の絶対的価値は、その商品を生産する資本家にとっては、それ自体、どうでもよいことである。彼が関心をもつのは、商品のなかに潜んでいて、販売で実現することのできる剰余価値だけである。剰余価値の実現は、おのずから、前貸価値の補填を含む。さて、商品の価値は労働の生産力の発展に反比例して低下するが、相対的剰余価値は労働の生産力の発展に正比例して増大するということから、すなわち、この同一の過程が、諸商品を安くし、しかもそれに含まれる剰余価値を増大させるということから、交換価値の生産だけを問題とする資本家が、なぜ諸商品の交換価値を絶えず低下させようと努力するのか、という謎が解けるのである。それは、経済学の創始者の一人であるケネーが彼の論敵たちを悩ませるのに使った一つの矛盾であり、それにたいして、彼らはいまだにケネーに返答をしていない。ケネーは、次のように言う――「諸君も認めるように、生産をさまたげずに、手工業生産物の製造における諸費用または費用のかかる諸労働を節約することができればできるほど、この節約

（339）

は、ますます有利である。なぜなら、その節約は、製品の価格を引き下げるからである。それにもかかわらず、諸君は、手工業者たちの労働から生まれる富の生産は、彼らの製品の交換価値を増大させることにあると信じている」(六)。

(六)　ケネー『商業と手工業者の労働とにかんする対話』〔デール編『重農主義学派』第一部、パリ、一八四六年〕、一八八、一八九ページ〔堀新一訳『ケネー　商業と農業』、「工匠の労働について――第二の対談」、有斐閣、一九三七年、二二六ページ〕。

(340)

このように、労働の生産力の発展による労働の節約(七)は、資本主義的生産においては、決して労働日の短縮を目的としてはいない。それは、一定分量の商品の生産に必要な労働時間の短縮を目的としているだけである。労働者が、彼の労働の生産力の増大で、一時間に、たとえば、以前の一〇倍の商品を生産し、したがって商品一個あたりについて一〇分の一の労働時間しか必要としないということは、彼を従来どおり一二時間働かせ、一二時間のあいだに以前のように一二〇個でなくて一二〇〇個を生産させることを、決してさまたげない。それどころか、彼の労働日が同時に延長され、その結果、彼はいまや一四時間のあいだに一四〇〇個を生産するなどということもありうる。それゆえ、マカロック、ユア、シーニアその他同じたぐいの〝あらゆる〟経済学者たちの著作を見ると、あるページには、生産諸力の発展は必要労働時間を短縮するのであるから、労働者はこの生産諸力の発展について資本に感謝しなければならない、と書かれてあり、また次のページには、労働者は一〇時間ではなく今後は一五時間労働することによってこの感謝を表明しなければならない、と書かれてある。労働の生産力の発展は、資本主義的生産の内部では、労働日のうち労働者が自分自身のために労働しなければならない部分を短縮し、まさにそのことによって、労働日のうち労働者が資本家のためにただで労働することのできる他の部分を延長することを、目的としている。このような結果が、諸商品を安くしないでもどの程度達成されうるかは、相対的剰余価値の特殊な生産諸方法において示されるであろう。いまやわれわれは、その生産諸方法の考察に移ることにする。

(七)「自分たちが支払わなければならない労働者たちの〔時間と〕労働をこのようにひどく節約するこれらの投機師たち」（J・N・ビドー『工業的技術と商業とにおいて生じる独占について』、パリ、一八二八年、一三ページ）。「雇い主は、時間と労働とを節約するために、つねに全力を尽くすであろう」（ドゥガルド・スチュアト『経済学講義』、所収、サー・W・ハミルトン編『著作集』第八巻、エディンバラ、一八五五年、三一八ページ）。「彼らの」（資本家たちの）「関心は、彼らが雇っている労働者たちの生産諸力ができるだけ最大のものであることである。彼らの注意は、この力を増大させることに向けられており、しかもほとんどもっぱらそれに向けられている」（R・ジョウンズ『国民経済学教科書』講義第三〔三九ページ。大野精三郎訳『政治経済学講義』、日本評論社、一九五一年、七二ページ〕）。

（341）

第一一章　協　業

すでに述べたように、資本主義的生産が実際にはじめて開始されるのは、同じ個別資本が比較的多数の労働者を同時に就業させ、したがって労働過程がその範囲を拡大し、より大きい量的規模で生産物を供給するようになった場合である。かなり多数の労働者が、同時に、同じ場所で（同じ作業場でと言ってもよい）、同じ種類の商品を生産するために、同じ資本家の指揮権のもとで働くということが、歴史的にも概念的にも資本主義的生産の出発点をなしている。生産様式〔方法〕そのものについて言うと、たとえば初期におけるマニュファクチュアは、同じ資本によって同時に就業させられる労働者の数がより多いこと以外には、同職組合的な手工業的工業とほとんど区別されない。同職組合の親方の仕事場が拡張されているだけである。

したがって、区別はさしあたり単に量的である。すでに見たように、ある与えられた資本が生産する剰余価値の総量は、個々の労働者のもたらす剰余価値に、同時に就業している労働者の総数を掛けたものに等しい。この労働者の数は、それ自体としては、剰余価値率または労働力の搾取度をなにも変えない。また、一般に商品価値の生産にかんしては、労働過程のどのような質的変化も影響することがないように見える。*そのことは、価値の本性から生じる。一二時間の一労働日が六シリングに対象化されるとすれば、このような労働日の一二〇〇日分は　6シリング×1200　に対象化される。一方の場合には一二労働時間の一二〇〇倍が、他方の場合には一二労働時間が、生産物に合体されている。価値生産においては、多数はつねに多数の個としてのみ計算される。したがって、価値生産にとっては、一二〇〇人の労働者が個別に生産しようが、同じ資本の指揮権のもとで結合して生産しようが、なんの区別も生み出さない。

＊〔「また、一般に」以下の一文は、フランス語版では、「また生産様式〔方法〕に影響する変化がその後に起こっても、価値をつくり出すものとしての労働には影響しえないように見える」となっている〕

とはいえ、ある限界内では、一つの修正が生じる。価値に対象化されている労働は、社会的平均（342）な質の労働であり、したがって、一つの平均的労働力の発揮である。しかし、一つの平均的大きさは、つねに、同じ種類の多数の異なる個別的大きさの平均としてしか存在しない。どの産業部門においても、個々の労働者、たとえばペーターやパウルは、多かれ少なかれ平均労働者から背離している。この個別的な背離は数学では「誤差」と呼ばれるが、比較的多数の労働者を集めると、たちまち相殺され、消滅する。有名な詭弁家でありへつらい者であるエドマンド・バークは、借地農場経営者としての実際の経験から知ったこととして、農僕五人といった「実に小さな集団でも」、労働の個別的違いはいっさい消滅する、したがって手あたりしだいに集められた壮年期にあるイギリスの農僕五人は、同じ時間内に、他の任意のイギリスの農僕五人と同じだけの仕事をする、とさえ言っている[八]。それはともかくとして、比較的多数の同時に就業している労働者の総労働日を労働者総数で割ったものが、それ自体、社会的平均労働の一日であることは明らかである。各人の一労働日をたとえば一二時間で

（343）

あるとしよう。そうすると、同時に就業している一二人の労働者の一労働日は、一四四時間の総労働日をなす。そして、一二人のそれぞれの労働は、社会的平均労働から多かれ少なかれ背離しているかもしれず、そのため一人一人をとってみると、同じ作業に必要な時間がいくらか多かったり少なかったりするかもしれない。にもかかわらず、各個人の労働日は、一四四時間の総労働日の一二分の一として、社会的平均的な質をもつ。しかし、一二人を就業させている資本家にとっては、労働日は、一二人の総労働日として存在する。各個人の労働日は、総労働日の可除部分として存在しており、それは、一二人が互いに助け合って労働するのか、それとも彼らの労働の全連関が同じ資本家のために労働するという点にだけあるのか、ということにはまったくかかわり合いがない。これに反して、もし一二人の労働者が二人ずつ一人の小親方によって就業させられるとすれば、個々の親方がいずれも同一の価値総量を生産するかどうか、したがってまた一般的剰余価値率を実現するかどうかは、偶然的なこととなる。そこでは個別的な背離が生じるであろう。ある労働者が、ある商品の生産において、社会的に必要とされるよりもいちじるしく多い時間を要するとすれば、すなわち彼にとって個別的に必要な労働時間が、社会的に必要な労働時間または平均労働時間からいちじるしく背離しているとすれば、彼の労働は平均労働として通用せず、彼の労働力は平均的労働力として通用しないであろう。その労働力は、まったく売れないか、または労働力の平均価値未満でしか売れないであろう。すなわち、労働の熟練の一定の最低限が前提されているのであって、あとで見るように、資本主義的生産はこの最低限をはかる手段を見いだすのである。それにもかかわらず、この最低限は、平均から背離する。それでも他方では労働力の平均価値が支払われなければならない。だから、六人の小親方のうち、ある者は一般的剰余価値率よりも多く、他の者は一般的剰余価値率よりも少なく、しぼり出すであろう。これらの不等性は、社会にあっては相殺されるであろうが、個々の親方にあっては相殺されないであろう。したがって、個々の生産者が資本家として生産して多くの労働者を同時に使用し、こうしてはじめから社会的平均労働を動かすようになるときに、はじめて価値増殖の法則が、一般に、個々の生産者にたいし、完全に実現されるのである。(九)

(八)　「ある人の労働の価値と他の人の労働の価値とのあいだには、力、器用さ、偽りのない熱心さから見て、疑いもなくいちじるしい相違がある。しかし、私が自分の綿密な観察によって確信するところでは、どのような人を任意に五人選んでも、その合計においては、前述の年齢期〔二一歳から五〇歳まで〕に属する他の五人と同じ量の労働を提供する。すなわち、この五人のうち、一人はよい労働者のあらゆる資格をそなえており、一人は悪い労働者であり、他の三人は中くらいであって前者にも後者にも近い。こうして、五人程度の小さな集団においてさえも、およそ五人の人間が提供しうるものすべての完全な総量が見いだされるであろう」（E・バーク『食糧不足にかんする意見と実情』〔ロンドン、一八〇〇年〕、一五、一六ページ〔永井義雄訳「穀物不足にかんする思索と詳論」、『世界大思想全集』社会・宗教・科学思想篇、11、河出書房、一九五七年、二五四ページ〕）。平均的個人にかんするケトレ*の所説参照。

(九)　ロッシャー教授は、教授夫人によって二日間雇われる一人の針子は、教授夫人が同じ一日に雇う二人の針子よりも多くの労働を提供することを発見した、と主張する〔ヴィルヘルム・ロッシャー『国民経済学原理』、第三版、シュトゥットガルト、アウクスブルク、一八五八年、八八―八九ページ〕。この教授先生は、子供部屋のなかで、主要人物である資本家のいない状態のもとで、資本主義的生産過程にかんする彼の観察を行なうべきではないであろう。

＊〔一九世紀のベルギーの統計学者、数学者、天文学者。『社会制度およびそれを規制する諸法則について』や『人間に就いて』（平貞蔵・山村喬訳、上・下、岩波文庫、一九三九―四〇年）などで「平均人」を想定した〕

（344）

労働様式が変わらない場合でも、より多数の労働者を同時に使用することは、労働過程の対象的諸条件における一つの変革を引き起こす。多くの人々が働く建物、原料などのための倉庫、多くの人々に同時にまたは交互に役立つ容器、用具、装置など、要するに生産諸手段の一部分は、いまや労働過程で共同で消費される。一方では、諸商品の交換価値は、したがって生産諸手段の交換価値もまた、それらの使用価値の利用がどれほど高められたとしても決して高くはならない。他方では、共同で使用される生産諸手段の規模は増大する。二〇人の織布工が二〇台の織機で労働する部屋は、二人の職人を使う一人の独立した織布業者の部屋よりも、広くなければならない。しかし、二〇人用の仕事場を一つつくるほうが、二人ずつで使う仕事場を一〇つくるよりも、かかる労働は少ない。このように、大規模に集中された共同の生産諸手段の価値は、一般に、それらの規模および有用効果に比例して増大するわけではない。共同で消費される生産諸手段は、個々の生産物に、より少ない価値構成部分しか引き渡さない。なぜなら、一つには、それらの生産諸手段が引き渡す総価値は、より多量の生産物に同時に配分されるからであり、また一つには、それらの生産諸手段は、個々別々に使用される生産諸手段に比べれば、確かに絶対的にはより大きな価値をもって生産過程にはいるが、しかし、それらの作用範囲を考えれば、相対的にはより小さい価値をもって生産過程にはいるからである。そのために、不変資本を構成する価値部分は低下し、したがってこの部分の大きさに比例して、商品の総価値もまた低下する。その効果は、商品の生産諸手段がより安く生産されたのと同じである。生産諸手段の使用におけるこの節約は、多くの人々が労働過程で生産諸手段を共同で消費することからのみ生じる。そしてこれらの生産諸手段は、個々別々の自立した労働者または小親方たちの分散した相対的に高価な生産諸手段とは異なって、社会的労働の諸条件または労働の社会的諸条件という性格を受け取る。多くの人々が同じ場所に集合して労働するだけで、協力して労働するのでない場合でもそうである。労働諸手段の一部分は、この社会的性格を、労働過程そのものが獲得する以前に獲得する。

生産諸手段の節約は、一般に、二重の観点から考察されなければならない。一方では、その節約が、諸商品を安くし、そのことによって労働力の価値を低下させる限りにおいて。他方では、その節約が、前貸総資本にたいする――すなわち総資本の不変的構成部分と可変的構成部分との価値総額にたいする――剰余価値の比率を変化させる限りにおいて。後者の点は、この著作の第三部第一篇〔第五章「不変資本の使用における節約」〕においてはじめて論究されるのであり、これまでのことに関係のある多くの論点も、関連上、そこに譲ることにする。分析の進行上、対象のこの分断が必要になるのであるが、この分断は同時に、資本主義的生産の精神に対応する。すなわち、資本主義的生産において、労働諸条件は労働者にたいして自立的に相対するから、その労働諸条件の節約もまた、労働者にはなんのかかわりもない、したがって労働者個人の生産性を高める諸方法からは切り離されている別個の操作として現われるのである。

同じ生産過程において、あるいは、異なっているが連関している生産諸過程において、計画的に、肩をならべ一緒になって労働する多くの人々の労働の形態が、協業と呼ばれる。(一〇)

(一〇)「"諸力の協同"」〔デスチュト・ド・トラシ『意志および意志作用論』〔パリ、一八四六年〕、七八〔正しくは八〇〕ページ〕。

(345)

騎兵一個中隊の攻撃力または歩兵一個連隊の防御力は、各騎兵および各歩兵によって個々別々に展開される攻撃力および防御力の合計とは本質的に違っているが、それと同じように、個々別々の労働者の力の機械的な合計は、多数の働き手が、同時に、分割されていない同じ作業で協力する場合——たとえば、荷物を持ち上げたり、クランクを回したり、障害物を取りのぞいたりしなければならないような場合——に発揮される社会的力能とは、本質的に違っている。(一一)この場合、結合された（コンビニールト）労働の効果は、個々別々の労働によってはまったく生み出されないか、またははるかに長い時間をかけてようやく生み出されるか、もしくは小規模でしか生み出されないか、であろう。ここで問題なのは、協業による個別的生産力の増大だけではなくて、それ自体として集団力であるに違いない生産力の創造である。(一一a)

(一一)「諸部分に分割しえないほど簡単な種類であるが、多くの働き手の協力によってのみ遂行されうるような多数の作業がある。たとえば大きな材木を荷馬車に積むこと……要するに、多数の働き手が、分割されていない同じ仕事で同時に助け合わないとできないようなすべての作業である」（E・G・ウェイクフィールド『植民の方法にかんする一見解』、ロンドン、一八四九年、一六八ページ）。

（一一a）「大酒樽の重さのものを持ち上げることは、一人ではできないし、また一〇人でも無理をしなければならないが、一〇〇人ならば各人の指一本の力だけでできる」（ジョン・ベラーズ『産業高等専門学校設立の提案』、ロンドン、一六九六年、二一ページ〔浜林正夫・安川悦子訳『イギリス民衆教育論』、明治図書出版、一九七〇年、三七―三八ページ〕）。

多くの力が一つの総力に融合することから生じる新しい力能は別として、たいていの生産的諸労働の場合には、単なる社会的接触によって、競争心と生気（〝動物精気〟[*1]）の独自な興奮とが生み出され、それらが個々人の個別的作業能力を高めるのであって、その結果、一二人の個人が一緒になって、一四四時間の同時的な一労働日で提供する総生産物は、一二人の個々別々の労働者が各自一二時間ずつ労働するよりも、または一人の労働者が一二日間続けて労働するよりも、はるかに大きい。（一二）このこと(346)は、人間は生まれながらにして、アリストテレスが考えるような政治的動物（一三）[*2]ではないにしても、とにかく社会的動物であるということに由来している。

（一二）「また」（同数の労働者が、一〇人の借地農場経営者によって三〇エーカーずつの土地で使用されるのではなく、一人の借地農場経営者によって三〇〇エーカーの土地で使用される場合には）「農僕の比率の面で利点があるが、この利点は、実際家以外の人には、たやすくは理解されないであろう。一対四は三対一二と同じであるということは当然であるが、そのことは、実際にはあてはまらないであろう。というのは、収穫時には、また同じような急を要する他の多くの作業では、多くの人手を集めることによって、仕事は、よりよく、より速くなされるからである。たとえば、収穫時において、二人の御者、二人の荷積み人、二人の投げ込み人、二人の掻き集め人、それに、作物集積場や穀倉にいる残りの人々が集まれば、同数の人々が、別々のグループに、別々の農場に分かれている場合の、二倍の仕事を仕上げるであろう」(『食糧の現在の価格と農場規模との関連の研究』、一農業者〔J・アーバスナット〕著、ロンドン、一七七三年、七、八ページ)。

(一三)　本来、アリストテレスの定義は、人間は生まれながらにして市民であるということである。この定義は、古典古代にとって特徴的なものであるが、それは、人間は生まれながらにして道具をつくる者であるというフランクリンの定義[*3]が、北米人にとって特徴的なものであるのと同様である。

＊1〔脳髄から発して運動や感覚を生むとされた微妙な流動体のこと。アリストテレスやデカルトなどの仮説で、中世哲学では、自然精気(肝臓に発し成長などを促す)、活力精気(心臓に発し熱と命を与える)と区別された〕

＊2〔『政治学』第一巻、第二章。山本光雄訳『アリストテレス全集』15、岩波書店、一九六九年、七ページ。同訳『政治学』、岩波文庫、一九六一年、三五ページ〕

＊3〔本訳書、第一巻、三一五ページの訳注＊2参照〕

多くの人々が一緒になって、同じことまたは同種のことを同時に行なうのであるが、各人の個別的労働は、総労働の一部分として、労働過程そのものの異なる諸局面を表わすことがありうるのであって、協業の結果として、労働対象は、これらの諸局面をいっそう速く通過する。たとえば、〔一二人の〕煉瓦積み工が手の列をつくって煉瓦を足場の下から頂上まで運ぶ場合、彼らの一人一人は同じことをするが、個々の作業は、一つの総作業の連続する諸部分――すべての煉瓦が労働過程において通過しなければならない個別の諸局面――を形成するのであって、このことにより、たとえば全体労働者*の二四本の手は、足場を昇ったり降りたりする個々の労働者それぞれの二本の手よりも、速く煉瓦を運ぶ。(一四) 労働対象は、同じ空間をより短い時間で通過する。他方、たとえば一つの建築がさまざまな方面から同時に着工される場合には、協業者たちは同一のことまたは同種のことを行なうのであるが、労働の結合が生じる。結合された労働者または全体労働者は、前にもうしろにも目と手をもっており、ある程度の遍在性をもっているから、一四四時間の結合された労働日は、多方面の空間から労働対象をとらえ、自分たちの仕事により一面的に取りかからなければならない多かれ少なかれ個々別々な労働者の一二時間の一二労働日よりも、より速く総生産物を仕上げる。生産物のさまざまな空間的諸部分が同じときにでき上がる。

(一四) 「さらに確認しなければならないことは、この部分的な分業は、労働者が同じ作業をしている場合にも生じうるということである。たとえば、煉瓦を手から手へと高い足場のほうに運んでいる煉瓦積み工たちは、みな同じ労働をしているが、それにもかかわらず、彼らのあいだには一種の分業が存在しており、この分業というのは、各人が煉瓦を一定の距離だけ運び、彼らを一緒にすれば、各々が自分の煉瓦を別々に高い足場まで運ぶ場合よりも、はるかに速く煉瓦を所定の場所に運んでいくということである」(F・スカルベク『社会的富の理論』、第二版、パリ、一八三九年、第一巻、九七、九八ページ)。

* 〔「全体労働者」とは、マルクスが第一部初稿を執筆した時に(一八六三年八月―六四年夏)、はじめて導入した概念。ここでは、その全体労働者が、協業、マニュファクチュア、大工業の諸段階をへて、いかに発展

するかが追究される。第一部初稿では、資本主義的生産の発展とともに、個々の労働者ではなく、「社会的に結合された労働能力」が総労働過程の現実の機能者となるとし、工場体制では、直接的肉体労働者やその手伝いとともに、管理人、技師、技術学者および監督も含まれ、その総体が「全体労働者」を形成するとされた（『資本論』第一部初稿、岡崎次郎訳『直接的生産過程の諸結果』、大月書店、国民文庫、一九七〇年、一一二ページ、森田成也訳『資本論第一部草稿　直接的生産過程の諸結果』、光文社古典新訳文庫、二〇一六年、二五八―二五九ページ）〕

（347）われわれは、互いに補い合う多くの人々が、同じことまたは同種のことをするということを強調したが、それは、共同労働のこのもっとも単純な形態が、協業のもっとも発達した姿態においても大きな役割を果たすからである。労働過程が複雑であれば、一緒に労働する人々が多数であるというだけで、さまざまな作業を異なった人手のあいだに配分することができ、したがって諸作業を同時に行ない、それによって総生産物の生産に必要な労働時間を短縮することができる。（一五）

（一五）「ある複雑な労働を遂行することが問題である場合には、いくつものことが同時になされなければならない。ある人が一つのことをしているあいだに、他の人は別のことをし、こうしてみんなが、個々の人ではできなかったようなある成果を生み出すことに寄与する。一人の人が漕ぐあいだに、他の人は舵をとり、第三の人は網を投げたり魚に銛を打ち込んだりするのであり、こうして漁獲労働は、この協同がなければ成功は不可能である」（デスチュト・ド・トラシ、前出、七八ページ）。

多くの生産部門には、決定的な瞬間、すなわち、労働過程そのものの本性によって規定される時期があり、その間に一定の労働成果が達成されなければならない。たとえば、一群の羊の毛を刈るとか、または何モルゲンかの穀物畑を刈り取って収穫しなければならない場合には、生産物の量および質は、その作業がある特定の時点に始まり、ある特定の時点に終わるかどうかで決まる。こういう場合には、労働過程が占めてよい期間は、たとえばニシン漁の場合のように、まえもって定められている。個々人は、一日からたとえば一二時間からなる一労働日しか切り取ることができないが、たとえば一〇〇人の協業は、一二時間の一日を一二〇〇時間の一労働日に拡大する。労働期間の短さが、決定的な瞬間において生産場面に投入される労働総量の大きさによって埋め合わされる。この場合、適時の効果が得られるかどうかは、多くの結合労働日が同時に使用されるかどうかにかかっており、その有用効果の大きさは労働者総数にかかっている。とはいえこの労働者総数は、同じ期間に同じ作業範囲を個々別々にやりとげる労働者の総数よりも、つねに小さい[一六]。こうした協業が欠けているために、合衆国の西部では多量の穀物が年々だいなしにされ、またイギリスの支配によって古来の共同体を破壊された東インドの諸地方では多量の綿花が年々だいなしにされる[一七]。

（一六）「決定的瞬間におけるそれの」（農業における労働の）「遂行は、それだけより大きな効果をもつ」（〔J・アーバスナット〕『食糧の現在の価格と農場規模との関連の研究』、九〔正しくは七〕ページ）。「農業では、時間という要因以上に重要な要因はない」（〔J・V・〕リービヒ『農業における理論と実践とについて』、一八五六年、二三ページ）。

（一七）「その次の禍いは、おそらく中国とイギリスを別とすれば、世界中の他のどの国よりも多くの労働を輸出する国でそんなことがあろうとはほとんど予想されないこと——綿花の収穫に十分な人手が得られないこと、である。その結果、多量の綿花が摘まれないままに残ったり、他の部分は、落ちて当然のことながら変色し、一部が腐ったときに地上から集められる。こうして、適期に労働が不足するため、栽培業者は、イギリスが非常に切望している綿花収穫の大部分を甘んじて失うことを、事実上、余儀なくされている」(『ベンガル・フルカル〔ベンガル通報〕。隔月海外ニュース抄録』一八六一年七月二二日)。

(348)

一方で、協業は、労働の空間的部面の拡大を可能にする。したがって、ある種の労働過程にとっては、労働対象が空間的に連関しているため、すでに協業が必要とされる。たとえば、土地の干拓、築堤、灌漑(かんがい)、運河・道路・鉄道の建設などの場合がそうである。他方、協業は、生産の規模の割には生産の場を空間的に縮小することを可能にする。このように、労働の作用部面を拡大しながら同時に労働の空間部面を縮小することは——これによって多額の〝空費〟*が節約されるのであるが——、労働者の結集、さまざまな労働過程の集結、および生産諸手段の集中から生じる。(一八)

(一八)「耕作の進歩において、かつて粗放的に五〇〇エーカーに充当されていたすべての——もしかするとそれ以上の——資本と労働が、いまでは一〇〇エーカーの土地のより完璧な耕作のために集約化されている」。「使用される資本と労働との量に比べると面積は集約化されている」とはいえ、「以前にはたった一人の独立した生産当事者によって充当され、耕作された生産範囲に比べれば、生産範囲はより拡大されている」(R・ジョウンズ『富の分配〔……〕にかんする一論』、〔第一部〕「地代」、ロンドン、一八三一年、〔一九〇〕一九一〔、一九九〕ページ〔鈴木鴻一郎訳『地代論』、岩波文庫、下巻、一九五一年、一六、二五—二六ページ〕)。

＊〔ガルニエ、セーなどのフランスの経済学者が生産に直接貢献しない費用をさすのに用いた術語〕

結合労働日は、それと同じ大きさだが個々別々の個別的労働日の総和と比較すると、より大量の使用価値を生産し、したがって一定の有用効果を生産するのに必要な労働時間を減少させる。この場合、結合労働日がこの増大した生産力をもつようになるのは、それが、労働の力学的力能を高めるからであろうと、労働の空間的作用部面を拡大するからであろうと、生産の規模に比べて空間的生産場面をせばめるからであろうと、決定的瞬間に多くの労働をわずかの時間のあいだに流動させるからであろうと、個々人の競争心を刺激して彼らの生気を張りつめさせるからであろうと、多くの人々の同種の作業に連続性と多面性という特徴を与えるからであろうと、異なる作業を同時に行なうからであろう
(349) と、共同使用によって生産諸手段を節約するからであろうと、個別的労働に社会的平均労働の性格を与えるからであろうと――いずれの場合にも、結合労働日の独特な生産力は、労働の社会的生産力または社会的労働の生産力である。それは、協業そのものから生じる。労働者は、他の労働者たちとの計画的協力のなかで、彼の個人的諸制限を脱して、彼の類的能力を発展させる。(一九)

（一九）「個々の人間の力はまったく小さいが、このまったく小さな諸力を結合すれば、すべての部分力の総和よりも大きい一つの総力を生み出すのであり、したがって、単に諸力を結合するだけで、時間を短縮し、かつそれらの力の作用の空間を拡大することができる」（P・ヴェッリ『経済学にかんする諸考察』、〔一七七一年、〕クストーディ編『イタリア古典経済学者叢書』近代篇、第一五巻、〔ミラノ、一八〇四年、〕一九六ページへのG・R・カルリの注＊）。

＊〔フランス語版では、このあとに、結合労働は個別的労働の総和以上の成果を生むことについてのTh・サドラー『人口法則』、ロンドン、一八三〇年、の記述を引用している〕

一般に労働者たちは、一緒にいなくては直接に協力することはできないのであり、だから、彼らが一定の場所に結集していることが彼らの協業の条件であるとすれば、同じ資本、同じ資本家が賃労働者たちを同時に使用することがなければ、すなわち彼らの労働力を同時に買うことがなければ、賃労働者たちは協業することができない。したがって、これらの労働力そのものが生産過程において結合される以前に、これらの労働力の総価値、すなわち労働者たちの一日分、一週間分などの賃銀総額が、資本家のポケットのなかに結合されていなければならない。三〇〇人の労働者に一度にまとめて支払いをすることは、ただの一日分だけであっても、少数の労働者たちに一年間にわたって週ごとに支払うよりも多くの資本支出を必要とする。したがって、協業する労働者の総数または協業の規模は、まず第一に、個々の資本家が労働力の購入に支出できる資本の大きさに、すなわち一人一人の資本家が多数の労働者の生活諸手段を自由に処置できる範囲に、依存している。

さらに不変資本についても、可変資本の場合と事情は同じである。たとえば、原料のための支出は、三〇〇人の労働者を雇っている一人の資本家にとっては、労働者を一〇人ずつ雇っている三〇人の資本家それぞれにとってよりも、三〇倍大きい。共同で使用される労働諸手段の価値の大きさと素材総量とは、確かに、雇用される労働者総数と同じ程度には増加しないが、しかしいちじるしく増加する。したがって、かなり多量の生産手段が個々の資本家の手に集中することは、賃労働者たちの協業の物

（350）
質的条件であり、協業の範囲または生産の規模は、この集中の範囲に依存する。

はじめ、*同時に搾取される労働者の総数、したがって生産される剰余価値の総量が、労働使用者〔雇い主〕自身を手労働から解放し、小親方を資本家にし、こうして資本関係を形式的につくり出すのに十分なものであるためには、個別資本の一定の最小限の大きさが、必要なものとして現われた。いまや、個別資本のこの最小限の大きさは、分散しかつ相互に独立する多くの個別的労働過程を一つの結合された社会的労働過程に転化させるための、物質的条件として現われる。

* 〔フランス語版では、「すでに述べたように」として本書の第九章「剰余価値の率と総量」をあげている。本訳書、第一巻、五四四ページ以下参照〕

それと同様に、労働にたいする資本の指揮権（コマンド）は、はじめは労働者が自分のためにではなく、資本家のために、したがって資本家のもとで労働することの形式的結果として現われたにすぎなかった。多数の賃労働者の協業とともに、資本の指揮権は、労働過程そのものを遂行するための必要事項に、現実の生産条件に、発展する。生産場面における資本家の命令は、いまや、戦場における将軍の命令と同じように不可欠なものとなる。

比較的規模の大きい直接に社会的または共同的な労働は、すべて多かれ少なかれ一つの指揮を必要とするが、この指揮は、個別的諸活動の調和をもたらし、生産体総体の運動――その自立した諸器官の運動とは違う――から生じる一般的諸機能を遂行する。バイオリン独奏者は自分自身を指揮するが、オーケストラは指揮者を必要とする。指揮、監督、および調整というこの機能は、資本に従属する労

（351）

働が協業的なものになれば、資本の機能になる。この指揮機能は、資本の独自の機能として、独自の特性をもつようになる。

まず、資本主義的生産過程を推進する動機とそれを規定する目的とは、資本のできるだけ大きな自己増殖、[二〇]すなわち剰余価値のできるだけ大きな生産であり、したがって資本家による労働力のできるだけ大きな搾取である。同時に就業している労働者の総数が増えるとともに、彼らの抵抗が増大し、それとともに、この抵抗を押さえつけるための資本の圧力が必然的に増大する。資本家の指揮は、社会的労働過程の本性から生じてこの過程に属する一つの特殊な機能であるだけではなく、同時に、社会的労働過程の搾取の機能であり、したがって搾取者とその搾取原料〔労働者〕とのあいだの不可避的な敵対によって条件づけられている。同様に、他人の所有物として賃労働者に対立する生産諸手段の範囲が増大するとともに、生産諸手段の適切な使用を管理する必要も増大する。[二一]さらに、賃労働者たちの協業は、資本が彼らを同時に使用することの単なる結果である。賃労働者たちの諸機能の連関や生産体総体としての彼らの統一は、彼らのそとに、彼らを集め結びつけている資本のなかにある。それゆえ、彼らの労働の連関は、観念的には資本家の計画として、実際的には資本家の権威として彼らに相対するのであり、彼らの行為を自己の目的に従わせる他人の意志の力として彼らに相対する。

（二〇）「収益は……交易の唯一の目的である」（J・ヴァンダリント『貨幣万能論』、一一ページ〔浜林・四元訳、一九ページ〕）。

（二一）イギリスの俗物新聞『スペクテイター』一八六六年五月二六日付[*1]の報道によれば、「マンチェスター針金製造会社」において、資本家と労働者たちとの一種の共同事業が導入されてから、「第一の結果は、材料の浪費が突然に減少したことであったが、それは、労働者が自分の所有物を雇い主の所有物以上に浪費すべき理由がなかったからである。しかも材料の浪費は、不良債務とならんで、おそらく工場における欠損の最大の源である」。同紙は、ロッチデイル協同組合の諸実験の根本的欠陥として、次のような発見をしている——「それらの実験は、労働者の協同組合(アソシエーション)が、売店、工場、およびほとんどすべての形態の産業をうまく管理できることを示したし、また労働者たち自身の状態をいちじるしく改善した。だが、しかし、そのときこれらの実験は、雇い主たちのためにそれとわかる居場所を残しておかなかった」。〝なんと恐ろしいことだ!〟[*2]

＊1〔初版以来、「一八六六年六月三日付」となっていた。ヴェルケ版で訂正〕

＊2〔一八四四年一二月にランカシャーのロッチデイルに設立された消費組合。出資金配当と購買配当の制度で成功し、のち生産活動にも従事した〕

こうして、資本家の指揮は、内容から見れば、指揮される生産過程そのものが一面では生産物の生産のための社会的労働過程であり、他面では資本の価値増殖過程であるという二面性をそなえているために二面的であるが、形式から見ればその指揮は専制的である。協業がいっそう大規模に発展するにつれて、この専制は、その特有の諸形態を発展させる。資本家は、彼の資本が本来の資本主義的生産をはじめて開始するための最小限の大きさに達したときに、まず、手の労働から解放されるのであるが、いまや彼はふたたび、個々の労働者および労働者グループそのものを直接にかつ間断なく監督する機能を、特殊な種類の賃労働者に譲り渡す。軍隊が軍事的に必要とするように、同じ資本の指揮権のもとでともに働く労働者大衆は、労働過程が続くあいだ資本の名において指揮命令する産業将校

(352) （支配人、マネージャー）および産業下士官（職長、〝現場監督〟）を必要とする。監督という労働が、彼ら専有の機能に固定される。独立農民または自立的手工業者たちの生産様式を奴隷制にもとづくプランテーション〔植民地的大農場〕経営と比較するとき、経済学者は、この監督労働を〝生産の空費〟に数える。[二一a] それにたいして、資本主義的生産様式を考察するにあたっては、経済学者は、共同の労働過程の本性から生じる限りでの指揮の機能を、この過程の資本主義的な、したがって敵対的な性格によって条件づけられる限りでの指揮の機能と、同一視する。[二二] 資本家は、彼が産業上の指揮者であるから資本家であるのではなく、彼が資本家であるから産業上の指揮官になるのである。封建時代に戦争および裁判における指令権が土地所有の属性であったように、産業における指令権は資本の属性になる。[二二a]

（二一a）　ケアンズ教授は、「〝労働の監督〟」を、北アメリカの南部諸州における奴隷制生産の一つの主要な特性として述べたあと、続けて次のように言っている——「農民的土地所有者」（北部の）「は、自分の土地の全生産物〔原文では「自分の労働の全生産物」〕を自分のものにするので、努力をとくに刺激する必要はなにもない。この場合監督はまったく不必要となる」（ケアンズ『奴隷力』〔ロンドン、一八六二年〕、四八、四九ページ）。

（二二）　サー・ジェイムズ・スチュアトは、総じて、さまざまな生産様式の特徴的・社会的区別を見抜く目をもつ点で抜きん出ているが、彼は、次のように述べている——「製造業において大企業が個人工業を滅ぼすのは、奴隷なみの単純さに近づけることによってでないとすれば、なぜであろうか？」（『経済学原理』、ロンドン、一七六七年、第一巻、一六七、一六八ページ〔中野正訳、岩波文庫、㈡、一九七八年、一八ページ〕）。

（二一ａ）　それゆえオギュスト・コントとその学派は、彼らが資本主人のためにしたのと同じやり方で、封建領主の永遠の必然性をも証明しえたことであろう。*

＊〔初版では、このあとに次の文章が続く。「『実証哲学』をより深く分析してみると、すべての見かけ上の自由思想〔無神論〕ぶりにもかかわらず、およそそれがカトリックの土壌に深く根をおろしているものであることが、発見される。百科全書的なまとめ方が、フランスにおけるＡ・コントの流布をもたらした。それより約一五年早く現われたヘーゲルの『エンチクロペディー』と比較してみると、コント流の組み合わせ方は、地方的意義しかもたない学生仕事である」〕

労働者は、自分の労働力の売り手として資本家と取り引きする限りで、自分の労働力の所有者であり、彼は自分が所有するもの、すなわち自分の個人的な個々の労働力を販売しうるにすぎない。この関係は、資本家が、一個の労働力ではなく一〇〇個の労働力を買うことによっても、または、一人の労働者とではなく一〇〇人の相互に独立した労働者と契約を結ぶことによっても、決して変わらない。資本家は、一〇〇人の労働者を、協業をさせなくても使用することができる。だから資本家は、一〇〇個の自立した労働力の価値を支払うが、一〇〇個という結合労働力に支払うわけではない。独立の人間として、労働者たちは個々別々の人間であり、それら個々別々の人間は、同じ資本と関係を結ぶが、お互いどうしで関係を結ぶのではない。彼らの協業は労働過程ではじめて始まるが、労働過程で(353)彼らはすでに自分自身のものであることをやめてしまっている。労働過程にはいるとともに、彼らは資本に合体される。協業する者としては、活動する一有機体の諸分肢としては、彼ら自身は資本の一つの特殊な存在様式であるにすぎない。それだから、労働者が社会的労働者として展開する生産力は、資本の生産力である。労働の社会的生産力は、労働者たちが一定の諸条件のもとにおかれるやいなや無償で展開されるのであり、そして資本は、労働者たちをこのような諸条件のもとにおくのである。労働の社会的生産力は資本にとってなんの費用も要しないから、また他方、労働者の労働そのものが資本のものとなる以前には労働者によって展開されることはないから、この労働の社会的生産力は、資本が生まれながらにしてもっている生産力として、資本の内在的な生産力として、現われる。

単純な協業の効果が途方もなく大きいものであることは、古代のアジア人、エジプト人、エトルリア人などの巨大な工事に示されている。「過去の時代には、これらのアジア諸国家〔原文は「オリエント諸国家」〕は、その民政費と軍事費を支弁したあとに、なお食糧の余剰をもっていて、威光を輝かすための工事や有用な工事のためにそれを支出することができた。ほとんどすべての非農業人口の手と腕とにたいするこれら諸国家の指揮権と〔……〕かの余剰にたいする君主および聖職者の独占的処理権とは、国中を満たしたあの巨大な記念物を建設する手段を彼らに与えた。……巨大な彫像と大量の物資の運搬には目をみはらされるが、それらを動かす場合、もっぱら人間の労働だけが惜しげもなく投入された。〔……〕労働者たちの数にものを言わせ、彼らの労苦を集中すればこと足りたのである。たとえば、一つ一つの堆積物〔サンゴ虫〕は微小で貧弱で取るに足りないものであっても、巨大なサンゴ礁が大洋の深部から隆起して島となり、固い陸地を形成するのと同じである。アジアの君主国の非農業労働者たちは、自分一人の肉体を酷使する以外になにも工事に役立つものをもっていないが、その数にものを言わせ、この大群を指揮する権力が、あの巨大な工事を生み出したのである。〔……〕このような事業を可能にしたのは労働者を養う収入が、一人または数人の手に集中されていることであった(二三)」。アジアおよびエジプトの国王やエトルリアの*神政者たちなどのこの権力は、近代社会においては資本家に移っているのであって、そのさい、彼が個別の資本家として登場するか、それとも株式会社のように結合された資本家として登場するかにはかかわりがない。

(二三)　R・ジョウンズ『国民経済学教科書』、七七、七八ページ〔前出、大野訳『政治経済学講義』、一三六―一三八ページ〕。ロンドンその他のヨーロッパの首都にある古代アッシリア、エジプトなどの収集品を見れば、あの協業的な労働過程が目に浮かぶ。

＊〔本訳書、第一巻、四〇八ページの訳注＊1参照〕

(354)

労働過程における協業は、人類文化の初期に、狩猟民族(二三a)において、またはたとえばインド的共同体の農業において、支配的であるが、この協業は、一方では、生産諸条件の共同所有にもとづいており、他方では、一匹一匹のミツバチがその巣から切り離されていないのと同じように、各個人が部族または共同体の臍帯(さいたい)から切り離されていないことにもとづいている。これら二つのことが、この協業を資本主義的協業から区別する。古代世界、中世、および近代的植民地で散在的に行なわれている大規模な協業は、直接的な支配隷属関係に、多くの場合は奴隷制に、もとづいている。これにたいし〔協業の〕資本主義的形態は、最初から、自分の労働力を資本に売る自由な賃労働者を前提している。とはいえ歴史的には、この形態は、農民経営に対立して、また独立手工業経営――それが同職組合的形態をもつかどうかにかかわりなく――に対立して、発展する。[一四] 資本主義的協業はこれら〔農民経営および独立手工業経営〕に相対して、協業の一つの特殊な歴史的形態として現われるのではなく、協業そのものが、資本主義的生産過程に固有な、かつこの過程を独自なものとして区別する歴史的形態として現われる。

（一三a）ランゲがその著『民法の理論』のなかで、狩猟を協業の最初の形態とし、人間狩り（戦争）を狩猟の最初の諸形態の一つとしている〔ロンドン、一七六七年、第一巻、第二篇、第七―八章、二七八―二八九ページ、大津真作訳『市民法理論』、京都大学学術出版会、二〇一三年、一九六―二〇三ページ参照〕のは、おそらくまちがってはいないであろう。

（一四）小農民経済および独立手工業経営はいずれも、一部は封建的生産様式の基盤をなし、一部はこの生産様式の解体後に資本主義的経営とならんで現われるのであるが、それらは、同時に、本源的、オリエント的な共同所有制が解体したのちに、奴隷制が生産を本格的に支配するようになるまでの、最盛期の古典的共同体の経済的基礎をなす。

協業によって展開される労働の社会的生産力が、資本の生産力として現われるのと同じように、協業そのものも、個別的な独立労働者たちの、あるいはまた小親方たちの生産過程に対立する資本主義的生産過程の独自な形態として現われる。それは、現実的労働過程が資本に包摂されることによってこうむる最初の変化である。この変化は、自然発生的に生じる。この変化の前提、すなわち同じ労働過程において比較的多数の賃労働者が同時に就業することは、資本主義的生産の出発点をなす。この出発点は、資本そのものの定在と一致する。だから、一方では、資本主義的生産様式が、労働過程を社会的過程へと転化させる歴史的必然性として現われるとすれば、他方では、労働過程のこの社会的形態は、資本が労働過程の生産力を増大させ、それによってこの過程をより有利に利用するために使う一方法として現われる。

(355)
協業は、これまでに考察された単純な姿態においては、比較的大規模な生産と同時に現われるが、それは、資本主義的生産様式の一つの特殊な発展時期の固定的な特徴的形態をなすものではない。ほぼこれに近いものとして協業が現われるのは、せいぜいのところ、まだ手工業的な初期マニュファクチュアにおいてであり[二五]、さらに、マニュファクチュア時代に照応し、同時に使用される労働者の総数と集中された生産諸手段の範囲とによってのみ農民経営と本質的に区別されるようなあの大農業においてである。単純協業はいつまでも、資本が大規模に作動しているが分業または機械が重要な役割を演じていないような生産諸部門の、支配的な形態である。

(二五)「一緒に同じ仕事に従事する多くの人々の熟練、勤勉、および競争心の結合は、仕事をはかどらせる方法ではないのかどうか？　またこの方法によらないで、イギリスが羊毛マニュファクチュアをこれほど高度に完成させることができたかどうか？」（バークリー『質問者』、ロンドン、一七五〇年、五六ページ、質問五二一〔川村大膳・肥前栄一訳『問いただす人』、東京大学出版会、一九七一年、二四三ページ、質問二三八〕）。

協業は――その単純な姿態そのものが、いっそう発展した諸形態とならんで特殊な形態として現われるとはいえ――資本主義的生産様式の基本形態である。

（356）

第一二章　分業とマニュファクチュア

第一節　マニュファクチュアの二重の起源

分業にもとづく協業は、マニュファクチュアにおいて、その典型的な姿態をつくり出す。それが、資本主義的生産過程の特徴的形態として支配的なのは、おおよそ一六世紀なかばから一八世紀最後の三分の一期にいたる本来的マニュファクチュア時代のあいだである。*

＊〔ヨハン・ハインリッヒ・モーリッツ・ポッペ『諸科学復興以後一八世紀末までの技術学の歴史』第一巻、ゲッティンゲン、一八〇七年、三二ページ参照〕

マニュファクチュアは、二重の仕方で発生する。

一つには、*ある一つの生産物が最終的な完成にいたるまでにその手を通過しなければならないさまざまな種類の自立的手工業の労働者たちが、同じ資本家の指揮権のもとで一つの作業場に結合される。たとえば客馬車は、車大工、馬具匠、木工細工師、金具師、真鍮細工師、ろくろ師、レース飾り職人、ガラス職人、塗装職人、ワニス塗師、金箔師などのような、多数の独立した手工業者たちの労働の総生産物であった。客馬車マニュファクチュアは、これらさまざまな手工業者をすべて一つの仕事場に結合し、そこで彼らは同時に助け合いながら労働する。確かに客馬車は、できあがる前に金箔を押すことはできない。しかし、多数の客馬車が同時につくられている場合、一部分がまだ生産過程のはじめの局面を通過しているあいだに、他の部分はいつでも金箔を押すことができる。その限りでは、まだわれわれは、あり合わせの人と物とを素材とする単純協業の地盤に立っている。しかし、すぐに本質的な変化が生じる。客馬車の製造だけに従事している木工細工師、金具師、真鍮細工師などは、自分の従来の手工業をそのすべての範囲にわたって営む習慣と一緒に、その能力をも、しだいに失ってしまう。他方、彼の一面化された活動は、いまや、そのせばめられた活動局面にとって、もっとも合目的的な形態を手に入れる。もともと、客馬車マニュファクチュアは、自立的な諸手工業を一つに結
(357) 合したものとして現われた。それは、しだいに、客馬車生産をそのさまざまな特殊的諸作業に分割したものになり、これら作業の一つ一つは、それぞれ一人の労働者の専門的職能へと結晶化し、その全体が、これら部分労働者の結合によって遂行される。織物マニュファクチュアその他多くのマニュファクチュアも、同じように、さまざまな手工業を同一資本の指揮権のもとで結合することから生じた。(二六)

(二六)　マニュファクチュアのこのような形成のされ方のいっそう近代的な事例を示すため、次の引用をしよう。リヨンとニーム〔いずれもフランスの都市〕の絹糸紡績業および絹織布業は、「まったく家父長制的である。それは、多くの女性と児童を使っているが、彼ら彼女らを疲れ果てさせたり堕落させたりはしない。それは彼らを、ドローム川やヴァール川やイゼール川やヴォクリューズの美しい谷間にとどまらせ、そこでカイコを飼ったり、その繭から糸を紡がせたりしている。〔……〕それは決して本式の工場にはならない。さらによく観察してみると、……分業の原則は、ここでは特殊な性質を帯びている。なるほど、糸繰り職や、糸撚り職や、

染物師や、糊つけ職や、さらに機織り職もいる。しかし、彼らは、同じ作業場に集められてはいないし、同じ親方に依存してもいない。彼らはすべて独立している」（A・ブランキ『産業経済学講義』、A・ブレーズ編、パリ、一八三八―三九年、七九ページ）。ブランキがこのことを書いてから、さまざまな独立の労働者たちの一部が工場で結合された。〔第四版のために。――そして、マルクスが以上のように書いてからのち、力織機がこれらの工場で導入され、急速に手織機を駆逐した。クレフェルト〔ドイツ西部の都市〕の絹工業も、同じようなことを経験している。――F・エンゲルス〕

＊〔英語版では「（一）」となっている〕

しかし、[＊]マニュファクチュアは、これとは反対の道をたどっても発生する。同一または同種の作業をする、たとえば紙や活字や針をつくる多数の手工業者たちが、同じ資本により同じ作業場で同時に就業させられる。これは、もっとも単純な形態の協業である。これらの手工業者は、それぞれ（おそらく一人または二人の職人と一緒に）完全な商品をつくるのであり、したがって、その生産に必要なさまざまな作業を順番に遂行する。彼は、引き続き、従来の手工業的な仕方で作業し続ける。ところが、やがて、外部的な諸事情によって、同じ場所での労働者の集中と彼らの労働の同時性とが、別なやり方で利用されるようになる。たとえば、かなり多量の完成商品が一定の期限内に供給されなければならないとしよう。こうして、労働が分割される。同じ手工業者によってさまざまな作業が時間的な順序に従って行なわれる代わりに、それらの作業が互いに引き離され、分立化され、空間的に並列させられ、それら作業のそれぞれが異なる手工業者に割り当てられ、そして協業者たちによってすべ

（358）
ての作業が協力して同時に遂行される。このような偶然的な分割が繰り返され、その独自の利益が明らかになり、しだいに系統的な分業に骨化する。その商品は、さまざまな作業を行なう自立的手工業者の個人的生産物から、めいめいが同一の部分作業だけをずっと行なう手工業者たちの結合体の社会的生産物に転化する。ドイツの同職組合の製紙業者が連続的に行なう仕事として互いに一つに合流していた同じ諸作業が、オランダの紙マニュファクチュアの場合には、多数の協業労働者たちが並行して行なう部分作業へと自立化した。ニュルンベルクの同職組合の製針業者は、イギリスの針マニュファクチュアの基本要素となっている。しかし、ニュルンベルクの製針業者は、一人でおそらく二〇にものぼる一連の作業を順次行なったが、イギリスの針マニュファクチュアでは、まもなく、二〇人の針製造工が並行して仕事を行ない、各人は、二〇の作業のうち一つだけを行なうようになった。これらの作業は、経験にもとづいてさらにいっそう細分され、分立化され、個々の労働者たちの専門的職能へと自立化された。

＊〔英語版では「(二二)」となっている〕

このようにマニュファクチュアの発生の仕方、手工業からのマニュファクチュアの生成は、二面的である。一方で、マニュファクチュアは、種類を異にする自立的な諸手工業の結合から出発するのであって、これらの手工業は、自立性を奪われ、一面化されて、同一商品の生産過程における相互補足的な部分作業をなすにすぎないところにまでいたる。他方で、マニュファクチュアは、同じ種類の手工業者たちの協業から出発するのであって、同じ個別的手工業をさまざまな特殊的作業に分解し、これらの作業を分立化させ、自立化させ、それぞれの作業が一人の特殊的労働者の専門的職能になるところまでいたる。だから、マニュファクチュアは、一方では、一つの生産過程のなかに分業を導入したり、または分業をいっそう発展させたりするが、他方では、それまで別々であった諸手工業を結合する。しかし、その特殊な出発点がどちらであろうと、マニュファクチュアの最終の姿態は同じもの――人間をその諸器官とする一つの生産機構である。

マニュファクチュアにおける分業を正しく理解するには、次の諸点をしっかりとらえておくことが重要である。まず第一に、生産過程をその特殊な諸局面に分割することが、この場合には、一つの手工業的活動をそのさまざまな部分作業に分解することとまったく合致する。その作業は、組み合わされたものであろうと簡単なものであろうと、依然として手工業的であり、したがって、個々の労働者が自分の用具を使用するさいの力、熟練、敏速さ、確実さに依存する。手工業が依然として基盤である。この狭い技術的基盤は、生産過程の真に科学的な分割を排除する。というのは、生産物が通過するそれぞれの部分過程は、手工業的部分労働として遂行できるものでなければならないからである。(359)このように、手工業的熟練が依然として生産過程の基礎であるからこそ、各労働者はもっぱら一つの部分機能に適応させられ、彼の労働力はこの部分機能の終身的な器官に転化される。最後に、こうした分業は協業の一つの特殊な種類であり、その利点の多くは協業の一般的本質から発生するのであって、協業のこの特殊な形態から発生するのではない。

第二節　部分労働者とその道具

さて、さらに細かい点に立ち入ってみるならば、まず第一に明らかなことは、終生にわたって同一の単純な作業を行なう労働者が、自分の身体全体を、その作業の自動的・一面的な器官に転化し、こうしてその作業に使う時間は、全系列の諸作業を順次に行なう手工業者よりも短くなるということである。ところで、マニュファクチュアの生きた機構を形成している結合された全体労働者は、まさしくこのような一面的な部分労働者たちから成り立っている。だから、自立的手工業に比べると、より多くのものがより短い時間で生産される――すなわち労働の生産力が高められる。（二七）また、部分労働の方法も、それが一人の人の専門的職能に自立化されることで、さらに完成される。同一の限定された活動を絶えず反復し、この限定されたものに注意を集中することにより、目的とする有用効果を最小の力の支出で達成するすべが、経験を通じて教えられる。なお、また、さまざまな世代の労働者たちがいつも同時に一緒に生活し、同じマニュファクチュアで一緒に働くのであるから、こうして獲得された技術上のコツは、やがて固定され、蓄積され、受け継がれる。（二八）

（二七）「きわめて多様な製造業はなんであれ、分割されてさまざまな職人たちに割り当てられるようになればなるほど、よりよく、よりすみやかに遂行され、時間と労働との損失もより少なくなるに違いない」（H・マーティン」『イギリスにとっての東インド貿易の諸利益』、ロンドン、一七二〇年、七一ページ）。

（二八）「容易に行なわれる労働は、伝承された熟練である」（Th・ホジスキン『民衆経済学（ポピュラー）』、四八ページ）。

マニュファクチュアは、すでに社会のなかに存在していた自然発生的な職業分化を作業場の内部において再生産し、系統的に極度にまで推し進めることによって、実際に、細目労働者の熟練技を生み*出す。他方、マニュファクチュアが部分労働をある人の終身の職業に転化させることは、それ以前の諸社会がもつ、職業を世襲化させ、それをカースト〔インドなどの身分的世襲的階級制度〕に石化させるという傾向や、または、一定の歴史的諸条件がカースト制度に矛盾する個人の変異性を生み出す場合(360)には、それを同職組合に骨化させるという傾向に照応している。カーストおよび同職組合は、動植物の種および亜種への分化を規制するのと同じ自然法則から発生するのであって、ただ、ある程度の発展度に達すると、カーストの世襲性または同職組合の排他性は社会の法として制定される点が違うだけである[二九]。「ダッカのモスリン〔平織りの薄手の布地〕は薄いことで、コロマンドル〔インド南東の沿岸地域〕のサラサ〔模様染めした綿布〕その他の布地は色の鮮やかさと耐久性で、いまだかつて他にひけをとったことがない。しかも、それらは、資本も機械も分業もなしに、あるいは、ヨーロッパでの製造に多大の利益を与えている他のなんらかの手段もなしに、生産される。織布者は別々にされた個人で、顧客の注文に応じて織物をつくるのであり、しかもその織機は簡単きわまる構造のもので、ときには木の棒だけを粗雑に組み立ててつくられている。この織機は経糸（たていと）を巻くための装置さえもなく、このため織機はその全長分に伸ばしたままにしておかなければならず、しかも形がまったくととのっていなくて、そのうえ広い場所をとるので、生産者の小屋のなかには置く場所もない。そのため、生産者は屋外で労働しなければならず、そこでは天候の変わるたびに労働が中断される[三〇]」。この技巧を、蜘（く）

蜘蛛に与えられているように、インド人に与えたものは、世代から世代へと積み重ねられ、父から息子へと継承された特殊な熟練にほかならない。それでも、このようなインドの織布者は、大多数のマニュファクチュア労働者に比べると、きわめて複雑な労働を行なっている。

(二九)「工芸も、……エジプトでは、かなりの程度の完全さをもつまでになった。というのは、この国に限って、手工業者たちは、他の市民階級の仕事に手を出すことをまったく許されず、法律によって彼らの部族の世襲となっている職業だけを営むことを許されるからである。……他の諸国民の場合には、職人たちがあまりにも多くの対象に注意を散らしすぎているのが見られる。……彼らは、ときには土地の耕作をやり、ときには商業に従事し、ときには同時に二つまたは三つの工芸にたずさわったりする。自由国家では、彼らは、たいてい人民集会に出かけて行く。……これに反してエジプトでは、手工業者はだれでも、国務に関与したり、同時にいくつもの工芸を営んだりすると、重罪に処せられる。このように、彼らが職業に精を出すのをさまたげうるものはなにもない。……そのうえ彼らは、祖先から多くの決まりを受け継いでいるが、さらに新しい利点を見いだそうと熱心に考えている」(ディオドロス・シクルス『歴史文庫』第一巻、第七四章〔一一七、一一八ページ〕)。

(三〇)『イギリス領インドの歴史的および記述的報告』、ヒュー・マリー、ジェイムズ・ウィルスン等の著、エディンバラ、一八三二年、第二巻、四四九〔、四五〇〕ページ。インドの織機は竪型である。すなわち、経糸が垂直に張られている。

＊〔フランス語版では、「古い」となっている〕

一つの製品を生産するさいのさまざまな部分過程を順次にやりとげていく一人の手工業者は、場所

（361）を換えたり、用具を替えたりしなければならない。一つの作業から他の作業への移行は、彼の労働の流れを中断し、彼の労働日にいわばすきまをつくる。これらのすきまは、彼が同一の作業を一日中引き続いて行なうようになると圧縮される。すなわち、彼の作業の転換が減少する程度に応じて消滅していく。この場合、生産性の増大は、ある与えられた時間内における労働力の支出の増加、すなわち労働の強度の増大によるものであるか、または労働力の不生産的消費の減少によるものである。すなわち、静止から運動への移行のたびに必要とされる余分な力の支出は、ひとたび得られた標準速度をさらに長く持続させることにより、相殺される。他面、生気は活動の転換そのもののなかに回復と刺激を見いだすが、単調な労働の連続は生気の弾力とはずみを破壊する。

労働の生産性は、労働者の熟練技に依存するだけでなく、彼の道具の完全さにも依存する。同じ種類の道具が、切る用具、穴をあける用具、突き刺す用具、たたく用具などのように、異なる労働過程で使用されるし、また、同じ労働過程で同じ用具が異なる作業に役立てられる。とはいえ、一つの労働過程のさまざまな作業が互いに引き離されて、部分労働者の手で行なわれるそれぞれの部分作業が可能な限りそれにふさわしい、したがって特有の形態をとるようになると、これまでさまざまな目的に役立ってきた諸道具の変化が必然的となる。これらの道具の形態変換の方向は、この形態を変えない場合に出くわす特殊な困難の経験から生まれる。労働用具の分化――これによって同じ種類の各用具がそれぞれの特殊な用向きに合った特殊な固定的諸形態をもつようになる――および労働用具の専門化――これによって右のような特殊用具がそれぞれ専門の部分労働者たちの手のなかでのみ十分な

(362) 働きをする――が、マニュファクチュアを特徴づける。バーミンガムだけで約五〇〇種[*1]のハンマーが生産されるが、その各々が一つの特殊な生産過程のために使用されるばかりか、いくつかの種類のものは、しばしば同じ過程内の相異なる作業にしか役立てられない。マニュファクチュア時代は、労働道具を部分労働者たちの専門的な特殊職能に適合させることにより、それらの道具を単純化し、改良し、多様化する。(三一) それによって、マニュファクチュア時代は、同時に、機械――それは単純な諸用具の結合から成り立つ――の物質的諸条件の一つをつくり出す。

(三一)　ダーウィンは、彼の画期的な著作『種の起源』のなかで、動植物の自然的諸器官にかんして、次のように述べている――「同一の器官がさまざまな仕事をしなければならない限りでは、その器官の変異しやすさの根拠は、おそらく自然選択が、同じ器官が一つの特殊な目的だけのために役立つようになっている場合に比べて、形態の小さな変差の一つ一つをそれほど注意深くは保存したり、抑制したりしないという点に見いだされるであろう。たとえば、あらゆる種類の物を切るのに使われるナイフはだいたいにおいてほぼ同じ形でよいが、一つの用途だけに用いられる道具は、他のすべての用途ごとに別の形をとらなければならない」[*2]〔『種の起源』、第五章「変異の法則」。八杉竜一訳『種の起源』、岩波文庫、上、一九九〇年、一九七ページ〕。

*1〔『諸国民の産業』第二部、ロンドン、一八五五年、三八八ページには「少なくとも三〇〇種以上」と書かれている。『資本論草稿集』9、大月書店、一九九四年、七五ページ参照〕

*2〔「一つの用途」以下の文章は、原文では、「ある一定の目的のための道具は、ある一定の形をしていなければならないのと同じである」となっている〕

細目労働者と彼の用具は、マニュファクチュアの単純な諸要素をなす。次にわれわれは、マニュフアクチュアの全体の姿に目を向けることにしよう。

第三節　マニュファクチュアの二つの基本形態――異種的マニュファクチュアと有機的マニュファクチュア

マニュファクチュアの編制には、二つの基本形態があり、それらは、ときにはからみ合っているが、本質的に異なる二つの種類をなしており、とりわけまた、のちにマニュファクチュアが機械経営の大工業に転化するさいに、まったく異なる役割を演じる。この二重性格は、製品そのものの本性から生じる。その製品が、独立した部分諸生産物を単に機械的に組み合わせることによって形成されるのか、それとも、一系列の関連する諸過程および諸操作によってその完成した姿態が得られるのか、のどちらかである。

たとえば一両の機関車は、五〇〇〇以上の独立した諸部品から成り立っている。とはいえ、機関車は、大工業の製作物であるから、本来的マニュファクチュアの第一の種類〔異種的マニュファクチュア〕の実例として扱うわけにはいかない。しかし時計はそうなりうるのであって、ウィリアム・ペティも時計を使ってマニュファクチュア的分業を説明している。[*1] 時計は、ニュルンベルクの一人の手工業者による個人的製品から、次のような無数の部分労働者たちの社会的生産物に転化した――エボーシュ〔当時では地板、受（うけ）、香箱車（ぜんまいを中に収めた箱）〕工、主力ゼンマイ工、文字板工、テンプゼンマイ

（363）

工、穴石および振石工、針工、側(がわ)工、ネジ工、メッキ工、それから多くの小区分、たとえば、歯車工（さらに真鍮の歯車と鋼の歯車とに分かれる）、カナ工、日ノ裏装置〔針回し装置〕工、〝カナ仕上工〟（歯車をカナに固定したり、〝切子(きりこ)を磨いたり〟などする者）、ほぞ工、〝車仕上工〟（さまざまな歯車とカナを仕掛けに組み込む者）、〝香箱車仕上工〟（車に歯を刻み、正確な大きさの穴をあけ、コハゼと巻止めをしっかり固定する者）、脱進機工、シリンダー脱進機の場合にはさらにシリンダー工、がんぎ車工、テンプ工、緩急針（時計を調速する緩急針装置）工、〝脱進機設計仕上工〟（本来の脱進機工）。それから〝香箱車最終仕上工〟（香箱を仕上げて巻止めを完全に固定する者）、鋼磨き工、歯車磨き工、ネジ磨き工、文字描き工、七宝文字板工（銅板にエナメルをかける者）、〝リュウズ工〟（側のリュウズ環だけをつくる）、〝蝶つがい仕上工〟（側の蝶つがいに真鍮の軸を入れるなど）、〝側バネ工〟（蓋をあける側バネをつくる）、〝文字彫刻工〟、〝紋様彫刻工〟、〝側磨き工〟、等々。最後に、時計全体を組み立ててそれを動くようにして引き渡す〝最終仕上げ工〟。時計の部品のうちでごくわずかのものだけが、相異なる人手を経るのであって、これら〝引き裂かれたる四肢〟[*2]のすべてがはじめて集められるのは、それらを最終的に一つの完全な機械に結合する人の手のなかにおいてである。完成生産物とそのさまざまな種類の諸要素とのこうした外的な関係は、時計の場合、類似の製品の場合と同様に、部分労働者たちの同じ作業場での結合を偶然的なものにする。それらの部分労働は、スイスのヴァート州〔ヴォー州。ローザンヌを州都とするスイス西部の州〕とヌシャテル州〔ヴォー州の北に隣接する州〕でのように、互いに独立した手工業として営まれることさえあるが、他方、たとえばジュネーヴ

〔スイス南西部の都市〕には、大規模な時計マニュファクチュアが存在している――すなわち、一つの資本の指揮権のもとに部分労働者たちの直接的協業が行なわれている。後者の場合でも、文字板とゼンマイと側(がわ)が、マニュファクチュアそのものでつくられることはまれである。この場合、結合されたマニュファクチュア的経営は、例外的な事情のもとでしかもうからない。なぜなら、競争は、自宅で作業したがる労働者たちのあいだでもっとも激しいからであり、生産が多くの異種的過程に分裂しているため、共同の労働手段をほとんど使用することができないからであり、また、資本家は、この分散した製造においては、作業用建物などの支出をはぶくことができるからである。(三二) それでも、自宅において(364)ではあるが一人の資本家（製造業者、〝企業家〟）のために労働するこれらの細目労働者の地位は、自分自身の顧客のために労働する自立的手工業者の地位とはまったく異なる。(三三)

（三二）ジュネーヴは、一八五四年に八万個の時計を生産したが、それでもヌシャテル州の時計生産高の五分の一にも達しなかった。唯一の時計マニュファクチュアとみなしうる〔ラ・〕ショ・ド・フォン〔ヌシャテル州の町〕は、ここだけで、毎年、ジュネーヴの二倍の時計を供給している。一八五〇―六一年に、ジュネーヴは七二万個[*3]の時計を供給した。『工業、商業……にかんするイギリス帝国大使館および公使館書記官の報告書』、第六号、一八六三年所収〔二八、三〇ページ〕の「時計業にかんするジュネーヴからの報告書」を見よ。ただ組み立てられるだけの製品の生産が諸過程に分裂し、これらの過程に連関がないことは、それ自体として、このようなマニュファクチュアが大工業の機械経営に転化することをきわめて困難にしているのに、時計の場合には、さらに二つの別な障害が加わる。時計の要素が微小で精巧なこと、および時計が奢侈(しゃし)品的性格をもっていること――そのため時計の種類は多様であり、だから、たとえばロンドンの最優秀な製造所でも、まる一年間を通じて、同じような外観の時計が一ダースもつくられることはほとんどないほどである。機械の使用に成功しているヴァシュロン・コンスタンタン時計工場〔一七五五年創業のスイスの時計メーカー〕では、大きさと形の変わった種類のものをせいぜい三種か四種供給するにすぎない。

㈢　時計製造業、すなわち異種的マニュファクチュアのこの典型的実例においては、手工業的活動の分解から生じる前述の労働諸用具の分化と専門化を、きわめて正確に研究することができる。〔ポッペ『技術学の歴史』第二巻、一五四ページ参照〕

＊1〔W・ペティ『人類の増殖にかんする一論』、ロンドン、一六八二年、三九―四〇ページ。所収、ペティ『政治算術論集』、ロンドン、一六九九年、三五―三六ページ。『資本論草稿集』4、大月書店、一九七八年、四五九―四六〇ページ参照〕

＊2〔クィントゥス・ホラティウス『諷刺詩』第一巻、詩Ⅳ、第六二行。鈴木一郎訳、『世界文学大系』67、筑摩書房、一九六六年、一五二ページ〕

＊3〔初版以来、「七五万個」になっていた。ヴェルケ版で訂正〕

マニュファクチュアの第二の種類〔有機的マニュファクチュア〕、すなわちマニュファクチュアの完成された形態は、相連関する発展諸局面、すなわち一連の段階的諸過程を通過する製品を生産する。たとえば、縫針マニュファクチュアにおける針金は、七二種から九二種もの特殊な部分労働者たちの手を通過する。

このようなマニュファクチュアが、もともとは分散していた諸手工業を結合する限り、それは、製品の個別的な生産諸局面のあいだの空間上の分離を縮小する。製品が一つの段階から他の段階に移行する時間が短縮され、これらの移行を媒介する労働も同様に短縮される。(三四) こうして、手工業に比べ、生産力が増大する。しかもこの増大は、マニュファクチュアの一般的な協業的性格から生じるものである。他方、マニュファクチュアに固有な分業の原理は、さまざまな生産諸局面の分立化を生じさせ、それらは、同数の手工業的部分労働として相互に自立化する。分立化させられた諸機能のあいだの連関を確立し維持するには、製品を一つの手から別の手に、また一つの過程から別の過程に絶えず運ぶ必要が生じる。このことは、大工業の立場からすれば、特徴的な、費用のかかる、マニュファクチュアの原理に内在する限界性として現われる。(三五)

(三四)「人々がこのように密集して一緒に働けば、運搬の必要はより少なくなるに違いない」(〔H・マーティン〕『イギリスにとっての東インド貿易の諸利益』、一〇六ページ)。

(三五)「手労働を使用する結果、マニュファクチュアのさまざまな段階の分立化が生じ、このことが生産費をひどく高めるが、その損失は、主として、一つの過程から別の過程に運搬するというただそれだけのことから生じるのである」(『諸国民の産業』、ロンドン、一八五五年、第二部、二〇〇ページ)。

一定分量の原料、たとえば紙マニュファクチュアにおけるぼろ布、または縫針マニュファクチュアにおける針金をとってみると、この原料は、さまざまな部分労働者たちの手で生産諸局面を時間的順(365)序にしたがって通過してその最終姿態に達している。これに反して、その作業場を一つの全体機構として見るならば、原料は、そのすべての生産諸局面に同時にそろって存在している。細目労働者たちからなる結合された全体労働者は、用具を装備したたくさんの手の一部分で針金を延ばす一方で、同時にほかの手と道具で針金をまっすぐにし、さらにほかの手と道具で針金を切り、とがらせる、などをする。さまざまな段階的諸過程が、時間的な継起から、空間的な並存に転化されている。そのため、同じ時間内により多くの完成商品が供給される。(三六) その同時性は、確かに総過程の一般的な協業的形態から生じるのであるが、しかし、マニュファクチュアは、協業の諸条件をあるがままのものとして受け入れるだけでなく、部分的には手工業的活動を分解することによってはじめて、それらの諸条件をつくりだす。他面、マニュファクチュアは、同じ労働者を同じ細目に縛りつけることによってのみ、労働過程のこうした社会的組織をつくりあげる。

(三六) 「それ」(分業)「はまた、作業をさまざまな部門に分割し、これらの部門がすべて同時に遂行できるようにすることで、時間の節約を生み出す。……個人なら別々にしなければならないさまざまな過程をすべて同時に遂行することによって、たとえば、普通なら一本の針を切るかとがらせるだけの時間で、多量の針をすっかり仕上げることが可能になる」(ドゥガルド・スチュアト『経済学講義』、所収、サー・W・ハミルトン編『著作集』第八巻、エディンバラ、一八五五年、三一九ページ)。

各部分労働者の部分生産物は、同時に、同じ製品の特殊な一発展段階にすぎないのであるから、一人の労働者は他の労働者に、または、一つの労働者グループは他の労働者グループに、彼らの原料を供給することになる。一方の労働成果は、他方の労働の出発点をなす。だからこの場合、一方の労働者は、直接に他方の労働者に仕事を与える。それぞれの部分過程で目的とする有用効果を達成するために必要な労働時間は、経験的に確定されるのであって、マニュファクチュアの全機構は、与えられ

（366）た労働時間内に与えられた成果が達成されるという前提に立っている。この前提のもとでのみ、相互に補足し合うさまざまな労働過程が、中断することなく、同時にかつ空間的に並行して、続行できる。労働相互の、したがって労働者相互のこの直接的依存が、各個人にたいし自分の機能のために必要時間だけを費やすよう強制するのであり、そのため、独立の手工業の場合とは、または単純な協業の場合とさえもまったく異なる労働の連続性、画一性、規則性、秩序、(三七)とりわけ労働の強度までもが生み出される、ということは明らかである。一商品にたいし、その生産のために社会的に必要な労働時間だけが費やされるということは、商品生産一般にあっては、競争の外的強制として現われる。なぜなら、皮相な言い方をすれば、個々の生産者はいずれも商品をその市場価格で売らなければならないからである。これにたいして、マニュファクチュアでは、所定の労働時間内に所定の分量の生産物を供給することが、生産過程そのものの技術的法則となる。(三八)

（三七）「すべてのマニュファクチュアの職工が多様であればあるほど、……すべての労働は、それだけ秩序正しくかつ規則的になる。同じ労働は、必然的により短い時間でなされるに違いないし、労働が減少するに違いない」（H・マーティン）『イギリスにとっての東インド貿易の諸利益』、六八ページ）。

（三八）とはいえ、マニュファクチュア的経営は、多くの部門では不完全にしかこのような成果を達成しない。なぜなら、マニュファクチュア的経営は、生産過程の一般的な化学的および物理学的諸条件を確実には管理できないからである。〔ポッペ、前出、第三巻、二三五ページ参照〕

しかし、諸作業が異なれば必要とする時間の長さは互いに等しくなく、そのため、等しい時間内に等しくない分量の部分生産物が供給される。したがって、もし同じ労働者が毎日同じ作業だけを絶えず行なうとすれば、いろいろな作業にたいしてそれぞれ異なる比例数の労働者が使用されなければならない。たとえば、ある活字マニュファクチュアで、鋳字工は一時間に二〇〇〇個の活字を鋳造し、分切工は四〇〇〇個を分切し、磨き工は八〇〇〇個を磨くとすれば、このマニュファクチュアでは、一人の磨き工にたいし、四人の鋳字工と二人の分切工が使用されなければならない。ここでは、多数の人たちが同時に就業し同種のことを行なうという、もっとも単純な形態における協業の原理が復活する――ただし、いまや一つの有機的関係を表現するものとして。したがって、マニュファクチュア的分業は、ただ社会的全体労働者の質的に異なる諸器官を単純化しかつ多様化するだけでなく、これらの諸器官の量的な規模――すなわちそれぞれの特殊機能を果たす相対的な労働者数または諸労働者グループの相対的な大きさ――を決める数学的に一定した比率をもつくり出す。マニュファクチュア的分業は、社会的労働過程の質的編制とともに、その量的な規則および比例性をも発展させる。

　一定の生産規模にたいし、部分労働者のさまざまなグループのもっとも適切な比例数が経験的に確定されているならば、この生産規模は、それぞれの特殊な労働者グループの倍数を使用することによって（367）のみ拡張することができる（三九）。それに加えて、同じ個人が、特定の労働を、大規模な段階にも小規模な段階と同じように行なうということもある。たとえば、監督労働、一つの生産局面から他の生産局面への部分生産物の運搬、などがそうである。したがって、これらの諸職能が自立すること、またそれらが特殊な労働者に割り当てられることは、就業労働者数が増大してはじめて有利になるのであるが、しかしこの増大は、すべてのグループにたいしてただちに比例的に行なわれなければならない。

（三九）「各マニュファクチュアの生産物の特殊的性質に応じて、工程を部分作業に分割するもっとも有利な仕方も、それらの部分作業に必要な労働者数も、経験が教えているとすれば、この数の正確な倍数を使用しない工場はいずれも、より多くの費用をかけて製造することになるであろう。……このことは、大規模な製造工場をもたらす原因の一つである」（Ch・バビジ『機械および製造業の経済論』、ロンドン、一八三二年、第二一章、一七二、一七三ページ）。

同じ部分機能を行なう労働者たちの個々のグループ、小集団は、同質な諸要素から成り立っており、全体機構の一つの特殊な器官を形成する。とはいえ、さまざまなマニュファクチュアでは、このグループそのものが一つの編制された労働体であり、他方、全体機構は、これらの生産上の要素的有機体を反復または何倍かすることによって形成される。たとえば、ガラス壜（びん）のマニュファクチュアをとってみよう。それは、三つの本質的に異なる局面に分かれる。第一は、ガラス調合の準備、砂や石灰などの混合、およびこの調合物を液体状ガラス種（だね）に溶融するといった準備段階である。（四〇）この第一段階ではさまざまな部分労働者が就業しているが、それは、ガラス壜の徐冷窯（なましがま）からの取り出し、その分類、荷づくりなどといった最終局面でも同様である。この二つの局面の中間に、本来のガラス製造、すなわち液体状ガラス種の加工がある。一つのガラス窯の同じ口のところで一つのグループが労働しているが、このグループはイギリスでは「穴（ホール）」と呼ばれていて、〝壜製造工〟すなわち〝壜仕上工〟一人、〝吹き細工工〟一人、〝玉取り工〟一人、〝積み上げ工〟すなわち〝磨き工〟一人、および〝搬入工〟

（368）

一人から構成されている。この五人の部分労働者は、単一の労働体の五つの特殊器官を形成しており、この労働体は、ただ統一体としてのみ、すなわち五つの特殊器官の直接的協業によってのみ、機能を果たすことができる。もし五つの部分からなる労働体の一つの部分が欠けると、この労働体は麻痺してしまう。しかし、同じガラス窯は、いくつかの口、たとえばイギリスでは四つないし六つの口をもっていて、その各々は、液体状ガラスのはいった一つの土製の溶融坩堝（とかしるつぼ）をそなえており、その各々のところで、同じ五つの部分から編制された形態をとる独自の一労働者グループが就業している。ここでは、個々のグループの編制はそれぞれ直接に分業にもとづいており、他方、同種のグループのいくつかを結ぶきずなは、生産諸手段の一つ——ここではガラス窯——を、共同の消費によってより経済的に利用する単純協業である。四つないし六つの労働者グループをもつこのような一つのガラス窯が一つのガラス作業場をなしており、一つのガラス・マニュファクチュアは、多数のこのようなガラス作業場を、準備的および最終的な生産局面のための設備および労働者とともに包括している。

（四〇） イギリスでは、溶融窯は、ガラスが加工されるガラス窯〔ガラスを温めて細工する細工窯〕とは別であるが、たとえばベルギーでは、同じ窯が、両方の過程に役立てられている。

最後に、マニュファクチュアは、その一部がさまざまな手工業の結合から生じるのと同様に、さまざまなマニュファクチュアの結合に発展することがありうる。たとえば、イギリスの比較的規模の大きいガラス作業場は、その土製の溶融坩堝をみずから製造している。なぜなら、生産物のできばえのよしあしは、根本的にはこの坩堝の品質に依存するからである。この場合、生産手段のマニュファク

(369)

チュアが、生産物のマニュファクチュアと結合される。反対に、生産物のマニュファクチュアが、この生産物そのものをふたたび原料として用いるマニュファクチュアか、あるいはあとでそれを自己の生産物と一体のものにするマニュファクチュアと結合されることもありうる。こうして、たとえば、フリント・ガラスのマニュファクチュアは、ガラス磨き業および真鍮細工業と結びついているが、真鍮細工業は、いろいろなガラス製品の金属製縁飾りのためのものである。この場合には、さまざまな結合されたマニュファクチュアは、一つの全体マニュファクチュアの多かれ少なかれ空間的に分離された諸部門を形成しているが、それらは同時に、それぞれが独自の分業をもつ相互に独立した生産諸過程を形成している。この結合されたマニュファクチュアは、多くの利点をもたらすとはいえ、それ自身の基礎上では、真の技術的統一を達成しない。この統一は、結合されたマニュファクチュアが機械的経営に転化するときにはじめて生じる。

マニュファクチュア時代は、商品生産に必要な労働時間の短縮を、やがて意識的な原理として表明するのであるが[四一]、それはまた、機械の使用をも散在的に発展させる。ことに、大きな力を用いて大規模に行なわれるべきある種の簡単な準備的諸過程のために機械が使用される。こうして、たとえば、紙マニュファクチュアでは早くからぼろ布を押しつぶして繊維をほぐす作業が製紙用叩解（こうかい）機によって行なわれ、冶金業では鉱石の粉砕がいわゆる搗鉱（とうこう）機〔鉱石をくだく機械〕によって行なわれる[四二]。あらゆる機械の要素形態を、ローマ帝国は水車の形で伝えていた[四三]。手工業時代は、羅針盤、火薬、印刷術、および自動時計という偉大な発明を遺産として残した。とはいえ、機械はだいたいのところ、アダム・スミスが分業のかたわらに指定したような脇役を演じる。(四四) 機械の散在的使用は、一七世紀にきわめて重要となったが、それは、この機械が当時の大数学者たち[*1]に近代力学をつくり出すための実際の手がかりと刺激とを与えたからである。

(四一)　このことは、とりわけW・ペティ、ジョン・ベラーズ、アンドルー・ヤラントン、〔H・マーティン〕『イギリスにとっての東インド貿易の諸利益』、およびJ・ヴァンダリントから、推測されうる。

(四二)　一六世紀の終わりごろには、まだ、フランスでは、搗鉱と洗鉱に、臼(うす)と篩(ふるい)が用いられた。〔ポッペ、前出、第二巻、三八一―三八二ページ参照〕

(四三)　機械の全発達史は、製粉機の歴史によってたどることができる。工場は、いまなお英語でミル[*2]〔mill〕と呼ばれている。一九世紀はじめの二、三〇年間に出たドイツの技術学書では、ミューレ〔Mühle〕という言葉が、自然力で運転されるすべての機械のみでなく、機械的装置を用いるすべての作業場にたいしても用いられている。〔ポッペ、前出、第一巻、一七三―一七四ページ参照〕

(四四)　本書の第四部でもっと詳しく述べられるが、A・スミスは、分業について新しい命題をただの一つも打ち立てなかった。しかし、彼をマニュファクチュア時代の包括的な経済学者として特徴づけるものは、彼が分業を強調したことである。彼が機械に従属的な役割を割り当てていることは、大工業の初期にはローダデイル[*3]の反対論を呼び起こし、もっと発展した時代にはユア[*4]の反対論を呼び起こした。またA・スミスは、用具の分化――マニュファクチュアの部分労働者たち自身がおおいに貢献した――を、機械の発明と混同している。機械の発明に役割を果たしているのは、マニュファクチュア労働者たちではなく、学者たち、手工業者たちであり、農民たち（ブリンドリー[*5]）などでもある。

＊1〔ガリレイ、ケプラー、フェルマ、パスカル、ニュートンなど各国の数学者〕

＊2〔もともとは「粉ひき所」を意味し、次いで「ひき臼」「製粉機」、さらに「機械をそなえた工場または作業場」を意味するにいたった〕
＊3〔イギリスの政治家、経済学者。マルクスは、一八四四／四五年の「パリ・ノート」のなかで、ローダデイル『公的富の性質と起源……にかんする研究』、仏訳本、パリ、一八〇八年、の抜粋をしている（新メガ、第Ⅳ部、第三巻、八四―一一〇ページ）。その一部は、『資本論草稿集』2、大月書店、一九九三年、四六六―四六八ページに引用されている〕
＊4〔イギリスの化学者、経済学者。マルクスは、ユアの著作『工場哲学』でのスミスの分業論にたいする反対論を『一八六一―一八六三年草稿』で抜粋している。『資本論草稿集』4、四八二―四八四ページ参照〕
＊5〔一八世紀のイギリスの技師。ダービシャーの小農の息子で、イギリスの運河を建設した〕

マニュファクチュア時代の独自な機械は、依然として、多数の部分労働者たちからなる結合された全体労働者そのものである。ある商品の生産者が一人でかわるがわる行なうさまざまな作業は彼の労働過程の全体のなかでからみ合っているのであるが、これらの作業は、彼にさまざまなことを要求する。彼は、ある作業ではより多くの力を、他の作業ではより多くの熟練を、第三の作業ではより多くの精神的な注意深さなどを発揮しなければならないが、同じ個人がこれらの諸特質を同じ程度にもっているものではない。さまざまな諸作業が分離され、自立化され、分立化されたのち、労働者たちは、その目立った特性に応じて、分割され、分類され、グループに分けられる。彼らの自然的諸特性が基礎となって分業が接木(つぎき)されるとすれば、マニュファクチュアは、ひとたび導入されると、生来ただ一面的な特殊機能にしか適しない諸労働力を発達させる。そうなると、全体労働者は、あらゆる生産的

（370）特質をいずれも高い程度の熟練技でそなえるとともに、特殊な労働者または労働者グループに個別化されている自己のすべての器官を、もっぱらその独自な諸機能を果たすために使用することによって、右の生産的諸特質を、もっとも経済的に消費する。（四五）部分労働者の一面性が、またその不完全性さえもが、全体労働者の分肢としての彼の完全性になる。（四六）習慣としてある一面的機能を営むことにより、部分労働者は、この機能を自然に確実に作動させる器官に転化させられ、他方、全体機構の連関により、部分労働者は機械の部品のような規則正しさで作業するように強制される。（四七）

（四五）「マニュファクチュア経営者は、仕事を、それぞれ程度の異なる熟練と力を必要とするいくつかの異なる作業に分割することによって、それぞれの作業に照応する分量の力と熟練を、正確に手に入れることができる。これに反して、もし仕事全体が一人の労働者によって行なわれるとすれば、同じ個人が、きわめて精巧な作業をするために十分な熟練と、きわめて骨の折れる作業をするために十分な力とを、もたなければならないであろう」（Ch・バビジ、前出、第一九章〔マルクスは、バビジ『機械および製造業の経済論』のフランス語訳（パリ、一八三三年）、二三一―二三二ページから引用している。英語第二版では一七五―一七六ページ〕）。

（四六）たとえば、一面的な筋肉の発達、骨の彎曲（わんきょく）など。

（四七）就業年少者たちのあいだの勤勉がどのようにして維持されるかという調査委員の質問にたいして、あるガラス・マニュファクチュアの〝総支配人〟W・マーシャル氏は、きわめて正しく答えている――「彼らは、仕事を怠けることなどとてもできません。一度仕事を始めたら、続けざるをえません。彼らは、まるで機械の部品と同じです」（『児童労働調査委員会、第四次報告書』、一八六五年、二四七ページ）。

全体労働者のさまざまな機能は、簡単なものや複雑なもの、低度なものや高度なものがあるので、その諸器官すなわち個別的労働力は、まったく程度の違う訓練を必要とし、そのため、まったく違う価値をもつ。したがってマニュファクチュアは、諸労働力の等級制を発展させ、それに労賃の等級が対応する。一方では、個別的労働者が一つの一面的機能に同化させられ、生涯これに従属させられるとすれば、〔他方では〕同じように、さまざまな作業が、先天的および後天的技能による例の等級制に適合させられる。(四八) しかし、どの生産過程も、どのような人間でもできるある種の簡単な仕事を必要とする。このような仕事も、いまや、活動のより内容豊富な諸契機との流動的な連関から引き離されて、専門的諸機能に骨化させられる。

(四八)　ユア博士は、彼の大工業賛美のなかで、マニュファクチュア独自の諸性格を、彼ほど論戦的興味をもたなかった以前の経済学者たちに比べて、また同時代の人々たとえばバビジに比べても、よりするどく感じ取っている。バビジは、確かに数学者および機械学者〔一八二〇年代に計算機を考案〕としてはユアよりも優れているが、しかし大工業をそもそもマニュファクチュアの立場からのみ理解している。ユアは言う――「それぞれの特殊作業への労働者たちの同化は、分業の本質を形成している」と。他方彼は、この分業を、「さまざまな個別的諸能力への諸労働の適合」として特徴づけ、そして最後に、マニュファクチュア制度全体を「技能の順位による等級づけの制度」として、「さまざまな熟練度にしたがった分業」などとして、特徴づけている（ユア『工場哲学』〔ロンドン、一八三五年〕、一九―二三ページの各所）。

(371) だから、マニュファクチュアはそれがとらえるどの手工業においても、手工業経営がきびしく排除したいわゆる不熟練労働者の一階層を生み出す。マニュファクチュアが全体的な労働能力を犠牲にして、まったく一面化された専門を優れた技能にまで発達させるとすれば、それはまた、あらゆる発達の欠如さえも、一つの専門性にし始める。等級制的区分とならんで、熟練労働者と不熟練労働者とへの労働者の単純な区分が登場する。後者にとっては修業費はまったく不要になり、前者にとっては、機能の単純化により、手工業の場合に比べて修業費は減少する。どちらの場合にも、労働力の価値は低下する。(四九) その例外が生じるのは、労働過程の分解が、手工業経営では全然見られなかったか、または限られた範囲でしか見られなかった新しい包括的な諸機能を生み出す場合である。修業費が不要になるか、または減少することから生じる労働力の相対的な価値減少は資本のより高い価値増殖を直接に含んでいる。というのは、労働力の再生産に必要な時間を短縮するものはすべて、剰余労働の領分を延長するからである。

(四九)「手工業者はいずれも……一つの点での作業により自己を完成できるようになったので……より安い労働者となった」(ユア、同前、一九ページ)。

第四節　マニュファクチュア内部の分業と社会内部の分業

われわれは、まずマニュファクチュアの起源を考察し、次いで、マニュファクチュアの単純な諸要素、すなわち部分労働者とその道具を考察し、最後に、マニュファクチュアの全機構を考察した。そこでわれわれは、マニュファクチュア的分業と、すべての商品生産の一般的基礎をなす社会的分業とのあいだの関係に、簡単にふれることとする。

労働そのものだけを眼中におくならば、農業、工業などのような大きな類への社会的生産の分割は、一般的分業と名づけることができ、種および亜種へのこれらの生産上の類の区分は、特殊的分業と名づけることができ、一つの作業場内部での分業は、個別的分業と名づけることができる。(五〇)

(五〇)　「分業には、きわめて多種多様な職業の分割から、マニュファクチュアにおけるように、何人かの労働者が同一の生産物の作成を分担するような分業まである」*（シュトルヒ『経済学講義』、パリ版〔一八二三年〕、第一巻、一七三ページ）。「われわれは、ある程度の文明に達している諸国民のもとでは、三種類の分業に出会う。第一のものは、われわれが一般的分業と名づけるものであって、生産者を農業者、工業者、および商人に区別し、一国の勤労の三つの主要部門に照応する。第二のものは、特殊的分業と名づけうるものであって、各勤労部門の種への分割である。……最後に第三の分業は、仕事の分割または本来の意味での分業と呼ばれるべきものであって、それは、個々の手工業や職業のなかで形成され、……たいていのマニュファクチュアと作業場のなかで地歩を占める分業である」（スカルベク『社会的富の理論』、八四、八五ページ）。

＊〔マルクスは、「ブリュッセル・ノート」（一八四五年、新メガ、第Ⅳ部、第三巻、所収）でのシュトルヒ『経済学講義』の抜粋から引用している〕

(372)

社会内部の分業、およびこれに照応する特殊な職業領域への個人の拘束は、マニュファクチュア内部の分業と同じく、相対立する〔二つの〕出発点から発展する。(五〇a) 一家族の内部で、さらに発展すると一部族の内部で、自然発生的な分業が、性や年齢の相違にもとづいて、すなわち純粋に生理学的な基礎の上で発生するが、この分業は、共同体の拡大、人口の増加、またとりわけ、異なる部族間の衝突や一部族による他部族の征服とともに、その材料を拡大する。他方、前述したように〔本訳書、第一巻、一五七ページ〕、異なる諸家族・諸部族・諸共同体が接触する諸地点で、生産物交換が発生する。というのは、文化の初期には、私的個人ではなく、家族、部族などが自立的に相対するからである。異なる共同体は、それぞれの自然環境のなかに、異なる生産手段や異なる生活手段を見いだす。だから、これら共同体の生産様式、生活様式、および生産物は異なっている。この自然発生的な相違こそが、諸共同体の接触のさいに、相互の生産物の交換を、したがってこれら生産物の商品へのゆるやかな転化を、引き起こす。交換は、諸生産部面の違いをつくり出すのではなく、違う生産部面を関連させ、こうしてそれらを、一つの社会的総生産の多かれ少なかれ相互に依存し合う諸部門に転化させるので
(373)
ある。この場合、社会的分業は、本来別々の互いに独立している諸生産部面間の交換によって成立する。生理的分業が出発点となっているところでは、直接の結びつきでつくられている一全体の特殊な諸器官が、相互に分解し、分裂し――この分裂過程にたいして、他の共同体との商品交換が主要な衝撃を与える――、自立化して、相異なる労働の連関が商品としての諸生産物の交換によって媒介されるまでになる。一方の場合には、以前に自立していたものの非自立化であり、他方の場合には、以前には非自立的であったものの自立化である。

（五〇a）〔第三版への注。――人類の原始状態にかんするその後のきわめて徹底的な研究によって著者の達した結論によれば、本源的には、家族が部族に発達したのではなく、その逆に、部族が、血族関係にもとづく人類社会形成の本源的な自然発生的形態であった。したがって、部族的きずなの解体が始まってから、あとになってはじめて、いろいろと異なる家族諸形態が発展したのである。――F・エンゲルス*〕

＊〔ここでエンゲルスがマルクスの徹底的な研究というのは、マルクスがアメリカの研究者モーガンの『古代社会』（ロンドン、一八七七年。青山道夫訳、岩波文庫、一九五八、六一年）を読んで書き残した『古代社会ノート』のこと（邦訳『全集』補巻第四巻、所収）。エンゲルスは、マルクスの死後、このノートを発見し、それを導きの糸にして『家族、私有財産および国家の起源』（一八八四年。土屋保男訳、古典選書、一九九九年、邦訳『全集』第二一巻）を執筆した〕

すべての発展した、商品交換によって媒介された分業の基礎は、都市と農村との分離である。（五二）社会の全経済史はこの対立の運動に要約されると言えるのであるが、ここでは、この対立については、これ以上立ち入らないことにする。

（五二）　サー・ジェイムズ・スチュアトは、この点をまったくみごとに論じた。『諸国民の富』の一〇年前に出た彼の著作[＊1]が、こんにちどれほど知られていないかは、とりわけ次のことからわかる――すなわち、マルサスは、その「人口」にかんする著書[＊2]の初版で、純粋に空疎な美辞麗句の羅列の部分は別として、僧侶のウォリスとタウンゼンド[＊3]と〔からの剽窃（ひょうせつ）〕のほかは、ほとんどもっぱらスチュアトを剽窃しているのであるが、このことを、マルサス賛美者たちはまったく知らないのである。

＊1〔アダム・スミスの『諸国民の富』は一七七六年刊、ジェイムズ・スチュアトの『経済学原理の研究』は一七六七年刊〕

＊2〔『人口の原理にかんする一論』、ロンドン、一七九八年。高野岩三郎・大内兵衛訳『初版　人口の原理』、岩波文庫、一九六二年〕

＊3〔スコットランドの長老派の僧ロバート・ウォリスは、『古代および近代の人口』（一七五三年）などでマ

ルサスに影響をおよぼし、イギリスのメソジスト派の僧ジョウジフ・タウンゼンドは、『救貧法にかんする一論』（一七八六年）でマルサス人口論の先駆者となった〕

マニュファクチュア内部の分業にとっては、同時に使用される労働者の一定数がその物質的前提をなすのと同じように、社会内部の分業にとっては、人口の大きさとその密度――この密度は、この場合、同じ作業場における密集の代わりをする――とが物質的前提をなす。(五二) とはいえ、この人口密度は相対的なものである。交通手段の発達している相対的に人口の希薄な地方は、交通手段の発達していない、より人口の多い地方よりも、稠密(ちゅうみつ)な人口をもっているのであって、この意味では、たとえばアメリカ合衆国の北部諸州は、インドよりも人口が稠密である。(五三)

(五二)「社会的交通にとっても、労働生産物を増大させる諸力の結合にとっても、ともに都合のよい人口の一定の密度がある」（ジェイムズ・ミル『経済学要綱』、五〇ページ〔渡辺輝雄訳『経済学綱要』、春秋社、一九四八年、五六ページ〕）。「労働者の数が増加するにつれ、社会の生産力は、この増加に分業の効果を掛けたものに〔複〕比例して増大する」（Th・ホジスキン『民衆経済学』、一二〇ページ[*1]）。

(五三) 一八六一年以来の綿花の大需要[*2]の結果、東インドのもともと人口の多いいくつかの地方で、米の生産を犠牲にして、綿花の生産が拡張された。そのため局地的な飢饉が発生した。なぜなら、交通機関の不完備、したがって物理的連絡の不完備のために、地方における米の不足が他の諸地方からの輸送によって補充できなかったからである。

＊1〔初版以来、一二五、一二六ページとなっていた。カウツキー版で訂正〕

＊2〔一八六一―六五年のアメリカの内戦（南北戦争）で、アメリカ合衆国からの綿花の供給が縮小したため

に、インド綿花にたいするイギリスの需要が急増した〕

(374) 商品生産および商品流通は、資本主義的生産様式の一般的前提であるから、マニュファクチュア的分業は、すでに一定の発展度にまで成熟した、社会の内部における分業を必要とする。反対に、マニュファクチュア的分業は、右の社会的分業に反作用し、これを発展させ何倍にもする。労働諸用具の分化とともに、これらの用具を生産する職業がますます分化する。(五四) これまで本業または副業として、他の諸職業と連関しながら同じ生産者によって営まれていたある職業が、マニュファクチュア的経営によってとらえられると、ただちに分離と相互の自立化とが起こる。また、マニュファクチュア的経営がある商品の一つの特殊な生産段階をとらえると、その商品のさまざまな生産段階がさまざまな独立の職業に転化する。すでにふれておいたように〔本訳書、第一巻、六〇四―六〇五ページ〕、製品が、部分生産物を単に機械的に組み合わせただけでつくられた全体である場合、部分労働が、ふたたび独自な諸手工業に自立化することがありうる。マニュファクチュア内部で分業をより完全に行なうために、同じ生産部門が、その原料の相違に応じて、または同じ原料がとりうる形態の相違に応じて、さまざまな――部分的にはまったく新しい――マニュファクチュアに分裂させられる。こうして、すでに一八世紀の前半に、フランスだけで、一〇〇以上もの違った種類の絹布が織られており、また、たとえばアヴィニヨン〔フランス南東部の都市〕では、「いずれの徒弟も、つねにただ一種の製造にのみ専念すべきで、何種もの織物の織り方を同時に習得してはならない」という法律があった。特殊な生産諸部門を一国の特別の地方に縛りつける地域的分業は、すべての特殊性を活用するマニュファクチュア的

（375）経営によって、新たな刺激を与えられる。（五五）社会内部の分業のための豊富な材料をマニュファクチュア時代へ提供するのは、マニュファクチュア時代の一般的存在諸条件の一部をなす世界市場の拡大および植民制度である。社会内部の分業は、社会の経済的領域のほかに、社会の他のあらゆる領域をもとらえ、いたるところで、すでに述べた専業すなわち専門職の形成と人間分割との基礎をすえるのであり、この人間分割はすでに、A・スミスの師A・ファーガスンに「われわれは奴隷（ヘイロテス）の国民をつくることになるのであって、われわれのあいだには自由人は存在しないことになる」（五六）と叫ばせたのであるが、ここでは、これ以上論証することはしない。

（五四）こうして、杼（ひ）の製造は、すでに一七世紀中にオランダにおける一つの特殊な工業部門を形成していた〔ポッペ、前出、第一巻、二八〇ページ参照〕。

（五五）「イングランドの羊毛マニュファクチュアは、特定の諸地域に適したいくつかの部分または部門に分割されていて、そこではそれらだけが、あるいは主としてそれらが製造されているのではないか。すなわち、薄い織物はサマシットシャーで、厚地の織物はヨークシャーで、広幅物はエクセターで、絹物はサドベリーで、クレープはノリッジで、麻毛交織はケンダルで、毛布はウィットニーで、などというように！」（バークリー『質問者』、一七五〇年、質問五二〇〔前出、川村・肥前訳『問いただす人』、二四三ページ、質問二三七〕）。

（五六）A・ファーガスン『市民社会史』、エディンバラ、一七六七年、第四部、第二節、二八五ページ〔天羽康夫・青木裕子訳『市民社会史論』京都大学学術出版会、二〇一八年、二七一ページ〕。

とはいえ、社会の内部における分業と作業場内部の分業とのあいだには数多くの類似および諸連関があるにもかかわらず、この両者は、ただ程度が異なるだけでなく、本質的にも異なっている。一つの内的なきずながさまざまな事業部門をからみ合わせている場合には、類似は、明白で争う余地がないように見える。たとえば、牧畜業者は獣皮を生産し、鞣皮（なめしがわ）業者は獣皮を革に変え、製靴業者は革を靴に変える。この場合、各人は、一つの段階生産物を生産するのであり、最後の完成した姿態は、彼らの特殊的労働の結合生産物である。これに加えて、牧畜業者、鞣皮業者、製靴業者に生産諸手段を提供する多様な労働諸部門がある。そこでA・スミスとともに、この社会的分業は、ただ主観的に、すなわち観察者にとってのみ、マニュファクチュア的分業と区別されるにすぎず、マニュファクチュア的分業の場合、観察者は多様な部分労働をひとめで空間的に見渡すが、社会的分業の場合には、広い面積にわたって部分労働が分散しており、各特殊部門の従業者が多数であるため、その連関が見え(376)にくくされているのだ、と思い込むこともできる（五七）。しかし、牧畜業者、鞣皮業者、製靴業者の独立した諸労働のあいだに連関を生じさせるものはなにか？　それは、彼らのそれぞれの生産物が商品として定在していることである。それにたいし、マニュファクチュア的分業を特徴づけるものはなにか？　それは、部分労働者が商品を生産しないということである（五八）。部分労働者たちの共同生産物が、はじめて、商品に転化する（五八a）。社会の内部における分業は、さまざまな労働部門の生産物の売買によって媒介されており、マニュファクチュアにおける諸部分労働の連関は、さまざまな労働力を結合労働力として使用する同一の資本家へのこうした労働力の販売によって媒介されている。マニュファクチュア的分業は、一人の資本家の手に生産諸手段が集中されることを想定しており、社会的分業は、相互に独立的な多数の商品生産者たちのあいだに生産諸手段が分散されることを想定している。マニュファク

（377）

チュアにおいては、比例数または比率性の鉄則が一定の労働者群を一定の諸機能のもとに包摂するのにたいして、さまざまな社会的労働部門のあいだに商品生産者たちと彼らの生産手段が配分されるさいには、偶然と恣意とが多彩な作用をする。確かに、さまざまな生産部面は、絶えず均衡を保とうとしている。すなわち一方で、各商品生産者はある使用価値を生産し、したがってある特殊な社会的欲求を充足しなければならないのであるが、これらの欲求の範囲は量的に相違している。それで、一つの内的なきずながさまざまな欲求群を一つの自然発生的体系に連結することによって、生産部面の均衡を保とうとしている。他方では、社会がその自由に処分しうる全労働時間のうち、特殊な商品種類のそれぞれの生産にどれだけ支出できるかを商品の価値法則が規定することによって、右の均衡を保とうとしている。しかし、均衡を保とうとするさまざまな生産部面のこの不断の傾向は、この均衡の不断の破壊にたいする反作用としてのみ働く。作業場の内部における分業にあっては〝先天的〟かつ計画的に守られる規則が、社会の内部における分業にあっては、ただ〝後天的〟にのみ、すなわち、内的で、無言であるが、市場価格のバロメーター的変動において知覚可能で、商品生産者たちの無規則な恣意を圧倒する自然必然性として作用する。マニュファクチュア的分業は、資本家に属する全体機構の単なる分肢をなすにすぎない人々にたいする、その資本家の無条件的な権威を想定する。社会的分業は、独立の商品生産者たちを互いに対立させるのであるが、彼らは、競争の権威すなわち彼らの相互的利害の圧力が彼らにおよぼす強制以外に、どのような権威をも認めない。それは、動物界においても、〝万物にたいする万物の戦い〟*が、すべての種の生存諸条件を多かれ少なかれ維持しているのと同じである。だからこそ、マニュファクチュア的分業、細目作業にたいする労働者の終身的従属、および資本のもとへの部分労働者たちの無条件的隷属を、労働の生産力を高める労働組織として賛美するその同じブルジョア意識が、社会的生産過程のあらゆる意識的社会的な管理および規制を、個別的資本家の不可侵な所有権、自由、および自律的な「独創性」への侵害として、同じように声高く非難するのである。工場制度の熱狂的な弁護者たちが、社会的労働のあらゆる一般的組織にたいして、それは社会全体を一つの工場に転化してしまうものだという以外に憤懣の言葉をなにも述べえないということは、きわめて特徴的である。

（五七）　本来的マニュファクチュアにおいては——と彼は言う——分業がより進んでいるように見えるが、それは、「それぞれ別々の作業部門で働いている人々が、しばしば同一の仕事場に集められ、観察者がひとめで見渡せるところに置かれているからであろう。これに反して、大多数の住民の主要諸欲求を満たすべき大マニュファクチュア（！）においては、それぞれ別々の作業部門で、実に多数の労働者が働いているので、彼らを一つの仕事場に集めることは不可能である。……分業はそれほど明瞭ではない」と（A・スミス『諸国民の富』第一篇、第一章〔大内兵衛・松川七郎訳、岩波文庫、㈠、一九五九年、九九ページ〕）。同じ章にある、「文明化し繁栄している国のごく普通の手工業者または日雇い労働者の家財道具を観察せよ……」〔同前訳、岩波文庫、㈠、一一三ページ〕という言葉で始まり、さらに、普通の労働者の欲求を満たすためにどんなに多くの多様な職業が協力しているかを描写している有名な章句は、B・ド・マンデヴィルがその著『蜂の寓話。または私悪は公益』につけた注釈からほとんど逐語的に引き写されている（初版は一七〇六年〔正しくは一七〇五〕年で注釈なし、注釈のついた版は一七一四年〔泉谷治訳、『蜂の寓話　私悪すなわち公益』、法政大学出版局、一九八五年（一七三二年版の全訳）〕）。

（五八）「一個人の労働の自然的報酬と呼びうるものは、もはやなにもない。各労働者は、全体のうちのある部分を生産するだけであり、そして各部分はそれ自身だけでは価値も効用もないのであるから、労働者が手に取って、これは私の生産物である、これは私のものにしておこう、と言えるようなものはなにもない」（『資本の諸要求にたいする労働の擁護』、ロンドン、一八二五年、二五ページ〔安川悦子訳「労働擁護論」、『世界の思想』５、河出書房新社、一九六六年、三七八ページ〕）。この卓越した著述の著者は、さきに引用した〔本章、原注二八および五二〕Th・ホジスキンである。

（五八ａ）第二版への注。社会的分業とマニュファクチュア的分業とのこの区別は、北米人には実際に例証された。南北戦争中にワシントンで新たに考え出された租税の一つに、「すべての工業生産物」に課された六％の消費税があった。質問――工業生産物とはなにか？　立法者の答弁――ある物が生産されるのは、「それがつくられるとき」であり、そしてそれがつくられるのは、販売向けにでき上がるときである。多くの例のなかから一例をあげよう。ニューヨークおよびフィラデルフィアのマニュファクチュアは、かつては付属物を全部つけた雨傘を「つくって」いた。ところが雨傘はまったく異種の部品の〝組み合わせ製品〟であるから、それらの部品は、しだいに互いに独立し、異なった場所で営まれる事業部門の製品となった。そこで、これらの部分生産物は、自立的商品として雨傘マニュファクチュアにはいっていき、雨傘マニュファクチュアは、もはやそれらを一つの全体に組み立てるだけとなった。北米人は、この種の物品を「集合品」と名づけたが、それらの物品は租税の集め場所なのでこの名がとくにふさわしかった。こうして雨傘は、まず、その諸要素それぞれの価格にたいする六％の消費税を「寄せ集め」、さらにふたたび、それ自身の総価格にたいする六％の消費税を「寄せ集め」たのである。

＊〔もともとプラトン著『法律』（『プラトン全集』13、岩波書店、一九七六年）の言に由来し、イギリスの哲学者ホッブズの『市民論』（一六四二年）の序言や『リヴァイアサン』（一六五一年）の「万人にたいする万人の戦い」で有名になった言葉。本田裕志訳『市民論』、京都大学学術出版会、二〇〇八年、二一ページ、水田洋訳『リヴァイアサン』、岩波文庫、㈠、一九九二年、二〇一ページ参照〕

資本主義的生産様式の社会においては、社会的分業の無政府性とマニュファクチュア的分業の専制とは相互に制約し合っているが、それにたいして職業の特殊化が自然発生的に発展し、次いで結晶し、最後に法律的に確定された以前の社会諸形態は、一方では、社会的労働の計画的かつ権威的な組織の(378)姿を示し、他方では、作業場内部の分業をまったく排除するか、または、それをきわめて小規模にしか、もしくは散在的かつ偶然的にしか、発展させない。（五九）

（五九）「一般的原則として言えるのは、権威が社会内部の分業を支配することが少なければ少ないほど、作業場の内部における分業はますます発達し、それはますますただ一人の権威に従属させられる、ということである。したがって、作業場における権威と社会における権威とは、分業にかんする限り、互いに反比例する」（カール・マルクス『哲学の貧困』、一三〇、一三一ページ〔邦訳『全集』第四巻、一五六ページ〕）。

たとえば、部分的にはいまなお存続しているあの太古的な小さいインド的共同体＊は、土地の共同所有と、農業と手工業との直接的結合と、固定的分業とを基礎としており、この固定的分業は、新たな共同体がつくられるさいに既成の計画や見取図として役立つ。この共同体は、自給自足的な総生産体をなしており、その生産領域は、一〇〇エーカーから数千エーカーにいたるまでさまざまである。生産物の大部分は、共同体の直接の自家需要のために生産され、商品として生産されるのではなく、したがって生産そのものは、全体としてインド社会における、商品交換によって媒介される分業からは独立している。生産物の余剰だけが商品に転化されるのであり、一部分はまた、大昔から一定分量が現物地代としてもたらされる国家の手によって、はじめて商品に転化される。インドでは、地方が異なれば共同体の形態が異なる。もっとも単純な形態では、共同体が土地を共同で耕作し、その生産物を成員のあいだに分配するが、他方、各家族は、家内的副業として糸を紡ぎ、布を織るなどの仕事をしている。これらの同じような仕事をしている民衆のほかに、一人で裁判官と警察官と徴税官とをかねる「首長」、農耕にかんする計算を行ない、その関連事項いっさいを記帳し登録する記帳係、犯罪者を追跡したり、外来の旅行者を保護して一つの村から他の村に送り届けたりする第三の役人、共同体の境界を隣接の諸共同体にたいして警護する境界監視人、共同貯水池から農耕用に水を分配する水番、宗教的儀式の職分をつかさどるバラモン、共同体の子供たちに砂の上で読み書きを教える教師、占星者として播種（はしゅ）・収穫の時期およびあらゆる特別な農耕労働を行なう日時のよしあしを指図する暦(379)バラモン、すべての農具をつくったり修繕したりする鍛冶屋と大工、村のためにすべての容器をつくる陶工、理髪師、衣類を洗うための洗濯師、銀細工師がおり、ところによっては詩人がいて、ある共同体では銀細工師の代わりをし、他の共同体では教師の代わりをする。これら一ダースほどの人々は、共同体全体の費用で養われる。人口が増加すると、新しい共同体がもとからの共同体を見本として未耕地に定住させられる。この共同体の機構は計画的分業を示してはいるが、マニュファクチュア的分業は不可能である。というのは、鍛冶屋や大工などの市場は不変のままであって、せいぜい、村の大きさの相違に応じて、鍛冶屋や陶工が一人でなく二人か三人いるといったぐらいのものだからである。[六〇]共同体の分業を規制する法則は、ここでは、自然法則の侵すことのできない権威をもって作用するのであるが、他方、鍛冶屋などのような特殊な手工業者はいずれも、伝統的な仕方に従いながらも、自立して、自分の作業場ではなんらの権威をも認めないで、自分の専門に属するすべての作業を行なう。これらの自給自足的な諸共同体は、絶えず同じ形態で再生産され、偶然に崩壊することがあっても同じ場所に同じ名称で再建されるが、[六一]これら自給自足的な諸共同体の単純な生産有機体は、アジア諸国家の絶え間のない崩壊と再建ならびに絶え間のない王朝交替とはいちじるしい対照をなしているアジア諸社会の不変性の秘密をとく鍵を提供する。社会の経済的基本要素の構造は、政治的雲界の嵐によっては影響されないのである。

（六〇）　陸軍中佐マーク・ウィルクス『インド南部の歴史的概要』、ロンドン、一八一〇—一八一七年、第一巻、一一八—一二〇ページ。インド的共同体のさまざまな形態のみごとな比較は、ジョージ・キャンブルの『近代インド』、ロンドン、一八五二年、のなかに見いだされる。〔マルクスは、ウィルクスのほか、ラッフルズ『ジャワの歴史』第一巻、二八五ページに引用されたイギリス下院東インド問題特別委員会『第五次報告書』、一八一二年（その一部は次の原注六一に引用されている）にも依拠して書いている〕

（六一）　「この単純な形態のもとで……この国の住民たちは大昔から生活してきた。村々の領域の境界は、まれにしか変更されなかった。そして村々は、ときには戦争や飢饉や疫病に襲われ、荒廃させられさえしたが、同じ名称、同じ境界、同じ利害、および同じ家族さえもが、何世代も存続してきた。住民たちは、王国の崩壊や分割によってはわずらわされない。村が元通りのままである限り、村がどんな権力に引き渡されるか、どんな主権者の手に帰するかは、彼らは気にしない。村の内的経済は、変わらないままである」（元ジャワ副総督Th・スタンフォード・ラッフルズ『ジャワの歴史』、ロンドン、一八一七年、第一巻、二八五ページ）。

＊〔本訳書、第一巻、七八ページの訳注＊参照〕

（380）すでに前述したように、同職組合の諸規則は、個々の同職組合親方が使用してもよい職人の数をきわめて強く制限することによって、親方が資本家に転化することを計画的にさまたげた。また、親方は、彼自身が親方をしている一つの手工業においてしか職人を使用することができなかった。同職組合は、それに対立する唯一の自由な資本形態である商人資本のあらゆる侵害を油断なく防いだ。商人は、どんな商品をも買うことができたが、商品としての労働〔力〕だけは買うことができなかった。商人は、手工業諸生産物の売りさばき人として容認されただけであった。外的な諸事情が一歩進んだ分業を呼び起こすと、既存の同職組合はもろもろの亜種に分裂するか、または、新たな同職組合が古いものとならんで設けられるかしたが、さまざまな手工業が一つの作業場に集められることはなかった。このように同職組合組織は、それの職業の特殊化、分立化、および完成がたとえマニュファクチュア時代の物質的存在諸条件の一部に属するとしても、マニュファクチュア的分業を排除した。一般に、労働者と彼の生産諸手段とは、カタツムリとその殻のように、相互に結合されたままであり、したがってマニュファクチュアの第一の基礎、すなわち労働者に対立する資本としての生産諸手段の自立化が、欠けていた。

一社会全体のなかでの分業は、商品交換によって媒介されているかいないかにかかわらず、きわめてさまざまな経済的社会構成体に属するものであるが、マニュファクチュア的分業は、資本主義的生産様式のまったく独自な創造物である。

第五節　マニュファクチュアの資本主義的性格

同じ資本の指揮権のもとに比較的多い労働者数があることは、協業一般の場合と同じように、マニュファクチュアの自然発生的な出発点をなす。またその逆に、マニュファクチュア的分業は、使用労働者数の増大を技術的必然性にまで発展させる。個々の資本家が使用しなければならない労働者の最低数は、いまでは、現存する分業によって資本家に指示される。他方、分業をさらに進める利益は、労働者総数のいっそうの増加によって条件づけられているが、この増加は、もはや倍数的にしか行なわれえない。しかし、資本の可変的構成部分とともに、不変的構成部分も増加しなければならない。すなわち、建物、炉などのような共同的生産諸条件の大きさのほかに、ことにまた原料が、労働者数よりもずっと速く増加しなければならない。与えられた時間内に与えられた労働分量によって消耗される原料の総量は、分業によって労働の生産力が増大するのと同じ割合で増大する。したがって、個々の資本家の手中にある資本の最低の大きさの増大、または、社会的な生活諸手段および生産諸手段の資本へのいっそう大きな転化は、マニュファクチュアの技術的性格から生じる一法則である。(六二)

(381)

（六二）「手工業の細分に必要な資本」（そのために必要な生活諸手段および生産諸手段と言うべきである）「が、社会のなかに現存しているというだけでは十分ではない。そのほかに、企業家たちが大規模な仕事をするのに足りる多量の資本が、彼らの手中に蓄積されていることが必要である。……分業が進めば進むほど、同数の労働者を絶えず就業させるには、道具や原料などとしてのますます多量の資本が必要とされる」（シュトルヒ『経済学講義』、パリ版〔一八二三年〕第一巻、二五〇、二五一ページ）。「生産諸用具の集中と分業とが相互に不可分であるのは、政治体制で公権力の集中と私的利害の分割とが相互に不可分であるのと同じである」（カール・マルクス『哲学の貧困』、一三四ページ〔邦訳『全集』第四巻、一五八ページ〕）。

単純協業におけるのと同様に、マニュファクチュアにおいても、機能している労働体は、資本の一存在形態である。多数の個別的部分労働者から構成された社会的生産機構は、資本家に所属する。だから、諸労働の結合から生じる生産力は、資本の生産力として現われる。本来的マニュファクチュアは、以前の自立的労働者を資本の指揮権と規律に従わせるだけでなく、なおそのうえに、労働者たちそのもののあいだの等級的編制をつくり出す。単純協業は、個々人の労働様式をだいたいは変化させないが、マニュファクチュアは、それを徹底的に変革し、個別的労働力をその根底でとらえる。それは、生産的な衝動および素質のいっさいを抑圧し、労働者の細目的熟練を温室的に助長することによって、労働者を損ねて不全にしてしまう――ちょうど、ラ・プラタ諸州〔アルゼンチン、パラグアイ、ウルグアイ〕において、毛皮や脂を取るために、動物一匹をまるごと殺してしまうように。特殊的部分諸労働が、さまざまな個人のあいだに配分されるだけでなく、個人そのものが分割されて、一つの部

(382)分労働の自動装置に転化されるのであり(六三)、人間を自分自身の身体の単なる一片として描くメネニウス・アグリッパのばかげたたとえ話[*1]が現実化される(六四)。労働者はもともとは、商品を生産するための物質的諸手段をもたないから自分の労働力を資本に売るのであるが、いまや、彼の個別的労働力そのものは、それが資本に売られない限りは彼の役に立たない。この個別的労働力は、もはや、それが販売されたあとではじめて存在する一つの連関のなかでしか、すなわち資本家の作業場のなかでしか、機能しない。マニュファクチュア労働者は、その自然的性状のうえから自立的な物をつくることができなくされており、もはや資本家の作業場への付属物として生産的活動を展開するにすぎない(六五)。選ばれた民の額には、彼がエホバの所有物(もの)だということが書かれているのと同様に[*2]、分業はマニュファクチュア労働者に、彼が資本の所有物(もの)だということを示す刻印を押すのである。

(六三)　ドゥガルド・スチュアトは、マニュファクチュア労働者を、「部分労働に使用される……生きた自動装置」と名づけている（『経済学講義』、三一八ページ）。

(六四)　サンゴの場合には、各個体が実際に群全体のための胃袋を形成している。しかし各個体は、ローマの貴族のように群全体から栄養分を奪い去るのではなく、群全体に栄養分を供給しているのである。

(六五)　「一つの手工業全体に習熟している労働者は、どこへでも行って働いて生活手段を見つけることができる。他の者」（マニュファクチュア労働者）「はいまでは一つの付属物にすぎないのであって、その作業仲間から引き離されると、なんの能力をも独立性をももたず、そのため、彼に押しつけられて当然とみなされる支配を受け入れざるをえない」（シュトルヒ『経済学講義』、ペテルブルク版、一八一五年、第一巻、二〇四ページ）。

＊1　〔「腹と手足」のたとえ話。古代ローマの貴族アグリッパは、平民が反乱を起こして聖山に立てこもった

とき〔紀元前四九四年〕、貴族という国家の腹が手足である平民を養っているのであるから、平民が反逆すれば、腹は手足を養えなくなり手足が衰えると平民に説いたとされる。『イソップ寓話集』〔「胃袋と足」、中務哲郎訳、岩波文庫、一九九九年、一一三ページ〕『プルターク英雄伝』〔河野与一訳、岩波文庫、㈢、一九五三年、一五一ページ〕など。ヘーゲル『法の哲学』、第二六九節、追加〔藤野渉・赤沢正敏訳、『世界の名著』35、中央公論社、一九六七年、四九七―四九八ページ〕参照〕

＊2〔新約聖書、黙示録、七・三―八。なおユダヤ教の神「エホバ」は、こんにちでは「ヤーヴェ」と発音するのが正しいとされている〕

自立的な農民または手工業者がたとえ小規模にでも発揮する知識、洞察、および意志は、未開の人が戦争のあらゆる技術を個人的策略として行なうように、いまではもはや、作業場全体にとって必要とされるにすぎない。生産上の精神的諸力能は、多くの面で消滅するからこそ、一つの面でその規模を拡大する。部分労働者たちが失うものは、彼らに対立して資本に集中される。[六六] 部分労働者たちにたいして、物質的生産過程の精神的諸力能を、他人の所有物、そして彼らを支配する力として対立させることは、マニュファクチュア的分業の所産である。この分離過程は、資本家が個々の労働者に対立して社会的労働体の統一と意志を代表する単純協業において始まる。この分離過程は、労働者を部分労働者に切り縮めるマニュファクチュアにおいて発展する。この分離過程は、科学を自立的な生産力能として労働から分離して資本に奉仕させる大工業において完成する。[六七]

（六六）　A・ファーガスン『市民社会史』、二八一ページ〔天羽・青木訳、前出、二六八ページ〕。「一方が失ったものを、他方が得たのであろう」。

（六七）「知識のある人と生産的労働者とは互いに遠く引き離されており、科学は、労働者の手のなかにおいて彼自身の生産諸力を彼自身のために増大するのでなく、ほとんどいたるところで彼に対立した。……知識は、労働から分離されて労働に対立させられうる一用具となる」（W・トムスン『富の分配の諸原理』、ロンドン、一八二四年、二七四ページ〔鎌田武治訳『富の分配の諸原理』2、京都大学学術出版会、二〇一二年、五一六ページ〕）。

（383）

マニュファクチュアにおいては、社会的生産力という点での全体労働者の、したがって資本の富裕化は、個人的生産力という点での労働者の貧弱化を条件としている。「無知は、迷信の母であると同様に、勤勉の母である。反省と空想力は誤りにおちいりやすい。しかし、手足を動かす習慣は、このどちらにも無関係である。したがって、マニュファクチュアがもっとも繁栄するのは、人々がもっとも精神力を奪われて、作業場が〔……〕人間を部品とする一つの機械とみなされうるようになっている所である」（六八）。実際、若干のマニュファクチュアは、一八世紀のなかばに、簡単ではあるが工場の秘密をなす特定の諸作業に、好んで知的障害者を使用した（六九）。

（六八）A・ファーガスン、前出、二八〇ページ〔天羽・青木訳、前出、二六七ページ〕。

（六九）J・D・タケット『勤労人口の過去および現在の状態の歴史』、ロンドン、一八四六年、第一巻、一四八ページ。

A・スミスは、次のように言う――「大多数の人間の精神は、必然的に彼らの日常の仕事によって、またそこにおいて、発達させられる。少数の簡単な作業の遂行に全生涯を費やす人は、……彼の理解力を働かす機会をもたない。……彼は、およそ創造物としての人間にとって可能な限り愚かで無知なものになる」と。スミスは、部分労働者の愚鈍さを叙述したあと、次のように続ける――「彼の停滞的な生活の単調さは、自然に彼の勇敢な精神をも腐敗させる。……その単調さは、彼の肉体上のエネルギーをさえ破壊し、彼がこれまで仕込まれてきた細目作業のほかでは、精力的に忍耐強く自分の力を発揮することをできなくする。このようにして、彼の特定の職業における彼の技能は、彼の知的、社会的、および戦士としての徳を犠牲にして獲得されるように思われる。ところで、あらゆる産業的文明社会では、これこそ〔……〕労働貧民、すなわち人民大衆が必然的におちいらざるをえない状態なのである」(七〇)。分業から生じる人民大衆の完全な萎縮を防止するために、Ａ・スミスは、慎重にごくわずかな量に限ってではあるが、国家による国民教育を推奨している。これにたいして、スミスの著書のフランス語訳者で注釈者であるＧ・ガルニエ――彼はフランスの第一次帝政〔一八〇四―一八一四年。皇帝ナポレオン一世の治下〕のもとで当然ながら元老院議員になり上がった――は、徹底的に反対している。国民教育は、分業の第一諸法則に反しており、国民教育で、「われわれの全社会制度がぶちこわされる」と言うのである。「他のすべての分業と同じように」――と彼は言う――「手労働と知的労働との分業も(七一)、社会」(彼は、この言葉を正しく、資本、土地所有、およびそれらのものである国家をさすものとして用いている)「が富めば富むほど、ますます明瞭かつ決定的となる。他のあらゆる分業と同じく、この分業は過去の進歩の結果であり、将来の進歩の原因である。……いったい政

(384)

府は、この分業を妨害し、その自然的進行を制止してよいであろうか？　政府は、その分割と分離とをめざしている二種の労働をもつれさせ混合させる試みのために、国家の収入の一部を費やしてよいであろうか？」〔七二〕。

（七〇）　A・スミス『諸国民の富』、第五篇、第一章、〔第三節〕第二項〔大内・松川訳、岩波文庫、㈣、一九六六年、一五八―一五九ページ〕。すでに分業の不利な諸結果を展開していたA・ファーガスンの弟子として、A・スミスは、この点についてはまったくはっきりしていた。分業を〝職務上〟賛美する彼の著書の冒頭では、彼はただことのついでに、分業が社会的不平等の原因であると示唆しているだけである。国家の収入にかんする第五篇で、はじめて彼はファーガスンの説を再生産している。私は『哲学の貧困』で、分業の批判におけるファーガスン、A・スミス、ルモンテおよびセーの歴史的関係について必要なことを述べ、またそこではじめて、マニュファクチュア的分業を資本主義的生産様式の独自の形態として叙述した（『哲学の貧困』、一二二ページ以下〔邦訳『全集』第四巻、一五〇―一五二ページ〕）。

（七一）　ファーガスンは、すでに『市民社会史』の二八一ページ〔天羽・青木訳、前出、二六八ページ〕で、次のように言う――「そして思考そのものも、この分業の時代においては特殊な職業になりうる」。

（七二）　G・ガルニエ、『諸国民の富』の彼の訳書の第五巻〔ガルニエによる注解〕、四―五ページ。

ある種の精神的および肉体的不全化は、社会全体の分業からも切り離すことはできない。しかし、マニュファクチュア時代は、労働諸部門のこの社会的分割をさらにはるかに前進させ、また他面では、その固有な分業によってはじめて個人をその生命の根源でとらえるから、それはまた、はじめて産業病理学〔七三〕に材料と刺激とを提供する。

（七三）　パドヴァ〔イタリア北東部の都市〕の臨床医学の教授ラマッツィーニは、一七一三年にその著『働く人々の病気について』〔初版は一七〇〇年、一七一三年は増訂版。松藤元訳『働く人々の病気』、北海道大学図書刊行会、一九八〇年〕を公にしたが、これは、一七七七年にフランス語に翻訳され、また一八四一年に『医学百科辞典。第七講、古典的著述家篇』に再録された。大工業の時代は、ラマッツィーニの労働者病のカタログをもちろん非常に増大させた。とりわけ次の著述を見よ――A・L・フォントレ博士の『一般に大都市およびとくにリヨン市における労働者の肉体的および精神的衛生』、パリ、一八五八年、および〔R・H・ロハッチ〕『さまざまな身分、年齢、および性に固有な疾病類』全六巻、ウルム、一八四〇年。一八五四年に〝技能協会〟*は、産業病理にかんする調査委員会を設けた。この委員会によって集められた文書のリストは、「トウィックナム経済博物館」の目録のなかに見いだされる〔トウィックナムはロンドン南西近郊の町。現在は大ロンドン自治区の一つに含まれる〕。政府の『公衆衛生にかんする報告書』も、きわめて重要である。医学博士エードゥアルト・ライヒの『人類の退化について』、エルランゲン、一八六八年、をも見よ。〔末尾の一文は第二版で追加〕

*〔一七五四年、ロンドンに設立された博愛主義的ブルジョア啓蒙団体。マルクスは、労働者と企業家の仲介役をつとめようとしたこの団体（「技能および商工業協会」Society of Arts and Trades）を「策略とぺてんの協会」Society of Arts and Tricks と皮肉った（邦訳『全集』第一〇巻、六五ページ参照）〕

（385）

「一人の人間を細分するとは、もし彼が死罪に値するときには、彼を死刑に処することであり、もし彼がそれに値しないときには、彼を暗殺することである。労働の細分は、人民の暗殺である」（七四）。

（七四）　D・アーカート『常用語』、ロンドン、一八五五年、一一九ページ。ヘーゲルは、分業についてきわめて異端的な見解をもっていた。「教養ある人間とは、まず第一に、他人のなすことはなんでもすることができる人間と解されうる」と、彼は、その著『法の哲学』〔第一八七節、追加。藤野・赤沢訳、『世界の名著』35、四二一ページ〕のなかで言っている。

分業にもとづく協業すなわちマニュファクチュアは、その発端では、自然発生的な形成物である。マニュファクチュアがいくらか堅実かつ広範に定在するようになると、それは資本主義的生産様式の意識的、計画的、かつ組織的な形態となる。本来的マニュファクチュアの歴史が示すところでは、それに固有な分業は、さしあたりは経験的に、いわば登場人物たちの背後で、適切な諸形態を獲得するのであるが、しかしやがて、同職組合的手工業と同じように、ひとたび見いだされた形態を伝統的に固守しようとし、そして個々の場合には何世紀にもわたって固守する。この形態が変わるとすれば、それは、副次的な場合をのぞけば、つねにただ労働諸用具の変革の結果である。近代的マニュファクチュア――私はここでは機械にもとづく大工業については述べない――は、たとえば衣服マニュファクチュアのように、それが成立する大都市において、〝詩人の引き裂かれたる四肢〟[*]をでき合いのものとして見いだし、それを、ただ分散状態から集めるだけであり、または他の場合には、手工業的生産（たとえば製本業の場合）のさまざまな作業が簡単に個々の労働者に専門的に習得されるので、分業の原理は手に取るように明らかである。これらの場合には、それぞれの機能に必要な人手の比例数を見いだすのに、一週間の経験をも要しない。（七五）

（七五）　個々の資本家が分業において〝先天的に〟発明の天才を発揮するという気楽な信仰は、いまではドイツの教授たちのもとで見いだされるにすぎない――たとえば、ロッシャー氏は、分業は資本家のジュピター〔ローマの最高神〕的頭脳から完成されたものとして飛び出てくるので、資本家たちにその報酬として「さまざまな労賃」をささげている。分業の適用が多いか少ないかは、財布の大きさに依存するのであって、天才の大きさに依存するのではない。

＊〔本訳書、第一巻、六〇六ページの訳注＊２参照〕

（386）

マニュファクチュア的分業は、手工業的活動の分解、労働諸用具の専門化、部分労働者たちの形成、一つの全体機構のなかにおける彼らのグループ分けと結合とによって、社会的生産諸過程の質的編制と量的比例性、すなわち社会的労働の一定の組織をつくり出し、それによって同時に労働の新しい社会的生産力を発展させる。マニュファクチュア的分業は、社会的生産過程の独自の資本主義的形態としては――そしてそれは、既存の基礎〔フランス語版では「与えられた歴史的基礎」〕の上では資本主義的形態で発展する以外には発展しえなかったが――相対的剰余価値を生み出すための、または資本――社会的富とか「諸国民の富」とか呼ばれているもの――の自己増殖を労働者の犠牲において高めるための、一つの特殊な方法でしかない。マニュファクチュア的分業は、労働の社会的生産力を、労働者のためにではなく資本家のために、しかも個別的労働者を不全化することによって発展させる。マニュファクチュア的分業は、労働にたいする資本の支配の新しい諸条件を生み出す。だからマニュファクチュア的分業は、一方では、社会の経済的形成過程における歴史的進歩および必然的発展契機として現われるとすれば、他方では、文明化され洗練された搾取の一手段として現われる。

　マニュファクチュア時代にはじめて独自の科学として成立する経済学は、社会的分業一般を、もっ
ぱらマニュファクチュア的分業の観点から、[七六]すなわち同じ分量の労働でより多くの商品を生産するた
めの、したがって商品を安くし資本蓄積を速めるための手段としてのみ考察する。このように量およ
び交換価値に強調を置くのとは正反対に、古典古代の著述家たちは、もっぱら質および使用価値に固
執する。[七七]社会的生産諸部門の区分けの結果として、諸商品はよりよいものがつくられ、人間のさまざ
(387) まな衝動および才能はそれに合致する活動部面を選択するのであって、[七八]〔活動部面の〕限定なくしては、
どこでも、たいしたことは達成できない。[七九]すなわち生産物および生産者は、分業によって改善される
〔というのである〕。たとえたまたま〔古典古代の著述家たちが〕生産物の総量の増大に言及することがあっ
ても、それはただ、使用価値がよりいっそう豊富化することに関連してである。交換価値や商品の低
廉化については、ひとことの考えも述べられていない。使用価値というこのような立場は、分業を諸
(388) 身分の社会的区分けの基礎として取り扱うプラトン[八〇]にあっても、また、その特徴的な市民的本能によ
ってすでに作業場内部の分業に接近しているクセノフォン[八一]にあっても、支配的である。プラトンの国
家は、そのなかで分業が国家の形成原理として展開される限りでは、エジプトのカースト制度のアテ
ネ人的理想化にすぎない。それは、エジプトが、プラトンと同時代の他の人々たとえばイソクラテス[八二]
(389) にとっても、産業的模範国としての意義をもち、ローマ帝政時代のギリシア人にとっても、なおこの
意義をもち続けたのと同様である。[八三]

（七六）　A・スミスよりも、ペティや『イギリスにとっての東インド貿易の諸利益』の匿名著者〔H・マーティ

ン」などのような、より以前の著述家たちのほうが、マニュファクチュア的分業の資本主義的性格をはっきり見ている。

（七七）　ベッカリーアとジェイムズ・ハリスのような、分業にかんしてほとんどただ古代人の口まねをしているにすぎない一八世紀の少数の著述家たちは、近代人のあいだでは例外をなしている。たとえばベッカリーアは、次のように言う――「だれもがその経験によって証明するように、手と才能をつねに同じ種類の仕事と生産物に適用する場合には、各々は、その必要とする物を一人で生産する場合よりも、それらをより容易に、より豊富に、よりみごとに手に入れる。……このようにして、人間は、公共的利益および私的利益のために、さまざまな階級および身分に分けられる」（チェーザレ・ベッカリーア『公経済原理』、クストーディ編、近代篇、第一一巻〔ミラノ、一八〇四年〕、二八ページ）。ジェイムズ・ハリス――のちのマームズバリー伯、ペテルブルク駐在大使時代の『日記』で有名――は、その著『幸福にかんする対話』[*1]、ロンドン、一七四一年（のちに『三論文』、第三版、ロンドン、一七七二年に再録）への一つの注のなかで、みずから次のように言っている――「社会は自然的なものであるということ」（すなわち「諸業務の分割」によって）「の全証明は、プラトンの『国家』の第二巻から取ってきたものである」と。

（七八）　たとえば、〔ホメロス〕『オデュッセイア』、第一四歌、第二二八行〔松平千秋訳、岩波文庫、下、一九九四年、四六ページ〕には、「つまりは、人それぞれに楽しむ仕事が違う」とあり、また、アルキロコスは、セクストゥス・エンピリクスの著書のなかで「心のはずむ仕事は、人それぞれに違うもの」[*2]と言っている。

（七九）　「多くの仕事のできる人は、なにをしてもへたである」[*3]〔多芸は無芸〕――アテネ人は、商品生産者としてスパルタ人よりも優れていると自負していた。なぜなら、スパルタ人は、戦争では人間を使いこなすことはできても、貨幣を使いこなすことはできないからであって、たとえば、トゥキュディデスは、ペリクレスに、ペロポネソス戦争[*4]のためにアテネ人を激励する演説のなかで、次のように言わせている――「自給自足経済を営むもの〔原文は「自作農」〕は、資金でよりもむしろ兵隊の頭数で戦おうとする」（トゥキュディデス『ペロポネソス戦史』巻一、第一四一〔久保正彰訳『戦史』、岩波文庫、上、一九六六年、一八六ページ〕）。とはいえ、彼らの理想は、物質的生産においても、分業に対立する〝自給自足〟であった。「というのは、分業のもとでは幸福があるが、自給自足のもとでは独立もあるからである」。この点については、三〇人僭主の没落の当時でも、土地を所有しないアテネ人は五〇〇〇人とはいなかったということを、考慮しなければならない。

（八〇）プラトンは、共同体内部の分業を、諸個人の欲求の多面性と素質の一面性とから説明している。彼の主要観点は、労働者が仕事に自分を適合させなければならないのであって、仕事が労働者に――労働者がさまざまな技能を同時に行ない、したがってあれこれの技能を副業として行なう場合には、不可避であるように――適合させられてはならない、というのである。「というのは、仕事は、それをする人が暇になるのを待とうとはせず、それをする者のほうが、片手間にではなく、仕事に合わせなければならないからである――そうでなければならない――したがってそれからの結論は、一人の人が、その天賦の素質に応じて、正しい時機に、他の諸業務から解放されただ一つのことだけをする場合に、すべての物をより多くまたよりみごとかつより容易に、つくれるということである」（『国家』第一巻、巻二、バイター、オレリ等編〔の『プラトン著作集』〕）。〔藤沢令夫訳『プラトン全集』11、岩波書店、一九七六年、一三六ページ。同訳『国家』、岩波文庫、上、一九七九年、一三四ページ〕）。トゥキュディデス、前出、第一四二〔久保訳、前出、上、一八八ページ〕でも、同様なことが言われている――すなわち「海事は、他のどんなことにもまして一つの技術であって、なにかことある場合に余技として営まれることはできず、またむしろ、他のなにごとも海事の余技として営まれることはできない」と。プラトンは言う――仕事がそれをする人の暇になるのを待たなければならないとすれば、しばしば生産の決定的な時機が逸せられ、製品がだめにされ、「仕事のための適期が失われる」〔藤沢訳、前出、一三五ページ。同訳、岩波文庫、一三四ページ〕と。すべての労働者のために一定の食事時間を確定している工場法の条項に反対する、イギリスの漂白工場主たちの抗議のなかにも、これと同じプラトン的な考えが見いだされる。彼らの事業は労働者に順応することはできない、というのは、「毛焼き、精練、漂白、マングル加工、カレンダ加工、および染色というさまざまな作業のいずれも、一定の瞬間に損害の危険なしに中止することはできないからである。……すべての労働者のための同じ食事時間を強制することは、場合によっては、労働過程が完了されないことによって、貴重な財を危険にさらすことになる」[*5]と。〝プラトン主義は、なおもどこに巣くおうというのか！〟

（八二）　クセノフォンは説明している――ペルシア王の食卓から食物をいただくのは、名誉なことであるばかりでなく、この食物は、他の食物よりもはるかに美味でもある、と。「そして、これは、なんらおどろくべきことではない。というのは、ほかの諸技術が大都市で特別に完成されているのと同様に、王の食物もまったく特別に調理されるからである。というわけは、小都市では、同じ人間が、寝台、扉、犂、机をつくり、しかもそのうえしばしば家をも建てるのであり、そして、こうして自分の生計を維持するのに十分な顧客さえあれば、満足であるからである。このようにさまざまなことをする一人の人間が、すべてのことをうまくやることは、まったく不可能である。ところが大都市では、各個人に多くの購買者があるので、一人の人間が食っていくのには、一つの手工業でも十分である。それどころか、しばしば、そうするのに一つの手工業全体でさえも必要ではなく、ある人は男性用の靴をつくり、他の人は女性用の靴をつくる。時としては、ある人はただ靴を縫い、他の人は靴の型に裁断するだけで、生活する。また、ある人は衣服〔「革靴」の誤り〕を裁断するだけであり、他の人はそれらの布〔革〕片を縫い合わせるだけである。ところで、もっとも簡単な仕事をする人は、また無条件にそれをもっとも上手にやるということは、必然である。料理術についても同じである」〔クセノフォン『キュロパエディア』第八巻、第二章〔松本仁助訳『キュロスの教育』、京都大学学術出版会、二〇〇四年、三五二―三五三ページ〕〕。クセノフォンは、分業の規模が市場の範囲に依存することをすでに知っているが、ここでは、もっぱら、使用価値の所期の品質だけが問題にされている。

（八二）「彼」（ブシリス〔ギリシア神話の神〕）「は、すべての人々を特殊な諸身分に区分し、……同じ人はつねに同じ業務を営むように命じた。なぜなら、彼は、自分の仕事を替える人々はどの業務にも精通しないが、絶えず同じ仕事についている人々はそれぞれの仕事をきわめて立派に仕上げるということを、よく知っていたからである。実際にわれわれも知るであろうように、彼らは、技能および職業にかんしては、名工が拙工にまさっている以上に、その競争者たちにまさっていたのであり、そして、君主制その他の国家制度を維持するのに設けている施設にかんしても、きわめて優れているので、これらのことについて語ろうとする有名な哲学者たちが、エジプトの国家制度を他国のどれよりも称賛したほどである」（イソクラテス『ブシリス』第〔七、〕八章〔小池澄夫訳『イソクラテス　弁論集』2、京都大学学術出版会、二〇〇二年、五二―五三ページ〕）。

（八三）ディオドロス・シクルス〔前出『歴史文庫』第一巻〕を参照せよ。

＊1〔この著者は、イギリスの外交官で『日記と通信』（一八四四年）の著者ジェイムズ・ハリス（一七四六―一八二〇年）ではなく、彼の父で哲学者のジェイムズ・ハリス（一七〇九―一七八〇年）である。ここの引用は後者の著『三論文』の二九二ページからなされている〕

＊2〔セクストゥス・エンピリクス『定説家論駁』、第一一書、第四四段落にあるアルキロコスの句が引用されている〕

＊3〔ホメロスの作と伝えられている滑稽叙事詩『マルギテス』の一節として、プラトン『アルキビアデス

Ⅱ』に引用された句。川田殖訳、『プラトン全集』６、岩波書店、一九七五年、一三八ページ〕

＊４〔古代ギリシアで、アテネを中心とする勢力とスパルタを中心とする勢力とのあいだで戦われた戦争（紀元前四三一―四〇四年）。戦争はアテネ側の敗北に終わり、スパルタの覇権が確立した。アテネでは、戦争の敗北直後に三〇人の寡頭政治（「三〇人僭主」）が成立し、恐怖政治を強行したが、八ヵ月後に倒され、民主制が回復された〕

＊５〔『工場監督官報告書。一八六一年一〇月三一日』、二一―二二ページ〕

本来的なマニュファクチュア時代、すなわち、マニュファクチュアが資本主義的生産様式の支配的な形態である時代のあいだ、マニュファクチュア独自の諸傾向の十分な展開は多面的な障害に突きあたる。マニュファクチュアは、すでに述べたように、労働者たちの等級的編制のほかに、熟練労働者と不熟練労働者とのあいだの単純な区分をつくり出すとはいえ、熟練労働者の優勢な影響力によって、不熟練労働者の数はなおきわめて限られている。マニュファクチュアは、特殊的諸作業を、その生きた労働諸器官の成熟、力、および発達のさまざまな程度に適合させ、そこから女性および児童たちの生産的搾取に突き進むとはいえ、この傾向は、一般に慣習および男性労働者の反抗のために挫折する。手工業的活動の分解は、労働者の育成費を、したがって労働者の価値を低下させるとはいえ、比較的困難な細目労働にとっては、比較的長い修業期間がなお必要であり、またそれが余計な場合でも、労働者たちの嫉妬心によって維持される。たとえばイギリスでは、七年間の修業期間を定めている〝徒弟法〟[＊1]がマニュファクチュア時代の終わりまで完全に有効であって、大工業によってはじめて廃棄された。手工業的熟練は、相変わらずなおマニュファクチュアの基礎であり、マニュファクチュアのなかで機能している全体機構は、労働者そのものから独立した客観的な骨格を持っていないので、資本は、絶えず労働者たちの不従順と格闘する。「人間性の弱点は」——とわが友ユアは叫ぶ——「きわめて大きいので、労働者は熟練すればするほど、ますますわがままで取り扱いにくくなり、したがって彼らのむら気な気まぐれによって、〔……〕全体機構に重大な損害を与える」〔八四〕。それゆえ、全マニュファクチュア時代を通じて、労働者たちの規律不足にかんする不平が聞かれる〔八五〕。また、同時代の著述家たちの証言はなくとも、一六世紀から大工業の時代にいたるまで資本はマニュファクチュア労働者が自由に使用できる全労働時間を自分のものにすることに成功していないこと、またマニュファクチュアは短命であって、労働者の移出または移入につれてある地方から他の地方にその所在地を移すこと、こうした簡単な諸事実が、多数の書物に代わって多くのことを語るであろう。「なんとかして秩序を確立しなければならない」——たびたび引用した『工業および商業にかんする一論』の著者〔ジョン・カニンガム〕は、一七七〇年にこう叫んでいる。秩序、それは、六六年後にアンドルー・ユア博士の口から、次のようにこだましてくる——「秩序」は「分業というスコラ的ドグマ」*2をもとにしているマニュファクチュアには欠けていたものであり、「アークライトが秩序をつくり出したのだ」*3と。

(390)

(八四)　ユア『工場哲学』、前出、二〇ページ。

(八五)　本文で言ったことは、フランスよりもイギリスにたいしてはるかによくあてはまり、またオランダよりもフランスにたいしてよくあてはまる。

＊１〔一五六三年に制定。七年間の徒弟期間、一二―六〇歳の男子はこの期間を終了しなければ雇われず、また奉公期間中それに縛りつけられ、移動の自由もなかった。一八一四年廃止〕

＊２〔ユア『工場哲学』、前出、一三ページ〕

＊３〔イギリスの企業家で各種の紡績機械の考案者。本訳書、第一巻、六五八ページ訳注＊４参照〕

同時に、マニュファクチュアは、社会的生産をその全範囲においてとらえることもできず、またそれを深部において変革することもできなかった。マニュファクチュアは、都市手工業と農村家内工業との広範な基礎の上に、経済的な作品としてそびえ立っていた。マニュファクチュア自身の狭い技術的基盤は、ある一定の発展度に達すると、それ自身によってつくり出された生産諸要求と矛盾するにいたった。

マニュファクチュアのもっとも完成された形成物の一つは、労働諸用具そのものと、とりわけまたすでに使用されていた複雑な機械的装置とを生産するための作業場であった。「このような作業場〔原文は「機械工場」〕は」――とユアは言う――「さまざまな度合いの分業を示していた。錐（きり）やのみや旋盤は、それぞれ、熟練度に応じて等級的に編制された独自な労働者をもっていた」＊と。マニュファクチュア的分業のこの生産物がそれ自体で機械を生産した。この機械は、社会的生産の規制的原理としての手工業的活動を廃除する。こうして、一方では、一つの部分機能への労働者の終身的併合の技術的基礎が除去される。他方では、この同じ原理が資本の支配にたいしてなお課していた諸制限がなくなる。

＊〔ユア『工場哲学』、二一ページ。ユアは「機械工場」という語を、マルクスの作業場（労働用具の生産のための）と同義に用いている。なお、原文には「等級的に編制された」はない〕

（391）

第一三章　機械と大工業

第一節　機械の発展

ジョン・スチュアト・ミルは、彼の著書『経済学原理』で、次のように言う――「これまでに行なわれたすべての機械にかんする諸発明が、だれかある人間の日々の労苦を軽くしたかどうかは、疑わしい(八六)」〔第四篇、第六章、二。末永茂喜訳、岩波文庫、(四)、一九六一年、一〇九ページ〕。しかし、そのようなことは、資本主義的に使用される機械の目的では決してない。労働の生産力の他のどのような発展とも同じように、機械は、商品を安くして、労働日のうち労働者が自分自身のために費やす部分を短縮し、彼が資本家に無償で与える労働日の他の部分を延長するはずのものである。機械は、剰余価値の生産のための手段である。

(八六)　ミルは、〝他の人々の労働によって養われていないだれかある人間の〟と言うべきだったであろう。というのは、機械が高貴な怠け者の数を非常に増やしたことは、疑問の余地がないからである。

生産様式の変革は、マニュファクチュアでは労働力を出発点とし、大工業では労働手段を出発点とする。したがって、まず研究しなければならないことは、なにによって労働手段は道具から機械に転化されるのか、または、なにによって機械は手工業用具と区別されるのか、である。ここで取り扱われるのは、大きな一般的な諸特徴だけである。というのは、社会史の諸時代は、地球史の諸時代と同じように、抽象的な厳密な境界線によって区別されないからである。

(392) 数学者や機械学者たちは――そしてこのことは、ときおりイギリスの経済学者たちによって繰り返されているのだが――道具は簡単な機械であり、機械は複雑な道具である、と説明している。彼らは、ここでは本質的な区別を見ておらず、そして、てこ、斜面、ねじ、くさびなどのような簡単な機械的力能さえ、機械と名づけている。(八七) 実際、どの機械も、そのような簡単な諸力能から成り立っている――どんなに仮装され組み合わされていようとも。とはいえ、経済学的立場からは、この説明はなんの役にも立たない。というのは、それには歴史的要素が欠けているからである。他方、道具と機械との区別を、道具では人間が動力であり、機械では、動物、水、風などのような、人間力とは異なった自然力が動力であるということに、求める人がある。(八八) それによると、実にさまざまな生産時代に見られる牛のひく犂(すき)は機械であるが、ただ一人の労働者の手で運転されて一分間に九万六〇〇〇の目を編む〝クラウセン式円形織機〟[*1]は単なる道具にすぎない、ということになるであろう。それどころか、同じ織機も、手で動かされると道具であり、蒸気で動かされると機械である、ということになるであろう。動物力の利用は人類の最古の発明の一つであるから、実際には、機械制生産が手工業生産に先立つ、ということになるであろう。ジョン・ワイアト[*2]が、一七三五年に彼の精紡機を発表し、それによって一八世紀の産業革命を告知したとき、彼は、人間の代わりにロバがこの機械を動かすとは、ひとことも述べなかった――それでもこの役割はロバのものになったが。「指を使わないで紡ぐため」

の機械、*3と彼の目論見書(もくろみ)は書いていた。(八九)*4

(八七)　たとえば〔チャールズ・〕ハットンの『数学教程』〔第一二版、全二巻、ロンドン、一八四一―一八四三年、一七四―一七五ページ〕を見よ。

(八八)　「この観点からすれば、確かに道具と機械とのあいだに明確な境界線を引くことができる。すなわち、鋤(すき)、ハンマー、のみなど、他の点ではどんなに精巧でも人間が動力となっているてこ仕掛けやねじ仕掛け……これらはすべて道具の概念のもとにはいる。他方で、動力として動物の力を用いた犂、風力などによるひき臼は、機械に数えうる」（ヴィルヘルム・シュルツ『生産の運動』、チューリッヒ、一八四三年、三八ページ）。多くの点で称賛に値する書。

(八九)　すでに彼より以前に、きわめて不完全なものであったとはいえ、粗紡機が使用された――おそらく最初にイタリアで。*5もし批判的な技術学史(テヒノロギー)があれば、それは、およそ、一八世紀のどの発明も一個人のものであることがいかに少ないかを、証明するであろう。これまでのところ、このような著作は存在していない。ダーウィンは、自然の技術学の歴史に、すなわち動植物の生活のための生産用具としての動植物の諸器官の形成に関心を向けた。社会的人間の生産的諸器官の形成史、すなわち、特殊な各社会組織の物質的土台の形成史も、同じような注意に値するのではないか？　そして、こちらの形成史のほうが、いっそう容易に提供されるのではなかろうか？　そのわけは、ヴィーコ*6が言うように、人間の歴史が自然の歴史から区別されるのは、前者はわれわれがつくったが、後者はそうでないという点にあるからである。技術学は、人間の自然にたいする能動的態度*7を、人間の生活の直接的生産過程を、それとともにまた人間の社会的生活関係およびそれから湧き出る精神的諸表象の直接的生産過程*8を、あらわにする。どんな宗教史も、この物質的土台を度外視するものは――批判的とは言えない。実際、分析によって宗教的な諸幻像の現世的核心を見いだすことは、その逆に、そのときどきの現実的生活諸関係からそれらの天国的な諸形態を展開することよりも、はるかに容易である。後者が唯一の唯物論的な、したがって科学的な方法である。歴史的過程を排除する抽象的・自然科学的唯物論の欠陥は、その代弁者たちが自分の専門外にとび出すやいなや、彼らの抽象的でイデオロギー的な諸表象からすでに見てとれる。

＊1〔ベルギーの発明家ペーターー・クラウセンがつくった丸編み機で、一八四七年に英国特許をとった〕
＊2〔イギリスの精紡機の発明者〕
＊3〔ユア『工場哲学』、ロンドン、一八三五年、一六ページ参照〕
＊4〔タケット『勤労人口の過去および現在の状態の歴史』第一巻、二〇八ページ参照〕
＊5〔ポッペ『技術学の歴史』第一巻、二七四ページ参照〕
＊6〔イタリアの哲学者。『新しい科学の諸原理』（一七二五年）で歴史の発展法則を主張した〕
＊7〔フランス語版では「行動様式」となっている〕
＊8〔フランス語版では「知的表象あるいは概念の起源」となっている〕

（393）すべての発展した機械は、三つの本質的に異なる部分、すなわち、原動機、伝動機構、最後に道具機または作業機から、成り立っている。原動機は、機構全体の原動力として作用する。それは、蒸気機関、熱気機関、[*]電磁機関などのように、それ自身の動力を生み出すか、または、水車が落水から、風車が風から受け取るなどのように、それの外部の既成の自然力から動力を受け取るか、である。伝動機構は、はずみ車、駆動軸、歯車、滑車、シャフト、ロープ、ベルト、噛み合い装置、さまざまな種類の中間歯車から構成されていて、運動を調節し、必要なところでは運動の形態を転換させ――たとえば直線運動から円形運動に――運動を道具機に配分し伝達する。機構のこの両部分は、道具機に運動を伝えるためにだけあるのであり、それによって道具機は労働対象をとらえ、目的に応じてそれを変化させる。機械のこの部分、すなわち道具機こそが、一八世紀産業革命の出発点をなすものである。道具機は、手工業経営またはマニュファクチュア経営が機械経営に移行するたびごとに、いまなお毎日あらためて出発点となっている。

＊〔スウェーデン出身のアメリカの技師ジョン・エリクスン〔一八〇三―一八八九〕の発明。加熱により気体や液体が膨張する原理を利用して動力を生み出す。一九世紀はじめに発明されたが、効率が悪く、同世紀末には用いられなくなった〕

さて、道具機または本来の作業機をもっと詳しく観察すると、しばしば形態は非常に変えられているとはいえ、だいたいは、手工業者やマニュファクチュア労働者が作業するときに用いた装置と道具類が再現する。ただし人間の道具としてではなく、いまや一つの機構の道具として、または機械式道具として、である。(394) 機械全体が、力織機の場合のように[九〇]、古い手工業用具の多少つくり変えられた機械化版にすぎないか、または、作業機の骨組みに取りつけられた作業器官が、精紡機の場合の紡錘、靴下編み機の場合の針、鋸(のこ)盤の場合の鋸刃、肉刻み機の場合の刃などのように、古くから知られているものであるか、である。これらの道具と本来の作業躯体との区別は、それらの出生にまでおよんでいる。すなわちこれらの道具は、いまなお大部分が手工業的またはマニュファクチュア的に生産され、あとになってはじめて機械によって生産された作業躯体に取りつけられる[九一]。したがって、道具機は、適当な運動が伝えられると、自分の道具で、以前に労働者が類似の道具で行なっていたのと同じ作業を行なう一機構である。原動力が人間から出てくるか、それ自身また一機械から出てくるかは、事態の本質をなにも変えない。本来的な道具が人間から一つの機構に移されるのに応じて、単なる道具に代わって機械が現われる。この区別は、たとえ人間そのものがまだ依然として原動力であるとしても、一目瞭然である。人間が同時に使用できる労働用具の総数は、人間の自然的生産用具である彼自身の肉体的器官の総数によって制限されている。ドイツでは、最初、一人の糸紡ぎ工に二台の紡車を踏ませようと、したがって、同時に両手両足を使って働かせようという試みがなされた。[*1] これは、あまりにも骨の折れることであった。その後、二つの紡錘をつけた足踏み式紡車が発明されたが、同時に二本の糸を紡ぐことのできる糸紡ぎの熟練者は、双頭の人間と同じように、きわめてまれであった。それに反して、ジェニー精紡機[*2]は、最初から一二―一八錘の紡錘で紡ぎ、靴下編み機は、同時に何千本もの針で編む、等々。同じ道具機が同時に働かせる道具の総数は、最初から、一人の労働者の手工業道具を制約する器官的制限から解放されている。

(九〇)　ことに力織機の最初の型式には、一見して旧式織機が再認される。力織機が本質的に変化したものとして現われるのは、その最新の型式においてである。〔前出、『諸国民の産業』第二部、一五四―一五七ページ参照〕

(九一)　イギリスで、作業機用道具のうち機械によって――作業機そのものをつくるのと同じ工場主によってではないとしても――製造される部分が絶えず増えるようになるのは、ようやく一八五〇年ごろからである。このような機械用道具の製作のための機械は、たとえば〝自動ボビン製造機〟、〝梳綿用針布製造機〟、綜絖製造機、

ミュール紡錘[*3]およびスロッスル紡錘[*4]の鍛造機である。〔『諸国民の産業』第二部、二二一―二二三ページ参照〕

＊1〔ポッペ『技術学の歴史』第一巻、二七一ページ参照〕
＊2〔イギリスのハーグリーヴズが一七六四年に発明した手動精紡機。ジェニーはエンジンのなまり〕
＊3〔イギリスのクロンプトンが一七七九年に発明した精紡機。これにより、太糸から極細糸、経糸、緯糸などあらゆる綿糸を機械によって紡ぐことが可能になった。スロッスル機とジェニー機の両特徴を組み合わせたのでミュール（馬とロバの交雑種であるラバ）とあだ名された〕
＊4〔イギリスのアークライトが一七六八年に発明した水車駆動のローラドラフト精紡機（ウォーター・フレーム）。発する音がウタツグミ（スロッスル）の鳴き声に似ているのでこう呼ばれる。太くて撚りの強い経糸しか紡績できなかった〕

（395）

多くの手工業道具にあっては、単なる原動力としての人間と、本来の意味での操縦者である労働者としての人間とのあいだの区別は、感性的に特別な存在を有している。たとえば、紡車にあっては、足は〔紡錘を回転させる〕原動力としてのみ働き、他方、紡錘を使って〔繊維を〕引き伸ばし撚りをかける手は、本来の意味での糸紡ぎ作業を行なう。まさに手工業用具のこの後者の部分をこそ、産業革命はまず第一にとらえるのであって、原動力の純粋に機械的な役割については、機械を自分の目で監視し機械の誤りを自分の手で正す新たな労働とともに、さしあたりはまだ人間にまかされている。これに反して、人間が最初から単なる原動力としてのみ働きかける道具は、たとえば、ひき臼の柄を回すとか、(九二)ポンプを動かすとか、ふいごの柄を上下に動かすとか、すり鉢で砕くとか、などの場合のように、確かにまず最初に、動力として動物、水、(九三)風の使用を呼び起こす。これらの道具は、一部はマニュファクチュア時代のうちに、散在的にはすでにそれよりずっと以前に、機械に成長していくのであるが、しかしこれらは、生産様式〔方法〕を変革しない。これらの道具が、その手工業的形態にあってさえすでに機械であるということは、大工業の時代に明らかとなる。たとえば、一八三六―三七年にオランダ人がハールレム湖を干拓するため用いたポンプは、普通のポンプの原理に従って組み立てられており、違うのは、人間の手の代わりに巨大な蒸気機関がそのピストンを動かしていたことだけである。鍛冶屋の使う普通のきわめて不完全なふいごが、イギリスでは、いまなおときおり、その柄を蒸気機関に結びつけるだけで機械式空気ポンプに転用される。一七世紀末、マニュファクチュア時代中に発明されて、*1 一八世紀の八〇年代はじめまで存続していたような蒸気機関そのものは、(九四) 産業革命を呼び起こしはしなかった。むしろその逆に、道具機の創造こそが、蒸気機関の変革を必然にしたのである。人間が、道具で労働対象に働きかける代わりに、原動力として道具機に働きかけるにすぎなくなると、原動力が人間の筋肉をまとうことは偶然となり、風、水、蒸気などがその代わりをつとめうる。もちろんこのことは、このような交替が、もともと人間的原動力にのみ向くようにつくられた機構の大きな技術的変化をしばしばもたらすということを、排除するものではない。こんにちでは、ミシンや製パン機などのような、これから普及させなければならないすべての機械は、その用途の点ではじめから小規模な使用を排除するのでなければ、人間的原動力にも純機械的原動力にも等しく向くようにつくられる。

(396)

(九二)　エジプトのモーセは言う――「脱穀をする牛に口篭（くつこ）〔口輪〕を掛けてはならない」〔旧約聖書、申命記、二五・四〕と。これに反して、キリスト教的ゲルマン的博愛家たちは、原動力として粉ひきのために使った農奴の首に、大きな木製の円板をはめて、農奴が粉を手で口に運ぶことができないようにした。〔ポッペ、前出、第一巻、一〇五ページ参照〕

（九三）　一部は勢いのよい落流がないため、一部は他の形での水の過剰〔洪水〕とのたたかいのため、オランダ人たちは原動力として風を使用することを強制された。彼らは、風車そのものをドイツから手に入れたが、そのドイツでは、この発明は、貴族、僧侶、および皇帝のあいだで、そもそも風はこの三者のうちのだれの「ものである」のか、という大変な争いを呼び起こした。[*2] 空気は人を従属させる[*3]とドイツでは言われたが、風はオランダを自由にした。オランダで風が従属させたものは、オランダ人ではなくて、オランダ人のための土地であった。オランダでは、一八三六年でもまだ、国土の三分の二がふたたび湿地に変わるのを防ぐため、六〇〇〇馬力[*4]をもつ一万二〇〇〇の風車が使用されていた。

（九四）　蒸気機関は、確かにワットの最初のいわゆる単動式蒸気機関によってすでにいちじるしく改良されていたが、しかし、この形態では水や塩水の単なる揚水機関にとどまっていた。〔ユア『技術辞典』第一巻、プラハ、一八四三年、四二四—四三〇ページ参照〕

*1 〔一六七八年、イギリス人の発明家トマス・セイヴァリ（一六五〇—一七一五）が蒸気機関を発明して特許をとった〕

*2 〔ベックマン『発明の歴史にかんする論集』第一巻、ライプツィヒ、一七八六年（特許庁内技術史研究会訳『西洋事物起原』、岩波文庫、㈠、一九九九年、五〇四ページ）〕

*3 〔「都市の空気は人を自由にする」という中世のドイツ人の言葉の語呂合わせ。ドイツ皇帝が風車に課税したことにかけている〕

＊4　〔前出、『諸国民の産業』第二部、二五二―二五三ページでは「合わせて六〇〇〇〇馬力」と書かれている。『資本論草稿集』9、大月書店、一九九四年、一五五ページ参照〕

産業革命の出発点となる機械は、一個の個別の道具を扱う労働者を、一つの機構と取り替えるのであるが、この機構は、多数の同一または同種の道具で同時に作業し、単一の原動力――その形態がどうであろうと――によって動かされる。[九五] ここでわれわれは、機械を、といってもようやく機械制生産の単純な要素としての機械を、もつのである。

（九五）「これらのすべての単純な用具の結合は、単一の原動機によって動かされて、一つの機械を形成する」（バビジ『機械および製造業の経済論』〔ロンドン、一八三二年、一三六ページ〕）。

作業機の規模と、同時に作業するその道具の数との増大は、いっそう大規模な原動力機構を必要とし、この機構は、それ自身の抵抗を克服するために、人間の原動力よりも――人間は画一的かつ連続的な運動のきわめて不完全な生産用具である、ということは別としても――いっそう強力な原動力を必要とする。人間が、単純な原動力としてしか作用しなくなり、したがって道具機が人間の道具に取って代わるということが前提になれば、自然諸力はいまや原動力としても人間に取って代わることができる。マニュファクチュア時代から伝えられたすべての大きな動力のうちで、馬の力は最悪のものであった。なぜなら、一面では、馬は自分の意志をもっているからであり、また他面では、馬は費用がかかり、また工場で単独で使用しうる範囲が限られているからである。[九六] それにもかかわらず、馬は
(397) 大工業の幼年期中にしばしば使われたのであって、そのことは、当時の農場経営者たちの苦情ばかり

でなく、こんにちまで伝わっている馬力という機械的動力の表わし方がすでに立証している。風はあまりにも不安定で制御しにくかった。それに、大工業の誕生地イギリスでは、早くもマニュファクチュア時代中に、水力の利用のほうが優勢であった。すでに一七世紀には、二つの回転石、したがってまた二つのひき臼を一つの水車で動かすことが試みられていた。ところがこんどは、伝動機構の規模が大きくなって、いまや不十分になった水力と衝突するにいたったのであって、これは、摩擦の法則のいっそう精密な研究を促した事情の一つである。同様に、柄の押し引きで動かされる製粉機では動力の作用が不斉一になることが、のちに大工業できわめて重要な役割を演じるはずみ車の理論と応用[九七]に導いた。このようにしてマニュファクチュア時代は、大工業の最初の科学的および技術的な諸要素を発展させた。アークライトのスロッスル紡績工場は、最初から水力で動かされた。しかし、主要な原動力としての水力の使用にも、困難な事情がともなっていた。水力は、任意に高めることができず、またその不足を補うことができなかった。水力は、ときどき涸渇したし、またなによりも、まったく
(398) 地方的な性質のものであった[九八]。ワットの第二のいわゆる複動式蒸気機関によってはじめて、原動機――石炭と水を食ってみずからその動力を生み出し、その力能がまったく人間の管理のもとにおかれ、可動的であって移動手段でもあり、都会的であって水車のように田舎的でなく、水車のように生産を地方に分散させるのでなくて都市に集中することを可能にし[九九]、その技術学的適用の点で普遍的であり、その設置場所の点で地方的事情によって制約されることが比較的少ない原動機が、発見された。ワットの偉大な天才は、彼が一七八四年四月にとった特許の明細書のなかに示されており、そこには、彼

の蒸気機関が、特殊的諸目的のための発明品としてでなく、大工業の一般的推進者として記述されている。彼がここで暗示している諸応用のうちの多くは、たとえば蒸気ハンマーのように、半世紀以上もあとになってやっと採用された。しかし彼は、蒸気機関を航海に応用できるかどうかを疑っていた。彼の後継者、ボウルトン・アンド・ワット社[*1]は、一八五一年に、〝大洋汽船〟用の巨大蒸気機関をロンドンの産業博覧会に展示した。

（九六）　ジョン・C〔チャーマズ〕・モートンは、一八六一〔正しくは一八五九〕年一二月、〝技能協会〟で、「農業で利用される諸力[*2]」についての論文を読み上げた。そのなかには、とりわけ次のように言われている――「土地の斉一性を促進するあらゆる改良は、純粋に機械的な力を生み出すためにますます蒸気機関を使用可能なものにする。……曲がった垣その他の障害物が斉一な動作をさまたげているところでは、馬の力が必要とされる。これらの障害物は、日ごとにますますなくなっていく。より多くの意志の行使とより少ない現実の力とを必要とする作業においては、人間の精神によって刻一刻支配される力、すなわち人間力だけが、使用可能である」と。次いでモートン氏は、蒸気力、馬力、人間力を、蒸気機関で常用される度量単位、すなわち三万三〇〇〇重量ポンドを一分間に一フィート持ち上げる力に換算して、一蒸気馬力の費用を、一時間あたり、蒸気機関では三ペンス、馬では五ペンス半と計算している。さらに、馬は、その健康を十分に維持しようとすれば、一日八時間しか使うことができない。蒸気力を使えば、耕地では、一年間を通じて、馬七頭ずつにつき少なくとも三頭を節約することができ、この蒸気力の費用は、不要となった三頭の馬の三ヵ月または四ヵ月分――これらの馬は、実際、〔一年のうち〕この期間しか利用されない――の費用よりも大きくない。最後に蒸気力は、それが利用できる農作業では、馬力に比べて作物の質を改良する。蒸気機関がする仕事を行なうためには、六六人の労働者を使用しなければならず一時間あたり合計一五シリングの費用がかかるが、馬がする仕事を行なうためには、三二人を使用しなければならず一時間あたり合計八シリングの費用がかかるであろう。

（九七）　ファウルハーバー、一六二五年〔『馬挽き古代製粉機の機械的改善』、ウルム〕。ド・クー、一六八八年〔所収、ヘロン・アレクサンドリヌス『風力および水力利用術の書』、フランクフルト〕。

（九八）　タービンの近代的な発明は、水力の産業的利用を以前の多くの制限から解放している。〔ポッペ、前出、一七三―一七四ページ参照〕

（九九）　「繊維工業の初期には、工場の立地は、水車を回すに足りる落差のある水流の存在に依存していた。また、水車場の建設は家内工業制度の解体の始まりであったが、水車場は、必ず水流に沿って置かれなければならず、また、しばしば相互にかなりはなればなれになっていたので、都市的体制の一部分よりもむしろ農村的体制の一部分をなしていた。水流に代わって蒸気力を採用して、はじめて工場は、蒸気の生産に必要な石炭と水が十分に存在する都市と地方に集められた。蒸気機関は、工業諸都市の親である」（『工場監督官報告書。一八六〇年四月三〇日』、三六ページにおけるA・レッドグレイヴの報告）。

＊1〔ボウルトンとワットによって一七七五年に設立された蒸気機関を製作した会社。一八〇〇年にワットが引退したのちも存続した〕

＊2〔マルクスは、『エコノミスト』一八六〇年一月二一日号に掲載された論文「農業の進歩と賃銀」から引用している。この論文には、ジョン・チャーマズ・モートンの講演「農業で利用される諸力について」の抜粋が含まれていた〕

はじめに道具が人間有機体の道具から一つの機械的装置の道具、すなわち道具機の道具に転化したのちに、いまや原動機も、一つの自立した、人間力の制限から完全に解放された形態をとるようにな

(399)

った。それとともに、これまで考察してきた個々の道具機は、機械制生産の単なる一要素になり下がる。いまでは、一つの原動機が、多数の作業機を同時に動かすことができるようになった。同時に動かされる作業機の数が増えるにつれて、この原動機がますます大きくなり、そして伝動機構は広大な装置に拡大される。

ところで、多くの同種の機械の協業と機械体系という二種のものが区別されなければならない。

前者の場合には、製品の全体が、同じ一台の作業機によってつくられる。一人の手工業者が彼の道具で、たとえば織布業者が彼の織機で、行なっていた種々の作業、または手工業者たちがさまざまな道具で、自立してであろうと一つのマニュファクチュアの分肢としてであろうと、順々に行なっていたさまざまな作業のすべてを、同じ一台の作業機が行なう。(一〇〇) たとえば、封筒の近代的マニュファクチュアでは、一人の労働者はヘラで紙を折り、もう一人は糊づけをし、第三の者は紋様が押される折り返しを折り曲げ、第四の者は紋様を浮き出させるなどし、そして、この部分作業ごとに、どの一枚の封筒も人手を替えなければならなかった。〔いまや〕たった一台の封筒製造機がこれらすべての作業を一度に行ない、一時間に三〇〇〇枚以上の封筒をつくる。[*1] 一八六二年のロンドン産業博覧会に出品されたアメリカの紙袋製造機は、紙を裁ち、糊づけをし、折り曲げ、そして一分間あたり三〇〇枚を仕上げる。[*2] マニュファクチュア内部で分割され順次に行なわれた総過程が、ここでは、さまざまな道具の結合によって作用する一台の作業機により完遂される。そこで、このような作業機が、一つの比較的複雑な手工業道具の機械的再生にすぎないものであろうと、種類の異なる、マニュファクチュア的

（400）

にそれぞれ特殊化された単純な諸用具の結合体であろうと――いずれにせよ、工場では、すなわち機械経営にもとづく作業場では、いつも単純協業が再現するのであり、しかも、さしあたっては（ここでは労働者のことを度外視する）、同種類の同時に共働する諸作業機の空間的な集合体として再現するのである。こうして、同じ作業用建物に多数の力織機が並列することによって織布工場が、同じ作業用建物に多数のミシンが並列することによって縫製工場が、形成される。しかし、ここには一つの技術的統一が存在する。というのは、多数の同種の作業機が、同時にかつ均等に、共通の原動機の心臓の鼓動からその衝動を受け、その衝動が、諸作業機に部分的に共有されている伝動機構によって――というのは、この伝動機構の特殊な先端だけが各個の道具機に枝分けされているので――諸作業機に伝えられるからである。ちょうど、多数の道具が一台の作業機の諸器官を形成しているように、多数の作業機は、いまではもう、同じ一つの原動力機構の同種の諸器官を形成しているにすぎない。

（一〇〇）　マニュファクチュア的分業の立場からすれば、織ることは、単純な手工業的労働ではなくて、むしろ、複雑な手工業的労働であった。だから、力織機は、きわめて多様なことをする機械である。近代的機械が最初に征服するのは、マニュファクチュア的分業がすでに単純化していたような諸作業であるという見解は、一般的には誤りである。紡ぐことおよび織ることは、マニュファクチュア時代のあいだに新しい複数の種に分かれ、それらの道具は改良され変化したが、労働過程そのものは、まったく分割されないで、手工業的なままであった。機械の出発点は、労働ではなくて、労働手段である。

＊１〔『諸国民の産業』第二部、二〇〇、一九八ページ〕

＊２〔『スタンダード』一八六二年九月一九日付〕

(401)

しかし、本来的機械体系が個々の自立した機械に代わってはじめて現われるのは、労働対象が、相異なる諸段階過程からなる連関した一系列を通過する場合であるが、それらの各段階過程は、種類を異にするが相互に補完し合う諸道具機の一つの連鎖によって遂行される。ここでは、マニュファクチュアに固有な分業による協業が再現しているが、しかしいまでは部分作業機の結合としてである。相異なる部分労働者、たとえば羊毛マニュファクチュアでは打毛工、櫛毛工（コーミング）、剪毛工（せんもう）、毛糸紡ぎ工などの独自な諸道具は、いまや、専門化された作業機の諸道具に転化しており、この作業機のそれぞれは、結合された道具機構の体系における特殊的機能のための特殊的器官をなしている。機械体系がはじめて採用される諸部門では、マニュファクチュアそのものが、大体において生産過程を分割する、したがってまた生産過程を組織する、自然発生的な基礎を機械体系に提供する。[一〇一] しかし、すぐに、本質的区別が現われる。マニュファクチュアでは、労働者たちは、個別的に、またはグループ別で、それぞれの特殊な部分過程を自分の手工業道具で行なわなければならない。労働者はその過程に適合させられるが、しかしあらかじめその過程もまた労働者に適応させられている。この主観的な分割原理は、機械制生産にとってはなくなる。機械制生産の場合には、総過程は客観的に、それ自体として考察され、それを構成する諸局面に分割され、そして、それぞれの部分過程を遂行し異なる部分過程を結合する問題は、力学、化学などの技術的応用によって解決される。[一〇二] この場合、もちろんその理論的構想は、やはり、大規模に積み重ねられた実際的経験によって仕上げられなければならない。それぞれの部分機械は、すぐ次の部分機械にその原料を提供し、そして、それらはみな同時に作業するから、生産物は、絶えずその形成過程のさまざまな段階にあるとともに、ある生産局面から他の生産局面へ移行しつつある。マニュファクチュアで、部分労働者の直接的協業が特殊な労働者グループのあいだの一定の比例数をつくり出すように、編制された機械体系では、部分機械相互の絶え間ない連動が、それらの数、大きさ、速度のあいだの一定の比率をつくり出す。結合された作業機、いまやさまざまな種類の個々の作業機およびそれらのグループからなる一つの編制された体系は、その総過程が連続的であればあるほど、すなわちその原料がその最初の局面から最後の局面まで移行するのに中断が少なければ少ないほど、したがって人間の手ではなく機構そのものが、原料を一つの生産局面から次の生産局面へ押し進めていくようになればなるほど、それだけますます完全となる。マニュファクチュアでは、特殊的諸過程の分立化が分業そのものによって与えられた原理であるとすれば、それとは反対に、発達した工場では特殊的諸過程の連続性が支配する。

（一〇二）　大工業の時代より以前には、羊毛マニュファクチュアが、イギリスの支配的マニュファクチュアであった。そのため羊毛マニュファクチュアでは、一八世紀の前半期のあいだに、たいていの実験が行なわれた。その機械的加工にそれほどめんどうな準備を必要としない綿花にとっては、羊毛で得られた諸経験が役立った――のちには、反対に、機械的羊毛工業が機械的綿紡績業および機械的綿織布業の基礎の上に発展するのであるが。羊毛マニュファクチュアの個々の要素は、たとえば梳毛（せつもう）のようにやっとこの数十年来工場制度に合体された。「梳毛の工程にたいする機械力の応用は……『梳毛機（コーマ）』、とくにリスター式*の採用以来広く行なわれているが、……確かに、多数の労働者を失業させるという効果をもたらした。羊毛は、以前は手で梳毛され、ほとんど梳毛工の小屋で行なわれた。いまでは羊毛は、ごく一般に工場で梳毛され、そして、いまも手による梳毛羊毛がなお好まれるようないくつかの特殊な種類の作業を別にすれば、手作業は廃止されている。諸工場で仕事を見つけた手櫛毛工も多かったが、手櫛毛工の生産高は、機械の生産高に比べてきわめて少ないので、非常に多数の櫛毛工の雇用は、失われたままであった」（『工場監督官報告書。一八五六年一〇月三一日』、一六ページ）。

（一〇三）「したがって、工場制度の原理は……手工業者のあいだに労働を分割または等級区分する代わりに、一つの工程をその本質的な構成諸部分に分割することである」（ユア『工場哲学』、前出、二〇ページ）。

＊〔イギリス人ドニソープが一八四二年に得た特許をもとに、リスターがドニソープの補佐を得て一八四九年に両者名で特許を得た長繊維羊毛用の櫛毛機〕

機械の体系は、織布の場合のように同種の作業機の単なる協業にもとづくものであろうと、紡績の
（402）場合のように異種の作業機の結合にもとづくものであろうと、それが自動的な原動機によって運転されるようになればすぐに、それ自体として一つの大きな自動装置（アウトマート）[*1]を形成する。ともかく全体系が、たとえば蒸気機関によって運転されうるのであって、それは、〝自動ミュール精紡機〟の採用以前におけるミュール精紡機の内走のために必要であった運動[*2]や、いまなお細糸紡績のさいに必要とされる運動のように、個々の道具機がある種の運動のためになお労働者を必要とするとか、あるいは、スライド・レスト（工具送り台）が〝自動式〟に変わる以前の機械製作の場合のように、機械の特定の部分がその作業を行なうために、道具と同じように労働者によって操作されなければならないということがあっても、そうなのである。作業機が、原料の加工に必要なすべての運動を人間の助力なしに行ない、もはや人間の調整しか必要としなくなるやいなや、機械の自動的体系が現われる——とはいえ、

それは、細部においては絶えず改善される余地があるが。たとえば、どれか一本の糸〔スライバ＝撚りのかかっていない繊維束〕が切れるとすぐ自動的に紡機〔練条機〕を止める装置や、杼（ひ）の管（くだ）の緯糸（よこいと）がなくなるとすぐに改良蒸気織機を止める〝自動停止装置〟は、まったく近代的な発明品である。生産の連続性と自動原理の実施との一例とみなされうるのは、近代的製紙工場である。紙の生産では、一般に、さまざまな生産手段にもとづくさまざまな生産様式の区別、ならびにこの生産様式と社会的生産諸関係との連関が、詳しく、都合よく、研究できる。というのは、この部門において、昔のドイツの製紙業は手工業的生産の典型を、一七世紀のオランダおよび一八世紀のフランスは本来的マニュファクチュアの典型を、現代のイギリスは自動的製造の典型を、われわれに提供しており、そのうえ中国とインドには、同じ産業の二つの違った古アジア的形態*3がなお存在しているからである。

*1〔ユア『工場哲学』、パリ、一八三六年、第一巻、一九ページ以下の「オートマット」からとられた語。『資本論草稿集』9、大月書店、一九九四年、二二〇ページ参照〕

*2〔ミュール精紡機（本訳書、第一巻、六五八ページの訳注＊3参照）では、糸の紡出のさいに紡錘を乗せた走錘車（キャリッジ）が外に走り出て（外走）、それが元にもどる（内走）ことによって糸が巻き取られる。手動ミュール精紡機では外走は動力で行なわれたが、巻き取りの操作はむずかしく、熟練工がハンドルを操って行なった（この労働者を精紡工（スピナー）という）。一八三〇年にイギリスのロバーツが発明した自動ミュール精紡機によって、巻き取り操作も自動化された（この機械を運転する労働者をマインダーという）〕

*3〔フランス語版では「原始的諸形態」となっている〕

もっぱら伝動機械を媒介として一つの中心的な自動装置からその運動を受け取る諸作業機の編制さ

（403）

れた体系として、機械経営はそのもっとも発展した姿態をもつ。ここでは、個々の機械の代わりに一つの機械仕掛けの怪物が現われるが、そのからだは工場建物全体に広がり、またその悪魔的な力は、最初はその巨大な分肢のきわめて荘厳で悠然とした運動によって隠されているが、無数のそれ自身の労働器官の熱狂的な旋回舞踊となって爆発するのである。

ミュール精紡機や蒸気機関などは、蒸気機関やミュール精紡機などを製作することを専業とする労働者が存在する以前に、存在していた――ちょうど、裁縫師が存在する以前に人間が衣服を着ていたのと同じように。とはいえ、ヴォーカンソン〔力織機などを開発したフランスの発明家〕、アークライト、ワットなどの諸発明が実行可能であったのは、彼ら発明家たちが、マニュファクチュア時代によって用意され提供されたかなりの数の熟練した機械労働者を見いだしたからにほかならなかった。これらの労働者たちの一部はいろいろな職業の自立的手工業者からなっており、他の一部は、まえに述べたように、分業がとくにきびしく行なわれたマニュファクチュアのなかに紏合されていた。諸発明の増加と新しく考案された諸機械にたいする需要の増大とにつれて、一方では、機械製作の多様な自立的諸部門への分化がますます発展し、他方では、機械製作マニュファクチュアの内部における分業がますます発展した。したがって、ここでわれわれは、マニュファクチュアのなかに大工業の直接の技術的基礎を見てとる。そのマニュファクチュアが機械を生産したのであって、この機械によって、大工業は、それがまっさきにとらえた生産諸部面で手工業的経営とマニュファクチュア的経営とを廃除した。したがって、機械経営は、それに不相応な物質的基礎の上に、自然発生的に現われた。ある発展度に達すると、機械経営は、はじめには既成のものとして見いだされ、次には古い形態のままでさらに仕上げられたこの基礎そのものを変革し、それ自身の生産様式〔方法〕にふさわしい新しい基盤をつくり出さなければならなかった。個々の機械は、それが人間によってのみ動かされている限り矮小なままであるように、また機械体系は、既存の原動力——動物、風、および水さえ——に代わって蒸気機関が現われる以前には自由に発展できなかったように、大工業も、その特徴的な生産手段である機械そのものが、その存在を個人の力や個人の熟練に負っていたあいだは——すなわち、マニュファクチュア内では部分労働者が、またその外部では手工業者が彼らの矮小な用具を操るさいに用いる筋肉の発達、目の鋭敏さ、手の熟練技に依存していたあいだは——その十分な発展を麻痺させられていた。こうして、このような成り立ちのために機械が高価につくこと——それは意識的動機として資本を支配する一つの事情であるが——は別として、すでに機械で経営されている産業の拡大と新しい生産諸部門への機械の侵入とは、彼らの仕事のなかば芸術家的な本性のために飛躍的にではなく徐々にしか増えることができなかった労働者部類の増加によって、まったく制約されたままであった。しかし、一定の発展段階において、大工業は、技術的にも、その手工業的およびマニュファクチュア的な基礎と衝突するにいたった。原動機や伝動機構や道具機の規模を拡大すること、道具機がその構造を
(404) もともと支配している手工業的なモデルから解放されその機械としての課題だけに規定された自由な姿態をとるにつれて[一〇三]、上記の機械の構成部分の複雑さ、多様さ、厳密な規則正しさを増すこと、自動的体系を完成すること、および処理しにくい材料たとえば木材に代わる鉄の使用がますます不可避的

になること——これらの自然発生的に生じるすべての課題の解決は、いたるところで人的諸制限に突きあたったが、その諸制限は、マニュファクチュアで結合された労働者人員によっても、ある程度打破されるだけで本質的には打破されない。たとえば、近代的印刷機、近代的蒸気織機、および近代的梳綿機(カード)のような諸機械は、マニュファクチュアによっては供給されえなかった。

（一〇三）　最初の型式での力織機は主として木材でできており、改良された現代的な力織機は鉄でできている。はじめには生産手段の旧型式がその新型式をどんなにいちじるしく支配するかは、とりわけ、近代的蒸気織機を旧織機と、製鉄における近代的送風装置を普通のふいごの最初の能率の悪い機械的再生物と、きわめて表面的に比較するだけでも示されるし、またおそらく、なによりも明確に、現在の機関車の発明以前に試作された機関車——それは、実際に二本の脚をもっており、馬のようにそれを交互に上げた*——によって示される。機械学がいっそう発展し、実際的経験が積み重ねられたあとにはじめて、機械の型式は完全に機械学的原理によって規定され、したがって、道具の伝来の身体型式からまったく解放され、道具は一人前の機械へと成長する。

＊〔このような蒸気機関車の一つを、一八一三年にイギリス人W・ブラントン（一七七七—一八五一年）が組み立てた。この機関車はピストン杆が動物の脚の運動を模倣した機構に連結され、これらが交互に大地をけることによって車体を前進させるはずであったが、不成功に終わった〕

一産業部面における生産様式〔方法〕の変革は、他の産業部面におけるそれの変革を引き起こす。このことがさしあたり言えるのは、確かに社会的分業によって分立化され、その各部門が一つの自立的な商品を生産しているが、それにもかかわらず、一つの総過程の諸局面としてからみ合わされている、そのような産業諸部門についてである。たとえば、機械紡績業は機械織布業を必要とし、そして

（405）

これらの二つはともに、漂白業、捺染業、染色業における機械的・化学的変革を必要とした。たとえば他方では、綿紡績業における変革は、綿実から綿の繊維を分離するための〝綿繰り機〟の発明を呼び起こしたが、いま必要となっている大規模な綿花生産は、それによってはじめて可能となった。[一〇四] しかし、工業と農業の生産様式〔方法〕における変革は、とくに、社会的生産過程の一般的諸条件、すなわち交通・輸送手段における変革をも必要とした。家内的副次工業をもつ小農業と、都市の手工業とを、その回転軸（ピヴォ）＊――フーリエの言葉を借りると――としていた一社会の交通・輸送手段が、拡大された社会的分業、労働手段および労働者の集中、植民地市場をともなうマニュファクチュア時代の生産諸要求に、もはやまったく応じられなくなり、そのため、実際にも変革されたのと同じように、マニュファクチュア時代から継承された輸送・交通手段も、まもなく熱病的生産速度、膨大な規模、一つの生産部面から他の生産部面への大量の資本と労働者の絶え間ない投入、新しくつくり出された世界市場の連関をともなう大工業にとっては、やがて耐えがたい束縛に転化した。だから、まったく変革された帆船建造を別とすれば、交通・輸送制度は、川蒸気船、鉄道、大洋汽船、および電信の体系によって、徐々に大工業の生産様式〔方法〕に適合された。しかし、いまや鍛造され、溶接され、切断され、穿孔され、成型されなければならない恐ろしいほど大量の鉄は、またそれ自身、巨大な諸機械を必要としたが、マニュファクチュア的機械製作はそれらの機械の製作には役立たなかった。

（一〇四）　北米人のイーライ・ホイットニーの〝綿繰り機〟は、ごく最近にいたるまで一八世紀の他のどの機械よりも本質的に変更を加えられることが少なかった。やっと最近二、三〇年のあいだに（一八六七年以前）、もう一人のアメリカ人、ニューヨーク州オールバニーのエマリー氏が、簡単かつ効果的な改良によってホイットニーの機械を時代遅れにした〔『資本論草稿集』6、大月書店、一九八一年、八〇二ページ、邦訳『全集』第二六巻、第二分冊、七八一ページ、参照〕。

＊〔シャルル・フーリエは文明時代を四期に分け、第三期と第四期の「回転軸」を「海洋独占」と「産業的封建制」とした。一九世紀はじめの社会を第三期にあるとし、第四期の産業的封建制——これは資本主義を意味する——に進むとした〕

したがって、大工業は、その特徴的生産手段である機械そのものを掌握し、機械によって機械を生産しなければならなかった。こうしてはじめて大工業は、それにふさわしい技術的基礎をつくり出し、自分自身の足で立った。一九世紀の最初の数十年間における機械経営の増大とともに、実際に機械が道具機の製造をしだいに征服していった。とはいえ、やっと最近数十年間に、大規模な鉄道建設および大洋汽船航海が、原動機の建造に使われる巨大な諸機械を出現させた。

機械による機械の製造のためのもっとも本質的な生産条件は、どんな出力も可能な、しかも同時に完全に制御可能な原動機であった。それは、すでに蒸気機関として存在していた。しかし同時に、個々の機械部品にとって必要な厳密に幾何学的な形——線、平面、円、円筒、円錐、球のような——を機械で生産することが必要であった。ヘンリー・モーズリー〔イギリスの金属工出身の技術者〕はこの
(406) 問題を、一九世紀の最初の一〇年間にスライド・レスト〔工具送り台〕の発明によって解決したが、こ

れは間もなく自動化され、さらに最初には旋盤用であったものが変形されて他の工作機械に転用された。この機械的装置はなんらかの特殊な道具に取って代わるのではなく、たとえば鉄のような労働材料に向けて、またはそれを横切って、切削工具の刃をあてたり合わせたり滑らせたりして、一定の形態をつくり出す人間の手そのものに取って代わるものである。このようにして、個々の機械部分の幾何学的形を、「どんなに熟練した労働者の手に積み重ねられた経験でも与えることのできないほどの容易さ、正確さ、速さで生産すること」（一〇五）が、できるようになった。

（一〇五）『諸国民の産業』、ロンドン、一八五五年、第二部、二三九ページ。ここでは次のように述べられている――「この旋盤付属具が、単純で外観上たいしたものでないように見えても、機械の使用の改善および拡大にたいするその影響は、ワットの蒸気機関そのものの改良がもたらしたのと同様に大きいものであったと断言しても決して言い過ぎではないと信じる。その採用は、ただちに、あらゆる機械を完全にし、安くし、発明と改良とを刺激するようになった」と。

ここで、機械製作に使用されている機械のうち、本来的道具機を形成している部分を考察すれば、手工業的用具が――ただし巨大な規模において――再現している。たとえば、中ぐり盤の作動部分は蒸気機関によって動かされる巨大な錐（きり）であって、逆に、この錐がなければ大型の蒸気機関や水圧プレスのシリンダーを生産することはできなかったであろう。機械式旋盤は普通の足踏み旋盤の巨大な再生であり、平削り盤は大工が木材を加工するのと同じ道具で鉄に加工する鉄製大工である。ロンドンの造船所で合板を切る道具は巨大なカミソリであり、裁縫用ハサミが布を切るように鉄を切る剪断（せんだん）機

（407）の道具は怪物のようなハサミであり、また蒸気ハンマーは普通の鎚頭で作業するが、それはトール〔北欧神話の雷神〕でも振れないような重量のものである。(一〇六) たとえば、ネイズミス〔スコットランドの技術者〕の発明品であるこれらの蒸気ハンマーのあるものは六トン以上の重さであって、七フィートの垂直落下で重量三六トンの鉄敷の上に落ちる。それはやすやすと花崗岩塊を粉砕し、また同様に、軽い連続打によってやわらかい木材に釘を打ち込むこともできる。(一〇七)

（一〇六）　汽船の〝外輪軸〟を鍛えるためのロンドンのこれらの機械の一つは、「トール」という名をもっている。それは、重量一六トン半の軸を、鍛冶屋が馬の蹄鉄を鍛えるのと同じ容易さで鍛える。〔前出、『諸国民の産業』、第二部、二二五ページ、『資本論草稿集』9、大月書店、一九九四年、一四三ページ参照〕

（一〇七）　小規模にも使用しうる木工機械は、たいていはアメリカの発明品である。〔『諸国民の産業』、第二部、二五〇ページ〕

労働手段は、機械として、人間力を自然諸力で代替し、経験的熟練を自然科学の意識的応用で代替することを必須にする、一つの物質的存在様式を手に入れる。マニュファクチュアでは、社会的労働過程の編制は、純粋に主観的であり、部分労働者の結合である。機械体系では、大工業は、一つのまったく客観的な生産有機体をもっているのであって、労働者は、それを既成の物質的生産条件として見いだすのである。単純協業においては、また分業によって特殊化された協業においてさえ、社会化された労働者による個別的な労働者の駆逐は、依然として、多かれ少なかれ偶然的に現われる。機械は、のちに述べるようないくつかの例外はあるが、直接的に社会化されたまたは共同的な労働によってのみ機能する。したがって、いまや、労働過程の協業的性格が、労働手段そのものの本性によって厳命された技術的必然となる。

第二節　生産物への機械の価値移転

上述したように、協業および分業から生じる生産諸力は、資本にはなんの費用も費やさせない。その生産諸力は、社会的労働の自然諸力である。生産的諸過程に取り込まれる蒸気、水などのような自然諸力も、同じようになんの費用も費やさせない。しかし、呼吸のために肺を必要とするのと同じく、人間が自然諸力を生産的に消費するためには「人間の手でつくられたもの」[*1]を必要とする。水の動力を利用するためには水車が必要であり、蒸気の伸縮性を利用するためには蒸気機関が必要である。事情は、科学でも、自然諸力と同様である。電流の作用範囲における磁針の偏倚（へんい）にかんする法則や、周囲を電流が回っている鉄における磁気の発生にかんする法則は、ひとたび発見されれば一文の費用も
(408) かからない。[(一〇八)] しかし、これらの諸法則を電信などに利用するためには、きわめて高価で大仕掛けな装置が必要である。上述したように、機械によって道具は駆逐されない。道具は、規模においても数においても、人間有機体の矮小な道具から、人間によってつくられた機構の道具に成長する。いまや資本は、手工業道具を使ってではなく、自分の道具を自分で動かす機械を使って労働者を働かせる。だから、大工業が、巨大な自然諸力と自然科学とを生産過程に合体することによって労働の生産性を非常に高めるに違いないことは一見して明らかであるとしても、この高められた生産力が、他面での労

働支出の増加によって買い取られているのでないことは、決して同じように明らかであるわけではない。[*2] 不変資本の他のどの構成部分とも同じように、機械はどんな価値も創造せず、その生産に機械が役立っている生産物に機械自身の価値を引き渡す。機械が価値をもち、したがって価値を生産物に引き渡す限りでは、機械は生産物の一つの価値構成部分をなす。機械は、生産物を安くするのではなく、自分自身の価値に比例して生産物を高くする。そして、大工業の特徴的な労働手段である機械および体系的に発展した機械は、手工業経営およびマニュファクチュア経営の労働手段に比べて、比較にならないほどその価値が膨脹しているということは明白である。

（一〇八）　およそ科学は資本家には「なにも」費用を費やさせないが、このことは、資本家が科学を利用することを決してさまたげない。「他人の」科学が他人の労働と同じように資本に合体されるのである。しかし、「資本家的」取得と「個人的」取得とは、それが科学の取得であれ物質的富の取得であれ、まったく別のことがらである。ユア博士自身、彼の愛する、機械を利用する工場主たちが、機械学についてひどく無知であることを嘆いており、[*3] またリービヒは、イギリスの化学工場主たちが、化学について恐ろしいほど無知であることについて語ることができる。[*4]

＊1〔シラー「鐘によせる歌」から。小栗孝則訳、『世界名詩集大成』6、平凡社、一九六〇年、一三七ページ〕

＊2〔フランス語版では、「この高められた」以下は、「一方で得るものが他方で失なわれるのではないのか、機械の採用はそれの製作と維持に費やされる労働よりも多くの労働を節約するかどうか、と問うことができる」となっている〕

＊3〔ユア『工場哲学』、ロンドン、一八三五年、四三ページ〕
＊4〔リービヒ『化学の農業および生理学への応用』第一巻、ブラウンシュヴァイク、一八六二年、八三―八四ページ〕

そこで、まず第一に注意しておかなければならないことは、機械は労働過程にはいつも全部的にはいり込むが、価値増殖過程にはつねに部分的にのみはいり込む、ということである。機械は、それがその消耗によって平均的に失うよりも多くの価値を決してつけ加えはしない。したがって、機械の価値と機械から生産物に周期的に引き渡される価値部分とのあいだには、大きな差がある。価値形成要素としての機械と生産物形成要素としての機械とのあいだには、大きな差がある。同じ機械が同じ労働過程で繰り返し役立っている期間が大きければ大きいほど、その差もますます大きくなる。もちろん、上述したように、本来的労働手段または生産用具はどれも、労働過程にはつねに全部的にはいり込み、価値増殖過程にはつねに部分的にのみ、すなわちその日々の平均的摩滅に比例してはいり込むにすぎない。とはいえ、利用と消耗とのあいだのこの差は、機械においては道具におけるよりもはるかに大きい。なぜなら、機械のほうが、より耐久性のある材料でつくられていて寿命がより長いからであり、また、機械の使用は、厳密に科学的な諸法則によって規制されていて、その構成部分およびその消費手段の支出におけるより大きい節約を可能にするからであり、最後に、機械による生産領域は、道具による生産領域よりも比較にならないほど広いからである。この両者、機械と道具とから、それらの日々の平均費用を差し引く、すなわちそれらの日々の平均的摩滅および油、石炭などの補助

(409)

材料の消費によってそれらが生産物につけ加える価値構成部分を差し引くならば、機械と道具は、人間の労働の関与なしに現存している自然諸力とまったく同じに無償で作用する。機械の生産的作用範囲が道具のそれよりも大きければ大きいほど、機械が無償で役立つ範囲も道具のそれに比べてはるかに大きい。大工業においてはじめて、人間は、自分の過去の、すでに対象化された労働の生産物を、大規模に自然力と同じく無償で作用させることができるようになる。〔一〇九〕

〔一〇九〕　リカードウは、労働過程と価値増殖過程とのあいだの一般的区別を展開していないのと同様に、機械のこのような作用をほとんど展開していないのであるが、ときおりこの作用をとくに重視するあまり、機械が生産物に引き渡す価値構成部分を偶然にも忘れてしまい、機械を自然諸力とまったく混同している。そこで彼は、たとえば次のように言う——「アダム・スミスは、自然諸力と機械がわれわれのために行なう役立ちをどこでも過小評価しておらず、それらが商品につけ加える価値の本性をきわめて正しく識別している……それらは、その仕事を無償でするのであるから〔……〕それらがわれわれに与える援助は、交換価値にはなにものもつけ加えない」（リカードウ『経済学および課税の原理』、三三六、三三七ページ〔堀経夫訳『リカードウ全集』Ｉ、雄松堂書店、一九七二年、三三〇—三三一ページ〕）。リカードウの所説は、機械は「利潤」の一部分をなす価値をつくり出すという「役立ち」をするなどとたわごとを言うＪ・Ｂ・セーにたいしては、もちろん正しい。

協業およびマニュファクチュアを考察したさいに明らかになったように、建物などのようなある種の一般的生産諸条件は、個別的労働者たちの分散した生産諸条件と比べれば、共同的消費によって節約され、そのため生産物の騰貴をより少なくする。機械の場合には、一つの作業機の躯体が、その多数の道具によって共同的に消費されるだけでなく、同じ原動機が伝動機構の一部分とともに多数の作

(410)

業機によって共同的に消費される。

機械の価値と、機械の日々の生産物に移転される価値部分とのあいだの差が与えられているならば、この価値部分が生産物を高価にする程度は、まず第一に、生産物の範囲に、いわば生産物の面積に、依存する。ブラックバーン〔マンチェスター北西の都市〕のベインズ氏は、一八五七年に公刊された講義において、次のように見積もっている――「機械馬力の各一実馬力[一〇九a]は、前紡機とともに自動ミュール紡錘四五〇錘またはスロッスル紡錘二〇〇錘を、または経糸(たていと)繰返機、〔整経機、〕糊つけ機とともに〔幅〕四〇インチ布用織機一五台を動かす」[*]。第一の場合には四五〇錘のミュール紡錘の、第二の場合には二〇〇錘のスロッスル紡錘の、第三の場合には一五台の力織機の、それぞれの日々の生産物に、一蒸気馬力の日々の費用とそれによって運転される機械の摩滅とが配分されるのであり、その結果、一オンスの糸または一エレの織物にはほんのわずかの価値部分が移転されるにすぎない。さきにあげた蒸気ハンマーの例においても同様である。蒸気ハンマーの日々の摩滅、石炭消費などは、蒸気ハンマーが日々に打つ恐ろしく大量の鉄に配分されるから、各一ツェントナーの鉄には、わずかな価値部分しか付着しない――もしこの巨大な用具が小さい釘を打ち込むことになれば、この価値部分はきわめて大きいであろう。

（一〇九ａ）〔第三版への注。――〕一「馬力」は、一分間に三万三〇〇〇フィート重量ポンドの力、すなわち一分間に三万三〇〇〇ポンドを一フィート〔英フィート〕だけ持ち上げる力、または一重量ポンドを三万三〇〇〇フィートだけ持ち上げる力に等しい。これが、本文で言う馬力の意味である。しかし、普通の商業用語では、また本書の引用文でもあちこちで、同じ機械の「名目」馬力と「商業」馬力または「図示」馬力とが区別される。旧馬力または名目馬力は、もっぱらピストンの行程およびシリンダーの直径のみから計算されており、蒸気圧力およびピストン速度はまったく顧慮されていない。すなわち、それが事実上言い表わしているのは、この蒸気機械がボウルトンとワットの時代と同じ弱い蒸気圧力および同じ小さいピストン速度で運転されるならば、それはたとえば、五〇馬力ある、ということである。しかしこの二つの要因は、その後非常な発展をとげた。機械によってこんにち実際に提供される機械力を測定するために、蒸気圧力を示すインディケーターが発明された。ピストンの速度はたやすく確認される。こうして、一つの機械の「図示」馬力または「商業」馬力の尺度は一つの数学的公式であって、それは、シリンダーの直径、ピストンの行程、ピストンの速度、および蒸気圧力を同時に顧慮し、それによって、その機械が一分間に三万三〇〇〇フィート重量ポンドの何倍の働きを実際に行なうかを示す。だから、一名目馬力は、実際には、図示馬力または実馬力での三馬力、四馬力、または五馬力さえもの働きをすることがありうる。以上、のちのさまざまな引用文の説明のために。――F・エンゲルス〕

＊〔J・B・ベインズ『綿業。ブラックバーン文学・科学・機械学協会会員にたいする上記主題についての二講義』、ブラックバーンおよびロンドン、一八五七年、四八ページ〕

(411)
作業機の作用範囲、したがってそれの道具の総数、または――力が問題となるところでは――その道具の大きさが与えられていれば、生産物の総量は、作業機が働く速度に、したがって、たとえば紡錘が回転する速度またはハンマーが一分間に与える打撃の総数に、依存するであろう。かの巨大なハンマーの多くは、一分間に七〇打撃を与えるし、紡錘の鍛造に小型蒸気ハンマーを使用するライダー

〔イギリスの工場主で発明家〕の特許鍛造機は、七〇〇打撃を与える。*

＊〔『諸国民の産業』第二部、二二九―二三一ページ、『資本論草稿集』9、大月書店、一九九四年、一四六ページ〕

機械が価値を生産物に移転する比率が与えられていれば、この価値部分の大きさは、機械自身の価値の大きさに依存する。(二〇) 機械そのものが含む労働が少なければ少ないほど、機械が生産物につけ加える価値は少ない。引き渡す価値が少なければ少ないほど、それだけ機械は生産的であり、その役立ちはそれだけ自然諸力の役立ちに近づく。ところが、機械による機械の生産は、その大きさと効果に比べて機械の価値を減少させる。

(二〇) 資本主義的な諸観念にとらわれている読者は、ここで当然に、機械がその資本価値に〝比例して〟生産物につけ加える「利子」が抜けていると思うであろう。しかし機械は、不変資本の他のどの構成部分とも同じく、新価値を生むものではないから、「利子」という名のもとで新価値をつけ加えることができないことは容易に理解できる。さらに、剰余価値の生産が問題となっているここでは、剰余価値のどの部分も、「利子」という名のもとで〝先験的〟に前提することができないことは明らかである。〝一見して〟不合理のように見え、かつ価値形成の諸法則に矛盾するように見える資本主義的計算方法は、本書の第三部において説明される。*

＊〔本書、第三巻、第一篇、第一章「費用価格と利潤」参照〕

手工業的またはマニュファクチュア的に生産される商品の価格と、機械の生産物としての同じ商品の価格との比較分析から、一般的には、機械の生産物の場合、労働手段に帰着する価値構成部分は相対的には増加するが絶対的には減少する、という結論が生じる。すなわち、この価値構成部分の絶対的大きさは減少するが、生産物、たとえば一重量ポンドの糸の総価値に比べてのこの価値構成部分の大きさは増加する（一一一）。

（一一一）　機械によってつけ加えられるこの価値構成部分は、機械が馬を、また一般に、素材変換機械〔肉や皮や毛などとしての利用〕としてではなく動力としてのみ利用される役畜を駆逐する場合には、絶対的にも相対的にも減少する。ついでに言えば、動物を単なる機械と定義していたデカルト*は、中世とは異なったマニュファクチュア時代の目で見ている――中世には動物は人間の助手であるとみなされ、のちのフォン・ハラー氏〔スイスの反動的歴史家〕にあっても、その著『国家学の復興』〔ヴィンタートゥール、一八一六年〕においてやはりまたそうみなされていた。デカルトが、ベイコンと同じように、生産の姿態の変化と人間による自然の実践的支配とを、思考方法の変化の結果とみなしていたことは、彼の『方法序説』が示しており、そこには、とりわけ次のように述べられている――「生活にとってきわめて有益である諸知識に到達することが」〔彼によって哲学に導入された方法によって〕「可能であり、また学校で教えられているかの思弁的哲学の代わりに一つの実践的哲学を見いだすことが可能であって、この哲学によってわれわれは、火、水、空気、星、およびその他われわれを取り巻くすべての物体の力と作用を――わが手工業者たちのいろいろな仕事について知っているのと同じように正確に知ることによって――同じくまた、それらに適するすべての利用目的に役立てることができるであろうし、こうしてわれわれを自然の主人かつ所有者にすることができ」、また「人間生活の完成化に寄与するのである」〔第六部。谷川多佳子訳、岩波文庫、一九九七年、八二ページ〕。サー・ダッドリー・ノースの『交易論』〔一六九一年〕の序文において、デカルトの方法は経済学に応用されて、貨幣や商業などについての古いおとぎ話や迷信的諸観念から経済学を解放しはじめた、と述べられている〔久保芳和訳『バーボン／ノース交易論』、東京大学出版会、一九六六年、七五ページ〕。とはいえ概して、初期のイギリスの経済学者たちは、彼らの哲学者としてのベイコンおよびホッブズにくみしているのであるが、のちにはロックが、イギリス、フランス、およびイタリアにとっての経済学の「哲学者」〝その人〟となった。

＊〔『方法序説』、ライデン、一六三七年、第五部。谷川訳、前出、七三ページ以下参照〕

(412) 一つの機械を生産するのに、その機械を使用することで節約するのと同じだけの労働がかかるならば、労働の単なる置き換えが起こるだけであり、したがって一つの商品の生産に必要な労働の総量は減少されないこと、すなわち労働の生産力は増大されないことは明らかである。とはいえ、機械の生産に費やされる労働と機械が節約する労働とのあいだの差、すなわち機械の生産性の程度は、明らかに、機械自身の価値と機械によって代替される道具の価値との差には依存しない。この差は、機械に支出された労働費用、したがってまた、機械によって生産物につけ加えられる価値部分が、労働者が道具を使って労働対象につけ加えるであろう価値よりも小さい限りは、存続する。こうして、機械の生産性は、機械が人間労働力を代替する程度によってはかられる。ベインズ氏によると、一蒸気馬力で運転される前紡機と四五〇錘のミュール紡錘には二人半の労働者が必要であり、〔一一二〕そして各一錘の自動ミュール紡錘で一〇時間労働日〔の一週間（六日）〕に一三[*1]オンスの糸（平均番手）が紡がれるから〔一オンスは $1/16$ 重量ポンド〕、したがって一週間に三六五 $5/8$ 重量ポンドの糸が二人半の労働者によって紡がれる。すなわち、約三六六重量ポンドの綿花（簡単化のために屑は無視する）は、(413) それが糸に変わるにあたって、ただ一五〇労働時間または一五日分の一〇時間労働日を吸収するにすぎないが、紡車を用いる場合には――手紡ぎ工が六〇時間で一三オンスの糸を供給するとして――同量の綿花は、二七〇〇日分の一〇時間労働日すなわち二万七〇〇〇労働時間を吸収するであろう。[一一三] ブロックプリンティング、すなわち手工サラサ捺染の旧式な方法が、機械捺染によって駆逐されたところでは、一人の男性または少年がつきそうたった一台の機械が、一時間に、以前には二〇〇人の男性がやったのと同量のサラサの四色捺染を行なう。[一一四][*2] イーライ・ホイットニー〔アメリカの発明家〕が、一七九三年に〝綿繰り機〟を発明する以前には、一重量ポンドの綿花を綿実から分離するのに一平均労働日かかった。彼の発明によって、毎日一〇〇重量ポンドの綿花が一人の黒人女性によって得られるようになり、しかも〝綿繰り機〟の性能はそれ以後なおいちじるしく高められた。一重量ポンドの綿花の繊維は、以前には五〇セントで生産されたが、のちには、より大きい利潤をあげながら、すなわちより多くの不払労働を含みながら、一〇セントで売られている。インドでは、綿実から綿繊維を分離するためにチュルカという半機械的用具が使われているが、それで男性一人と女性一人が一日に二八重量ポンドの繊維を分離する。フォーブズ博士〔イギリスの発明家〕によって数年前に発明された〔改良〕チュルカでは男性一人と少年一人が一日に二五〇重量ポンド生産する。[*3] 牛、蒸気、または水が原動力として使用されるところでは、少数の少年と少女とが、フィーダー（機械のために材料を供給する下働き）として必要なだけである。この機械一六台が牛によって動かされると、一日に、以前に七五〇人が行なった平均的な一日分の仕事を行なう。[一一五]

（一一三）　エッセン商業会議所の年次報告書（一八六三年一〇月）によれば、一八六二年に、クルップ〔ドイツの軍需工業家〕の鋳鋼工場は、一六一基の溶鉱炉、焼なまし炉、および鋼化炉、三二の蒸気機関（一八〇〇年にそれはマンチェスターで使用されている蒸気機関の総数とほぼ同じであった）、計一二三六馬力となる一四基の蒸気ハンマー、四九基の鍛鉄炉、二〇三台の工作機械、それにほぼ二四〇〇人の労働者を使って、一三〇〇万重量ポンドの鋳鋼を生産した。ここでは一馬力あたりの労働者は二人にもならない。

（一三三）バビジは、ジャワでは綿花価値にほとんど紡績労働のみによって一一七%がつけ加えられる、と計算している。当時（一八三二年）、イギリスでは、細糸紡績において機械および労働が綿花につけ加える総価値は、原料の価値にたいして約三三%であった（『機械および製造業の経済論』、二一四ページ[*4]）。

（一三四）機械捺染では、そのうえ、染料が節約される。

（一三五）『インド総督府にたいする生産物について報告者ウォトスン博士が技能協会で朗読した論文』、一八六〇年四月一七日〔正しくは一八六一年四月一七日。『技能協会雑誌』一八六一年四月一九日号に掲載〕、参照。

*1〔初版、第二版、フランス語版による。第三版、第四版では「一二オンス」になっていた。マルクスが依拠した『工場監督官報告書。一八五八年一〇月三一日』、六〇ページ、でも「一三オンス」になっている〕

*2〔エンゲルス『イギリスにおける労働者階級の状態』、浜林正夫訳、古典選書、下、一七ページ以下、邦訳『全集』第二巻、四二七ページ以下参照〕

*3〔『一八六一―一八六三年草稿』では、『ボンベイ商業会議所報告。一八五九―六〇年』から「男性二人と少年一人が一日に二五〇重量ポンド生産する」と引用されている。『資本論草稿集』4、大月書店、五五三ページ参照〕

*4〔初版以来、「二一四ページ」になっているが、英語版（ロンドン、一八三二年）では一六五―一六六ページ、フランス語訳（パリ、一八三三年）では二六八ページにあたる〕

すでに述べたように〔本章第一節の原注九六〕、蒸気機関は、蒸気犂（すき）の場合には一時間に三ペンスすなわち $\frac{1}{4}$ シリングの費用で、六六人の人間が一時間あたり一五シリングの費用でするのと同量の仕事をする。誤解を防ぐために、この例に立ちもどってみよう。すなわち、この一五シリングは、決して、一時間のあいだに六六人の人間によってつけ加えられた労働の表現ではない。必要労働にたいする剰余労働の比率が一〇〇%であったとすれば、この六六人の労働者は、一時間あたり三〇シリングの価値を生産したことになる——もっとも、〔六六時間のうち〕三三時間だけが、彼ら自身にとっての(414)等価物すなわち一五シリングの労賃のなかに表われるのであるが。したがって、ある機械に、それによって駆逐される一五〇人の労働者の年賃銀と同じだけ、たとえば三〇〇〇ポンドの費用がかかると仮定しても、この三〇〇〇ポンドは、決して、一五〇人の労働者によって提供され、労働対象につけ加えられた労働の貨幣表現ではなくて、彼らの年労働のうち、彼ら自身にとって労賃として表わされる部分の貨幣表現でしかない。これに反して、三〇〇〇ポンドの機械の貨幣価値は、その機械の生産中に支出された全労働を——たとえこの労働がどのような比率で労働者にとっての労賃と資本家にとっての剰余価値とを形成しようとも——表現している。したがって、機械にその機械によって代替された労働力と同じだけの費用がかかるとしても、機械そのものに対象化された労働は、つねに機械によって代替された生きた労働よりもはるかに小さいのである。（一一六）

（一一六）「これらもの言わぬ働き手」（機械）「は、つねに、それが代替する労働よりもはるかに少ない労働の生産物であり、それらが同じ貨幣価値をもっている場合でも、そうなのである」（リカードウ、前出、四〇ページ

〔堀訳、前出、四七ページ〕)。

生産物を安くするための手段としてのみ考察すれば、機械を使用する限界は、機械自身の生産に要する労働がその使用によって代替される労働よりも少ない、という点にある。とはいえ、資本にとっては、この限界はもっと狭く表わされる。資本は、使用された労働を支払うのでなく、使用された労働力の価値を支払うのであるから、資本にとっては、機械の使用は、機械の価値と機械によって代替される労働力の価値との差によって限界づけられる。必要労働と剰余労働とへの労働日の分割は、国が異なれば異なり、同じ国でも時期が異なれば、また、同じ時期でも産業部門が異なれば、異なるのであるから、またさらに、労働者の現実の賃銀は、彼の労働力の価値よりも安くなることもあれば高くなることもあるから、機械の価格と、機械によって代替される労働力の価格との差は、たとえ機械の生産に必要な労働分量と、機械によって代替される労働の総分量との差が同じであっても、はなはだしく変化することがありうる。[一一六a] しかし、資本家自身にとっての商品の生産費を規定し、競争の強制法則によって彼を左右するのは、第一の差だけである。そのため、こんにちイギリスでは北アメリカでのみ使用される諸機械が発明されているが、それは、ドイツが一六世紀および一七世紀にオランダ
(415) のみが使用する諸機械を発明していたのと、また一八世紀のフランスにおける多くの発明がイギリスでのみ利用されていたのと、同様である。機械そのものは、古くから発展した諸国では、いくつかの事業部門で機械が使用されたことにより、他の諸部門において労働過剰（リカードウは、redundancy of labour[*1] と言う）をつくり出し、そのために、そこでは、労賃の労働力の価値未満への

低下が機械の使用をさまたげ、また、もともと使用労働の減少からではなく支払労働の減少からその利得が生じる資本の立場からは、機械の使用を不要にし、しばしば不可能にするのである。イギリスの羊毛マニュファクチュアのいくつかの部門では、最近数年のあいだに児童労働が非常に減らされ、あちらこちらでほとんど駆逐された。なぜか？　工場法は、一方は六時間、他方は四時間働くか、またはそれぞれが五時間ずつだけ働くかの二組の児童の隊列を強制した。ところが、親たちは、この〃半日工〃を、以前の〃全日工〃よりも安く売ろうとはしなかった。そのため、機械による〃半日工〃の置き換えが行なわれた。[一一七]鉱山における女性と児童（一〇歳未満の）の労働が禁止される以前に[*2]は、資本は、はだかの女性や少女をしばしば男性と一緒にして炭鉱その他の鉱山で利用する方法を、自分の道徳書、またとくに自分の元帳とよく一致していると考えていたので、やっとそれらの禁止後に、機械に手を出した。北米人たちは石割りのための機械を発明した。イギリス人たちはそれを採用していない。なぜなら、この労働を行なっている「貧乏人」（wretch は、農業労働者を表わすイギリス経済学の術語である）は、その労働のほんのわずかの部分しか支払いを受けていないので、機械は資本家にとっては生産を高くつくものにするであろうからである。[一一八]イギリスでは、ときどき、馬の代
(416) わりに、いまでもなお女性が運河船の曳航などに使用されるが、[一一九]それは、馬や機械の生産に必要な労働は数学的に定まった量であるが、それに反して、過剰人口である女性の扶養に必要な労働はどのようにでも計算できるからである。それだから、機械の国であるイギリスほど、つまらないことに人間力を恥知らずに乱費するところはないのである。

範囲をもつであろう。

（二六a）　第二版への注。したがって、共産主義社会では、機械は、ブルジョア社会とはまったく異なった活動範囲をもつであろう。

（二七）「労働の使用者たちは、二組の一三歳未満の児童を、必要もないのに雇っておこうとはしないであろう。……ある部類の製造業者、すなわち紡毛糸紡績業者は、事実、いまでは、一三歳未満の児童すなわち半日工を使うことはまれである。彼らは各種の改良された新しい機械を採用し、それによって、児童」〔すなわち一三歳未満〕「の使用はまったく不要となった。この児童数の減少の一例としてある工程をあげると、そこでは、従来の機械にしの継ぎ機[*3]という装置をつけることによって、各機械の性能に応じ六人または四人の半日工の仕事を、一人の年少者」（一三歳以上）「によって行なうことができる。……半日工制度がしの継ぎ機の発明を」刺激した（『工場監督官報告書。一八五八年一〇月三一日』〔四二、四三ページ〕）。

（二八）「機械は……労働」（と彼が言うのは賃銀の意味）「が騰貴するまでは、しばしば使用されないことがありうる」（リカードウ、前出、四七九ページ〔堀訳、前出、四五三ページ〕）。

（二九）『エディンバラ社会科学大会報告書。一八六三年一〇月』を見よ。

＊1〔リカードウ『経済学および課税の原理』、第三版、四七一ページ、前出、堀訳、四四七ページ参照〕

＊2〔鉱山での女性と児童の労働は、一八四二年八月一〇日の法律で禁止された〕

＊3〔紡毛紡績の梳毛機（カード）でつくられる撚りのかかっていない短い繊維束＝スライバ（しの）を継ぎ合わせる機械〕

第三節　労働者におよぼす機械経営の直接的影響

すでに示したように、大工業の出発点をなすのは労働手段の革命であり、変革された労働手段は、工場の編制された機械体系において、そのもっとも発展した姿態を手に入れる。この客観的有機体に人間材料がどのように合体されるかを見るまえに、その革命が労働者自身におよぼすいくつかの一般的反作用を考察しよう。

a　資本による補助的労働力の取得。女性労働および児童労働

機械が筋力を不要にする限り、それは、筋力のない労働者、または身体の発達は未成熟であるが、手足の柔軟性の大きい労働者を使用するための手段となる。だから、女性労働および児童労働は、機械の資本主義的使用の最初の言葉であった！　こうして、労働および労働者のこの強力な代替手段は、たちまち、労働者家族の全成員を性と年齢の区別なしに資本の直接的支配のもとに編入することで、賃労働者の数を増大させるための手段に転化した。資本家のための強制労働が、児童の遊戯に取って代わっただけでなく、慣習的な範囲内での家族自身のための自由な家庭内労働にも取って代わった。(一二〇)

(一二〇)　エドワード・スミス博士〔イギリスの医師〕は、アメリカの南北戦争にともなった綿花恐慌のあいだ、綿業労働者の健康状態についての報告をするため、イギリス政府によって、ランカシャーやチェシャーなどに派遣された。彼はとくに次のように報告した――恐慌は、労働者を工場の空気から締め出したことは別として、

衛生上いろいろほかにも利点をもっている。労働女性たちは、いまでは、自分の子供たちをゴッドフリーの強心剤（一種のアヘン剤）*で毒する代わりに、授乳するために必要な暇を見いだした。彼女たちは料理を習う時間を得た、と。不幸にも、この料理術は、彼女らに食べ物がないときに与えられた。しかし、これを見ても、いかに資本が消費のために必要な家族労働をも自分の自己増殖のために奪い取ったかがわかる。また恐慌は、特別学校で労働者の娘たちに裁縫を教えるために利用された。全世界のために糸を紡いでいる働く少女たちが裁縫を習うために、アメリカの革命と世界恐慌とが必要であるとは！

＊〔子供へのアヘン剤の使用については、エンゲルス『イギリスにおける労働者階級の状態』、浜林訳、古典選書、上、一六二ページ、邦訳『全集』第二巻、三三五―三三六ページ参照〕

(417)

労働力の価値は、個々の成年男性労働者の生活維持に必要な労働時間によって規定されただけでなく、労働者家族の生活維持に必要な労働時間によっても規定された。機械は、労働者家族の全成員を労働市場に投げ込むことによって、夫の労働力の価値を彼の家族全員に分割する。そのため機械は、彼の労働力の価値を減少させる。たとえば四つの労働力に分割された家族〔の労働力〕を買い入れることは、以前に家長の労働力を買い入れた場合よりもおそらく多くの費用がかかるであろうが、しかしその代わり、四労働日が一労働日に取って代わるのであって、それら労働力の価格は、四労働日の剰余労働が一労働日の剰余労働を超過する分に比例して下がる。一家族が生活するためには、いまや四人が、資本のために、労働を提供するだけでなく剰余労働をも提供しなければならない。こうして機械は、はじめから、人間的搾取材料すなわち資本のもっとも独自な搾取分野を拡大する(一二一)と同時に、搾取度をも拡大するのである。

（一二一）「男性労働が女性労働によって、とりわけ成年労働が児童労働によって、ますます多く代用されるので、労働者の数は非常に増加した。週六シリングから八シリングの賃銀の一三歳の少女三人が、一八シリングから四五シリングまでさまざまな賃銀の成年男性一人に取って代わった」（トマス・ド・クウィンシー『経済学の論理』、ロンドン、一八四五〔正しくは一八四四〕年、一四七ページの注）。家族の特定の諸機能、たとえば子供の世話や授乳などは、まったくやめにすることはできないので、資本によって徴用された家庭の母は多かれ少なかれ代わりの人を雇わなければならない。裁縫やつぎあてなどのような家庭の消費に必要な諸労働は、既製商品の購入によって補われなければならない。したがって家事労働の支出の減少には、貨幣支出の増大が対応することになる。そのため労働者家族の生産費が増大して、収入の増大を帳消しにする。そのうえ、生活手段の利用や準備において節約したり目的に合わせて行なうことが不可能になる。公認の経済学によっては隠蔽されているこれらの事実については、工場監督官や「児童労働調査委員会」の『報告書』、とくに『公衆衛生にかんする報告書』のなかに豊富な資料が見いだされる。

機械はまた、資本関係の形式的媒介、すなわち労働者と資本家とのあいだの契約を根底から変革する。商品交換の基礎上では、資本家と労働者とは自由な人格として、独立の商品所有者として、すな
(418) わち一方は貨幣と生産手段との所有者、他方は労働力の所有者として、相対するということが、第一の前提であった。しかしいまや、資本は、児童や未成年者を買う。以前には、労働者は、彼が形式的に自由な人格として処分できる自分自身の労働力を売った。いまや労働者は、妻子を売る。彼は奴隷商人となる。（一二二）児童労働にたいする需要は、しばしば形式上でも、黒人奴隷にたいする需要——アメリカの新聞広告でよく見られたような——に似ている。たとえば、あるイギリスの工場監督官は言う

──「私の管区のもっとも重要な工業都市の一つにおける地方新聞の一広告が、私の注意を引いた。次はその写しである──求む、一三歳としてまかり通りうるよりも幼くない少年、一二人ないし二〇人。賃銀、週四シリング。問い合わせ先……[一二三]」。この「一三歳としてまかり通りうる」という文句は、工場法〔一八四四年〕によれば一三歳未満の児童は六時間しか働くことが許されないことに関連している。証明資格を持った医師が年齢を証明しなければならない。したがって工場主は、すでに一三歳であるように見える少年を求める。最近二〇年間のイギリス統計のなかで、工場主に雇われている一三歳未満の児童の総数がしばしば急激に減少していることは人々をおどろかせるが、その減少は、工場監督官たち自身の証言によれば、大部分は証明資格のある医師のしわざであって、彼らは、資本家の(419)搾取欲と両親の商売人的欲望に応じて児童の年齢を押し上げたのである。ロンドンの悪評高いベスナル・グリーン区〔ロンドン塔の東の労働者地区〕では、毎週月曜日と火曜日の朝に公開の市場が開かれ、そこで九歳から上の男女の児童がロンドンの絹製造業者に自分自身を賃貸しする。「普通の条件は、週一シリング八ペンス（それは両親のものになる）と、私自身のものになる二ペンスとで、ほかにお茶が出る」。契約はその週だけ有効である。この市場が開かれているあいだの光景と言葉づかいは、まことにいまいましい[一二四]。イギリスではいまなお、女性たちが「少年たちを〝労役場〟からつれ出して、週二シリング六ペンスでどんな買い手にでも彼らを賃貸しする[一二五]」ことが、見られる。立法があるにもかかわらず[*1]、いまなお大ブリテンでは、少なくとも二〇〇〇人の〔ほとんどすべてが五歳から一〇歳のあいだの〕少年が、生きた煙突掃除機として（彼らに代わる機械が存在するにもかかわらず）、彼ら自身の親たちによって売られている。(一二六) 機械によって引き起こされた、労働力の買い手と売り手とのあいだの法的関係における革命は――そのためその取り引き全体が自由な人格のあいだの契約の外観をさえ失うのであるが――のちにイギリス議会に、工場制度にたいする国家干渉のための法的弁解理由を与えた。工場法が、これまで拘束を受けていなかった産業部門において児童労働を六時間に制限するたびに、いつも新たに工場主たちの苦情が響いてくる――いまや一部の親たちは、規制を受けた産業から子供たちをつれ去って、なお「労働の自由」が支配している産業部門、すなわち一三歳未満の児童が大人と同じように働かされ、したがってまたいっそう高い値で売られる産業部門に、その子供たちを売る、と。しかし、資本というものは、生来の水平派*2であるから、すなわち、すべての生産部面において労働の搾取条件の平等をみずからの天賦の人権として要求するものであるから、ある産業部門における児童労働の法律的制限は、他の産業部門におけるその制限の原因となる。

(一二二)　イギリスの諸工場における女性労働および児童労働の制限が、成年男性労働者によって資本からかちとられたという偉大な事実とは対照的に、「児童労働調査委員会」の最近の諸報告書では、なお、児童販売にかんする労働者の親たちの、実に腹立たしいまったく奴隷商人的な特質が見られる。しかし、資本家的パリサイ人は、同じ『報告書』からわかるように、彼自身がつくり、永遠化し、利用しているこの野獣的行為――ほかのところでは彼はこれを「労働の自由」と呼んでいる――を非難している。「幼児労働は〔男性労働者の〕補助として……幼児たち自身の日々のパンのために働くことさえも求められた。あのように不つり合いな労苦に耐える力もなく、また彼らの将来の生活を導く教えもなしに、彼らは肉体的にも精神的にも汚染された状態に投げ込まれた。〔……〕ユダヤの歴史家は、ティトゥス〔三九―八一年。ユダヤ戦争時のローマ軍総指揮官。

のちローマ皇帝〕によるエルサレムの破壊について、次のように述べた――無情な母親が、絶対的な飢餓の渇望を満たすために、自分自身の生みの子をも犠牲にしたとすれば、この町がこんなにもひどく破壊され滅ぼされたのも、不思議ではなかった、と」（『公経済要論』[*3]、カーライル、一八三三年、五六〔正しくは六六〕ページ[*4]）。

（一三三）『工場監督官報告書。一八五八年一〇月三一日』、四〇、四一ページ〔正しくは四一ページ〕におけるA・レッドグレイヴの報告。

（一三四）『児童労働調査委員会、第五次報告書』、ロンドン、一八六六年、八一ページ、第三一号。〔第四版のために。――ベスナル・グリーンの絹業は、いまやほとんど滅んでしまった。――F・エンゲルス〕

（一三五）『児童労働調査委員会、第三次報告書』、ロンドン、一八六四年、五三ページ、第一五号。

（一三六）同前『第五次報告書』、XXIIページ、第一三七号。

＊1〔煙突掃除業改正拡張規制法（一八六四年六月三〇日）は、煙突を掃除させる目的で一六歳未満の少年を雇うことを禁止した。『児童労働調査委員会、第五次報告書』XXIページ、第一三四号による〕

＊2〔一七世紀イギリスの清教徒革命時の平等主義者たち〕

＊3〔マルクスによれば、イギリスのトーリー党の著述家の著〕

＊4〔フランス語版では、このあとに、貧困のため子供を工場に売ろうとする父親についての医師ペロの記述をつけ加えている〕

機械が、はじめはその基礎上で成長する工場において直接的に、その後は他のあらゆる産業部門において間接的に、資本の搾取のもとにおく児童、年少者、また労働女性の肉体的荒廃については、すでにまえに素描しておいた。そこでここでは、乳児期における労働者児童の異常に高い死亡率という

(420)

点についてだけ述べておこう。イングランドでは、一歳未満の生存児一〇万につき年平均死亡数が九〇八五だけ[*1]（一区では七〇四七だけ）の戸籍管区が一六あるが、二四管区では一万以上一万一〇〇〇未満、三九管区では一万一〇〇〇以上一万二〇〇〇未満、四八管区では一万二〇〇〇以上一万三〇〇〇未満、二二管区では二万以上、二五管区では二万一〇〇〇以上、一七管区では二万二〇〇〇以上、一一管区では二万三〇〇〇以上、フー、ウルヴァハンプトン、アシュトン・アンダー・ライン、プレストンでは二万四〇〇〇以上、ノッティンガム、ストックポート、ブラッドフォードでは二万五〇〇〇以上、ウィズビーチでは二万六〇〇一、マンチェスターでは二万六一二五、である。[一一七] 一八六一年の公式医事調査の示すところでは、地方的事情を別とすれば、この高い死亡率はとくに母親の家庭外就業によるものであり、またそれから生じる児童の放任と虐待、なかでも栄養不適、栄養不足、アヘン剤の投与などによるものであり、さらに、母親が自分の子供から不自然に[*2]隔離されていること、その結果として故意に飢えさせたり有毒物を与えたりすることが加わる。[一一八]「女性の就業が最少である」農業地域では、「それに反して、死亡率は最低である」[一一九]。しかし、一八六一年の調査委員会は、北海沿岸のいくつかの純農業地域において、一歳未満の児童の死亡率がもっとも評判の悪い工場地域の死亡率にほぼ達しているという予期しない結果を明らかにした。そこで、ジューリアン・ハンター博士が、この現象を現地で研究するよう委託された。彼の報告は、『公衆衛生にかんする第六次報告書』に収められている[一二〇]。これまでは、マラリアその他の低湿地帯特有の病気が、多数の児童の命を奪ったと推測されていた。調査は、まったく反対のことを明らかにした。すなわち、「マラリアを駆逐したのと

（421）同じ原因、すなわち、冬期には湿地であり夏期にはやせた草地であった土地を肥沃な穀物畑に変えたことが、乳児の法外な死亡率をつくり出した(一三一)」と。ハンター博士がその諸地域で聴取した七〇人の開業医は、この点については「おどろくほどに一致して」いた。すなわち、土地耕作の革命とともに産業制度〔労働隊[*3]〕が導入されたのである。「少年や少女たちと隊をなして一緒に労働する既婚女性たちは、『労働隊長』と呼ばれる隊全体を雇う一人の男によって、一定の金額で、借地農場経営者の使用にまかせられる。これらの隊はしばしば自分たちの村落から何マイルも離れて移動し、朝晩に路上で見かけられるところでは、女性たちは短いペチコートとそれにつり合った上衣を着て、長靴をはき、またときにはズボンをはいていて、見かけは非常に力強く健康的であるが、常習的な放埒(ほうらつ)によってすさんでおり、この活動的で独立的な暮らしぶりへの愛着のため、家で縮こまっている自分の幼児におよぼす致命的な諸結果にたいしては、無頓着である(一三二)」。ここでは、工場地域のすべての現象が再生産されており、しかも、ひそかな幼児殺しや子供へのアヘン供与は、なおいっそう程度が高い(一三三)。イギリスの〝枢密院[*4]〟医務官で「公衆衛生」にかんする報告書の編集主任であるサイモン博士は言う――「私はそれによって生み出される害悪をよく知っているので、私が成年女性のすべての包括的な産業的就業を深い嫌悪をもって見るのも、やむを得ないことであろう(一三四)」と。工場監督官Ｒ・ベイカーは、ある公式報告のなかで断言している――「家庭をもつすべての既婚女性が、なんらかの工場で働くことを禁止されたならば、それこそ、実際に、イギリスの工業地域にとって幸福であろう(一三五)」と。

(一一七)　『公衆衛生にかんする第六次報告書』、ロンドン、一八六四年、三四ページ。〔フランス語版では、このあ

とにフランス労働者都市の幼児死亡率を示している〕

（一二八）「それ」（一八六一年の調査）「……が、さらに明らかにしたところでは、上述の事情とともに、母親の就労にともなう育児放棄や虐待のもとで幼児たちは死んでいくのであるが、母親は、嘆かわしいほど、自分の子供にたいする自然的感情を失っている――一般に子供の死をそれほど気にしないし、ときには……死を確実にするため直接に手をくだすこともある」（同前）。

（一二九）同前、四五四ページ。

（一三〇）同前、四五四―四六一ページ。『イングランドの若干の農村地域における幼児の異常な死亡についてのヘンリー・ジューリアン・ハンター博士の報告』。

（一三一）同前、三五ページ、および四五五、四五六ページ。

（一三二）同前、四五六ページ。

（一三三）イギリスの工場地域においてと同様、農業地域においても、アヘンの消費が成年の男女労働者のあいだに日ごとに広がっている。「アヘン剤の販売を拡大することは……企業心のある若干の卸売商人の大目標である。薬屋は、アヘンをもっとも売れ行きのよい品物とみなしている」（同前、四五九ページ）。アヘン剤を与えられる乳児は、「小さい老人のようにしわがよったり、しなびて小猿のようになった」（同前、四六〇ページ）。インドと中国が、イギリスにたいしていかに復讐しているかがわかる。

（一三四）同前、三七ページ。

（一三五）『工場監督官報告書。一八六二年一〇月三一日』、五九ページ。この工場監督官は以前には医師であった。

＊1〔初版以来「九〇〇〇」となっていた。『公衆衛生にかんする第六次報告書』により、ヴェルケ版で訂正〕

＊2〔第三版、第四版では誤って「自然に」となっていた〕

＊3〔労働隊については、本巻、第一三章、第五節、「e　大ブリテンの農業プロレタリアート」を参照〕

＊4〔一三世紀に創設された立法権をもつ国王直属の特別機関。大臣、官吏、聖職者で構成される〕

女性労働および児童労働の資本主義的搾取から生じる精神的な萎縮は、Ｆ・エンゲルスによって彼の『イギリスにおける労働者階級の状態』〔浜林訳、古典選書、邦訳『全集』第二巻〕のなかで、またその他の著者たちによって余すところなく叙述されているので、私はここではそれを指摘するにとどめる。しかし、未成熟な人間を単なる剰余価値製造機械に転化することによって人為的につくり出された知的荒廃――それは、精神の発達能力やその自然的豊饒性そのものは破壊せずに精神を休閑状態におく自然発生的な無知とはいちじるしく異なるものであるが――のために、ついに、イギリス議会でさえ、工場法の適用を受けるすべての産業において、初等教育を一四歳未満の児童の「生産的」消費のための法定の条件にせざるをえなかった。資本主義的生産の精神は、工場法のいわゆる教育条項の作成の欠如から、またこの義務的教育が大部分ふたたび架空なものになってしまう行政的機構の欠如から、またこの教育法にたいする工場主たちの反対そのものから、そしてこの教育法の法の網をくぐり抜けるための彼らの実際的な策略と計略からも、きわめて明白である。「立法府のみが非難されなければならない。なぜなら、立法府は、児童教育のために配慮していると見せかけながら、この口先だけの目的を確保できる規定をただの一つも含まない欺瞞的法律を公布したからである。この法律が規定しているのは、ただ、児童たちが毎日一定の時間数」（三時間）「のあいだ、学校と称する場所の四つの壁のなかに閉じ込められるべきこと、また児童の使用者が、これについて、毎週、一人の人物

(422)

(423)

が男性または女性の学校教師として自分の名前を署名した証明書をその人物からもらわなければならない、ということだけである」[一二六]。一八四四年の改正工場法の公布以前には、男性または女性の学校教師によって十文字のしるしで署名された通学証明書がまれではなかったが、それは彼らが自分では字が書けなかったからである。「私は、このような通学証明書を発行している学校を訪問したとき、学校教師の無知にまったくおどろいたので、彼に『あなたは字が読めるのでしょうか?』と言った。彼の答えは、『まあ、まあ、少しは』であった。彼は〔証明書発行の〕弁解のためつけ加えた――『とにかく、私は生徒たちよりはできますよ』、と」。一八四四年法の準備中に、工場監督官たちは、学校と称する場所のひどい状態を告発したが、その証明書を彼らは法律上まったく有効と認めざるをえなかった。しかし、彼らが達成したことといえば、一八四四年以来、次のことがすべてであった――「通学証明書の数字は、教師の手書きで書き込まれなければならず、同じく教師の姓名も、自分自身の手で署名されなければならない」[一二七]。スコットランドの工場監督官サー・ジョン・キンケイドも、似たような職務上の経験について語っている。「われわれが訪ねた最初の学校は、アン・キリン夫人なる人によって営まれていた。私が彼女の名前のつづりをたずねると、彼女はすぐまちがいをした。というのは、彼女はCの字から始めたが、すぐに訂正して、自分の名前はKで始まると言ったからである。しかし、通学証明簿における彼女の署名を見て気づいたことは彼女は名前をいろいろにつづっており、また彼女の筆跡から見て、教授能力のないことは、疑う余地がなかった。また彼女自身も、自分が記帳できないことを認めた。……第二の学校で、私は、奥行一五フィート、間口一〇フィート〔一フィートは約三〇センチメートル〕の教室を見たが、この部屋に七五人の児童がいて、わけのわからないことをしゃべっていた」(一三八)。「しかし、児童たちが、通学証明書はもらうがなんの教育も受けていないのは、こうしたみじめな場所だけのことではない。というのは、有能な教師がいる多くの学校でも、三歳以上のあらゆる年齢の児童たちが団子になってがやがや言っているために、教師の努力は、ほとんどまったくむだになってしまうからである。教師の暮らしは、最良の場合でもみじめなもので、教室に詰め込めるだけ最大に詰め込んだ児童から受け取るペニー貨の数に依存している。そのうえ、学校の備品はとぼしく、本やその他の教材は不足しており、息の詰まるような臭い空気は哀れな児童たち自身に作用して元気を失わせる。私はこのような多くの学校を訪ねたが、そこで、まったくなにもしていない多数の児童を見た。そしてこれが通学として証明され、またこのような児童が公式統計では教育を受けたものとして示される」(一三九)。スコットランドでは、工場主たちは、通学義務のある児童をできる限り排除しようとする。「このことは、教育条項[*1]にたいする工場主たちの激しい嫌悪を証明するのに十分である」(一四〇)。このことは、独自の工場法の規制を受けているサラサその他の捺染業では、奇怪で途方もないものとして現われる。法律の規定によれば――「すべての児童は、このような捺染工場で就業するまえに、最初の就業日の直前の六ヵ月のあいだに、少なくとも三〇日間、それも一五〇時間を下らない時間、通学していなければならない。また捺染工場で就業を継続するあいだは、児童はやはり六ヵ月ごとに、三〇日間にわたり一五〇時間は通学しなければならない。……通学は、午前八時から午後六時までのあいだに行なわれなければならない。同じ日における二時間半未満または五時間を

(424)超える通学は、一五〇時間の一部分として計算されないものとする。通常の事情のもとでは、児童たちは三〇日間、午前と午後、毎日五時間ずつ[*2]通学し、そして三〇日間の終了後、一五〇時間の法定の総時間数に達すれば——彼ら自身の言葉で言うと、彼らの通学簿を仕上げてしまえば——彼らは、捺染工場にもどり、六ヵ月間が満了して次の通学開始期日がくるまで、工場にとどまる。それから、通学簿がまた仕上がるまで、また学校にとどまる。……法定の一五〇時間のあいだ通学する少年のきわめて多くは、捺染工場での六ヵ月間の中断から学校に戻ってくると、ちょうどはじめのときと同じ状態になっている。……もちろん彼らは、まえの通学によって得たものをすっかり忘れてしまっている。〔……〕他のサラサ捺染工場では、通学はまったく工場の営業上の必要に合わせられている。所要の時間数は、六ヵ月の期間ごとに、おそらく六ヵ月にわたって分散された一回に三時間ないし五時間の分割ですまされるのである。〔……〕たとえば、ある日には午前八時から一一時まで通学させられ、他の日には午後一時から四時まで通学させられる。そして、それからまた数日にわたって欠席したのちに、突然また午後の三時から六時までやってくる。それからたぶん引き続き三日間か四日間、または一週間現われるが、次にまた三週間ないしまる一ヵ月間も現われず、そして、たまたま雇い主が児童を必要としない、若干のはんぱな日に、若干の余り時間のあいだ、帰ってくる。こうして、児童は、合計一五〇時間が数え終わるまで、学校から工場へ、工場から学校へと、いわばこづき回されるのである」[一四二]。結合された労働人員に圧倒的多数の児童および女性をつけ加えることにより、機械は、マニュファクチュアにおいて男性労働者が資本の専制に対抗してなお行なっていた抵抗を、ついに打ちくだ

く。（一四二）

（一三六）『工場監督官報告書。一八五七年四月三〇日』*3、一七ページにおけるレナド・ホーナーの報告。

（一三七）『工場監督官報告書。一八五五年一〇月三一日』、一八、一九ページにおけるレナド・ホーナーの報告。

（一三八）『工場監督官報告書。一八五八年一〇月三一日』、三一、三二ページにおけるサー・ジョン・キンケイドの報告。

（一三九）『工場監督官報告書。一八五七年四月三〇日』*4、一七、一八ページにおけるレナド・ホーナーの報告。

（一四〇）『工場監督官報告書。一八五六年一〇月三一日』、六六ページにおけるサー・J・キンケイドの報告。

（一四一）『工場監督官報告書。一八五七年一〇月三一日』、四一―四二〔正しくは四三〕ページにおけるA・レッドグレイヴの報告。本来の工場法（本文の最後にあげた捺染工場法ではない）がかなり以前から支配しているイギリスの産業諸部門では、教育条項にたいする諸障害が、近年、いくぶん克服されている。工場法の適用を受けない諸産業では、調査委員ホワイトに次のように教えたガラス工場主J・ゲディスの見解が、まだきわめて優勢である――「私が察しうる限りでは、近年来労働者階級の一部が受けてきたいっそう大量の教育は有害である。それは労働者階級をあまりに自立的にさせるので危険である」と（『児童労働調査委員会、第四次報告書』、ロンドン、一八六五年、二五三ページ）。

（一四二）「工場主であるE氏は〔……〕私に次のように教えてくれた。すなわち、彼は、その力織機にもっぱら女性を使っている。〔……〕彼は、既婚女性、とくに扶養しなければならない家族を家にもっている女性を優先する。彼女たちは、未婚の女性よりもはるかに注意深く従順であり、生活必需品を手に入れるために全力を尽くすように強いられている、と。こうして、美徳、女性特有の美徳が、女性の禍いに転じられ――こうして、女性の天性の貞節とやさしさのすべてが、女性の隷属化と苦しみとの手段にされる」（『一〇時間工場法案。三月一五日のアシュリー卿の演説』、ロンドン、一八四四年、二〇ページ)。

＊1〔一八四五年の捺染工場法。本訳書、第一巻、五一九―五二〇ページ参照〕

＊2〔報告書では、「五時間ずつ」は「少なくとも五時間」となっている〕

＊3〔初版以来「六月三〇日」となっているが、報告書は一八五七年四月三〇日に終わる半年間についてのもので、表紙にも「四月三〇日」と書かれている〕

＊4〔初版以来、「一八五七年一〇月三一日」となっていた〕

(425)

b　労働日の延長

機械が、労働の生産性を高めるための、すなわち商品の生産に必要な労働時間を短縮するための、もっとも強力な手段であるとすれば、資本の担い手としての機械は、それが直接的にとらえる諸産業では、まず第一に、労働日をあらゆる自然的制限を超えて延長するもっとも強力な手段になる。機械は、一方では、資本がこのような資本の不断の傾向を野放しにすることを可能にする新しい諸条件をつくり出し、他方では、他人の労働にたいする資本の渇望をより鋭くする新しい諸動機をつくり出す。

まず第一に、機械においては、労働手段の運動および活動が労働者にたいして自立化する。労働手段は、それ自体として、一つの産業的な〝永久運動機関(ペルペトウム・モビレ)＊1〟となるのであって、この機関は、それを補佐する人間が持つある種の自然的制限、すなわち彼らの肉体的弱点と我意に衝突しなければ、不断に生産し続けるであろう。だから自動装置は資本として――そして資本としての自動装置は資本家のうちに意識と意志とをもっているのであるが――、反抗的であるが弾力的な人間の自然的制限を最小限の抵抗に押さえ込もうとする衝動によって、精気づけられている。(一四三) この抵抗は、そうでなくても、機械での労働の外観上の容易さと、いっそう従順で御しやすい女性および児童の構成分子とによって、減らされている。(一四四)

(一四三)「高価な機械が一般的に採用されて以来、人々は、その平均的な体力をはるかに超えるよう強要されてきた」(ロバート・オウエン『工場制度の影響にかんする考察』、第二版、ロンドン、一八一七年〔一六ページ。渡辺義晴訳、所収『社会変革と教育』、明治図書出版、一九六三年、五五ページ〕)。

(一四四) あることがらの最初の経験的現象形態をその根拠とみなしたがるイギリス人は、しばしば、大仕掛けなヘロデ的児童誘拐*2――資本が、工場制度の初期において救貧院や孤児院で犯したものであり、それによってまったく言いなりになる人間材料をわがものにした――を、工場制度における長い労働時間の根拠としてあげている。たとえば、フィールデン――彼自身イギリスの工場主であるが――は次のように言う――「長い労働時間は、次の事情によって引き起こされたことは明らかである。すなわち、工場主たちは、多数の孤児を国のさまざまな地方から手に入れたので、その結果、労働者に依存しなくなり、そして彼らがこのようにして入手した哀れな人間材料を使って長い労働時間をひとたび習慣にしてしまったのちには、それを彼らの隣人にもいっそう容易に押しつけることができた」(J・フィールデン『工場制度の呪詛』、ロンドン、一八三六年、一一ページ)。女性労働については、工場監督官ソーンダーズは、一八四四年の工場報告書のなかで言っている――「女性労働者のなかには、何週間も続けて、ほんの二、三日をのぞいて、朝の六時から夜の一二時まで――二時間足らずの食事時間を含めて――働かされる女性たちがおり、そのため彼女たちには、週のうち五日間は、家への往復とベッドで休むために一日二四時間のうち六時間しか残らない」〔『工場監督官報告書。一八四三年一二月三一日』、一八四四年、八ページ〕。

＊1〔外部からのエネルギー供給なしに永久に運動し続けるとされる古代からある空想の機関〕

＊2〔ユダヤ王ヘロデは、イエスを殺すために、ベツレヘムの幼児をみな殺しにしたとされる。新約聖書、マタイ、二・一六―一八〕

(426)

機械の生産性は、上述したように、機械から製品に移転される価値構成部分の大きさに反比例する。機械が機能する期間が長ければ長いほど、機械によってつけ加えられる価値は、それだけ多くの生産物量に配分され、機械が個々の商品につけ加える価値部分がそれだけ小さくなる。しかし、機械の活動的な生存期間は、明らかに、労働日の長さすなわち日々の労働過程の継続時間に、この労働過程が繰り返される総日数を掛けたものによって規定される。

機械の摩滅は、決して厳密に数学的にその利用時間に対応するものではない。また、このように対応すると仮定しても、七年半にわたって毎日一六時間動かされる機械は、一五年にわたって毎日八時間しか動かされない同じ機械と比べ、同じ大きさの生産期間をもっているのであり、また前者が後者より多くの価値を総生産物につけ加えるわけではない。しかし前者の場合には後者の場合に比べて、機械価値が二倍早く再生産されるであろうし、資本家は、この同じ機械によって、七年半で、後者の場合の一五年間と同じ分量の剰余価値をのみ込んでいるであろう。

機械の物質的摩滅は二重である。一方の摩滅は、貨幣片が流通によって摩滅するように、機械の使用から生じ、他方の摩滅は、使われない剣がその鞘のなかで錆びるように、機械の非使用から生じる。後者は、自然力（エレメンテ）による機械の消耗である。前者の種類の摩滅は、機械の使用に多かれ少なかれ正比例し、後者の種類の摩滅は、ある程度まで機械の使用に反比例する。[一四五]

（一四五）「休止によって金属機構の微妙な作動部分に損傷を……引き起こす」（ユア『工場哲学』、前出、二八〔正しくは二八一〕ページ）。

（427）

しかし機械は、物質的摩滅のほか、いわゆる社会的（モラーリッシュ）摩滅をもこうむる。機械は、同じ構造の機械がより安く再生産されうるようになるか、より優れた機械が現われそれと競争するようになれば、その程度に応じて交換価値を失う。[一四六]どちらの場合にも、その機械の価値はもはや――たとえその機械がまだどんなに若く生命力をもっていようとも――その機械そのものに実際に対象化されている労働時間によって規定されるのでなく、それ自身の再生産またはより優れた機械の再生産に必要な労働時間によって規定される。そのためその機械は、多かれ少なかれ減価している。機械の総価値が再生産される期間が短ければ短いほど、社会的摩滅の危険はそれだけ少なくなり、また、労働日が長ければ長いほど、右の機械の総価値が再生産される期間はそれだけ短くなる。[一四七]なんらかの生産部門に機械がはじめて導入される場合には、それをより安く再生産するための新しい方法と、個々の部分または装置だけでなくて機械の構造全体におよぶ改良とがつぎつぎと現われてくる。だから、機械の最初の生存期間には、労働日を延長しようとするこの特別な動機がもっとも強く作用する。[一四八]

（一四六）すでにまえに述べた「マンチェスターの紡績業者」[*1]（『タイムズ』一八六二年一一月二六日付）は、機械の費用のうちに、次のものを計上している――「それ」〔すなわち「機械の劣化にあてる控除」〕「は、機械が摩滅してしまう以前に、他のより新しいより優れた構造をもつ他の機械によって取って代わられるということから、絶えず生じる損失を補填する目的をもっている」。

〔一四七〕「新しい型式で機械をまず一台つくることは、同じ型式で同じ機械を複製するより約五倍も費用がかかると概算されている」（バビジ『機械および製造業の経済論』〔フランス語訳、パリ、一八三三年〕、三四九ページ）。

〔一四八〕「数年来、チュール[*2]の製造で重要な数多くの改良が行なわれたので、最初の費用が一二〇〇ポンドであった、手入れの行き届いた機械が、数年後には六〇ポンドで売られた。……改良に次ぐ改良が非常な速さで行なわれたので、未完成のままの機械が製造者の手に放置されるほどであった。なぜなら、それが、より優れた諸発明によってすでに時代遅れにされていたからである」。だから、このような疾風怒涛時代には、チュールの製造業者たちは、間もなく、当初の八時間の労働時間を、二交替制二四時間に延長した（同前、〔ロンドン、一八三二年〕二三三ページ）。

*1〔本訳書、第一巻、三六〇ページの原注二三参照〕

*2〔婦人服やヴェールなどに用い、薄い六角形の編み目をもつ網状の布。フランスの原産地チュルにちなむ〕

ほかの事情がまえと同じで、労働日が与えられている場合には、二倍の数の労働者を搾取するには、不変資本のうちの、機械と建物に支出される部分を、原料、補助材料その他に支出される部分と同様に、二倍にする必要がある。労働日を延長すれば、機械と建物に支出される資本部分は不変のままでも、生産の規模は拡大される。〔一四九〕それゆえ、剰余価値が増大するだけでなく、剰余価値の搾取に必要な

(428)諸支出が減少する。確かに、このことは、労働日が延長されるすべての場合に多かれ少なかれ起こることであるが、しかしこの場合には、いっそう決定的に重要である。なぜなら、労働手段に転化される資本部分が、総じて、さらに重要性を増すからである。(一五〇)すなわち、機械経営の発展は、資本のうちの絶えず増大する構成部分を一つの形態に、すなわち、資本が、一方では絶えず価値増殖しうるが、他方では生きた労働との接触を断たれるとただちに使用価値と交換価値を失ってしまう形態に縛りつけるからである。イギリスの綿業王アシュワース氏は、「もし」とナッソー・W・シーニア教授に次のように教えた――「もし農夫が彼の鋤(すき)を使わずにおくならば、彼は、その期間、一八ペンスの資本をむだにする。もしわが使用人」(すなわち工場労働者)「の一人が工場を離れるならば、彼は、一〇万*ポンドもかかっている資本をむだにすることになる」(一五一)と。考えてもみたまえ！　一〇万ポンドもかかった資本を、たとえ一瞬間でも、「むだに」するとは！　およそわが使用人の一人でも工場を離れることがあるとは、実際恐ろしいことだ！　機械の規模の増大は、アシュワースに教えられたシーニアも理解しているように、労働日が絶えずますます延長されていくことを「望ましい」ものにする。(一五二)

(一四九)　「もし、建物や機械のための追加的支出を招かずに、原料の追加量を仕上げることができるならば、……市場の干満や需要の交互的な伸縮のただなかで、工場主が、追加的固定資本を使わずに、追加的流動資本を使うことのできる機会が、絶えず繰り返しやってくるであろう、ということは自明である」(R・トランズ『賃銀および団結について』、ロンドン、一八三四年、六四ページ)。

(一五〇)　本文で述べた事情は、ただ完全を期するために述べたにすぎない。というのは、私は、第三部ではじめて利潤率、すなわち前貸総資本にたいする剰余価値の比率を、取り扱うからである。

（一五二）シーニア『……工場法についての書簡』、ロンドン、一八三七年、一三、一四ページ〔正しくは一四ページ〕。

（一五三）「流動資本にたいする固定資本の割合が大きいことは……長時間の労働を望ましいものにする」。機械などの規模の増大につれて、「長時間労働への動機はいっそう強くなるであろう――これは、大きな割合の固定資本を有利なものにしうる唯一の手段だからである」（同前、一一―一三ページ〔正しくは一一、一四ページ〕）。「工場には、その工場が長い時間作業しようと短い時間作業しようと、不変のままであるいろいろな支出がある。たとえば、建物の賃借料、地方税や国税、火災保険料、さまざまな常雇い労働者の賃銀、機械の損傷、また事業のさまざまなその他の負担――すなわち、利潤にたいするこの負担の比率は、生産規模が増大するのと同じ割合で減少する」（『工場監督官報告書。一八六二年一〇月三一日』、一九ページ）。

＊〔シーニアの原文では「一〇〇ポンド」となっている〕

(429) 機械が相対的剰余価値を生産するのは、それが直接的に労働力の価値を減少させること、また、労働力の再生産にはいり込む諸商品を安くして労働力を間接的に安くすることにのみよるのではなく、また、機械がはじめて散発的に採用されるさいには、機械所有者によって使用される労働を力能を高められた〔何乗かされた〕労働に転化し、機械生産物の社会的価値をその個別的価値よりも高め、こうして資本家が一日の生産物のより少ない価値部分で労働力の日価値を補填することができるようにすることにもよる。それゆえ、機械経営が一種の独占状態にあるこの過渡期のあいだは、利得は途方もなく大きいのであり、資本家は、この「青春の初恋の時代」＊を、労働日をできる限り延長することによって、最大限徹底的に利用しようとする。利得の大きいことが、いっそう多くの利得への渇望を激しくする。

＊〔シラー「鐘によせる歌」のなかの「美しき青春の恋の時代よ」のもじり。前出、小栗訳、『世界名詩集大成』6、平凡社、一三六ページ参照〕

同じ生産部門で機械が普及するにつれて、機械生産物の社会的価値はその個別的価値まで低下し、またそれにつれて、剰余価値は資本家が機械によって代替した労働力から生まれるのではなく、逆に、資本家が機械につけて働かせる労働力から生まれるという法則が貫徹する。剰余価値は資本の可変部分からのみ生まれるのであり、そしてすでに見たように、剰余価値の総量は、剰余価値率と同時に働かされる労働者の総数という二つの要因によって規定される。労働日の長さが与えられている場合には、剰余価値率は、労働日が必要労働と剰余労働とに分かれる比率によって規定される。また、同時に働かされる労働者の総数のほうは、不変資本部分にたいする可変資本部分の割合に依存している。＊ところで機械経営は、たとえそれが労働の生産力を増大させることにより必要労働の犠牲において剰余労働を拡大するとしても、機械経営がこの成果をもたらすのは、与えられた資本によって働かされる労働者の総数を減少させることによってだけであることは、明らかである。機械経営は、資本のうちの以前には可変的であった部分、すなわち生きた労働力に転化されていた部分を、機械に、すなわちなんらの剰余価値をも生産しない不変資本に転化する。たとえば、二四人の労働者からしぼり出すのと同じ量の剰余価値を二人の労働者からしぼり出すことは、不可能である。二四人の労働者のそれそれが一二時間で一時間の剰余労働しか提供しないとしても、彼らは合計で二四時間の剰余労働を提供するが、二人の労働者の総労働は二四時間にしかならない。したがって、剰余価値の生産のために機械を使用することには、一つの内在的矛盾がある。というのは、機械は、与えられた大きさの資本が与える剰余価値の二つの要因のうち、一方の要因、すなわち労働者数を減少させることによってのみ、他方の要因、すなわち剰余価値率を増加させるからである。この内在的矛盾は、一つの産業部門(430)における機械の普及につれて、機械で生産される商品の価値が、同種のすべての商品の規制的な社会的価値になれば、ただちに現われてくる。そしてこの矛盾こそが、搾取される労働者の相対的総数の減少を、相対的剰余労働の増加のみならず絶対的剰余労働の増加によっても埋め合わせるために、労働日のこのうえない乱暴な延長へと資本をまたもやかり立てるのである——資本自身は、この矛盾を意識してはいないが(一五三)。

(一五三)　なぜ、この内在的矛盾が、個々の資本家に、それゆえまた資本家的観念にとらわれている経済学にも、意識されないかは、第三部の最初の諸篇から理解されるであろう。

*〔本訳書、第一巻、五四〇—五四一ページ参照〕

したがって、機械の資本主義的使用は、一方では、労働日の無際限な延長の新しい強力な動機をつくり出し、この傾向にたいする抵抗を打ちくだくような仕方で労働様式そのものと社会的労働体の性格とを変革するとすれば、他方では、一部は、労働者階級のうち以前は資本には手の届かなかった階層を編入することによって、一部は、機械に駆逐された労働者を遊離することによって、資本の法則の命令に従わざるをえない過剰な労働者人口（一五四）を生み出す。そこから、機械は労働日のあらゆる社会慣行的（ジットリッヘ）および自然的な諸制限をくつがえすという、近代産業の歴史における注目すべき現象が生まれる。また、そこから、労働時間短縮のためのもっとも強力な手段が、労働者およびその家族の全生活時間を資本の価値増殖のために自由に処分できる労働時間に転化するもっとも確実な手段に急変するという、経済学的逆説も生まれる。古代のもっとも偉大な思想家アリストテレスは、「もしも」と次のように夢想した――「もしも、ダイダロス[*1]の彫像がひとりでに動いたり、またヘファイストス[*2]の鼎（かなえ）状座席が自発的に神の仕事にとりかかったりしたように、それぞれの道具が、人の命令によってであれ、人の意を察してであれ、自分のなすべき仕事を完成することができるとすれば、こうしてもし杼（ひ）がひとりでに織るとすれば、親方には助手はいらないし、主人には奴隷はいらないであろう（一五五）」と。また、キケロ時代のギリシアの詩人アンティパトロスは、穀物をひくための水車製粉機の発明（431）――すべての生産的機械のこの基本形態――を、女性奴隷の解放者および黄金時代の建設者として歓迎した！（一五六）「異教徒たちだ、まさしく異教徒たちだ！」りこうなバスティアが、またすでに彼以前にもっと賢いマカロックが発見したように、彼ら〔古典古代人たち〕は、経済学とキリスト教についてはなにも理解していなかった。彼らは、とりわけ機械が労働日延長のためのもっとも確かな手段であることを理解していなかった。彼らは、たぶん、一方の人の奴隷状態を、他方の人の完全な人間的発達のための手段として容認したのであろう。しかし、何人かの粗野な、または教育の浅い成り上がり者を「〝優れた紡績業者〟」や「〝大規模なソーセージ製造業者〟」や「〝有力な靴墨商人〟」にするために、大衆の奴隷化を説教するには、彼らには、特殊なキリスト教的な器官[*3]が欠けていた。

(一五四)　機械を商品の生産手段としてだけでなく、また「〝過剰人口〟」の生産手段としても把握していたことは、リカードウ[*4]の大きな功績の一つである〔本訳書、第一巻、六九〇ページ参照〕。

(一五五)　F・ビーゼ『アリストテレスの哲学』、第二巻、ベルリン、一八四二年、四〇八ページ[*5]。

(一五六)　私は、ここに、その詩のシュトルベルクによる翻訳をあげておく。なぜなら、それが、分業にかんするまえにあげた引用文とまったく同じく〔本書、第一二章の原注七八―八三参照〕、近代的見解にたいする古典古代的見解の対立を特徴づけているからである。

「粉ひき娘たちよ、ひく手をやめて眠りなさい、
安らかに！　雄鶏(おんどり)が暁を告げても、かまわずに！
デメーテルの女神が水の精に娘たちの仕事をするように命じたので、
もう水の精たちはかるがると水車の上を飛び回り、
軸はゆれて輻(や)とともに回り、重い上石をくるくる回している。
さあ私たちも先祖と同じように暮らそう、
働くのをやめて、女神のくれた贈物を楽しもう」
　（『クリスティアン・シュトルベルク伯訳　ギリシアの詩』、ハンブルク、一七八二年）

＊1　〔飛行翼や神像などを発明したとされるギリシア神話の名工匠〕
＊2　〔ギリシア神話の鍛冶の神。鼎状座席は、デルフォイ神殿の巫子(みこ)がそれに座って神託を述べたとされる〕
＊3　〔フランス語版では「キリスト教的慈善の才」となっている〕
＊4　〔フランス語版では「シスモンディとリカードウ」となっている〕

＊５〔この文章は、アリストテレス『政治学』、第一巻、第四章から引用されている。山本訳『アリストテレス全集』15、岩波書店、一九六九年、一〇―一一ページ。同訳『政治学』、岩波文庫、一九六一年、三八―三九ページ〕

ｃ　労働の強化＊

＊〔フランス語版では、次の注が付されている。――「強化という語は、労働をいっそう強度にする方法を意味する」〕

資本の手中にある機械が生み出す労働日の無際限な延長は、すでに見たように、のちにいたって、その生命の根源をおびやかされた社会の反作用を引き起こし、それとともに、法律によって制限された標準労働日をもたらす。標準労働日を基礎にして、われわれが以前に出会ったことのある一現象が発展し、決定的に重要なものとなる――すなわち労働の強化がそれである。絶対的剰余価値の分析では、まず、労働の外延的大きさが問題になり、労働の強度の程度は与えられたものとして前提されていた。いまや、われわれは、外延的大きさから内包的大きさへの転換または大きさの程度への転換を考察しなければならない。

(432) 機械制度の進歩と、機械労働者という独自な一階級の経験の蓄積とにつれて、労働の速度、したがってまた労働の強度が、自然発生的に増大することは自明である。こうして、イギリスでは、半世紀にわたり、労働日の延長が工場労働の強度の増大と相ならんで進行している。とはいえ、一過的な発作でなく毎日繰り返される規則的な画一性が重要である労働にあっては、明らかに、一つの結節点――すなわち、労働日の延長と労働の強度とが相互に排除し合い、その結果、労働日の延長が労働の強度の弱化としか両立せず、また、その逆に、強度の増加が労働日の短縮としか両立しない結節点が、生じざるをえない。労働者階級のしだいに増大する反抗が、国家に強要して、労働時間を強制的に短縮させ、まず第一に本来的工場に標準労働日を命令させたその時から、したがって、労働日の延長による剰余価値の生産の増大がきっぱりと断ち切られたこの瞬間から、資本は、全力でまた完全に意識して、機械体系の加速的発展による相対的剰余価値の生産に没頭した。それと同時に、相対的剰余価値の性格に一つの変化が現われる。一般的に言えば、相対的剰余価値の生産方法とは、労働の生産力の増大によって、労働者が同じ労働支出で同じ時間内により多く生産することを可能にすることである。同じ労働時間は、相変わらず、総生産物に同じ価値をつけ加える――ただし、この同じままの交換価値は、いまではより多くの使用価値で表現され、そのために個々の商品の価値は低下することになるが。とはいえ、労働日の強制的短縮が、生産力の発展と生産諸条件の節約に巨大な刺激を与えるとともに、同時に、労働者にたいして、同じ時間内での労働支出の増加、労働力の緊張の増大、労働時間の空隙のいっそうの濃密な充填すなわち労働の凝縮を、短縮された労働日の範囲内だけで達成可能な程度にまで強制するにいたると、たちまち事情は一変する。こうした、与えられた時間内へのより大量の労働の圧縮は、いまや、そのあるがままのものとして、すなわちより大きい労働分量として、計算される。「外延的大きさ」としての労働時間の尺度とならんで、いまや、労働時間の密度の尺度

(433)
が現われる。(一五七)一〇時間労働日のうちのより集約的な一時間は、いまや、一二時間労働日のうちのいっそう粗放な一時間に比べて、同じか、またはより多くの労働すなわち支出された労働力を含んでいる。*だから、その一時間の生産物は、粗放な一 1/5 時間の生産物に比べて、同じかまたはより多くの価値をもっている。労働の生産力の増大による相対的剰余価値の増加を別とすれば、いまや、たとえば、六 2/3 時間の必要労働にたいする三 1/3 時間の剰余労働は、以前に八時間の必要労働にたいする四時間の剰余労働が与えたのと同じ価値量を、資本家に与えるのである。

(一五七)　もちろん、一般に生産部門が違えば、労働の強度にも相違が生じる。この相違は、すでにA・スミスが明らかにしたように、部分的には、それぞれの労働種類に固有の副次的事情によって相殺される。しかし、価値尺度としての労働時間におよぶ影響が生じるのは、ここでもまた、内包的大きさと外延的大きさとが、同一の労働分量の対立し合い排除し合う〔二つの〕表現として現われる限りでのことである。

＊〔英語版では「同じか、またはより多くの労働」は「より多くの労働」となっている〕

そこで、労働はどのようにして強化されるか？　が問題となる。

労働日短縮の第一の効果は、労働力の作用能力はその作用時間に反比例する、という自明の法則にもとづく。だから、ある限界内では、力の発揮の持続の点で失われるものが、力の発揮の程度の点で獲得される。しかし、労働者が現実的にも労働力をより多く流動させるようにすること、そのことのために、資本は、支払いの方法によって配慮する。(一五八)機械がなんの役割も演じないか、または取るに足りない役割しか演じないマニュファクチュア、たとえば製陶業では、工場法の実施がはっきり証明し

（434）

たように、労働日の単なる短縮が、労働の規則性、画一性、秩序、継続性、エネルギーをおどろくほど高める。[一五九]とはいえ、この効果は、本来的工場では疑わしいように見えた。なぜなら、ここでは、機械の連続的かつ画一的な運動への労働者の従属が、すでに以前から、きわめて厳格な規律をつくり出していたからである。だから、一八四四年に、一二時間未満への労働日の短縮が討議されたとき、工場主たちは、ほとんど口をそろえて次のように言明した――「自分たちの監督は、さまざまな作業場で、工員たちが時間をむだにしないように十分に注意を払った」、「労働者の側での用心深さと注意深さの程度は、ほとんど高める余地がない」、そして、機械の運転速度などのような他のすべての事情が変わらないものと前提すれば、「そのようなわけで、うまく経営されている工場では、労働者たちの注意深さを高めることなどから、なにかたいした成果を期待するのは、無意味であろう」[一六〇]と。この主張は、諸実験によって否定されたのである。R・ガードナー氏は、プレストンにある彼の二つの大工場で、一八四四年四月二〇日から、一日につき一二時間の代わりに一一時間しか労働させなかった。ほぼ一年後に、次のような成果が現われた――「同じ分量の生産物が同じ費用で得られ、そして全労働者は、一一時間で、以前に一二時間でかせいだのと同じだけの労賃をかせいだ」[一六一]。私は、ここでは、精紡室と梳綿（そめん）室における実験にはふれないでおく。なぜなら、その実験は、機械の速度の増加（二％の）と結びついていたからである。これに反して、きわめてさまざまな種類の薄地の柄（がら）ものの新流行品までもが織られている織布部門では、客観的な生産諸条件にはまったくなんらの変化も生じなかった。そこでの成果は、次のようであった――「一八四四年一月六日から四月二〇日までは、一二時間労働日で、労働者一人あたり週平均賃銀は一〇シリング一1/2ペンスであり、一八四四年四月二〇日から六月二九日までは、一一時間労働日で、週平均賃銀は一〇シリング三1/2ペンスであった[一六二]」。ここでは、一一時間で、以前に一二時間で生産されたよりも多く生産されたが、それは、もっぱら労働者のより大きな安定した忍耐力と時間の節約とによるものであった。労働者たちは、同じ賃銀を受け取り、しかも一時間の自由な時間を得たが、資本家のほうは、同じ量の生産物を獲得し、しかも一時間分の石炭、ガスなどの支出を節約した。同様な実験は、ホクラス＝ジャクスン会社の諸工場でも行なわれ、同じ結果をもたらした[一六三]。

（一五八）とくに出来高賃銀——それは、第六篇〔第一九章〕で展開される形態である——によって。

（一五九）『工場監督官報告書。一八六五年一〇月三一日』を見よ。

（一六〇）『工場監督官報告書。一八四四年および一八四五年四月三〇日に終わる四半期』＊、二〇、二一ページ。

（一六一）同前、一九ページ。出来高賃銀はそのままであったから、週賃銀の額は、生産物の分量によって決まった。

（一六二）同前、二一〔正しくは二〇〕ページ。

（一六三）同前、二一ページ。前述の実験では、精神的要素が重要な役割を演じていた。労働者たちは、工場監督官にこう説明した——「私たちは、いっそう張り切って働いており、私たちの前にはつねに夜はより早く帰れるという報酬があります。そして、最年少の糸つなぎ工から最年長の工員にいたるまで、全工場に活気ある楽しい気分がみなぎっていて、私たちは、お互いにうんと助け合うことができます」（同前）と。

＊〔『工場監督官報告書。一八四四年九月三〇日に終わる四半期および一八四四年一〇月一日から一八四五年

四月三〇日まで』」の誤り。ドイツ語各版、フランス語版、英語版ともに誤記されている〕

(435)

労働日の短縮は、さしあたり、労働凝縮の主体的条件、すなわち与えられた時間内により多くの力を流動化させる労働者の能力をつくり出すが、この労働日の短縮が法律によって強制されるものになると、機械は、資本の手中にあって、同じ時間内により多くの労働をしぼり出すための、客体的な、かつ系統的に使用される手段となる。そうなるには、二通りの仕方がある――すなわち、機械の速度の増大によるものと、同じ労働者によって監視される機械の範囲または労働者の作業場面の範囲の拡大によるものとである。機械の構造の改良は、一部には、労働者にいっそう大きな圧力を加えるために必要であり、一部には、それは、労働の強化におのずからともなうものである。なぜなら、労働日の制限は、資本家に生産費の極度の切り詰めを強制するからである。蒸気機関の改良は、そのピストンの一分間の運動回数を増加させつつ、いっそうの力の節約によって、石炭消費は不変のまま、または減少させながら、同じ原動機でより大規模な機構を運転することを可能にする。伝動機構の改良は、摩擦を減少させ、そして――近代的機械が以前の機械に比べて明白に優れている点であるが――大小のシャフトの直径と重量を縮小させて、絶えず最小のものにしていく。最後に、作業機の改良は、近代的な蒸気織機の場合のように、速度を高め作用を広げながらその大きさを減らすか、または、精紡機の場合のように、駆体とともに機械によって動かされる道具の大きさと数を大きくするか、または、これらの道具の運動性を、目立たない細部の諸変更――一八五〇年代のなかばに〝自動ミュール精紡機〟における紡錘の速度が $\frac{1}{5}$ 高められたような――によって増加させるか、である。

労働日が一二時間に短縮されたのは、イギリスでは一八三二年*からである。すでに一八三六年に、イギリスの一工場主は次のように言明した――「以前に比べると、工場で行なわれる労働は非常に増大したが、それは、〔……〕機械の速度のいちじるしい増加が労働者にいっそうの注意深さと行動性とを要求している結果である[一六四]」と。一八四四年には、現シャーフツバリー伯であるアシュリー卿が、下院で、次のような、文書証拠付の陳述を行なった――

「工場の諸工程で仕事をしている人々の労働は、いまや、このような諸作業の導入のときの三倍もの大きさである。機械は、疑いもなく、数百万の人間の腱や筋肉に代わる仕事をしてきたが、しかしまた、その恐ろしい運動によって支配される人間の労働をおどろくほど増大させた。……四〇番手の糸を紡ぐため、一二時間にわたって一対のミュール精紡機につき従う労働は、一八一五年には、八マイルの距離を歩きつづけることを含んでいた。一八三二年には、同じ番手の糸を紡ぐため、一二時間のあいだに一対のミュール機につき従って歩く距離は、二〇マイルまたはしばしばそれ以上にのぼった。一八二五年には、精紡工は、一二時間のあいだに各ミュール機につき八二〇回、総計で一二時間に一六四〇回の紡出をしなければならなかった。一八三二年には、精紡工は、その一二時間労働日のあいだに各ミュール機につき二二〇〇回、合計四四〇〇回の紡出を、一八四四年には、各ミュール機につき二四〇〇回、合計四八〇〇回の紡出を、しなければならなかった。そしていくつかの場合には、要求される労働量は、なおいっそう大きい。……私は、ここに一八四二年のもう一つの文書をもって(436)いるが、そのなかでは次のことが証明されている――労働が累進的に増加していくのは、歩行距離がいっそう増大するからだけでなく、生産される商品の量が増加するのに工員数が比例的に減少するからでもある。さらに、いまではしばしば、より多くの労働を必要とする劣等な綿花が紡がれるからである。……梳綿室でも、労働の大増加が生じた。以前には二人のあいだに分けられていた労働を、いまでは一人がしている。……多数の人間が――大多数は女性だが――働いている織布室では、機械の速度の増加によって、最近の数年間に労働はまる一〇％増大した。一八三八年には、毎週紡がれた〝かせ〟数〔綿糸の一かせは八四〇ヤード〕は一万八〇〇〇であったが、一八四三年には二万一〇〇〇になった。一八一九年には、蒸気織機の杼投げ〔緯入れ〕数は毎分六〇回であったが、一八四二年には一四〇回となったのであって、それは、労働の大増加を示すものである」(一六五)。

（一六四）ジョン・フィールデン『工場制度の呪詛』、ロンドン、一八三六年、三二ページ。

（一六五）アシュリー卿『一〇時間工場法案』、ロンドン、一八四四年、六―九ページの各所。

＊〔一三歳から一八歳の労働時間を一二時間に制限したのは一八三三年の工場法による。本訳書、第一巻、四八五ページ参照〕

一二時間法の支配下ですでに一八四四年に到達されていたこのいちじるしい労働の強度を目の前にすれば、イギリスの工場主たちの声明、すなわち、この方向でのこれ以上の進歩はすべて不可能であり、したがって労働時間のこれ以上のすべての減少は生産の減少と同じであるという声明は、当時としては、もっともなことのように思われた。彼らの論法のこの外見上の正当性は、彼らの倦むことを知らない監察官＊である工場監督官レナド・ホーナー氏の時を同じくした次の言明によって、もっともよく証明される――

「生産される分量は、主として機械の速度によって制御されるから、次のような諸条件と合致する最高速度で機械を運転することが、工場主たちの利益であるに違いない。その諸条件とは、機械のあまりに急激な破損の防止、製品の品質の維持、および継続的に行なえる以上の緊張なしで運転につき従う労働者の能力が、それである。〔……〕しばしば、工場主は急ぐあまり運転を速めすぎることが起こる。その場合には、破損品や粗悪製品が出て速度の利益を上回るので、工場主は、機械の運転速度をゆるめざるをえなくなる。活動的で賢明な工場主は、到達可能な最大限度を発見するのであるから、一一時間で一二時間と同じ分量のものを生産することは不可能である、というのが私の結論であった。さらに私は、出来高賃銀で支払われる労働者は、彼が同じ労働程度を継続的に維持できる限り、最大限に努力するものと考えた」[一六六]。そこでホーナーは、ガードナーなどの実験にもかかわらず、一二時間以下への労働日のいっそうの短縮は、生産物の量を減少させるに違いないと結論した[一六七]。(437)彼自身、一〇年後に、一八四五年の自分の懸念を引用して、自分が当時まだ、機械と人間労働力のいずれもが労働日の強制的短縮によって同じように最高度に緊張させられるという両者の弾力性について、いかに理解するところが少なかったかの証明にしている。

（一六六）『工場監督官報告書。一八四五年四月三〇日』、二〇ページ。

（一六七）同前、二二ページ。

＊〔古代ローマで戸口調査や風紀監察にあたった監察官（ケンソル）のたとえ。公私の生活を取り締まる強力な権限を発揮

した〕

そこで次に、われわれは、一八四七年以後の時代に、すなわちイギリスの綿工場、羊毛工場、絹工場、および亜麻工場に一〇時間法が適用されて以降に移ろう。

「紡錘の速度は、一分間に、スロッスル精紡機では五〇〇回転、ミュール精紡機では一〇〇〇回転増加した。すなわち、一八三九年には一分間に四五〇〇回転であったスロッスル紡錘の速度は、いまでは」（一八六二年）「五〇〇〇回転になっており、また一分間に五〇〇〇回転であったミュール紡錘の速度は、いまでは六〇〇〇回転になっている。これは、第一の場合には $\frac{1}{9}$[*1] の、第二の場合には $\frac{1}{5}$ の、速度の増加となる」[一六八]。マンチェスターに近いパトリクロフトの有名な技師ジェイムズ・ネイズミスは、一八五二年にレナド・ホーナーへの手紙で、一八四八―一八五二年になされた蒸気機関の諸改良について説明した。彼は、蒸気馬力は、公式の工場統計では、いつも一八二八年時点の出力に従って評価されており[一六九]、いまでは名目的なものにすぎず、実馬力の指標としてしか役立ちえないことを述べたあとで、とりわけ次のように言っている――「同じ重量の蒸気機関、しばしば近代的改良を加えられただけの同一の蒸気機関が、以前よりも平均五〇％だけ多くの仕事をしているということ、また、速度が毎分二二〇フィートに制限されていた時代に五〇馬力を出した同一の蒸気機関が、多くの場合、こんにちでは石炭消費を少なくしながら一〇〇馬力以上を出しているということ[*2]――こうしたことについては、なんら疑問の余地がない。……同じ名目馬力の新型の蒸気機関が、その構造
(438) 上の改良、ボイラーの容積縮小と設備などの改良によって、以前よりも大きな力で運転される。……

だから、名目馬力との比率では以前と同じ数の工員が働かされていても、作業機との比率では、使用される工員の数はより少ない」[一七〇]。一八五〇年には、連合王国の諸工場は、二五六三万八七一六錘の紡錘と三〇万一四四五台の織機[*3]を動かすために、一三万四二一七名目馬力を使用した。一八五六年には、紡錘と織機との数は、それぞれ三三五〇万三五八〇錘および三六万九二〇五台となった。もし所要馬力が、一八五〇年と同じままとすれば、一八五六年には、一七万五〇〇〇馬力が必要であった。しかし、公式の報告によれば、それは一六万一四三五馬力にすぎず、一八五〇年を基準に計算する場合よりも一万馬力以上少なかった[一七一]。「一八五六年の最新の報告」（公式統計）「によって確認された事実は、次のとおりである――工場制度がきわめて急速に広まっていること、〔……〕工員数が機械との比率では減少したこと、力の節約その他の方法によって蒸気機関がより大きな重量の機械を運転していること、作業機の改良、製造方法の変更、機械の速度の増大、その他の多くの原因によって製品の分量の増大が達成されていること[一七二]」。「あらゆる種類の機械に加えられたいろいろな大改良は、機械の生産力をいちじるしく高めた。労働日の短縮が……これらの改良に刺激を与えたことは、まったく疑問の余地がない。これらの改良と労働者のより強度な緊張とは」（一二時間すなわち 1/6 だけ）「短縮された労働日で、以前のより長い労働日に生産されたのと少なくとも同量の製品が生産されるという結果をもたらした[一七三]」。

（一六八）『工場監督官報告書。一八六二年一〇月三一日』、六二ページ。

（一六九）これは、一八六二年の『議会報告』[*4]のときから変更された。この報告では、新式の蒸気機関と水車の蒸気実馬力が、名目馬力に取って代わっている〔三五二ページ〔本訳書、第一巻、六八二―六八三ページ〕の原注一〇九aを見よ〕。また、撚糸紡錘は、もう（一八三九年、一八五〇年、一八五六年の『報告』におけるように）本来の紡錘と混同されていない。さらに、羊毛工場については、「〝起毛機〟」の数がつけ加えられ、一方では黄麻工場および大麻工場とに、他方では亜麻工場とのあいだに、区別が設けられ、最後に、はじめて靴下製造業が報告に取り入れられている。

（一七〇）『工場監督官報告書。一八五六年一〇月三一日』、一四、二〇ページ。

（一七一）同前、一四、一五ページ。

（一七二）同前、二〇ページ。

（一七三）『工場監督官報告書。一八五八年一〇月三一日』、一〇ページ。『工場監督官報告書。一八六〇年四月三〇日』、三〇ページ以下参照。

＊1〔ドイツ語各版、フランス語版、英語版ともに「1/10」となっていた〕

＊2〔「石炭消費を少なくしながら」は、マルクスの挿入〕

＊3〔ドイツ語各版、フランス語版では「三〇万一四九五台」となっていた。報告書にもとづいて英語版では訂正されている〕

＊4〔『工場。下院の要請にたいする報告、一八六一年四月二四日付。下院の命により一八六二年二月一一日印刷』〕

労働力の搾取の強化につれて工場主たちの富がどれほど増大したかは、すでに次の一つの事態が証明する。すなわち、イギリスの綿工場その他の工場の平均増加〔数〕は、一八三八年から一八五〇年までは年あたり三二であったが、これにたいして一八五〇年から一八五六年までは毎年八六であったことである。*

*〔このパラグラフについては、『ニューヨーク・デイリー・トリビューン』（一八五七年四月二八日付）に掲載されたマルクスの論文「イギリスの工場制度」（邦訳『全集』第一二巻、一七七ページ）参照。ここの数字は『工場監督官報告書。一八五六年一〇月三一日』、一二ページによっている。ドイツ語各版、フランス語版、英語版では、工場数の増加が誤って「増加率」とされ、ここでの数字のそれぞれが％で表わされている〕

一八四八年から一八五六年までの八年間には、一〇時間労働日が支配するもとで、イギリスの工業の進歩は実に大きかったが、その進歩は、続く一八五六年から一八六二年までの六年間には、ふたたびはるかに追い越された。たとえば絹工場では、紡錘は、一八五六年には一〇九万三七九九錘、一八六二年には一三八万八五四四錘であり、織機は、一八五六年には九一六〇台、一八六二年には一万七〇九台であった。これに反して、労働者数は、一八五六年には五万六一三七人、一八六二年には五万二四二九人であった。その結果、紡錘数が二六・九％、織機数が一五・六％増加したが、それと同時に労働者数が七％減少したことになる。(439) 梳毛（ウーステッド）工場では、一八五〇年には八七万五八三〇錘、一八五六年には一三二万四五四九錘の紡錘が使用され（五一・二％の増加）、*一八六二年には一二八万九一七二錘（二・七％の減少）が使用された。しかし、撚糸紡錘が一八五六年には算入されているが、一八六二年には計算にはいっていないので、それを差し引くと、紡錘の数は、一八五六年以来ほとんど変わっていない。これに反して、一八五〇年以来、多くの場合に、紡錘と織機の速度は二倍になった。

梳毛工場における蒸気織機の数は、一八五〇年には三万二六一七台、一八五六年には三万八九五六台、一八六二年には四万三〇四八台であった。そこでの就業者数は、一八五〇年に七万九七三七人、一八五六年には八万七七九四人、一八六二年には八万六〇六三人であったが、そのうち、一四歳未満の児童は、一八五〇年には九九五六人、一八五六年には一万一二二八人、一八六二年には一万三一七八人であった。すなわち、一八六二年を一八五六年と比較してみると、織機数の非常な増加にもかかわらず、就業労働者の総数は減少し、搾取される児童の数は増加した。(一七四)

(一七四)『工場監督官報告書。一八六二年一〇月三一日』、一〇〇および一三〇ページ〔正しくは一二九—一三〇、一〇〇、一〇三ページ〕。

＊〔第四版では、誤って「三一・二％」となっている〕

一八六三年四月二七日に、下院議員フェランドは、下院で次のように説明した*1――「ランカシャーとチェシャーの一六地区の労働者代表――彼らの委託で私は語るのであるが――が私に伝えたところによると、諸工場における労働は、機械の改良の結果、絶えず増大している。以前は一人が助手と一緒に*2二台の織機を扱っていたのに、いまでは助手なしで一人で三台を扱っており、また、一人で四台を扱うことも決してめずらしいことではない。……あげられた諸事実から明らかなように、一二時間労働は、いまでは一〇労働時間未満へと圧縮される。だから、工場労働者の労苦が近年来どんなにひどく増大したかは、自明である」(一七五)。

(一七五)　近代的蒸気織機では、いまでは一人の織布工が、週あたり六〇時間に二台の織機で、一定の長さと幅をもつある種の織物を二六反製造するが、それは、旧式の蒸気織機では四反しか製織できなかったものである。こうした織物一反の製織費は、すでに一八五〇年代のはじめには、二シリング九ペンスから五1/8ペンスに下がっていた[*3]〔『諸国民の産業』第二部、一五六ページ〕。

第二版への追加。「三〇年前」（一八四一年）「には、一人の綿糸精紡工は、三人の助手と一緒に、三〇〇錘から三二四錘の一対のミュール精紡機を受けもつことを要求されるだけであった。いまでは」（一八七一年末）「彼は五人の助手とともに、二二〇〇錘数ものミュール精紡機を受けもたなければならず、一八四一年に比べて少なくとも七倍の糸を生産している」（『技能協会雑誌』一八七二年一月五日号のなかの工場監督官アリグザーンダー・レッドグレイヴの論述）。

*1〔マルクスは、下院でのフェランドの発言を、一八六三年四月二八日付『タイムズ』紙の記事「綿花飢饉」からとったが、『資本論』第一部では、工場労働者の状態にかんする多くの事実資料をこの記事から取り入れている。『資本論草稿集』9、大月書店、一九九四年、二八三ページ以下参照〕

*2〔「助手と一緒に」は『タイムズ』の記事にはない。フランス語版では「二人の助手と一緒に」となっている〕

*3〔初版、第二版では、巻末の「補遺」で、ここに一八六六年一〇月の工場監督官報告書からの引用を追加する旨の指示があった。指示のあった文章は原注一九〇aに取り入れられている〕

こうして、工場監督官たちは、一八四四年および一八五〇年の工場法の好結果を、倦(う)むことなく、またまったく正当に称賛しているとはいえ、彼らは、労働日の短縮がすでに労働者の健康、した
がっ
(440) て労働力そのものを破壊するほどの労働の強度を生み出していることを、認めている。「たいていの

綿工場、梳毛工場、絹工場では、機械の運転速度が近年非常に速められているが、その機械につく労働に心身消耗的な興奮状態が求められ、そのことが、グリーノウ博士が彼の最近の感嘆すべき報告で指摘した、肺疾患による死亡率の過大さの原因の一つであるように思われる」。[一七六] まったく疑う余地のないことであるが、労働日の延長が法律によってきっぱりと禁止されるやいなや、労働の強度の系統的な引き上げによってその埋め合わせをつけ、また機械のすべての改良を労働力のより大きな吸収のための手段に転じようとする資本の傾向は、労働時間の再度の縮小が不可避となる一つの転換点にやがてまた到達せざるをえない。[一七七] 他方、一八四八年から現在までの、すなわち一〇時間労働日の時代におけるイギリス工業の嵐のような前進が、一八三三年から一八四七年までの時代すなわち一二時間労働日の時代〔の前進〕をしのいだ程度は、後者の一二時間労働日の時代〔の前進〕が、工場制度実施以来の半世紀すなわち無制限労働日の時代〔の前進〕をしのいだ程度よりも、はるかに大きい。[一七八]

（一七六）『工場監督官報告書。一八六一年一〇月三一日』、二五、二六ページ。

（一七七）いま（一八六七年）、八時間運動がランカシャーで工場労働者たちのあいだに始まっている。

（一七八）次のわずかばかりの数字でも、一八四八年以来の連合王国における本来的「工場」の進歩を示している。〔次ページの表参照〕

ランカシャーでは、工場は、一八三九―一八五〇年にはただ四%だけ増加し、一八五〇―一八五六年には一九%、一八五六―一八六二年には三三%増加したが、他方、この両一一年間に、就業者数は、絶対的には増加し、相対的には減少した。『工場監督官報告書。一八六二年一〇月三一日』、六三ページ参照。ランカシャーでは、綿工場が優勢である。ところで、一般に糸・織物の製造のなかで、綿工場がどれだけ大きな割合を占めて

	輸　出 —— 数　量			
	1848年	1851年	1860年	1865年
綿　工　場				
綿　　糸（重量ポンド）	135,831,162	143,966,106	197,343,655	103,751,455
縫　　糸（重量ポンド）		4,392,176	6,297,554	4,648,611
綿　織　物（ヤード）	1,091,373,930	1,543,161,789	2,776,218,427	2,015,237,851
亜麻・大麻工場				
糸　　（重量ポンド）	11,722,182	18,841,326	31,210,612	36,777,334
織　　物（ヤード）	88,901,519	129,106,753	143,996,773	247,012,329
絹　工　場				
経糸・撚糸・紡績糸　（重量ポンド）	466,825 ＊1	462,513	897,402	812,589
織　　物（ヤード）		1,181,455 ＊2	1,307,293 ＊2	2,869,837
羊毛工場				
紡毛糸・梳毛糸　（重量ポンド）		14,670,880	27,533,968	31,669,267
織　　物（ヤード）		151,231,153	190,371,537	278,837,418

＊1〔1846年のもの。1848年は194,815重量ポンド〕　＊2〔単位重量ポンド〕

	輸　出 —— 価　額（ポンド）			
	1848年	1851年	1860年	1865年
綿　工　場				
綿　　糸	5,927,831	6,634,026	9,870,875	10,351,049
綿　織　物	16,753,369	23,454,810	42,141,505	46,903,796
亜麻・大麻工場				
糸	493,449	951,426	1,801,272	2,505,497
織　　物	2,802,789	4,107,396	4,804,803	9,155,358
絹　工　場				
経糸・撚糸・紡績糸	77,789	196,380	826,107	768,064
織　　物		1,130,398	1,587,303	1,409,221
羊毛工場				
紡毛糸・梳毛糸	776,975	1,484,544	3,843,450	5,424,047
織　　物	5,733,828	8,377,183	12,156,998	20,102,259

（青書『連合王国統計摘要』、第８号および第13号。ロンドン、1861年および1866年、を見よ。）

いるかは、次のことからわかる――すなわち、イングランド、ウェイルズ、スコットランドおよびアイルランドにおけるこの種の全工場の四五・二％、全紡錘の八三・三％、全蒸気織機の八一・四％、それを動かす全蒸気馬力の七二・六％、就業者総数の五八・二％が、綿工場のみによって占められている〔同前、六二、六三ページ〕。

(441)

第四節　工　場

われわれは、本章の冒頭で、工場の身体、すなわち、機械体系の編制を考察した。次いで、機械が、女性労働および児童労働をわがものにすることによって、どれほど資本の人間的搾取材料を増やすか、また機械が、労働日の無際限な延長によって、どれほど労働者の全生活時間を奪ってしまうか、そして、途方もなく増大する生産物をますます短時間で供給することを可能にする機械の進歩が、結局は、各瞬間ごとに、より多くの労働を流動させるための、または労働力を絶えずより集約的に搾取するための、系統的手段として、どのように役立つか、を見てきた。いまや、工場全体、しかもそのもっとも完成された姿態における工場全体に、目を転じよう。

自動化工場のピンダロス〔ギリシアの叙情詩人、本訳書、第一巻、二六三ページ参照〕であるユア博士は、この自動化工場を、一方では、「一つの中心力〔原動力〕によって間断なく作動させられる一つの生産的機械体系を、熟練と勤勉とをもって担当する成年・未成年のさまざまな等級の労働者の協業」で

（442）あると記述し、他方では、「一つの同じ対象を生産するために絶えず協調して働く無数の機械的器官および自己意識のある器官から構成され、その結果、これらすべての器官が自動で動く〔ユア原文では「自己制御的な」〕一つの動力に従属している一つの巨大な自動装置」であると記述している。＊これらの二つの表現は、決して同じではない。第一の表現では、結合された全体労働者または社会的労働体が支配的な主体として現われ、機械的自動装置は客体として現われている。第二の表現では、自動装置そのものが主体であって、労働者はただ意識のある諸器官として自動装置の意識のない諸器官に付属させられているだけで、後者とともに中心的動力に従属させられている。第一の表現は、大規模な機械のありとあらゆる使用にあてはまり、第二の表現は、機械の資本主義的使用を、したがって近代的工場制度を特徴づけている。だからユアはまた、運動の出発点となる中心機械をただ自動装置（アウトマート）としてのみならず、専制君主（アウトクラート）として叙述することを好むのである。「これらの巨大な作業場では、慈悲深い蒸気の権力が自分のまわりに無数の家来を集めている」（一七九）。

（一七九）　ユア『工場哲学』、前出、八〔正しくは一八〕ページ。

＊〔ユア、同前、一三―一四ページ〕

労働道具とともに、それを操縦する技巧もまた、労働者から機械に移行する。道具の作業能力は、人間労働力の個人的諸制限から解放されている。それとともに、マニュファクチュアにおける分業の土台をなしている技術的基礎が廃除されている。それだから自動化工場では、マニュファクチュア的分業を特徴づけている専門化された労働者たちの等級制に代わって、機械の助手たちが行なわなければならない諸労働の均等化または平準化の傾向が現われ、[一八〇]部分労働者たちの人為的につくり出された区別に代わって、年齢および性の自然的区別が主要なものとして現われる。

（一八〇）　ユア『工場哲学』、前出、三一〔正しくは二〇〕ページ。カール・マルクス『哲学の貧困』、一四〇、一四一ページ〔邦訳『全集』第四巻、一六一―一六二ページ〕参照。

(443)

自動化工場において分業が再現する限りでは、その分業は、まず第一に、専門化された諸機械のあいだに労働者を配分すること、および、工場のさまざまな部門に労働者諸群――とはいえ編制されたグループを形成していないもの――を配分することであり、後者では、労働者群は、並列する同種の道具機について労働しており、したがって、彼らのあいだでは単純協業が行なわれるだけである。マニュファクチュアの編制されたグループに代わって、主要労働者と少数の助手との連関が現われる。本質的区別は、現実に道具機について働いている労働者（これに原動機の見張りまたは給炭を行なう何人かの労働者が加わる）と、これら機械労働者の単なる下働き（ほとんど児童ばかりである）との区別である。この下働きのうちには、総じて、すべての「フィーダー」（機械に労働材料を供給するだけの者）が数えられる。これらの主要部類のほかに、技師、機械専門工、指物職などのような、機械設備全体の管理とその不断の修理とに従事している数的には取るに足りない人員がいる。それは、比較的高級な、一部は科学的教養のある、一部は手工業的な、労働者部類であり、工場労働者の範囲外のものであって、右の部類に集計されているにすぎない。[一八一]この分業は、純粋に技術的である。

（一八一）　イギリスの工場立法は、本文で最後にあげた労働者を、はっきり非工場労働者として立法の適用範囲から除外しているが、他方、議会の公表した『報告』は、同じくはっきりと、技師、機械専門工などだけでなく、工場支配人、事務員、雑用係、倉庫番、荷づくり人など、要するに、工場所有者自身をのぞくすべての人々を、工場労働者のカテゴリーのなかに含めている。これは、ほかの点でもなお詳細に証明されうるであろう統計的欺瞞の意図を示すものとして、特徴的である。

機械につくすべての労働は、労働者が自分自身の運動を自動装置の画一的で連続的な運動に適合できるようにするために、年少時からの修業を必要とする。機械設備全体が、それ自身、多様な、同時に働く、結合された諸機械の一体系を形成している限り、その機械設備全体にもとづく協業もまた、さまざまな種類の諸機械のあいだにさまざまな種類の労働者グループを配分することを必要とする。しかし機械経営は、同じ労働者に同じ職能を持続的に担当させることによってこの配分をマニュファクチュア式に固定化するという必要を、なくしてしまう。[一八二] (444) 工場の全運動が、労働者からでなく、機械から出発するので、労働過程を中断することなしに、絶えず人員交替を行なうことができる。これについてのもっとも適切な証明を提供するのは、一八四八―五〇年のイギリスの工場主たちの反逆中に実行されたリレー制度である〔本訳書、第一巻、五〇六―五一五ページ参照〕。最後に、機械につく労働が年少時に習得される速さも、同じく、特別な部類の労働者を専門的に機械労働者に仕立て上げる必要をなくする。[一八三] しかし、単なる下働きの職務は、工場では、一部は、機械によって置き換え可能であり、[一八四] 一部は、それがまったく単純なために、この苦役を担わせられる人員をいつでもすぐに交替させることを可能にする。

（一八二）　ユアは、このことを認めている。彼は、労働者は「緊急な場合には」支配人の意志に従って、一つの機械から他の機械へ移されうると言い、勝ち誇って叫ぶ――「このような移動は、労働を分割し、ある労働者には留め針の頭をつくる仕事を割り当て、他の労働者にはその先を研ぐ仕事を割り当てるという旧来の慣行とは、明らかに矛盾する」と（『工場哲学』、前出、二二ページ）。むしろユアは、なぜこの「旧来の慣行」が自動化工場では「緊急な場合」に限り廃止されるのか、と自問すべきだったであろう。

（一八三）　たとえばアメリカの南北戦争中のように、緊急の場合には、工場労働者は、例外的にブルジョアによって道路工事などのようなきわめて荒っぽい労働に使われる。失業した綿業労働者のための一八六二年以後のイギリスの「国民作業場」[*1]が、一八四八年〔二月〕のフランスのそれと異なる点は、後者では、労働者は国家の費用で不生産的労働を行なわなければならなかったが、前者では、労働者は、ブルジョアの利益のために生産的な都市的労働を、しかも正規の労働者よりも安く行なわなければならなかった――こうして失業した綿業労働者が通常の労働者と競争させられた――ということにある。「綿業労働者の肉体的外見は、疑いもなくよくなっている。それを私は……男性にかんする限り、土木仕事での屋外労働のせいであると思う」（ここで問題にされているのは、「プレストンの荒地」で働かされたプレストンの工場労働者である）（『工場監督官報告書。一八六三年一〇月〔三一日〕』、五九ページ）。

（一八四）　実例をあげると、一八四四年の法律以来児童労働に代わるものとして羊毛工場で採用されたさまざまな機械的装置が、それである。工場主諸氏自身の子供たちが、工場の下働きとして「彼らの学業」を修めなければならないということにでもなれば、このほとんどまだ開拓されていない機械学分野は、ただちにいちじるしい飛躍をとげるであろう。[*2]「自動ミュール精紡機は、おそらく、他のどの機械とも同じように、危険な機械である。たいていの災害は、小さい児童たちの身に起こるが、しかもそれは、ミュール機の運転中に床を掃除するためミュール機の下にもぐり込むことによって起こる。何人もの『マインダー』[*3]（ミュール機についている労働者）「が」（工場監督官によって）「この過失のために告訴され、罰金刑を宣告されたが、それは、どんな一般的利益にもならなかった。もし機械製作者が、それを使うことによって小さい児童が機械の下にもぐり込む必要がなくなるような自動掃除器でも発明する気になれば、それは、われわれの保護処置にたいする喜ばしい寄与となるであろう」（『工場監督官報告書。一八六六年一〇月三一日』、六三ページ）。

＊1〔一八六三年四月の土木事業法による飢餓賃銀での失業救済事業をさす〕

＊2〔以下は、初版、第二版では巻末の「補遺」で追加が指示されていた部分。フランス語版でここに組み込まれ、第三版にも引き継がれた〕

＊3〔本訳書、第一巻、六七〇ページの訳注＊2参照。マインダーは助手として児童を使っていた〕

(445) ところで、機械が古い分業体系を技術的にくつがえすとはいえ、さしあたりこの体系は、マニュファクチュアの伝統として慣習的に工場内で存続し、やがて労働力の搾取手段として、資本によっていっそう忌まわしい形態で系統的に再生産され固定されるようになる。部分道具を扱うことが終身的専門であったのが、部分機械に仕えることが終身的専門になる。機械は、労働者そのものを幼少時から部分機械の一部に転化させるために悪用される。(一八五) こうして労働者自身の再生産に必要な費用がいちじるしく減らされるだけでなく、同時に、工場全体への、すなわち資本家への、労働者のどうしようもない従属が、完成される。いつもそうであるように、この場合にも、社会的生産過程の発展による生産性の増大と、社会的生産過程の資本主義的利用による生産性の増大とを、区別しなければならない。

(一八五) このことから、機械を労働諸手段の総合としてでなく、労働者自身のための部分諸労働の総合として

「構成する」プルードンの途方もない思いつきを評価されたい。〔プルードン『経済的諸矛盾の体系、または貧困の哲学』第一巻、パリ、一八四六年、一三五、一三六、一六一、一六四ページ。マルクス『哲学の貧困』、邦訳『全集』第四巻、一五四—一五五ページ参照〕

マニュファクチュアと手工業では労働者が道具を自分に奉仕させるが、工場では労働者が機械に奉仕する。マニュファクチュアと手工業では労働者から労働手段の運動が起こるが、工場では労働手段の運動に労働者がつき従わなければならない。マニュファクチュアでは、労働者たちは生きた一機構の分肢をなす。工場では、死んだ一機構が労働者たちから独立して存在し、労働者たちは生きた付属物としてこの機構に合体される。「同じ機械的過程が絶えず繰り返される果てしない労働苦のたまらない単調さは、シシュフォスの苦労〔本訳書、第一巻、二二三ページの訳注＊参照〕にも似ている。この労働の重荷は、シシュフォスのあの岩のように、疲れ切った労働者の上に繰り返しもどり落ちてくる」[一八六]。機械労働は神経系統を極度に疲れさせるが、他方では、それは筋肉の多面的な働きを抑圧し、いっさ(446)いの自由な肉体的および精神的活動を奪い去る[一八七]。労働の軽減さえも責め苦の手段となる。というのは、機械は労働者を労働から解放するのではなく、彼の労働を内容から解放する〔内容のないものにする〕からである。すべての資本主義的生産にとって、それが労働過程であるだけでなく、同時に資本の価値増殖過程でもある限り、労働者が労働条件を使用するのではなく、逆に、労働条件が労働者を使用するということが共通しているが、しかしこの転倒は、機械とともにはじめて技術的な一目瞭然の現実性をもつものになる。労働手段は、自動装置に転化することによって、労働過程そのもののあいだ、資本として、生きた労働力を支配し吸い尽くす死んだ労働として、労働者に相対する。生産過程の精神的諸力能が手労働から分離すること、および、これらの力能が労働にたいする資本の権力に転化することは、すでに以前に示したように、機械を基礎として構築された大工業において完成される。機械体系のなかに体現化されてこの体系とともに「雇い主」の権力を形成している科学や巨大な自然諸力や社会的集団労働の前では、内容を抜き取られた個別的機械労働者の細目的熟練は、取るに足りない些細事として消えうせる。この雇い主は、彼の頭のなかでは機械と彼によるその独占とが切り離しがたく癒着しており、紛争の場合には、こうしたわけで軽蔑的に、「工員たち」に向かって呼びかける――「工場労働者たちは、次のことをしっかり記憶にとどめるのがよいだろう。すなわち、君たちの労働は実際にきわめて低級な種類の熟練労働であること、君たちの労働ほど手に入れやすく、その質から見てこれほど報酬のよい労働はないこと、ほとんど経験のない者をちょっと指導することで、これほど短時間にこれほど豊富に供給されうる労働はないことを。〔……〕実際、生産事業において雇い主の機械は、六ヵ月の教育で教えることができ、どんな農僕でも学ぶことのできる労働者の労働および熟練よりもはるかに重要な役割を演じている」(一八八)。

(一八六)　F・エンゲルス『イギリスにおける労働者階級の状態』、二一七ページ〔浜林訳、古典選書、上、二五八ページ、邦訳『全集』第二巻、四一〇ページ。実際には、そこに付された原注に引用されたJ・P・ケイ『マンチェスターの綿工業に雇用されている労働者階級の道徳的肉体的状態』第二版、ロンドン、一八三二年、二二ページの文章〕。まったく平凡な楽観主義的自由貿易論者のモリナリ氏〔ベルギーの経済学者〕でさえ、次のように言う――「人は、毎日一五時間ずつ一機構の画一的な運動の見張りをするときには、同じ時間にわたって体力を行使するときよりも、早く消耗する。この見張りの労働は、それがあまり長時間にわたらなければ、おそらく精神の有益な訓練として役立ちうるであろうが、長く続けば、その過度のために、精神と肉体とをともに破壊する」（G・ド・モリナリ『経済学研究』、パリ、一八四六年〔四九ページ〕）。

（一八七）　F・エンゲルス、前出、二一六ページ〔前出、古典選書、上、二五七―二五八ページ、邦訳『全集』第二巻、四〇九―四一〇ページ〕。

（一八八）　『紡績業主および製造業主の防衛基金。委員会報告』、マンチェスター、一八五四年、一七〔、一九〕ページ。のちに見るように、この「雇い主」は、彼の「生きた」自動装置を失う恐れに当面するやいなや、調子を変えるのである。〔本訳書、第一巻、第一二章の原注一四参照〕

（447）

労働手段の画一的な運動への労働者の技術的従属と、男女両性および種々さまざまな年齢の諸個人からなる労働体の独得な構成とは、一つの兵営的規律をつくり出し、この規律が、完全な工場体制に仕上がっていき、また、すでにまえに述べた[*1]監督労働を、したがって同時に手工労働者と労働監督者とへの――すなわち産業兵卒と産業下士官とへの――労働者の分割を、完全に発展させる。「自動化工場における主要な困難は〔……〕人々に労働のさいの不規則な習慣を捨てさせ、彼らを巨大な自動装置の不変の規則性に一致させるために必要な規律にあった。しかし、自動体系の諸要求と速度に適合する規律法典を考案し首尾よく実施することは、ヘラクレス[*2]にふさわしい一事業であって、それはアークライトの高貴な業績である！　この体系がまったく完全に組織されているこんにちでさえも、〔……〕思春期を過ぎた労働者[*3]のあいだで〔……〕自動体系の有用な助手を見いだすことは、ほとんど不可能である」[一八九]。工場法典において、資本は、工場以外のところではブルジョアジーによりあれほど愛好される権力の分割もなく、またいっそう愛好される代議制もなしに、自分の労働者たちにたいする自分の専制支配を、私法的にかつ意のままに定式化しているが、この工場法典は、大規模な協業と共同的労働手段――ことに機械――の使用とによって必要となる労働過程の社会的規制の、資本主義的カリカチュアにすぎない。奴隷酷使者の鞭に代わって、監督の処罰名簿が現われる。もちろん、すべての処罰は、罰金と賃銀控除に帰着するのであって、工場リュクルゴス[*4]たちの立法者的明敏さは、場合によっては彼らの法律が守られるよりも破られるほうが、彼らにとってもっと得になるように仕組んでいる[一九〇]。

（一八九）　ユア『工場哲学』、前出、一五ページ。アークライトの伝記を知っている人は、「高貴な」という言葉を、この天才的理髪師の頭には決して投げかけはしないであろう。一八世紀のすべての大発明家のうちで、彼は、まぎれもなく、他人の諸発明の最大の盗人であり、もっとも下劣な男であった[*5]。

（一九〇）　「ブルジョアジーがプロレタリアートを縛りつけている奴隷状態が、工場制度におけるよりも露骨に現われているところはほかにない。ここでは、いっさいの自由が、法律的にも実際的にもなくなる。労働者は、朝の五時半には工場に来ていなければならない。彼は二、三分でも遅刻すれば処罰され、一〇分も遅刻すると朝食がすむまでまったく工場に入れてもらえず、そして一日の四分の一の賃銀を失う〔……〕。労働者は、命令に従って、食べ、飲み、眠らなければならない。……専制的な時鐘が彼を寝台から呼び起こし、朝食や昼食から彼を呼び立てる。それでは、工場のなかではいったいどうなのか？　ここでは工場主が絶対的立法者である。彼は、好きなように工場規則を制定する。彼は、好きなように自分の法典を変更したり、追加したりする。彼がどんなに馬鹿げたことを書き入れても、裁判所は労働者に言い渡す――おまえは自由意思でこの契約を結んだのであるから、いまではおまえもそれを守らなければならない、と。……これらの労働者たちは、九歳のときから死ぬまで、精神的および肉体的な鞭のもとで生活するよう宣告されている」（F・エンゲルス『イギリスにおける労働者階級の状態』、二一七ページ以下〔前出、浜林訳、古典選書、上、二五八―二六一ページ、邦訳『全集』第二巻、四一〇―四一二ページ〕）。なにを「裁判所が言い渡す」か、二つの事例で説明しよう。一つの事件は、一八六六年末、シェフィールド〔イングランド中部の州〕でのことである。その地で、一人の労働者が、二年間の契約で、ある金属工場に雇われた。工場主とのいざこざの結果、彼は、工場を去り、そして、どんなことがあっても、この工場主のためにはもう働きたくないと言明した。彼は、契約違反のかどで告訴され、二ヵ月の禁固刑を宣告された。（工場主は、契約に違反しても、民法上の告訴を受けることがあるだけであり、また賠償金支払いの恐れがあるだけである。）二ヵ月間の刑ののち、同じ工場主が、彼に、もとの契約によって工場にもどってくるようにと呼び出した。労働者は、いやだ、自分はすでに契約違反のつぐないをすました、と言った。工場主はあらためて告訴し、裁判所はあらためて有罪の宣告をくだした――もっとも、判事の一人シー氏は、これを法律的奇怪事であると公然と非難し、これでは、一人の人間が一生にわたって、周期的に、同一の違反または犯罪のために、繰り返し処罰されかねない、と述べた。この判決は「〝偉大な無給者〟」である地方のドッグベリー[*6]たちによってではなく、ロンドンで、最高法廷の一つによってくだされたのである。〔第四版への注。――こんなことは、いまではなくなっている。二、三のわずかな場合――たとえば公共ガス事業の場合――をのぞいて、こんにちイギリスでは、契約違反にさいして労働者は雇い主と同等に扱われ、民法上の告訴を受けることがあるだけである。――F・エンゲルス〕。――第二の事件は、一八六三年一一月末、ウィルトシャー〔イングランド南西部の州〕でのことである。ウェストベリ・リーのバウアーズ・ミルのラシャ工場主であるハラップという者に雇われていた約三〇人の蒸気織機女性工員が、ストライキを起こした。なぜなら、このハラップは、朝の遅刻にたいして、彼女たちに賃銀控除を、しかも二分で六ペンス、三分で一シリング、一〇分で一シリング六ペンスの賃銀控除を行なうというお気に入りの習慣をもっていたからである。これは、一時間あたり九シリング、一日あたり四ポンド一〇シリングとなるが、彼女たちの一年間の平均賃銀は、一週間あたり一〇―一二シリングを超えなかった。またハラップは、一人の少年を雇って工場の時刻を告げる呼び子を吹き鳴らさせたが、この少年はしばしば朝の六時以前に吹き鳴らし、そして彼が吹き鳴らし終わったときに女性工員たちが来ていないと、門は閉じられ、門外の者は、罰金を取られる。また建物内には時計がないので、不幸な女性工員たちは、ハラップにそそのかされた少年の時間番の思うがままにされる。「ストライキ」にはいった女性工員たち、主婦や少女たちは、時間番が時計に置き換えられ、もっと合理的な罰金率が採用されるならば、仕事を再開する意思がある、と言明した。ハラップは、一九人の既婚女性と少女たちを契約違反のかどで治安判事の前に引き出した。彼女たちは、傍聴者たちのごうごうたる憤激のなかで、それぞれ六ペンスの罰金と二シリング六ペンスの費用とを宣告された。ハラップは、民衆の罵声に送られて退廷した。[*7]——工場主たちの得意の手口は、自分たちに供給される材料の欠陥を理由に、労働者たちを賃銀控除によって懲戒することである。この手口は、一八六六年に、イギリスの陶業地方で全般的なストライキを引き起こした。「児童労働調査委員会」の報告書（一八六三―一八六六年）は、労働者が働いても賃銀を得ないだけでなく、そのうえ罰則によって、彼の御「主人」様の債務者になるという諸々の場合をあげている。最近の綿花恐慌もまた、工場専制君主たちの賃銀控除の頭のよさについて教訓的な事例を提供した。工場監督官R・ベイカーは、次のように言っている――「私自身、最近、ある綿工場主にたいして告訴手続きをとらなければならなかった。というのは、彼が、この困難な苦しい時節に、彼の使っている何人かの『若い』（一三歳以上の）「労働者から、医師の年齢証明書代金として、一〇ペンスを差し引いていたからであるが、その証明書は、工場主には六ペンスしかかかっていないもので、しかも法律はそれには三ペンスの差し引きしか認めておらず、慣例は全然差し引きを認めていないものなのである。……もう一人の工場主は、法律にふれずに同じ目的を達成するため、彼のために働く哀れな児童の一人一人に、彼らがこの仕事を許される年齢であるという医師の証明がありしだい、紡ぐ技法や秘訣の習得料として一シリングを課している。したがって、ときおり起こるストライキや、現在のストライキ」（一八六三年六月ダーウィンの工場で起こった機械織布工たちのストライキのこと）「のような異常な現象を理解するために、知らなければならない底流が、存在している」（『工場監督官報告書。一八六三年四月三〇日』、五〇、五一ページ）（工場報告書は、いつも、その公式の日付よりも以後にまでおよんでいる）。

＊1〔本訳書、第一巻、五八六―五八七ページ参照〕
＊2〔ギリシア神話最大の英雄で力と忍耐のシンボル〕
＊3〔マルクスは、一八四五年の「ブリュッセル・ノート」や「一八六一―一八六三年草稿」で、ユア『工場哲学』をフランス語訳から抜粋している。この引用もフランス語訳によったもので、原著（ロンドン、一八三五年）では「労働者」以下は、「労働者を……有用な工場の働き手に変えることはほとんど不可能であることがわかる」となっている〕
＊4〔スパルタの伝説的な立法者。スパルタの国制を定めたとされる〕
＊5〔アークライトは、他人の発明を盗んだとして訴訟を起こされ、彼の紡績機の特許は、暴力と詐欺で得たことが暴露され、無効にされた〕
＊6〔シェイクスピアの『から騒ぎ』に登場する警察官。まのぬけた小役人のあだ名として用いられ、ここで

は諸州の名士からなる「州治安判事」たちをさしている。なお「州治安判事」が無給であることについては、本訳書、第一巻、五〇九ページの原注一五七参照〕

＊7〔『レノルズ・ニューズペイパー』一八六三年一一月二九日付〕

(448) われわれは、工場労働が行なわれている物質的諸条件を指摘するだけにしておこう。密集した機械のもとでの生命の危険――それは四季の規則正しさで産業上の殺戮報告を生み出す――は別としても、(一九〇a) 人工的に高められた温度、原料の屑の充満した空気、耳をろうする騒音などによって、すべての感覚 (449) 器管は等しく傷めつけられる。社会的生産手段の節約は、工場制度のなかではじめて温室的に成熟したものであるが、それは資本の手のなかでは、同時に、労働中の労働者の生存諸条件、すなわち空間、空気、光の組織的強奪となり、また労働者の快適さのための設備については論外としても、生産過程 (450) での人命に危険な、または健康に有害な諸事態にたいする人的保護手段の組織的強奪となる。(一九一) フーリエが工場を「緩和された徒刑場」[*1]と呼んでいるのは、不当であろうか？(一九二)

(一九〇a) 危険な機械から保護するための諸法は、有益な作用をしてきた。「しかし……いまや、二〇年前には存在していなかった災害の新しい諸源泉が、とくに機械の速度の増大が、存在している。車輪やローラーや紡錘や織機[*2]は、いまや、増大した力で、しかも絶えずいっそう増大する力で、運転されている。指は、切れた糸を、いっそうすばやく、またいっそう確実につかまなければならない。というのは、ぐずぐずまたは不注意に手を出したりすると、指が犠牲になるからである。……多くの災害は、自分たちの機械を手早くやりとげようとする労働者の熱心さによって、引き起こされる。工場主たちにとっては、自分たちの機械を間断なく動かしておくこと、すなわち糸や織物を生産することが、もっとも重要であるということが、思い起こされなければならない。一分間の休止はみな、動力の損失であるだけでなく、生産の損失でもある。だから、労働者たちは、製品の量に関心をもつ労働監督者によって、機械を動かし続けるようにせきたてられる。そして、このことは、重量または出来高で賃銀の支払いを受ける労働者にとっても、同じく重要である。そのために、機械をその運転中に掃除することは、たいていの工場では形式的には禁止されているにもかかわらず、実際には一般的に行なわれている。この原因からだけで、最近六ヵ月のあいだに、九〇六件の災害が生じた。……掃除の仕事は毎日行なわれているとはいえ、土曜日は、たいてい、機械の大掃除日に定められており、しかもその大部分は、機械の運転中に行なわれる」。掃除は、無給の作業なので、労働者はできるだけ早くそれをすませてしまおうとする。そのため[*3]「災害の件数は、金曜日およびとくに土曜日には、他の曜日よりはるかに多い。金曜日には、週はじめの四日の週日の平均件数を約一二%上回り、土曜日には、そのまえの五日間の平均災害件数を二五%上回る。しかし、工場日〔就業時間〕は、土曜日には七時間半にすぎず、他の曜日には一〇時間半であることを考慮に入れると、この超過は六五%以上にも達する」（『工場監督官報告書。一八六六年一〇月三一日』、ロンドン、一八六七年、九、一五、一六、一七ページ）。〔この注はもともと初版、第二版の巻末「補遺」で、原注一七五への追加を指示されたものであったが、フランス語版でこの個所への注として組み入れられ、第三版でも引き継がれた〕

（一九二）　本書の第三部、第一篇[*4]において、私は、生命に危険な機械にたいして、「工員たち」の手足を保護する工場法の諸条項に反対する、イギリスの工場主たちの最近のキャンペーンについて、報告するであろう。ここでは、工場監督官レナド・ホーナーの公式報告からの引用で十分であろう——「私は、工場主たちが許しがたい軽率な態度で、いくつかの災害について、たとえば一本の指を失うことなどは些細なことだ、と言うのを聞いた。一人の労働者の生活と前途は、実に彼の指にかかっているのだから、指を失うことは、彼にとってはもっとも重大な出来事である。私は、このような無思慮なおしゃべりを聞くと、こう質問する――もし、あなたが一人の追加労働者を必要としているとき、二人が応募し、この二人はほかのすべての点では同じく有能であるが、一方は親指か人さし指がないとすれば、あなたはどちらを選びますか？　と。彼らは、一瞬もためらわずに、指のそろっているほうを選ぶと答えた。」……これらの工場主諸氏は「彼らがえせ博愛的立法と呼ぶものにたいして誤った偏見をもっている」（『工場監督官報告書。一八五五年一〇月三一日』〔六―七ページ〕）。これらの諸氏は「賢い人々[*5]」であって、いたずらに奴隷所有者の反乱[*6]に熱をあげているのではないのだ！

（一九二）労働時間の強制的制限その他の規制をともなう工場法にもっとも長く従わせられていた諸工場では、以前の多くの弊害がなくなった。機械そのものの改良は、ある点に達すると「工場建物の構造の改良」を要求するが、この構造改良は、労働者に有利である（『工場監督官報告書。一八六三年一〇月三一日』、一〇九ページ参照）。

＊1〔フーリエ『細分された虚偽の産業』第一巻、パリ、一八三五年、五九ページ〕

＊2〔報告書原文および英語版では「織機」は「杼（ひ）」となっている〕

＊3〔ドイツ語各版、フランス語版では、この部分も引用の中に含められているが、報告書原文にはないため、英語版では引用から外されている〕

＊4〔本書、第三巻、第一篇、第五章、第二節「労働者を犠牲にしての労働諸条件の節約」〕

＊5〔ゲーテ『格言と反省』三の「賢い人々はつねに最上の百科全書である」より。高橋健二訳『ゲーテ格言集』、新潮文庫、二〇一六年、一九〇ページ〕

＊6〔本訳書、第一巻、五〇ページ訳注＊1参照〕

（451）

第五節　労働者と機械との闘争

資本家と賃労働者とのあいだの闘争は、資本関係そのものとともに始まる。それは、全マニュファクチュア時代を通じて荒れ続ける。（一九三） しかし機械の採用以後にはじめて、労働者は、資本の物質的な存在様式である労働手段そのものにたいしてたたかう。労働者は、資本主義的生産様式の物質的基礎としての、生産手段のこの特定の形態にたいして反逆する。

（一九三）　とりわけ、ジョン・ホートン『農業および商工業の改良』、ロンドン、一七二七年、〔H・マーティン〕『イギリスにとっての東インド貿易の諸利益』、一七二〇年、ジョン・ベラーズ、前出、*参照。「雇い主と労働者とは、不幸にも、互いに永久の戦闘状態におかれている。雇い主の不変の目的は、自分たちの仕事をできるだけ安くやらせることである。そして彼らは、この目的のために、どんな策略をも用いることをためらわないが、他方で、労働者もまた同様に、油断なくあらゆる機会に、その雇い主に彼らのより高い諸要求を承諾させようとしている」『食料の現在の高価格の諸原因の研究』、一七六七年、六一、六二ページ。〔著者ナサニエル・フォースター師〔イギリスの牧師〕は、完全に労働者の側に立っている。〕

＊〔「前出」は、『産業高等専門学校設立の提案』を指すが、同書には該当するような記述は見あたらない。『貧民、製造業、商業、植民、および道徳にかんする論集』、ロンドン、一六九九年、を指していると思われる〕

一七世紀のあいだ、ほとんど全ヨーロッパは、いわゆるバントミューレ〔リボン織機〕（シュヌールミューレまたはミューレンシュトゥールとも呼ばれる）、すなわちリボンとトリミングを織るための

(452)機械にたいする労働者の反逆を体験した。(一九四)*1 一七世紀の最初の三分の一期の終わりには、オランダ人によってロンドンの近くに設立された風力製材所が、暴民の打ち壊しのまえに屈した。まだ一八世紀の初頭のことだが、イギリスにおいて水力による鋸盤(のこ)が、議会によって支持された民衆の反抗になんとか持ちこたえた。エヴァリットが一七五八年に水力で運転される最初の剪毛機(せんもう)を製作したとき、それは、仕事を奪われた一〇万人の人々によって焼き打ちにされた。アークライトの〝粗梳機(あらすき)〟と梳毛機(そもう)に反対して、これまで羊毛を梳(す)くことで生活していた五万人の労働者が、議会に請願した。一九世紀の最初の一五年間にイギリスの製造業地帯に生じた諸機械の大量の破壊――それは、とくに蒸気織機の利用が原因であるが――は、ラダイト運動*2の名で知られ、シドマス、カースルレイなどの反ジャコバン的政府*3に、きわめて反動的な弾圧を行なう口実を与えた。労働者が、機械をその資本主義的使用から区別し、したがって彼らの攻撃を物質的生産手段そのものからその社会的利用形態に移すことを学ぶまでには、時間と経験が必要であった。(一九五)

（一九四）　バントミューレはドイツで発明された。イタリアの神父ランチェロッティは、一六三六年にヴェネツィアで刊行された著作〔『現代人、または過去の人々に劣らない有能な人々』〕のなかで、次のように語っている――「ダンツィヒ出身のアントン・ミュラーは、およそ五〇年前に」（とランチェロッティが書いたのは一五七九年のことである）「四反から六反の織物を一度につくり上げるきわめて精巧な機械をダンツィヒで見た。しかし市参事会は、この発明が多数の労働者を物乞いにするかもしれないことを恐れたので、この発明を抑え、その発明者をひそかに絞殺ないし溺死させた」と。ライデン〔オランダの都市〕では、同じ機械が、一六二九年にはじめて使用された。[*4] トリミング織布工の暴動が、やっと市参事会にその禁止を余儀なくさせた。一六二三年、一六三九年などのさまざまな法令によって、オランダの議会側も、その使用を制限しなければならなかった。ついに一六六一年一二月一五日〔正しくは一二月五日〕の命令によって、一定の条件のもとでその使用が許可された。ライデンでのバントミューレの採用について、ボックスホルンは、次のように言っている（『政治的制度』、アムステルダム、一六六三年）――「この都市では、約二〇年前に、ある人々が一つの織機を発明したが、それを使えば、一人でも、数人の人が他の織機で同じ時間に織るよりも、もっと多く、もっとたやすく、織物を織ることができた。そのことによって、織布工の騒動と訴訟が生じ、ついにこの機械の使用が、市参事会によって禁止された」。同じ機械は、一六七六年にケルンで禁止され、他方、イギリスでのそれの採用は同時に労働者の騒動を呼び起こした。一六八五年二月一九日の勅令により、その使用は全ドイツで禁止された。ハンブルクでは、それは、市参事会の命令により公衆の面前で焼き捨てられた。カール六世〔神聖ローマ皇帝、在位一七一一―一七四〇年〕は、一七一九年二月九日に、一六八五年の勅令を更新し、またザクセン選帝侯国は、一七六五年にはじめて、その公然の使用を許した。これほどまでに世間を騒がせたこの機械は、実際に、精紡機および力織機の先駆け、したがって一八世紀の産業革命の先駆けであった。この機械は、織布にはまったく経験のない一人の少年でも、ただ作用杆（かん）を引いたり押したりするだけで、織機全体をそのすべての杼（ひ）とともに運転できるようにし、そしてその改良型では、一度に四〇ないし五〇反をも生産した。〔前出、ベックマン『発明の歴史にかんする論集』第一巻、一二五―一三二ページ（特許庁内技術史研究会訳『西洋事物起原』、岩波文庫、㈠、一四六―一四九ページ）、ポッペ『技術学の歴史』第一巻、四八五―四九〇ページ、参照〕

（一九五） 時代遅れなマニュファクチュアにおいては、こんにちでもなおときおり、機械にたいする労働者の反抗の粗野な形態が繰り返されている。たとえば一八六五年のシェフィールドのやすり目立て〔工〕の場合にそうであった。

＊1〔フランス語版、英語版では、ここに、原注一九四の全文が、本文として組み込まれている〕

＊2〔一八一一―一八一三年のイギリス労働者の繊維機械打ち壊しの騒動。その指導者と言われる「ラッド将軍」「ラッド王」の名にちなむ。政府は軍隊を使って残虐に鎮圧した〕

＊3〔フランスを急進派ジャコバン派の流れをくむ国とみなす、対ナポレオン戦争遂行の反動的イギリス政府をさす〕

＊4〔ベックマンは、前掲書で、バントミューレは一六二一年頃にはオランダで知られていたと推定している〕

マニュファクチュア内部における労賃をめぐる諸闘争は、マニュファクチュアを前提とするもので、決してマニュファクチュアの存在にたいして向けられているものではない。マニュファクチュアの形成にたいして反抗がなされる限りでは、それは、同職組合親方や特権都市＊から起こるのであって、賃労働者から起こるのではない。だから、マニュファクチュア時代の著述家たちにあっては、分業は、主として、可能性として労働者に取って代わる手段として理解されていても、現実に労働者を駆逐する手段として理解されてはいない。この違いは、自明である。たとえば、いまでは五〇万人によって
(453) 機械で紡がれる綿花を旧式紡車で紡ぐには、イギリスで一億の人々が必要とされたであろうと言うとしても、そのことは、もちろん、機械がこの存在したことのない一億の人々に取って代わったことを意味するものではない。それは、ただ、精紡機の代わりをするには何百万もの労働者が必要とされるだろうということを意味するにすぎない。それに反して、蒸気織機がイギリスで八〇万人の織布工を

街頭に放り出すと言ったならば、それは、一定数の労働者によって代替されたにちがいない実在する機械について言っているのではなく、実際に機械によって代替された、または駆逐された実在する労働者のことを言っているのである。マニュファクチュア時代のあいだは、手工業的経営は、分解されたとはいえ、依然として基礎であった。新たな植民地市場〔の需要〕は、中世から引き継いだ比較的に少数の都市労働者によっては満たされえず、それと同時に本来的マニュファクチュアが、封建制の解体とともに土地から追放された農民にたいして、新しい生産諸領域の門戸を開いた。したがって当時は、作業場内における分業および協業にかんしては、それらが就業労働者をより生産的にするというその積極面のほうがきわだっていた。[一九六] 確かに、協業と少数者の手中における労働手段の結合とは、それが農業に適用されると、多くの国々では大工業時代よりもずっと以前に、生産様式の、したがってまた農村住民の生活条件および就業手段の、大きな突然の暴力的な革命を引き起こす。しかし〔革命にともなう〕この闘争は、最初は、資本と賃労働とのあいだよりも、むしろ大土地所有者と小土地所有者とのあいだで演じられる。他面、労働者が、羊、馬などの労働手段によって駆逐される場合には、直接的な暴力行為が、ここではまず第一に産業革命の前提をなす。まず労働者が土地から追い出され、
(454) それから羊がやってくる。イギリスにおいてそうであったように、大規模な土地略奪がまず大農業にそれが利用する耕地を提供する。[一九六a] そのため農業のこうした変革は、その当初においては、むしろ政治革命の外観をもつ。

（一九六）　サー・ジェイムズ・スチュアトは、機械の作用をまったくこの意味で理解している。「そこで私は、機械

は、より多くの人間を養う必要なしに、勤勉な人間の数を（実質的に）増加させる手段であると見る。……機械の作用は、新しい住民の作用と、どこが違うのか？」（『経済学原理』、フランス語訳、第一巻、第一部、第一篇、第一九章〔中野訳、岩波文庫、㈠、一九六七年、二四四ページ〕）。機械は「一夫多妻」に取って代わると述べるペティ〔「賢者には一言をもって足る」、大内兵衛・松川七郎訳『租税貢納論』、岩波文庫、一九五二年、一九一ページ参照〕は、ずっと素朴である。この観点は、せいぜい合衆国のいくつかの地方にしかあてはまらない。これに反して、「機械は、個人の労働を軽減するために効果的に使用できることはまれである。すなわち、機械の使用によって節約されうる時間よりも多くの時間が、機械を製作するさいに失われるであろう。機械が真に有用であるのは、それが大衆に作用する場合、ただ一台の機械が数千人の労働を手助けできる場合だけである。だから、機械がいつももっとも多く採用されるのは、もっとも多くの無為の者が存在する、もっとも人口が稠密な諸国においてである。……それが使用されるのは、労働者の不足のためではなく、それによって労働者を大量に仕事につかせることが容易なためである」（ピアシー・レイヴンストン『減債基金制度とその影響にかんする考察』、ロンドン、一八二四年、一五〔正しくは四五〕ページ）。

（一九六a）｛第四版への注。——このことは、ドイツにもあてはまる。わが国で大農業が存在しているところ、とくにエルベ川以東では、一六世紀以来、とくに一六四八年以来さかんに行なわれた「農民追放」〔農民保有地を没収して領主直営地に編入すること〕によって、はじめて大農業が可能となった。——F・エンゲルス｝

＊〔国王から市場や生産独占などの特権を与えられた中世の都市〕

機械としては、労働手段はただちに労働者そのものの競争者となる。[一九七]機械による資本の自己増殖は、機械によってその生存条件を破壊される労働者数に正比例している。資本主義的生産の全体系は、労働者がその労働力を商品として売ることを基礎にしている。分業は、この労働力を一面化させて、一つの部分道具を操作するまったく特殊化された熟練にしてしまう。道具の操作が機械の役目になれば、労働力の使用価値とともに労働力の交換価値も消滅する。労働者は、通用廃止になった紙幣と同じように、売れないものとなる。労働者階級のうち、機械によってこのように余剰な人口に、すなわち資本の自己増殖にもはや直接に必要ではない人口に、転化された部分は、一方では、機械経営に反対する旧式な手工業的およびマニュファクチュア的経営の勝負にならない闘争のなかで没落し、他方では、はいり込みやすいあらゆる産業部門をあふれさせ、労働市場を氾濫させ、そのため労働力の価格をその価値よりも低くする。受救貧民化した労働者にとっての大きな慰めといえば、一面では、彼らの苦悩がただ「〝一時的な不都合〟」にすぎないということ、他面では、機械は一生産部面全体を徐々にしか征服しないことからその破壊的作用の範囲と強度とが弱められるということであろう。一方の慰めは、他方の慰めを否定する。ある生産部面を機械が徐々にとらえていく場合、機械は、それと競争する労働者層のなかに慢性的窮乏を生み出す。その推移が急激な場合には、機械は大量的かつ急性的に作用する。イギリスの綿手織工たちの、緩慢で、数十年にもわたり、ついに一八三八年に決定的なものとなった破滅よりも恐ろしい光景は、世界史上に見られない。彼らの多くのものは餓死し、また多くのものは家族ともども長いあいだ一日二ペンス半でやっと糊口をしのいだ。（一九八）それに反して、イギリ(455)スの綿機械は、東インドでは急性的に作用したのであり、そこの総督は、一八三四―三五年に次のように確言している――「この窮乏は、商業史上ほとんどその類例を見ない。綿織布工の骨は、インドの平原を真っ白にしている*」と。もちろん、これらの織布工が浮き世（ツァイトリッヘ）に別れを告げた限りでは、機械は、彼らにただ「一時的(ツァイトリッヒ)な不都合」をかけただけであった。ところで、機械は絶えず新しい生産領域をとらえることから、機械の「一時的」作用は永続的である。資本主義的生産様式が一般に、労働者に相対する労働条件および労働生産物に与える独立化され疎外された姿態は、こうして機械によって完全な対立にまで発展する。(一九九)それゆえに機械とともに、はじめて、労働手段にたいする労働者の粗暴な反逆が現われてくる。

(一九七)「機械と労働とは、絶えず競争している」(リカードウ『経済学および課税の原理』、四七九ページ〔堀訳『リカードウ全集』I、四五三ページ〕)。

(一九八) イギリスで一八三三年〔正しくは一八三四年〕の救貧法の実施以前に、手織りと機械織りとのあいだの競争が長引いたのは、最低限未満にいちじるしく下落した賃銀が、教区救済金によって補われたためである。「牧師ターナー氏は、一八二七年には工業地域チェシャーのウィルムズロウの教区長であった。移民調査委員の質問とターナー氏の答弁は、機械にたいして人間労働の競争がどのようにして維持されているか、を示している。問い――『力織機の使用は、手織機の使用に取って代わらなかったか?』答え――『確かに取って代わりました。もし手織工が賃銀切り下げに甘んじることができなかったら、力織機の使用は、実際にそうなったよりもっと多く手織工に取って代わったでしょう』。問い――『しかし手織工は、自分の生計に足りない賃銀をもらうことに甘んじ、彼の生計費の残りの分は教区の救済金をあてにしているのか?』答え――『そうです。実際のところ、手織機と力織機との競争は、救貧税によって維持されています』。こうして、勤労者が機械の採用から受ける利益とは、屈辱的な受救貧民的貧困または国外移住であって、彼らは、尊敬すべき、ある程度独立した手工業者から、慈善の恥ずべきパンで生きる卑屈な貧乏人におとしいれられている。これが一時的な不都合と呼ばれるものである」(『競争と協同との功罪の比較にかんする懸賞論文』、ロンドン、一八三四年、二九ページ)。

(一九九)「その国の〔純〕収入」(リカードウが前出書の同じ個所で説明しているように、〝地主および資本家の収入〟のことであり、彼らの〝富〟は、経済学的に考察すれば、一般に〝国民の富〟に等しい)「を増加させうるのと同じ原因が、同時に人口を過剰にし、労働者の状態を悪化させることがありうる」(リカードウ、前出、四六九ページ〔前出訳、四四六ページ〕)。「機械のあらゆる改良の不変の目的および傾向は、実際は、まったく人間の労働なしにすますことか、さもなければ成年男性労働者の労働を女性労働および児童労働で代替し、または熟練労働者を不熟練労働者で代替することにより、人間の労働の価格を低下させることである」(ユア『工場哲学』、前出、二三ページ)。

＊〔『タイムズ』一八六二年四月二八日付〕

労働手段が労働者を打ち殺す。この直接的対立は、確かに、新しく採用された機械が、伝来の手工業的またはマニュファクチュア的経営と競争するたびに、もっとも明白に現われる。しかし、大工業そのものの内部においても、機械の絶え間のない改良および自動体系の発達は、類似の作用をする。(456)「機械の改良の不変の目的は、手労働を減少させること、または、人的装置を鉄製の装置で代替することによって工場の生産連鎖の一環を完成することである」(二〇〇)。「これまで手で動かされていた機械に蒸気力や水力を使用することは日常の出来事である。……機械における比較的小さな諸改良――動力の節約、製品の改良、同一時間内での生産増加、または児童、女性、もしくは男性を一人でも駆逐することを目的とする――は、絶えずなされており、それらは、一見それほど重大に見えなくても、重要な結果をもたらす[二〇一]」。「ある作業が、多大の熟練と確実な手腕を必要とする場合には、つねに、その作業は、熟練しすぎてしばしばあらゆる種類の不規則なことを起こしがちな労働者の手から、できるだけ早く取り上げられて、児童でも見張ることができるほどよく制御された[*1]特別の一機構に、ゆだねられる[二〇二]」。「自動体系においては、労働者の才能はますます駆逐される[二〇三]」。「機械の改良は、一定の成果を達成するための就業成年労働者数の削減を要求するだけでなく、ある部類の個人を他の部類の個人で、熟練者を不熟練者で、成年を児童で、男性を女性で置き換える。あらゆるこのような変化は、労賃率の絶え間ない変動を引き起こす[二〇四]」。「機械は絶えず大人を工場から投げ出す[二〇五]」。労働日短縮の圧力のもとでの機械制度の嵐のような前進は、実際的経験の蓄積と機械的手段の既存の範囲と技術の絶え間のない進歩との結果として、機械制度の非常な弾力性をわれわれに示した。しかし、イギリス綿業の絶(457)頂の年である一八六〇年に、だれが、その後の三年間がアメリカ南北戦争〔一八六一―一八六五年〕の拍車のもとで引き起こした、機械の飛躍的改良と、それに応じた手労働の駆逐とを予想したであろうか？　ここでは、この点についてのイギリスの工場監督官の公式の引用から、二、三の例をあげれば十分である。マンチェスターの一工場主は、次のように説明している――「われわれは、いまでは、七五台の梳綿機の代わりに、わずか一二台使っているだけであるが、それらは、以前よりも上質ではないにしても、同じように良質のものを同じ分量だけ生産している。……労賃の節減は一週あたり一〇ポンド、綿屑の節減は一〇％にのぼる」と。マンチェスターのある細糸紡績工場では、「運転速度の増大と、さまざまな〝自動〟工程の採用とによって、ある部門では労働人員の $\frac{1}{4}$ が、他の部門では1/2以上が、排除された。他方、第二梳綿機に代わった精梳綿機は、これまで梳綿室で働いていた工員の数をおおいに減少させた」。もう一つの紡績工場は、そこでの「工員」の一般的節減を一〇%と見積もっている。マンチェスターの紡績業者ギルモア会社は、次のように説明している――「われわれの見積もりによれば、〝混打綿部門〟では、新しい機械によってなされた工員および労賃の節約は、優に1/3である。……〝粗紡室〟および〝練条室〟では、支出および工員がおよそ1/3少なくなり、精紡室では支出がおよそ1/3少なくなった。しかし、それがすべてではない。いまやわれわれの糸が織布業者たちに渡されると、この糸は新しい機械の使用によっておおいに改良されているので、彼らは、旧式機械糸で織るよりも、より多量のより優秀な織物を生産する[*2]」(二〇六)。工場監督官A・レッドグレイヴは、次のようにつけ加えている――「生産を高めながら労働者を減少させることが、急速に進んでいる。羊毛工場では、最近、工員の新たな削減が始まったが、それはいまも続いている。数日前に、ロッチデイル近郊に住むある学校長が私に語ったところによれば、女子学校における激減は、恐慌の圧迫のせいだけでなく、羊毛工場の機械における諸変化のせいでもあり、その結果、平均七〇人の半日工の減少が生じたとのことである(二〇七)」。

(二〇〇)　『工場監督官報告書。一八五八年一〇月三一日』、四三ページ。

(二〇一)　『工場監督官報告書。一八五六年一〇月三一日』、一五ページ。

(二〇二)　ユア『工場哲学』、前出、一九ページ。「煉瓦製造で使用される機械の大きな利点は、その使用者を熟練労働者たちから完全に独立させる点にある」(『児童労働調査委員会、第五次報告書』、ロンドン、一八六六年、一三〇ページ、第四六号）。

第二版への追加。グレイト・ノーザン鉄道の機械部長Ａ・スタロック氏は、機械（機関車など）製造について、次のように述べている――「費用の高くかかるイギリス人労働者の使用は、日々少なくなっている。生産は、改良された用具の使用によって増加され、そしてこの用具は、また、低級な種類の労働によって取り扱われる。……以前には、熟練労働が、当然に蒸気機関のあらゆる部品を生産した。いまでは、同じ部品が、熟練度は落ちるが、優秀な用具を使う労働によって生産される。……私がここで用具というのは、機械製作のさいに用いられる機械のことである」（『勅命鉄道委員会、証言記録』、第一七八六二号および第一七八六三号、ロンドン、一八六七年）。

（二〇三）　ユア、同前、二〇ページ。

（二〇四）　同前、三二一ページ。

（二〇五）　同前、二三ページ〔正しくは、三二一ページと思われる。『資本論草稿集』９、大月書店、一九九四年、二七三ページ参照〕。

（二〇六）　『工場監督官報告書。一八六三年一〇月三一日』、一〇八ページ以下。

（二〇七）　同前、一〇九ページ。綿花恐慌中の機械の急速な改良により、イギリスの工場主たちは、アメリカの南北戦争が終わるとたちまち、世界市場をふたたび氾濫させることができた。織物は、すでに一八六六年後半の六ヵ月間にほとんど売れなくなった。そこで中国およびインドへの商品の委託販売が始まったが、そのことは、当然、この「〝供給過剰〟」をいっそうはなはだしくした。一八六七年はじめに、工場主たちは、いつもの切り抜け策に訴え、労賃を五％だけ切り下げた。労働者は抵抗し、理論的にまったく正しく、唯一の救済策は、時間短縮、すなわち一週あたり四日働くことだと声明した。かなり長い反抗ののち、産業指揮官を自称する連中は、あるところでは賃銀切り下げなしで、他のところでは五％の賃銀切り下げで、そうする決心をしなければならなかった。

＊1〔ユア英語版では、「自己制御された」となっている。「よく制御された」はフランス語訳の表現〕

＊2〔報告書では、「より多量の織物をより安く」となっている〕

(458) 次の表＊〔次ページ〕は、イギリス綿業における、アメリカ南北戦争による機械の諸改良の総成果を示す——

＊〔この段落と次の段落、および次ページの表は、フランス語版にもとづき第三版で追加された〕

このように、一八六一年から一八六八年までに、三三八の綿工場が消滅した。すなわち、より生産的でより大規模な機械が、より少数の資本家たちの手中に集中された。蒸気織機数は二万六六三台だけ減少したが、同時にその生産物は増加していたので、その結果、いまや改良織機一台は、旧式織機一台よりも多く生産したことになる。最後に、紡錘数は一六一万二五四七錘だけ増加したが、他方、(459) 就業労働者数は五万五〇五人だけ減少した。したがって、綿花恐慌が労働者をおとしいれた「一時的な」窮乏は、機械の急速で持続的な進歩によって亢進させられ、固定された。

とはいえ機械は、つねに賃労働者を「過剰」にしようとする優勢な競争者として作用するだけではない。それは、資本によって、賃労働者に敵対的な力能として、声高くかつ意図的に、宣言されまた取り扱われる。それは、資本の専制に反対する周期的な労働者の蜂起、ストライキなどを打倒するためのもっとも強力な武器となる。(二〇八) ギャスケルによれば、蒸気機関ははじめから「人間力」の敵であっ

工　場　数

	1856年*	1861年	1868年
イングランドおよびウェイルズ……	2,046	2,715	2,405
スコットランド……………………	152	163	131
アイルランド………………………	12	9	13
連　合　王　国…………………………	2,210	2,887	2,549

蒸 気 織 機 数

イングランドおよびウェイルズ……	275,590	368,125	344,719
スコットランド……………………	21,624	30,110	31,864
アイルランド………………………	1,633	1,757	2,746
連　合　王　国…………………………	298,847	399,992	379,329

紡　錘　数

イングランドおよびウェイルズ……	25,818,576	28,352,125	30,478,228
スコットランド……………………	2,041,129	1,915,398	1,397,546
アイルランド………………………	150,512	119,944	124,240
連　合　王　国…………………………	28,010,217	30,387,467	32,000,014

就 業 人 員 数

イングランドおよびウェイルズ……	341,170	407,598	357,052
スコットランド……………………	34,698	41,237	39,809
アイルランド………………………	3,345	2,734	4,203
連　合　王　国…………………………	379,213	451,569	401,064

〔この表は『工場。1856年4月15日の下院の要請にたいする報告』、『同。1861年4月24日の下院の要請にたいする報告』、『同。1867年12月5日の下院の要請にたいする報告』にもとづいているが、マルクスは、トマス・ブラシー『仕事と賃銀』、ロンドン、1872年、125ページより引用している。数字の誤りは訂正されている〕

＊〔フランス語版、第3版、第4版では、誤って「1858年」となっていた〕

たのであり、これによって資本家たちは、生まれつつある工場制度を危機におとしいれかねない労働者の高まりゆく諸要求を、粉砕することができた(二〇九)。われわれは、その気になりさえすれば、労働者の暴動にたいする資本の武器としてのみ生まれてきた一八三〇年以降の諸発明の全歴史を書くこともできるであろう。われわれは、とりわけ〝自動ミュール精紡機〟を想起するが、それは自動体系の新しい一時代を開くものだからである(二一〇)。

(二〇八)「フリントガラスおよび壜ガラス製造業における雇い主と工員との関係は、慢性的なストライキである」。だから、主要作業が機械によって行なわれる圧搾ガラス製造が隆盛になった。ニューカースル近郊のある商会は、以前には年々三五万重量ポンドの吹成フリントガラスを生産したが、いまでは、その代わりに三〇〇万五〇〇重量ポンドの圧搾ガラスを生産している(『児童労働調査委員会、第四次報告書』、一八六五年、二六二、二六三ページ)。

(二〇九)ギャスケル『イギリスの工業人口』、ロンドン、一八三三年、三、四ページ。〔マルクスは実際には、ギャスケル『職工と機械』、ロンドン、一八三六年、三三、三四―三五ページから引用している。『資本論草稿集』4、大月書店、五四八、五五〇ページ参照〕

(二一〇)フェアベアン氏〔イギリスの技師〕は、機械製作のための機械の応用についての二、三の重要な発明を行なったが、それは、彼自身の機械工場におけるストライキの結果であった。〔『諸国民の産業』、前出、二三四ページ参照〕

蒸気ハンマー[*1]の発明者ネイズミスは、労働組合調査委員会における彼の供述のなかで、一八五一年の機械労働者の大規模な長期のストライキの結果彼が採用した機械の諸改良について、次のように報告している――「われわれの現代的な機械的諸改良の顕著な特徴は、自動工作機械の採用である。いまや機械労働者が行なわなければならないことは、そしてそれはどんな少年でも行ないうることであるが、みずから働くことではなく、機械のみごとな作業を監視することである。もっぱら自分の熟練にたよっている部類の労働者は、いまやすべて排除されている。以前私は、一人の機械工につき四人の少年を使用していた。これらの新しい機械の結合のおかげで、私は、成年男性工の数を一五〇〇人から七五〇人に減らした。その結果は、私の利潤のいちじるしい増加であった」[*2]。

*1〔このパラグラフは、フランス語版で追加され、マルクスによって第三版でここに挿入するよう指示されていた〕

*2〔『労働組合その他の団体の組織および規約の調査委員会、第一〇次報告書。証言記録付』、ロンドン、一八六八年、六三―六四ページ。マルクスは、この報告書中のネイズミスの供述を、トマス・ブラシー『仕事と賃銀』、ロンドン、一八七二年、一二九―一三〇ページより引用している〕

(460)　ユアは、サラサ捺染業におけるある捺染機〔四色または五色サラサ捺染機〕について、次のように言っている――「ついに資本家たちは、科学に救済手段を求めることによって、この耐えがたい隷属状態」（すなわち彼らにとってやっかいな労働者との契約諸条件）「から解放されようとつとめ、そしてまもなく、彼らの正当な権利、すなわち身体の他の部分にたいする頭の権利を、回復した」〔ユア、前出、三六九ページ〕。彼は、経糸（たていと）糊つけのための一発明――その直接的誘因はストライキであった――について、次のように述べている。「古い分業戦線の陰に難攻不落のとりでを築いていると妄想していた不満分子の群れは、こうして現代的な機械の戦術によって側面を崩され、自分たちの防御手段が破壊されたことを知った。彼らは無条件降伏をしなければならなかった」〔三七〇ページ〕。彼は、〃自動ミュール精紡機〃の発明について、次のように言っている——「それは、勤労諸階級のあいだに秩序を回復する使命をもっていた。……この発明は、資本が科学を自分に奉仕させることによって、つねに労働の反逆的な手に従順を余儀なくさせるという、われわれがすでに展開してきた学説を、確証している」(二一二)と。ユアの著作は、一八三五年に、すなわち工場制度の発展がなお比較的低い時期に刊行されたものであったとはいえ、あけすけな軽蔑的態度のゆえだけではなく、また資本家の矛盾した頭脳の無思考ぶりをしゃべりまくる素朴さのゆえにも、工場精神の典型的表現なのである。たとえば彼は、資本が、お雇い科学の助けを借りて、「つねに労働の反逆的な手に従順を強制する」という「学説」を展開したあとで「機械・物理科学は、富裕な資本家たちの専制に手を貸し、貧しい階級の抑圧手段に力を貸すと、ある方面から非難されている」〔七ページ〕ことについて、憤慨している。彼は、機械の急速な発展がいかに労働者たちの利益になるかを、長々と説教したあとで、労働者にたいして、君らは反抗やストライキなどをすれば、機械の発展を速めることになると警告する。「このような暴力的な反抗は」——と彼は言う——「彼らの軽蔑すべき性格、すなわち自分を自分自身の絞首刑吏にするような人間の性格のうちに、人間のあさはかさを示している」〔三七〇ページ〕。ところが、その数ページ前では、反対のことが言われている——「労働者たちのまちがった考えによって引き起こされる激しい衝突や中断がなかったならば、工場制度は、ずっと急速に発展したであろうし、すべての利

（461）害関係者にとってははるかに有益なものとして発展したであろう」〔二八〇ページ〕と。それから彼はふたたび叫ぶ――「大ブリテンの工場地域の住民にとって幸いなことに、機械の諸改良は、ただゆっくりとしか行なわれていない」〔三二二ページ〕と。彼は言う――「機械が成人の一部を駆逐し、そのため彼らの数が労働需要を超過することによって、機械は、成人の労賃を減少させると不当にも非難される」〔三二一ページ〕と。しかし機械は、児童労働にたいする需要を増加させ、それによって彼らの賃銀率を高める」〔三二一ページ〕と。他方、この同じ慰め手は、児童の賃銀の低いことを、「そのことが、親たちに、子供をあまりに早く工場にやることをひかえさせる」〔三二一ページ〕と言って、弁護している。彼の著作全体は、無制限労働日の弁明書であり、立法が一三歳の児童を一日に一二時間よりも長く酷使することを禁止するときには＊、そのことは、彼の自由な魂に、中世の最暗黒時代を思い起こさせるのである。だからといって、こうしたことは、彼が、工場労働者にたいして、機械によって彼らに「自分たちの不滅の利益について熟慮する暇をつくってくれた」（二二三）神の摂理に感謝の祈りをささげるよう命じることをさまたげないのである。

（二二二）　ユア、前出、三六七―三七〇ページ。

（二二三）　ユア、前出、三六八、七、三七〇、二八〇、〔三二一〕三二一、二八一〔三二二の誤り〕、四七五〔三七〇の誤り〕ページ。

＊〔一八三三年の工場法は、一三歳以上、一八歳未満の年少者の労働時間を一日一二時間に制限した。本訳書、第一巻、四八九ページ参照〕

第六節　機械によって駆逐された労働者にかんする補償説

ジェイムズ・ミル、マカロック、トランズ、シーニア、ジョン・スチュアト・ミル、などのような一連のブルジョア経済学者たちは、いずれも、労働者たちを駆逐するすべての機械が、いつの場合もそれと同時にまた必然的に、まったく同じ労働者たちを就業させるのに十分な資本を遊離させる、と主張している。(二一三)

(二一三)　リカードウは、最初はこの見解にくみしたが、のちには彼特有の科学的な公平さと真理愛とによって、それを明確に撤回した。『経済学および課税の原理』、第三一章「機械について」を見よ。

ある資本家が、たとえば壁紙製造所で、一〇〇人の労働者を一人あたり年三〇ポンドで使用するとしよう。したがって、彼が年々支出する可変資本は三〇〇〇ポンドになる。彼は五〇人の労働者を解雇して、一五〇〇ポンドかかる機械で残りの五〇人を働かせるとしよう。簡単にするために、建物、石炭などは、度外視する。さらに、年々消費される原料は、これまでと同じく三〇〇〇ポンドかかると仮定する。(二一四)この変態によって、なんらかの資本が「遊離」されているだろうか？　もとの経営様式では、六〇〇〇ポンドの支出総額は、半分は不変資本、半分は可変資本から成り立っていた。それがいまでは、四五〇〇ポンド（三〇〇〇ポンドは原料に、一五〇〇ポンドは機械に）の不変資本と、一五〇〇ポンドの可変資本からなっている。可変資本部分、すなわち生きた労働力に転換される資本部分は、総資本の半分ではなく、ただ $\frac{1}{4}$ にしかならない。ここで生じているのは、資本の遊離では

(462)

なく、労働力と交換されなくなる形態で資本が拘束されること、すなわち可変資本から不変資本への転化である。六〇〇〇ポンドの資本は、他の事情が同じならば、いまでは、決して五〇人を超える労働者を就業させることはできない。機械の改良がなされるたびに、資本が就業させる労働者は少なくなる。もし、新しく採用された機械の費用が、その機械によって駆逐された労働力および労働道具の総額より少ないならば、したがって、たとえば、一五〇〇ポンドではなく一〇〇〇ポンドにすぎないならば、一〇〇〇ポンドの可変資本が不変資本に転化または拘束され、他方では、五〇〇ポンドの資本が遊離されるであろう。この五〇〇ポンドは、年賃銀を同じと想定すれば、五〇人が解雇されているのにたいして、約一六人の労働者の雇用元本に、それどころか、一六人よりずっと少ない労働者の雇用元本にしかならない。なぜなら、五〇〇ポンドは、資本に転化されるためには、ふたたび一部が不変資本に転化されなければならず、したがって一部しか労働力に転化されえないからである。

(二四) 注意。私は、この例証を、前述の経済学者とまったく同じ仕方で行なっている。

さらにまた、新しい機械の製作がかなり多くの機械工を就業させる、と仮定しよう。このことは、街頭に投げ出された壁紙製造工にたいする補償となるだろうか？　機械の製作は、せいぜいのところ、機械の使用が駆逐するよりも少ない労働者しか雇用しない。解雇された壁紙製造工の労賃だけを表わしていた一五〇〇ポンドの金額は、いまでは機械の姿態で、(一) 機械の生産に必要な生産手段の価値、(二) 機械を製作する機械工の労賃、(三) その「雇い主」の手におちる剰余価値、を表わしている。なお、機械は、ひとたびでき上がると、その終末まで更新される必要がない。したがって機械工の追加数を継続的に就業させるためには、壁紙工場主は、機械によってつぎつぎに労働者を駆逐しなければならない。

＊〔このパラグラフは、フランス語版にもとづき第三版で追加された〕

実際、あの弁護論者たちも、資本のこの種の遊離について言っているのではない。彼らは、遊離された労働者の生活手段について言っているのである。たとえば、さきの例では、機械は、五〇人の労働者を遊離させ、そのことによって「自由に利用できる」ようにするだけでなく、同時に一五〇〇ポンドの価値を持つ生活諸手段と彼らとの連関をなくし、こうしてこの生活手段を「遊離させる」と(463)いうことは、否定できない。したがって、機械は労働者を生活諸手段から遊離させるという単純な決して新しくない事実が、経済学的には、機械は生活手段を、労働者のために遊離させる、あるいは労働者を使用するための資本に転化させる、と言われるのである。すべては表現の仕方しだいということである。〝悪いことを言葉でやわらげるのも作法というものだ〟＊。

＊〔ローマの詩人、プブリウス・オウィディウスの『愛の技術』第二巻、詩六五七。樋口勝彦訳「アルス・アマトリア」、『世界文学大系』64、筑摩書房、一九六一年、三九三ページ〕

＊この理論によれば、一五〇〇ポンドの価値の生活手段は、五〇人の解雇された壁紙労働者の労働によって価値増殖される資本であった。したがって、この資本は、この五〇人が休暇を与えられる〔解雇される〕とすぐにその勤めを失ってしまい、前記の五〇人がふたたびそれを生産的に消費できるような新たな「投資口」をみつけるまでは、落ち着くところがない。したがって、遅かれ早かれ、資本

と労働者とは、再会しなければならないのであり、そのときには補償がなされる。したがって、機械によって駆逐された労働者の苦悩は、この世の富と同じように、一時的なものである。

＊〔このパラグラフは、フランス語版にもとづき第三版で追加された〕

一五〇〇ポンドの金額の生活手段は、解雇された労働者にたいして、決して資本として対立したのではない。資本として彼らに対立したのは、いまでは機械に転化されている一五〇〇ポンドであった。もっと詳しく考察すると、この一五〇〇ポンドは、解雇された五〇人の労働者によって一年間に生産されていた壁紙の一部を代表したにすぎないのであって、これを彼らは、彼らの雇い主から、〝現物〟ではなく貨幣形態で、賃銀として受け取ったのである。彼らは、一五〇〇ポンドに転化された壁紙で、同金額の生活手段を買った。だからこの生活手段は、彼らにとっては、資本としてではなく、商品として存在したのであり、そして彼ら自身も、これらの商品にとっては、賃労働者としてではなく、購買者として存在したのである。機械が彼らを購買手段から「遊離」させたという事情は、彼らを購買者から非購買者に転化させる。そのため、それらの商品にたいする需要は、減少した。〝ただそれだけのことだ〟〔フランスの常用語〕。もしこの需要の減少が、他の方面からの需要の増加によって補われないならば、それらの商品の市場価格は低下する。このことが、かなり長くまたかなり大規模に続くならば、それらの商品の生産に従事している労働者の移動が生じる。これまで生活必需品を生産していた資本の一部分は、ほかの形態で再生産される。市場価格が下落し、そして資本が移動しているあいだは、生活必需品の生産に従事している労働者たちも、彼らの賃銀の一部分から「遊離」される。こうして、機械が労働者を生活手段から遊離することによって、同時にこの生活手段を、労働者を使用するための資本に転化することを証明するどころか、その反対に、あの弁護論者氏は、お定まりの需要供給の法則によって、機械は、それが採用される生産部門においてだけでなく、採用されない生産諸部門においても、労働者を街頭に投げ出すことを証明するのである。

（464）経済学的楽観主義によって歪曲された現実の事実は、こうである——機械によって駆逐される労働者たちは、作業場から労働市場へ投げ出され、そこで、すでに資本主義的搾取のために自由に利用できる状態にある労働力の数を増加させる。機械のこの作用は、ここでは労働者階級にたいする補償としてわれわれに示されるが、反対に、それは非常に恐ろしい鞭として労働者を苦しめるのであって、そのことは、第七篇で示されるであろう。ここでは、次のことだけを言っておこう。ある産業部門から投げ出された労働者たちは、もちろん別のなんらかの部門で仕事をさがすことはできる。彼らが仕事をみつけ、それによって、彼らとともに遊離された生活諸手段と彼らとのきずながふたたび結ばれるとしても、このことは、投資口を求めている新しい追加的資本を媒介にして起こるのであって、すでに以前から機能していて、いまでは機械に転化されている資本を媒介にして起こるのでは決してない。そしてその場合でさえ、労働者たちの前途はいかに見込みの少ないことであろうか！　この哀れな連中は、分業によって損ねられているので、彼らのもとの労働範囲以外ではほとんど価値がなく、彼らが入口を見いだすのは、ただ、わずかの、低級な、したがって絶えず人があふれていて、賃銀の低い労働諸部門においてだけである。(二一五) さらに、各産業部門は、年々新しい人の流れを吸収し、その人の流れは、各産業部門に、その規則正しい補充と成長のための人員を提供する。機械が、これまで一定の産業部門で働いていた労働者の一部を遊離させると、この補充人員も新たに配分されて他の労働諸部門に吸収されるのであるが、最初の犠牲者たちは、この過渡期のあいだに大部分が零落して滅びてしまう。

（二二五）この点について、リカードウ学派の一人は、J・B・セーの愚論に反対して述べている――「分業が発達している場合には、労働者たちの熟練は、彼らが修業した特殊部門でしか使用可能ではない。彼ら自身が一種の機械である。それゆえ、事物はその水準を見いだす傾向をもっていると、オウムのように繰り返すだけでは、絶対になんの役にも立たない。周囲を見渡してみれば、事物は長いあいだその水準を見いだすことができないということ、また、見いだしたとしても、その水準は、過程の最初におけるよりも低いということを認めざるをえない」（〔S・ベイリー〕『近時マルサス氏の主張する需要の性質……にかんする諸原理の研究』、ロンドン、一八二一年、七二ページ）。

＊〔このパラグラフは、フランス語版にもとづき、第三版で改訂、追加された〕

（465）機械が、それ自体、生活諸手段からの労働者の「遊離」に責任がないということは疑いない事実である。機械は、それがとらえる部門の生産物を安くし、また増加させるのであって、他の産業諸部門で生産される生活手段の総量をさしあたり変化させない。したがって、機械の採用のあとも、社会は、非労働者によって消費される年間生産物の莫大な部分をまったく度外視しても、駆逐された労働者のためにこれまでと同量またはより多量の生活手段をもっている。そしてこのことが、経済学的弁護論の要点なのだ！　機械の資本主義的使用と不可分な矛盾や敵対関係は存在しない。なぜなら、それらは、機械そのものから生じるのではなく、その資本主義的使用から生じるからだ！　したがって、機械は、それ自体として見れば労働時間を短縮するが資本主義的に使用されると労働日を延長する、それ自体としては労働を軽減するが資本主義的に使用されるとその強度を高める、それ自体としては自然力にたいする人間の勝利であるが資本主義的に使用されると自然力によって人間を抑圧する、それ自体としては生産者の富を増加させるが資本主義的に使用されると生産者を貧困化させる、などの理由から、ブルジョア経済学者は、簡単にこう説明する――機械をそれ自体として考察すればはっきりわかるように、さきにあげた明白な諸矛盾は、すべてありふれた現実の単なる外観にすぎず、それ自体としては、したがって理論的にも、存在していない、と。そこで彼は、それ以上頭を悩ますことをやめ、そのうえ、機械の資本主義的使用とたたかうのではなく、機械そのものとたたかうという愚かさを、彼の論敵に押しつける。

そのさい[*1]一時的な不都合が生じることを、ブルジョア経済学者も決して否定はしない。しかし裏のないメダルがどこにあるだろう！　機械の資本主義的利用以外の利用は、彼にとってはありえないことなのである。したがって、機械による労働者の搾取は、彼にとっては、労働者による機械の搾取〔利用〕と同じである。このように、機械の資本主義的使用が現実にどんな状態にあるかを暴露する者は、機械の使用一般を望まないものであり、その者は、社会的進歩の敵なのだ！(二一六)　あの有名なのど切り殺人犯ビル・サイクス[*2]の〝論法〟そのままである――「陪審員諸公よ、確かにこの行商人ののどはかき切られました。しかし、この事実は私の罪ではなく、ナイフの罪です。われわれは、このような

(466) 一時的な不都合のために、ナイフの使用をやめるべきでしょうか？　考えてもごらんなさい！　ナイフがなければ、どこに農業や手工業がありましょうか？　ナイフは、解剖学では知識を与えるのに役立つし、外科手術では治療に役立つではありませんか？　おまけに、楽しい食卓では従順な召し使いではありませんか？　ナイフを廃してみなさい――あなたはわれわれを野蛮のどん底に投げもどすことになるでしょう」。[二一六a]

（二一六）　このような厚かましい愚か者の大家は、とりわけマカロックである。彼は、たとえば八歳の子供の素朴さを装って言う――「もし、労働者の熟練をますます発展させて、その結果、彼が同じかあるいはより少ない労働量で、ますます多くの商品量を生産することができるようになることが有益であるならば、彼を援助して、もっとも有効にこの結果を達成させるような機械の助けを借りることも、有益であるに違いない」（マカロック『経済学原理』、ロンドン、一八三〇年、一八二ページ）。

（二一六ａ）「精紡機の発明者はインドを滅ぼしたが、しかし、そんなことは、われわれにはどうでもよいことである」（Ａ・ティエール『所有について』〔パリ、一八四八年、二七五ページ〕）。ティエール氏は、ここで、精紡機を力織機と混同しているが、「そんなことは、われわれにはどうでもよいことである」。〔フランス語版にもとづく第三版への注〕

＊１〔このパラグラフと次のパラグラフ冒頭から「共通するものをもたない」までは、フランス語版にもとづき第三版で追加された〕

＊２〔ビル・サイクスはイギリスの作家ディケンズの『オリヴァ・ツィスト』に登場する強盗。『オリヴァ・ツィスト』には文中のビル・サイクスの言葉は存在しない〕

機械は、それが採用される労働諸部門においては、必然的に労働者を駆逐するとはいえ、他の労働諸部門においては雇用の増加を呼び起こすことがありうる。しかしこの作用は、いわゆる補償説とはなにも共通するものをもたない。あらゆる機械生産物、たとえば一エレの機械織物は、それによって駆逐された同種の手工生産物よりも安価であるため、絶対的法則として、次のことが生じる。機械によって生産された製品の総分量が、それによって取って代わられた手工業的あるいはマニュファクチュア的製品の総分量に等しいままであれば、使用された労働の総和は減少する。労働手段そのもの、機械や石炭などの生産に、あるいは労働の増加が必要となるかもしれないが、この増加は、機械の使用によって生じた労働の減少よりも小さいに違いない。そうでなければ、機械生産物は、手工生産物と同じように高価であるか、またはより高価であるだろう。ところが、減少した労働者数によって生産された機械製品の総量は、駆逐された手工業製品の総量と等しいどころか、実際にはそれをはるかに超えて増大する。四〇万エレの機械織物が、一〇万エレの手織物よりも少ない労働者によって生産されたと仮定しよう。この四倍になった生産物のなかには、四倍の原料が含まれている。したがって原料の生産は、四倍にされなければならない。しかし建物、石炭、機械などのような消耗された労働手段について言えば、それらの生産に必要な追加的労働が増加しうる限界は、機械生産物の総量と、同数の労働者によって生産されうる手工生産物の総量との差につれて、変動する。

したがって、ある産業部門における機械経営の拡張とともに、まず、その部門に生産諸手段を供給する他の諸部門の生産が上昇する。それによって就業労働者総数がどの程度にまで増加するかは、労

（467）働日の長さと労働の強度とが与えられたものとすれば、使用された諸資本の構成、すなわちそれらの不変的構成部分と可変的構成部分との比率による。この比率は、またそれで、機械がその事業そのものをすでにどの程度とらえたか、またはとらえつつあるかによって、非常に異なってくる。炭鉱や金属鉱山で働くように宣告された人間の数は、イギリスの機械制度の進歩とともに、恐ろしくふくれ上がった――もっともその増加も、最近数十年間には鉱山用の新しい機械の使用によって緩慢になっている。[二一七] 新しい種類の労働者が機械とともに生まれる、すなわち機械の生産者である。すでに述べたように、機械経営はこの生産部門そのものを、ますます大きな規模で支配下におく。[二一八] さらに原料について言えば、[二一九] たとえば、綿紡績業の嵐のような進展が、合衆国の綿花栽培およびそれとともにアフリカの奴隷貿易を温室的に促進しただけでなく、同時に黒人飼育をいわゆる境界奴隷制諸州*の主要事業にしたことは、少しも疑う余地がない。一七九〇年に最初の奴隷人口調査が合衆国で行なわれたとき、その数は六九万七〇〇〇人であったが、それにたいして一八六一年には約四〇〇万人になった。他方、機械制羊毛工場の勃興が、耕地をしだいに牧羊地に転化させるとともに、農村労働者の大量追放と「過剰化」を呼び起こしたことも、同じように確かである。アイルランドでは、一八四五年以来ほとんど半減した人口を、アイルランドの地主とイングランドの羊毛工場主諸氏との要望に正確に照応する程度にまで、さらにいっそう削減しようとする過程が、なおこの瞬間にも進行している。

（二一七）　一八六一年の国勢調査（第二巻、ロンドン、一八六三年）によれば、イングランドおよびウェイルズの炭鉱における就業労働者の数は、二四万六六一三人であり、そのうち、七万三五四六人は二〇歳未満、一七万三〇六七人は二〇歳以上であった。前者の部類には、五歳から一〇歳までの者が八三五人、一〇歳から一五歳までの者が三万七〇一人、一五歳から一九歳までの者が四万二〇一〇人いる。鉄、銅、鉛、錫、その他すべての金属鉱山における就業者の数は、三一万九二二二人であった。

（二二八）　イングランドおよびウェイルズにおいて、一八六一年に、機械の生産に従事したものは六万八〇七人であったが、これには、工場主やその事務員なども、また同じくこの部門におけるいっさいの代理人と商業従事者も、算入されている。それに反して、ミシンなどの比較的小型の機械の生産者、ならびに紡錘などのような作業機用の道具の生産者は、除外されている。土木技師の総数は三三二九人であった。

（二二九）　鉄はもっとも重要な原料の一つであるから、ここで記しておくが、一八六一年にイングランドおよびウェイルズにおいて、鋳鉄工は一二万五七七一人であり、そのうち一二万三四三〇人が男性、二三四一人が女性であった。前者のうち二〇歳未満が三万八一〇人、二〇歳以上が九万二六二〇人であった。

＊〔フランス語版では、次の注が付されている。——「境界奴隷制諸州とは、北部諸州と南部諸州とのあいだの中間奴隷制諸州のことであり、これらの州は、輸出用に飼育した黒人を家畜のように南部諸州に売っていた」〕

ある労働対象がその最終形態にいたるまでに通過しなければならない前段階または中間段階を機械がとらえるならば、まだ手工業的またはマニュファクチュア的に経営されている作業場に機械製品が
(468) はいり込んでいき、そこでは、労働材料とともに、労働需要が増加する。たとえば、機械紡績業は糸をたいへん安くまたたいへん豊富に供給したので、手織工は、さしあたりは、支出を増すことなしに十分な時間働くことができた。こうして彼らの収入は増えた。（二三〇）こうして、綿織布業への人間の流入が

起こり、それは、たとえばイングランドでジェニー精紡機、スロッスル精紡機、ミュール精紡機によって生み出された八〇万人の綿織布工が、ついにふたたび蒸気織機によって滅ぼされるまで続いた。こうして、機械で生産された衣服材料が豊富になるとともに、裁縫工、女性仕立工、女性縫物工などの数が、ミシンが出現するまで増加する。

（二三〇）「大人四人（綿織布工）と“巻返し工”としての子供二人からなる一家族は、前世紀〔一八世紀〕末および今世紀はじめには、一日一〇時間の労働で週四ポンドを手に入れた。仕事が非常に急がれたときには、彼らはもっとかせいだ。……それ以前には、彼らは、いつも糸の供給の不足に苦しんでいた」（ギャスケル『イギリスの工業人口』、ロンドン、一八三三年、二五―二七ページ〔実際には、『職工と機械』、前出、二四、二六ページ〕）。

機械経営が比較的に少ない労働者数によって供給する原料、半製品、労働用具などの総量が増加するのに応じて、これらの原料や半製品の加工は無数の亜種に分化し、したがって社会的生産諸部門の多様性が増加する。機械経営は、マニュファクチュアとは比較にならないほど広く社会的分業を推進する。なぜなら、機械経営は、それがとらえた諸業種の生産力を比較できないほど高度に増大させるからである。

機械のもたらすもっとも直接的な結果は、剰余価値を増加させると同時にその剰余価値が表わされる生産物総量を増加させることであり、したがって、資本家階級がその取り巻き連中と一緒に消費する資産とともに、これら社会層そのものを増加させることである。彼らの富が増大し、第一次的生活手段の生産に必要な労働者数が絶えず相対的に減少するため、新しい奢侈(しゃし)欲望とともに、それを充足させる新しい手段が生み出される。社会的生産物のいっそう多くの部分が剰余生産物に転化され、そして剰余生産物のいっそう多くの部分が、洗練され多様化された諸形態で、再生産され、消費される。言い換えれば、奢侈品生産が成長する。(二二一) 生産物の洗練と多様化は、同様に、大工業がつくり出す新しい世界市場での諸関連からも生じる。より多くの外国の嗜好品が国内生産物と交換されるだけでなく、また(469)より多量の外国の原料、混合材、半製品などが、生産手段として国内産業にはいってくる。この世界市場での諸関連とともに、輸送業における労働需要が高まり、そして輸送業は、多数の新しい亜種に分化する。(二二二)

(二二一)　F・エンゲルスは、『イギリスにおける労働者階級の状態』において、まさにこの奢侈品労働者の大部分が悲惨な状態にあることを指摘している〔浜林訳、古典選書、下、一三一一七、三七一四〇ページ、邦訳『全集』第二巻、四二四一四二七、四四三一四四六ページ参照〕。この点にかんする大量の新しい証拠は、「児童労働調査委員会」の諸報告に見られる。

(二二二)　一八六一年にイングランドとウェイルズでは、商船乗組海員数は九万四六六五人であった。

労働者数が相対的に減少しながら、生産諸手段および生活諸手段が増加することにより、運河、ドック、トンネル、橋などのように、その生産物が遠い将来にはじめて実を結ぶような産業部門において労働の拡大が引き起こされる。直接に機械にもとづくにせよ、あるいはまさに機械に照応する一般的な産業的変革にもとづくにせよ、まったく新しい生産諸部門が、したがって新しい労働分野が形成される。とはいえ、総生産のなかで占めるその割合は、もっとも発達した諸国においてさえ、決して大きいものではない。これらの諸部門の就業労働者数は、きわめて粗野な手労働の必要性が再生産されるのに正比例して、増加する。現在、この種の主要産業とみなすことができるのは、ガス製造所、電信業、写真業、汽船航運業、および鉄道業である。一八六一年の国勢調査（イングランドとウェイルズの）によると、ガス産業（ガス製造所、機械装置の生産、ガス会社の事務所など）には一万五二一一人、電信業には二三九九人、写真業には二三六六人、汽船航運業には三五七〇人、そして鉄道業には七万五五九九人おり、* そのうち、管理および営業関係の職員のほかに、多かれ少なかれ恒常的に就業している「不熟練」の土木労働者が、約二万八〇〇〇人いた。すなわち、これら五つの新しい産業における就業者総数は九万四一四五人である。

＊〔『国勢調査。一八六一年』第二巻、XXXI－XXXIVページの第一七表により計算すると、ガス産業一万五一九一人、電信業二六一二人、写真業二五三四人、汽船航運業三五七〇人、鉄道業八万二八一九人になる〕

最後に、大工業の諸領域で異常に高められた生産力は、他のすべての生産領域における労働力の搾取の内包的および外延的増大を現実にともないながら、労働者階級のますます大きな部分を不生産的に使用することを可能にし、こうしてとくに、下男、下女、従僕などのような「召し使い階級」の名のもとで呼ばれる昔からの家内奴隷を、ますます大量に再生産することを可能にする。一八六一年の国勢調査によると、イングランドとウェイルズの総人口は、二〇〇六万六二二四人であり、そのうち

(470)

九七七万六二五九人が男性、一〇二八万九九六五人が女性であった〔同前、Ⅹページ〕。そのうちから、労働するにはあまりに年老いているか幼すぎる者、すべての「不生産的」な女性、年少者、および児童を、ついで官吏、僧侶、法律家、軍人などの「イデオロギー的」な諸身分の者を、さらに地代、利子などの形態において他人の労働を消費することを専業としているすべての者を、最後に、受救貧民、浮浪人、犯罪者などを控除すると、男女、さまざまな年齢の概数八〇〇万人が残るが、このなかには、生産、商業、金融などでなんらかの機能を果たしている一切の資本家も含まれている。これら八〇〇万人のなかには、次のような人々が含まれている――

農業労働者（牧夫および借地農場経営者のもとに住む農僕や下女を含む）……一〇九万八二六一人

綿、紡毛、梳毛、亜麻、大麻、絹、黄麻の工場および機械靴下編み業
および機械レース製造業における全就業者……六四万二六〇七人(二二三)

炭鉱および金属鉱山における全就業者……五六万五八三五人

全金属工場（溶鉱炉、圧延工場など）および各種金属加工業の就業者……三九万六九九八人(二二四)

召し使い階級……一二〇万八六四八人(二二五)

(二二三)　このうち一三歳以上の男性はわずか一七万七五九六人。

(二二四)　このうち女性は三万五〇一人。

(二二五)　このうち男性は一三万七四四七人。個人宅で働いていない者はすべて、この一二〇万八六四八人から除外されている。

第二版への追加。一八六一年から一八七〇年までに、男性の召し使いの数は約二倍になった。それは、二六万七六七一人に増加した。一八四七年には二六九四人の猟場の番人（貴族の猟場の）がいたが、一八六九年には四九二一人になった。――ロンドンの小市民の家で働いている若い少女たちは、俗語では「〝リトル・スレイヴィズ〟」、小さな奴隷たち、と呼ばれている。

すべての繊維工場の就業者を、炭鉱および金属鉱山の従業員と合わせると、一二〇万八四四二人となる。前者を、すべての金属工場および金属加工業の従業員と合わせると、総数は一〇三万九六〇五人となる。どちらの場合も現代の家内奴隷の数よりも少ない。資本主義的に利用される機械の成果のなんとすばらしいことか！

第七節　機械経営の発展にともなう労働者の反発と吸引。綿業恐慌

(471)
機械の新たな採用は、それがさしあたり競争する相手である伝来の手工業およびマニュファクチュアにおける労働者にたいして疫病（ペスト）のように作用するということは、経済学の分別ある代表者が等しく認めるところである。彼らのほとんどすべては、工場労働者の奴隷状態を嘆いている。では、彼らがこぞって出す切り札は、なにか？　機械は、その採用期および発展期の恐怖ののちには、労働奴隷を最終的には減少させないで、結局はこれを増加させる、ということである！　実際、経済学は、資本

主義的生産様式の永遠の自然必然性を信じるすべての「博愛家」にとって忌まわしい定理、すなわち、すでに機械経営を基礎とする工場でさえも、一定の成長期ののちには、あるいは長い、あるいは短い「過渡期」ののちには、それが最初に街頭に投げ出したよりも多くの労働者を苦役させるという、忌まわしい定理をかかげて歓喜の声をあげるのだ！(二二六)

(二二六)　これに反して、ガニルが機械経営の最終結果とみなしているのは、労働奴隷の数が絶対的に減少すること、そして彼らの犠牲において、数の増加した「〝紳士たち〟」が食べていき、彼らの周知の「〝完成されうる完成能力〟*」が発展する、ということである。彼は、生産の運動を少しも理解していないが、少なくとも、機械の採用が就業労働者を受救貧民に転化させ、他方、機械の発達はそれが打ち負かしたよりも多い労働奴隷を生み出すとすれば、機械はきわめて宿命的な施設である、と感知している。彼自身の立場の愚かしさは、彼自身の言葉によらなければ表現できない。「生産しかつ消費するように宣告されている諸階級は減少する、そして労働を指導し、全住民を救い、慰め、啓発する諸階級は増加する……そして労働費用の減少、商品の豊富さ、および消費財の低価格から生ずるいっさいの利益をわが物とする。このように導かれて、人類は、天才の最高の創造物にまで高まり、宗教の神秘的な奥義に徹し、道徳」（それは「……いっさいの利益をわが物とすることである」）「の有益な諸原則をうちたて、自由」（「生産するように宣告されている諸階級」にとっての自由か？）「と権力、服従と正義、義務と人道を保護するための諸法律を打ち立てる」。このたわごとは、M・シャルル・ガニル著『経済学の諸体系について』、第二版、パリ、一八二一年、第一巻、二二四ページ、にある。同書二一二ページを参照。

＊〔フランス語版ではこの注は引用の末尾までが本文となっており、「完成されうる完成能力」の語の前に

「フーリエがあれほど才気煥発にひやかした」の語句がある。この語は、フーリエの『家庭的農業組合論』、パリ、一八二二年、および『細分された虚偽の産業』、パリ、一八三五年、第一巻に頻出する〕

確かに、すでに二、三の実例、たとえばイギリスの梳毛（ウーステッド）工場や絹工場において明らかにされたように、一定の発展度に達すると、工場諸部門の異常な拡張は、使用された労働者数の相対的減少だけではなく絶対的減少とも結びついていることがありうる。一八六〇年に、連合王国の全工場の特別調査が議会の命令で実施されたとき、ランカシャー、チェシャー、およびヨークシャーの工場地域のう(472)ちで、工場監督官R・ベイカーに割り当てられた地域には、六五二の工場があった。このうち五七〇の工場は、蒸気織機八万五六二二台、紡錘（撚糸紡錘をのぞく）六八一万九一四六錘、馬力数は蒸気機関で二万七四三九馬力と水車で一三九〇馬力、就業人員九万四一一九人をもっていた。ところが、一八六五年には、同じ諸工場が、織機九万五一六三台、紡錘七〇二万五〇三一錘、馬力数は蒸気機関で二万八九二五馬力、水車で一四四五馬力、就業人員八万八九一三人をもっていた。すなわち、一八六〇年から一八六五年までに、これらの工場では、蒸気織機で一一％、紡錘で三％、蒸気馬力数で五％の増加があったが、他方、同時に就業人員数は五・五％だけ減少した。[二二七] 一八五二年〔『工場監督官報告書』では一八五六年〕と一八六二年のあいだに、イギリスの羊毛加工のいちじるしい成長があったが、他方、使用労働者の数はほとんど停滞したままであった。「このことは、新しく採用された機械が、先行する時代の労働をどんなに大規模に駆逐してしまったかを示している」[二二八]。経験的に与えられた諸事例においては、就業工場労働者の増加は、しばしばただ外見的なものにすぎない。すなわち、その増加は、すでに機械経営を土台とする工場が拡張したことによるものではなくて、副次的諸部門がしだいに併合されたことによるものである。たとえば、「一八三八―一八五八年〔一八三六―一八五六年の誤り〕の力織機の増加およびそれで仕事を行なう工場労働者の増加は、（イギリスの）綿工場においては単純にこの事業部門の拡張によるものであったが、これにたいして、他の諸工場においては、これまで人間の筋力によって運転されてきたじゅうたん織機、リボン織機、亜麻織機などへの蒸気力の新使用によるものであった」[二二九]*。したがって、これらの工場労働者の増加は、就業労働者総数の減少を表わしているにすぎなかった。最後に、金属工場をのぞけば、どこでも、年少労働者（一八歳未満）、女性および児童が、工場従業員のなかでまったく圧倒的な要素をなしていることは、ここではまったく度外視されている。

(473)

〔二二七〕『工場監督官報告書。一八六五年一〇月三一日』、五八ページ以下。しかし、同時にまた、増大する労働者数を就業させるための物質的基礎も、一一〇の新工場で、すでに与えられていた。これらの工場は一万一六二五台の蒸気織機、六二万八五七六錘の紡錘、蒸気力および水力で二六九五馬力をそなえていた（同前）。

〔二二八〕『工場監督官報告書。一八六二年一〇月三一日』、七九ページ。

第二版への追加。一八七一年一二月末、工場監督官A・レッドグレイヴは、ブラッドフォードで行なわれた「新機械学会」での講演で、次のように述べた――「しばらくまえから注意を引いてきたものは、羊毛工場の情況の変化であった。以前には羊毛工場は女性や児童であふれていたが、いまや機械がすべての仕事をしているように見える。私の質問にたいしてある工場主は、次のように説明した。古い方式では私は六三人を使っていたが、改良された機械を採用してからは、工員を三三人に減らし、また最近、新たな大きな変更を行なったので、私は、工員を三三人から一三人に減らすことができた、と」〔『技能協会雑誌』一八七二年一月五日号、第二〇巻、一三四ページ〕。

(二二九)『工場監督官報告書。一八五六年一〇月三一日』、一六ページ。

＊〔英語版ではこの部分をくくる引用符ははずされている〕

それでも、だれにもわかることであるが、労働者の多数が機械経営によって実際に駆逐され、また潜在的に置き換えられるにもかかわらず、機械経営自身の成長――それは同種の工場数の増加や既存の諸工場の規模の拡大に表わされる――にともなって、工場労働者が、彼らに駆逐されたマニュファクチュア労働者やあるいは手工業者よりも結局は多数になることはありうる。たとえば、毎週使用される五〇〇ポンドの資本は、もとの経営様式では、$\frac{2}{5}$ の不変的構成部分と $\frac{3}{5}$ の可変的構成部分とからなっているとしよう。すなわち、二〇〇ポンドは生産手段に、三〇〇ポンドが労働力に、たとえば労働者一人あたり一ポンドずつ、支出されるとしよう。機械経営になれば、総資本の構成は変化する。それは、いまでは、たとえば、$\frac{4}{5}$ の不変的構成部分と $\frac{1}{5}$ の可変的構成部分とに分かれる。すなわち、労働力にはもはや一〇〇ポンドしか支出されない。したがって、以前の就業労働者の $\frac{2}{3}$ が解雇される。この工場経営が拡張されて、その他の生産条件に変化がなく、使用総資本が五〇〇ポンドから一五〇〇ポンドに増加すれば、いまでは三〇〇人の労働者が就業し、産業革命前と同数である。使用資本がさらに二〇〇〇ポンドに増加すれば、四〇〇人の労働者が、したがってもとの経営様式の場合より $\frac{1}{3}$ だけ多くのものが就業させられる。使用労働者数は、絶対的には一〇〇人だけ増加したが、相対的には、すなわち投下された総資本にたいする割合では、八〇〇人だけ減少した。なぜなら、二〇〇〇ポンドの資本は、もとの経営様式では四〇〇人の労働者ではなく、一二〇〇人の労働者を就業させたであろうから。こうして、就業労働者数の相対的減少は、その絶対的増加と両立する。さきに、総資本が増大しても、生産諸条件が不変であるから、その構成は不変であると仮定した。しかし、すでに知られているように、機械制度が進歩するたびに、機械や原料などからなる不変資本部分は増大するが、他方、労働力に支出される可変資本部分は減少する。同時に、知っているように、ほかのどんな経営様式においても、改良はこれほど恒常的ではなく、したがって総資本の構成もこれほど可変的ではない。しかし、この絶え間ない変動も、また、休止点によって、さらに、与えられた技術的基礎の上における単に量的な拡張によって、絶えず中断されている。それとともに、就業労働者の数は増加する。こうして、連合王国の綿工場、紡毛工場、梳毛工場、亜麻工場、および絹工場における全労働者の数は、一八三五年にはわずかに三五万四六八四人*1にすぎなかったが、一八(474)六一年には蒸気織布工（男女の、そして八歳以上のさまざまな年齢層の）の数だけでも、二三万五六四人*2を数えた。もっとも、イギリスの綿手織工たち(二三〇)と彼ら自身が使用した家族たちを合わせると一八三八年になお八〇万人を数えたことを考慮するなら、アジアやヨーロッパ大陸において駆逐された手織工のことをまったく度外視してもこの増加はたいしたものではないように思われる。

（二三〇）「手織工」（綿布および交織綿布の）「の苦しみが、勅命委員会の調査の対象であったが、彼らの窮乏は認められ、嘆かれたにもかかわらず、彼らの状態の改善（！）は、偶然と時勢の変化にまかされた。そしてこの苦しみは、いまでは」（二〇年後に！）「ほとんど消滅しているが、それには、おそらく、蒸気織機のこんにちの大拡張が寄与したものと思われる」（『工場監督官報告書。一八五六年一〇月三一日』、一五ページ）。

＊1〔『工場監督官報告書。一八五六年一〇月三一日』、三一ページ〕

＊2〔初版以来、この数字は「一二三万六五四人」となっていた。『工場。一八六一年四月二四日付』、ロンドン、一八六二年、三一ページにより訂正。『資本論草稿集』9、大月書店、一九九四年、一六五ページの表参照〕

この点について、なお少し述べることにし、われわれの理論的叙述そのものがまだ説きおよんでいない純事実的諸関係に、部分的にふれておこう。

機械経営が、ある産業部門で、伝来の手工業やあるいはマニュファクチュアを犠牲にして拡張されるあいだは、その成功は、たとえば、弓矢で武装された軍隊に立ち向かう針発銃で武装された軍隊の成果と同じように、確実である。機械がはじめてその作用領域を獲得するこの最初の時期は、機械のおかげで生産される異常な利潤のせいで、決定的に重要である。この利潤は、それ自体として、加速的な蓄積の一源泉をなすだけでなく、絶えず新たに形成されて新たな投資へ突き進む社会的追加資本の大きな部分を、有利な生産諸部面に引き入れる。最初の疾風怒涛時代の特別な諸利益は、機械が新たに採用される生産諸部門においては絶えず反復される。ところが、工場制度がある程度まで普及し一定の成熟度に達するとすぐに、とくに工場制度自身の技術的基礎である機械がそれ自身また機械によって生産されるようになるとすぐに、石炭や鉄の生産ならびに金属の加工および輸送制度が変革され、全体として、大工業に照応する一般的生産諸条件が形成されてしまうとすぐに、この経営様式は、

（475）

ある弾力性を、すなわち突発的で飛躍的な拡大能力を獲得するのであって、この拡大能力はただ原料と販売市場にかんしてのみ制限を受けるにすぎない。機械は、一面では、たとえば〝綿繰り機〟が綿花生産を増加させたように、原料の直接的増加を引き起こす。（二二一）他面、機械生産物の安さおよび変革された輸送・交通制度は、外国の諸市場を征服するための武器である。外国市場の手工業的生産物を破滅させることによって、機械経営は、外国市場を強制的に自分の原料の生産地に転化させる。こうして東インドは、大ブリテンのために綿花、羊毛、大麻、黄麻、藍（あい）などの生産を強制された。（二二二）大工業諸国における労働者の絶え間ない「過剰化」は、促成的な移住と諸外国の植民地化とをすすめ、こうした諸外国は、たとえばオーストラリアが羊毛生産地に転化したように（二二三）母国の原料生産地に転化する。機械経営の主要所在地に即した新しい国際的分業がつくり出され、それが、地球の一部を、工業を主とする生産地である他の部分のために、[*1]農業を主とする生産地に変えるのである。[*2]この革命は、農業における諸変革と連関しているが、この諸変革については、ここではこれ以上論じない。（二二四）

（二二一）　機械が原料の生産に影響を与える他の方法については、第三部で述べられる。〔現行版第三部には、この点にかんする直接の叙述は見あたらない〕

（二三二）[*3]

東インドから大ブリテンへの綿花輸出

	重量ポンド
1846年	34,540,143
1860年	204,141,168
1865年	445,947,600

東インドから大ブリテンへの羊毛輸出

	重量ポンド
1846年	4,570,581
1860年	20,214,173
1865年	17,105,617

（二三三）[*3]

喜望峰から大ブリテンへの羊毛輸出

	重量ポンド
1846年	2,958,457
1860年	16,574,345
1865年	29,220,623

オーストラリアから大ブリテンへの羊毛輸出

	重量ポンド
1846年	21,789,346
1860年	59,166,616
1865年	109,734,261

（二三四）　合衆国の経済的発展は、それ自身ヨーロッパ、とりわけイギリスの、大工業の産物である。合衆国は、そのこんにちの姿（一八六六年）においても、相変わらずヨーロッパの植民地とみなされなければならない。〔第四版のために。――その後、合衆国は世界第二の工業国へと発展したが、それで植民地的性格をまったく失ったわけではない。――Ｆ・エンゲルス〕

合衆国から大ブリテンへの綿花輸出[*3]
（重量ポンド）

1846年	…………………………	401,949,393
1852年	…………………………	765,630,544
1859年	…………………………	961,707,264
1860年	…………………………	1,115,890,608

合衆国から大ブリテンへの穀類等輸出
（1850年および1862年）

〔単位：ハンドレッドウェイト＝約50.8キログラム〕

		1850年	1862年
小　　麦	…………	16,202,312	41,033,503
大　　麦	…………	3,669,653	6,624,800
え ん 麦	…………	3,174,801	4,426,994
ラ イ 麦	…………	388,749	7,108
小 麦 粉	…………	3,819,440	7,207,113
そ　　ば	…………	1,054	19,571
とうもろこし	…………	5,473,161	11,694,818
ビーアまたはビッグ（大麦の一種）	……	2,039	7,675
えんどう	…………	811,620	1,024,722
豆　　類	…………	1,822,972	2,037,137
輸入総量[*4]		35,365,801	74,083,441

＊1　〔第四版では、この一句が脱落しているので、第三版によって補った〕

＊2　〔次ページ「グラッドストン氏の動議にもとづいて」で始まるパラグラフおよびその次のページの表は、初版、第二版の巻末の「補遺」で注二三四への追加を指示されていたが、フランス語版でここへの注として組み込まれた。第三版で現行のように本文に組み入れられた〕

＊3　〔『連合王国統計摘要』第八号、第一三号による。数値は資料にもとづき訂正した〕

＊4　〔英語版にあるとおり、「輸出総量」の誤りと思われる〕

（476）

グラッドストン氏の動議にもとづいて、一八六七年二月一八日に、下院は、一八三一―一八六六年の連合王国におけるあらゆる種類の穀物、穀類および穀粉の総輸出入にかんする統計をつくるよう指令した。次にその総括的な結果をあげよう。穀粉は、クォーターを単位とする穀物に換算されている。

〔次ページの表を見よ〕

工場制度の巨大な飛躍的な拡張可能性と世界市場への工場制度の依存性とは、必然的に、熱病的な生産とそれに続く市場の過充をつくり出すが、市場の収縮とともに麻痺が現われる。産業の生活は、中位の活気、繁栄、過剰生産、恐慌、停滞という諸時期の一系列に転化する。機械経営が労働者の就業に、それとともにその生活状態に押しつける不確実性と不安定性とは、産業循環の諸時期のこのような変動によって正常なものとなる。繁栄期をのぞいて、資本家のあいだには、市場における個人的分け前をめぐるきわめて激しい闘争が荒れ狂う。この分け前は、生産物の安さに正比例する。このため、労働力に取って代わる改良された機械と新生産方法との使用をめぐる競争が生じるほかに、労賃を労働力の価値未満に強力的に押し下げることによって商品を安くする努力がなされる一つの時点が、そのつどに現われる。（二三五）

（二三五）　レスター〔イングランド中部の都市〕の製靴業者たちにより「ロック・アウト」されて街頭に投げ出された労働者たちは、一八六六年七月、「〝イギリス労働協会〟」に訴えたが、そのなかでは、とりわけ次のように述べられている――「約二〇年〔記事では「約一〇年」〕前から、レスターの靴製造業は、針縫いに代わる釘留めの採用によって、改革された。当時は、よい賃銀をかせぐことができた。間もなく、この新しい仕事は

各５年間および1866年

年	1831—1835	1836—1840	1841—1845	1846—1850
年平均輸入（クォーター）	1,096,373	2,389,729	2,843,865	8,776,552
年平均輸出（クォーター）	225,263	251,770	139,056	155,461
年平均輸入超過（クォーター）	871,110	2,137,959	2,704,809	8,621,091
各期年平均人口	24,621,107	25,929,507	27,262,559	27,797,598
国内生産を超過する人口一人あたり年平均消費量（クォーター）	0.036	0.082	0.099	0.310

年	1851—1855	1856—1860	1861—1865	1866
年平均輸入（クォーター）	8,345,237	10,913,612	15,009,871	16,457,340
年平均輸出（クォーター）	307,491	341,150	302,754	216,218
年平均輸入超過（クォーター）	8,037,746	10,572,462	14,707,117	16,241,122
各期年平均人口	27,572,923	28,391,544	29,381,760	29,935,404
国内生産を超過する人口一人あたり年平均消費量（クォーター）	0.291	0.372	0.501	0.543

＊〔『穀類、穀粒および穀粉。1867年２月18日、下院の命にもとづく報告』、ロンドン、1867年、５ページ。数値は資料にもとづき訂正した〕

非常に拡大した。いろいろな商会のあいだに、どこが一番しゃれた製品を供給できるかで大競争が起こった。ところがそれから間もなく、悪性の競争、すなわち市場でお互いに投げ売りする競争が始まった。その有害な結果は、やがて賃銀切り下げに現われたが、労働の価格の下落がすさまじく急速だったので、多くの商会は、いまや、もうもとの賃銀の半分しか支払っていない。しかも、賃銀はますます低下しているのに、利潤は労賃率の改定のたびごとに増加するように思われる」〔『コモンウェルス』一八六六年七月七日号〕。――産業の不況期さえも工場主たちは利用して、過度の賃銀切り下げにより、すなわち労働者の最低生活必需品の直接的な略奪によって、法外な利潤を得ている。一例をあげよう。それは、コヴェントリー〔イングランド中部の都市〕の絹織布業における恐慌にかんすることである――「私が、工場主からも労働者からも得た報告によると、疑いもなく、賃銀は、外国の生産者との競争あるいはその他の事情によって余儀なくされるよりも、さらに大幅に切り下げられた。織布工の大半は、三〇ないし四〇％の賃銀切り下げで働いている。織布工は、五年前には一巻のリボンで六ないし七シリングを得ていたが、いまでは三シリング三ペンス*か三シリング六ペンスしか得ていない。他の仕事も以前には四シリングか四シリング三ペンス支払われたのに、いまでは二シリングか二シリング三ペンスしか得ることができない。賃銀の切り下げは、需要の刺激に必要とされるよりも大きい。実際において、多くの種類のリボンの場合、賃銀の切り下げにともなって製品価格がいくらかでも引き下げられたことは一度もない」〔『児童労働調査委員会、第五次報告書。一八六六年』、一一四ページ、F・D・ロンジ委員〔正しくは副委員〕の報告、第一項〕。

＊〔第四版では、誤って「四シリング三ペンス」となっている〕

（477）したがって、工場労働者の数の増加は、工場に投下される総資本がはるかに急速な割合で増大することを条件としている。しかしこの過程は、産業循環の干潮期と満潮期の内部においてのみ行なわれる。そのうえこの過程は、あるときには潜在的に労働者に取って代わり、あるときには実際に労働者を駆逐する技術的進歩によって絶えず中断される。機械経営におけるこの質的変動は、絶えず労働者を工場から遠ざけるか、あるいは新兵の新たな流入にたいして門を閉ざすのであるが、他面、諸工場の単に量的な拡張は、投げ出された労働者のほかに新しい補充人員をものみ込む。このように労働者は、不断に、反発されたり吸引されたり、あっちにやられたりこっちにやられたりするのであって、しかもそのさい、徴募される者の性、年齢、および熟練さは絶えず変動する。

工場労働者の運命は、イギリスの綿工業の運命をざっと概観すれば、もっともよく例証される。

[*1]一七七〇年から一八一五年までに、綿工業は、五年間不況または沈滞の状態にあった。この最初の四五年間の時期に、イギリスの工場主は機械と世界市場とを独占していた。一八一五年から一八二一年にかけては不況、一八二二年および一八二三年は繁栄、一八二四年には団結禁止法の廃止[*2]、工場の全般的な大拡張、一八二五年には恐慌。一八二六年には綿業労働者のひどい窮境と暴動。一八二七年にはわずかの好転、一八二八年には蒸気織機と輸出の大増加。一八二九年には輸出、とくにインドへの輸出がこれまでのどの年をも凌駕する。一八三〇年には市場の過充、大窮境、一八三一年から一(478)八三三年までは持続的不況。東アジア（インドおよび中国）への貿易が、東インド会社の独占から取り上げられた[*3]。一八三四年には工場と機械の大増加、人手の不足。新しい救貧法[*4]が工場地域への農村労働者の移住を促進する。農村諸州からの児童の一掃。白人奴隷売買。一八三五年には大繁栄。同時に綿手織工の餓死。一八三六年には大繁栄。一八三七年と一八三八年には不況と恐慌。一八三九年に

は回復。一八四〇年には大不況。暴動、軍隊の干渉。一八四一年と一八四二年には工場労働者の恐るべき悲惨。一八四二年には、工場主が穀物法の撤廃を強要するために、工員を工場から締め出す。労働者は何千人規模でヨークシャーに流れ込むが、軍隊によって追い返され、その指導者はランカスターで裁判にかけられる。一八四三年にはひどい窮乏。一八四四年には回復。一八四五年には大繁栄。一八四六年にははじめ持続的高揚、次いで反動の兆候。穀物法の撤廃。一八四七年には恐慌。「〝大きなパン〟」[*5]をお祝いする一〇％またはそれ以上の全般的な賃銀切り下げ。一八四八年には持続的不況。マンチェスターは軍隊によって警備。一八四九年には回復。一八五〇年には繁栄。一八五一年には物価の下落、賃銀の低下、ストライキの頻発。一八五二年には好転の始まり。ストライキの継続、工場主は外国人労働者を輸入するといって威嚇する。一八五三年には輸出の上昇。プレストンで八ヵ月にわたるストライキとひどい窮乏。一八五四年には繁栄、市場の過充。一八五五年には合衆国、カナダ、東アジア諸市場から破産の報告が殺到。一八五六年には大繁栄。一八五七年は恐慌。一八五八年には好転。一八五九年には大繁栄。工場の増加。一八六〇年はイギリス綿工業の絶頂。インド、オーストラリア、その他の諸市場は、供給過剰になって、一八六三年にもなおその全滞貨をほとんど吸収できないほどであった。フランスとの通商条約。工場および機械の膨大な増加。一八六一年には高揚がしばらく続く、反動、アメリカの南北戦争、綿花飢饉。一八六二年から一八六三年までは完全な崩壊。

＊1〔このパラグラフは、『タイムズ』一八六三年四月二八日付のフェランドの演説にもとづく〕

＊2〔団結禁止法は労働者組織の設立や活動を禁止した法律で、一七九九年および一八〇〇年にイギリス議会

が採択した。一八二四年、議会はこの法律を廃止したが、その後も労働者組織への加入、ストライキへの参加の煽動などは、強要強制とみなされ、刑法上の処罰を受けた〕

＊3〔東インド会社は、自由貿易主義の台頭によって、その貿易独占が攻撃の的になり、一八一三年に茶以外のインド貿易の独占権が廃止され、一八三三年には茶貿易と対中国貿易の独占権が廃止された〕

＊4〔従来の救貧行政は、住民から救貧税を徴収し、労働能力をもつ者は労役場で働かせ、そうでない者を救恤（きゅうじゅつ）したが、一八三四年実施の改正法は、自由主義の原理を導入し、老年者、病弱者をのぞき労役場外の者の救済を極端に制限した〕

＊5〔本訳書、第一巻、四九四ページ参照〕

綿花飢饉の歴史は、あまりにも特徴的なので、ほんのちょっとだけ述べてすますわけにはいかない。一八六〇年から一八六一年にかけての世界市場の状態から察せられるように、綿花飢饉は、工場主たちに都合よいときにやってきたのであり、また部分的には有利であった。この事実は、マンチェスターの商業会議所の報告のなかで承認され、議会でパーマストン[*1]やダービー[*2]によって明言され、諸事件を通じて確証されている。（二三六）なるほど一八六一年には、連合王国の綿工場二八八七のうち多くは小さな工場であった。工場監督官A・レッドグレイヴの報告によると、その管轄区域は、この二八八七工場(480)のうち二二〇九を含むが、この二二〇九工場のうち、三九二すなわち一九％は、蒸気力で一〇馬力未満しか使用せず、三四五すなわち一六％は、一〇馬力ないし二〇馬力未満しか使用しないが、それにたいして、一三七二は、二〇馬力以上を使用していた。（二三七）小工場の多くは織布工場であるが、それらは、一八五八年以来の好況期のあいだに、たいていは投機家によって設立され、彼らのある者は糸を、他の者は機械を、第三の者は建物を供給したのであり、そして以前の〝作業監督〟あるいはそのほかの無資産の人々によって経営されていた。これらの小工場主たちは、たいていは没落していった。綿花飢饉のおかげで起こらずにすんだ商業恐慌が起こったとしても、彼らは、同じ運命に出合ったであろう。彼らは工場主の数の $\frac{1}{3}$ を占めていたとはいえ、彼らの工場は綿工業に投下された資本のうち比較にならないほどわずかの部分しか吸収していなかった。麻痺の程度について言えば、信頼できる評価によると、一八六二年一〇月に、紡錘の六〇・三％と織機の五八％が休止していた。これは、この産業部門全体にかんするものであって、個々の地域ではもちろん非常に異なっていた。ほんのわずかな工場だけが完全操業しており（週六〇時間）、そのほかの工場は断続的に操業していた。全時間、通常の出来高賃銀で就業していた少数の労働者の場合でも、週賃銀は必然的に減少したが、それは、良質綿を粗悪綿で、シー・アイランド綿[*3]をエジプト綿で（細糸紡績の場合）、アメリカ綿およびエジプト綿をスラト綿（東インド綿）で、純綿を屑綿とスラト綿の混合物で代用した結果であった。スラト綿の繊維が短いこと、その性状がよごれていること、糸のひどく切れやすいこと、経糸（たていと）の糊つけのさい澱粉の代わりに各種のより重い成分を代用することなどが、機械の速度を減少させ、あるいは一人の織布工が見張ることのできる織機の数を減少させ、機械のトラブルにともなう労働を増加させ、そして生産物総量とともに出来高賃銀を抑制したのである。スラト綿を使用する場合、完全就業しても、労働者の損失は二〇％、三〇％、さらにそれ以上に達した。それにまた工場主の多くは出来高賃銀率を五％、七・五％、一〇％と切り下げた。このことから、一週に三日、三日半、四日しか就業しないか、あるいは一日にわずか六時間しか就業していない者たちの状態がわかるであろう。すでに相対的な好転が起こったあとの一八六三年でも、織布工、精紡工などの週賃銀は、三シリング四ペンス、三シリング一〇ペンス、四シリング六ペンス、五シリング一ペニー、等であった。[二三八] こうした悲惨な状態のもとにおいても、賃銀切り詰めをめざす工場主の発明精神は休むことを知らなかった。賃銀切り
(481) 詰めは、一部では工場主の粗悪な綿花や不適切な機械などに責任のある製品の欠陥にたいする罰としても行なわれた。また、工場主が労働者の〃小屋〃[*4]の所有者であった場合、工場主は名目労賃から差し引いて、家賃を取り立てた。工場監督官のレッドグレイヴが〃自動機見張工(マインダー)〃（彼らは一対の自動ミュール精紡機の見張りをする）について語っている。彼らは、「一四日間まるまる労働した末に、八シリング一一ペンスをかせいだが、この金額から家賃が差し引かれ、そのうち半分を工場主は贈り物として返却したので、見張工は、ちょうど六シリング一一ペンスを家にもち帰った。織布工の週賃銀は、一八六二年の終わりごろには、二シリング六ペンスより上の等級にあった[二三九]〔原文では「二シリングから六シリングであった」〕」。工員たちが短時間しか働かなかったときでさえ、しばしば賃銀から家賃が、差し引かれた。[二四〇] ランカシャーの二、三の地方で一種の飢餓チフスが発生したことは、なんらおどろくにあたらない！　しかし、これらすべてのことよりも特徴的なのは、生産諸過程の変革が労働者を犠牲にして進行した点である。それは、解剖学者がカエルでやる実験のように、本式の〃価値低い身体における実験〃[*5]であった。工場監督官レッドグレイヴは言う――「私は多くの工場における労働者たちの実際の収入を示したけれども、彼らが毎週同じ金額を受け取っていると結論してはならない。

労働者たちは、工場主の行なう絶え間ない実験のため、きわめて大きな変動にさらされており、……彼らの収入は、混合綿花の質とともに増減する。それは、あるときには彼らのもとの収入に一五％まで近づくが、次週あるいは次々週には五〇％から六〇％も下がる（二四一）」と。これらの実験は、ただ労働者の生活手段を犠牲にして行なわれただけではない。彼らは、自分たちの五感の全部でつぐないをしなければならなかった。「綿花の荷ほどきに従事している者たちは、耐えられない臭気によって気分が悪くなると私に告げた。……混綿室や〝粗梳綿室〟や梳綿室の従業者たちは、飛散したほこりやごみで鼻やのどを刺激され、せきをし、呼吸困難になる。……繊維が短いために、糸の糊つけのさい多量の材料が添加される――しかもこれまで使用されていた澱粉の代わりに、いろいろな代用品が使われる。織布工の吐き気や消化不良は、そのためである。ちりのために、気管支炎ならびに咽喉炎がはびこり、さらにスラト綿に含まれているほこりで皮膚が刺激されるため、皮膚病がはびこっている」。

(482) 他方、澱粉の代用物は、糸の重さを増加させるので、工場主諸氏にとってはフォルトゥナートゥス[*6]の財布であった。その代用物は「一五重量ポンドの原料を、織られたときには二〇重量ポンドの重さ」にした（二四二）。一八六四年四月三〇日の工場監督官報告書には、次のように述べられている――「この産業は、いま、このような資材をまことに信じられない程度で利用している。私が確かな筋から聞いたところによると、五$\frac{1}{4}$重量ポンドの綿花と二$\frac{3}{4}$重量ポンドの糊とで、八重量ポンドの織物がつくられる。別の五$\frac{1}{4}$重量ポンドの織物は、二重量ポンドの糊を含んでいた。これは、輸出向けの普通の〝シャツ地〟であった。そのほかの種類の織物では、しばしば五〇％もの糊がつけられたので、工場主たちは、織物のなかに名目的に含まれている糸の費用よりも少ない貨幣で織物を売って金持ちになれると自慢することができるし、また実際に自慢している」(二四三)。しかし労働者たちは、工場内では工場主の、工場外では市当局の実験のもとで、また、賃銀切り下げや失業によって、困窮や慈善によって、上院議員や下院議員の賛美演説によって、悩まされなければならなかっただけではない。「綿花飢饉のために職を失った不幸な女性たちは、社会ののけ者となり、そのままにとどまった。……若い売春婦の数は、最近二五年間よりも増加した」(二四四)。

(二三六)『工場監督官報告書。一八六二年一〇月三一日』、三〇ページ参照。
(二三七)同前、〔一八〕一九ページ。
(二三八)『工場監督官報告書。一八六三年一〇月三一日』、四一―四五〔および、五一、五二〕ページ。
(二三九)同前、四一、四二ページ。
(二四〇)同前、五七ページ〔第四版では、誤って「五一ページ」となっている〕。
(二四一)同前、五〇、五一ページ。
(二四二)同前、六二、六三ページ。
(二四三)『工場監督官報告書。一八六四年四月三〇日』、二七ページ。
(二四四)『工場監督官報告書。一八六五年一〇月三一日』、六一、六二ページ所載のボルトン警察署長ハリスの手紙から。

＊1〔イギリスの政治家。最初トーリー党員、一八三〇年以後はホイッグ党の最右翼。首相を二度つとめる〕
＊2〔イギリスの政治家。一八三五年までホイッグ党員、その後トーリー党員。首相を三度つとめる〕

＊3〔海島綿ともいう。細糸紡績の原料で繊維が長く最上級。エジプト綿がこれに次ぐ。アメリカの南カロライナ州、ジョージア州沿岸のシー・アイランド諸島で少量栽培される〕

＊4〔エンゲルス『イギリスにおける労働者階級の状態』、前出、浜林訳、古典選書、上、五五―一〇五、二六五―二六七ページ、邦訳『全集』第二巻、二五三―二九三、四一六―四一八ページ参照〕

＊5〔国外退去を命じられた一六世紀の古典学者M・A・ミュレが、イタリア国境付近で病気になったさい、医者が「価値低い身体における実験をしてみよう」と述べたので、ミュレはおどろいて飛び出し、病気が全快したという話にちなむ。アントワヌ・デュ・ヴェルディエ『有名人の身上書』、リヨン、一六〇三年、第三巻、二五四二―二五四三ページ〕

＊6〔一六世紀はじめのドイツの通俗小説（初版一五〇九年）に登場する人物。空にならない財布を持っていた〕

このように、イギリス綿工業の最初の四五年間、一七七〇―一八一五年には、恐慌と停滞は五年しかなかったが、これは、イギリス綿工業の世界独占の時代であった。一八一五―一八六三年の四八年間の第二期は、不況と停滞の二八年にたいして回復と好況は二〇年を数えるにすぎない。一八一五―一八三〇年には、ヨーロッパ大陸およびアメリカ合衆国との競争が始まる。一八三三年以来、アジアの諸市場の拡大が「人種の絶滅」とさえ言われたやり方をもって強行される。＊穀物法の撤廃以来、一八四六―一八六三年には、中位の活気と繁栄の八年にたいして、不況と停滞は九年である。繁栄期でさえも、成年男子の綿業労働者の状態がどのようなものであったかは、付記した注からも判断される。(二四五)

(二四五)　一八六二年春、移民協会設立のための綿業労働者の呼びかけには、とりわけ次のように述べられている

――「工場労働者の一大移民が、いまでは絶対に必要であるということは、ほとんどだれも否定しないであろう。しかし、不断の移民の流れがどの時期でも必要であり、そしてそれなしには普通の状態のもとでわれわれの地位を確保することができないということを、次のような事実は示している。一八一四年には、輸出された綿製品の公表価値」（これは量の指標にすぎない）「は、一七六六万五三七八ポンドであったが、その実際の市場価値は二〇〇七万八二二四ポンドであった。一八五八年に輸出された綿製品の公表価値は一億八二二二万一六八一ポンドであったが、その実際の市場価値は四三〇〇万一三二二ポンドにすぎず、したがって、量は一〇倍になっても、対価は二倍そこそこにしかならなかった。一般的には国にとって、とくに工場労働者にとって、非常に不利なこの結果は、さまざまな原因が一緒に働いて引き起こしたものである。そのうちきわだった原因の一つは労働の不断の過剰であるが、それは、破滅をまぬがれるためには市場の絶え間ない拡張を必要とするこの事業部門にとって、不可欠なものである。われわれの綿工場は、商業の周期的停滞によって休止させられることもありうる――この停滞は、現在の制度のもとでは、死そのものと同じように不可避である。しかし、そうだからといって、人間の発明精神は休むことはない。低く見積もって六〇〇万人が最近の二五年間にこの国を立ち去ったとはいえ、なお引き続き労働が駆逐され生産物が安くなった結果、もっとも繁栄した時期においてさえ、成年男子の大きな割合が、どのような条件であれ、いかなる種類の仕事をも工場に見いだすことができないでいる」（『工場監督官報告書。一八六三年四月三〇日』、五一、五二ページ）。工場主諸氏が、綿業の破局にさいして、あらゆる手を使い、国家の力を借りてまで、工場労働者の移民を阻止しようとしたことは、あとの章で示されるであろう。

＊〔一八三三年に、イギリス東インド会社の中国貿易独占の特許状の打ち切りが決定された。英語版では、「人種の絶滅」に続けて「インド手織工の大量の滅亡」という句が括弧に入れて挿入されている〕

(483)

第八節　大工業によるマニュファクチュア、手工業、および家内労働の変革

a　手工業と分業とにもとづく協業の廃除

すでに見たように、機械は、手工業にもとづく協業と手工業的分業にもとづくマニュファクチュアとを廃除する。第一の種類の一例は草刈機であって、それは草刈人の協業に取って代わる。第二の種類の適切な例は縫針製造用の機械である。アダム・スミスによれば、彼の時代に、一〇人の男性たちは分業によって一日で四万八〇〇〇本以上の縫針を仕上げた。[*1] それにたいして、ただ一台の機械が一一時間の一労働日で一四万五〇〇〇本を供給する。一人の女性または一人の少女が、このような機械 (484) を平均四台見張り、したがってこの機械で、一日六〇万本、一週間に三〇〇〇万本以上の縫針を生産する。(二四六) 個々の作業機が、協業またはマニュファクチュアに取って代わる限りなら、その作業機そのものがふたたび手工業的経営の基礎となりうる。しかし、機械にもとづくこのような手工業経営の再生産は、工場経営への過渡をなすにすぎないのであって、機械を動かす場合に機械的原動力すなわち蒸気または水が人間の筋肉に取って代わるたびに、普通、つねに工場経営が現われる。小経営も、バーミンガムのいくつかのマニュファクチュアでのように蒸気の賃借りをしたり、また織布業のある部門でのように小型の熱気機関[*2]を使用するなどして、機械的原動力と結びつくことがありうる。(二四七) しかし、そ

れは散在的であり、また一時的なものにすぎない。コヴェントリーの絹織布業では、「小屋工場」の実験が自然発生的に発展した。正方形に並べて建てられた小屋の列の中央に、蒸気機関のためのいわゆるエンジン・ハウスが設けられ、そしてこの蒸気機関がシャフトによってそれぞれの小屋のなかの織機と結びつけられた。いずれの場合でも、蒸気はたとえば織機一台あたり二シリング半というように賃借りされていた。この蒸気賃借料は、織機が運転されていてもいなくても、毎週支払われた。各小屋ごとに二―六台の織機があり、それらは労働者のものもあり、信用で買われたものもあり、賃借りされたものもあった。この小屋工場と本来的工場とのたたかいは、一二年以上も続いた。このたたかいは、三〇〇もの〝小屋工場〟の全滅で終わりを告げた。(二四八) 工程の性格上、最初から大規模生産が必要でなかった場合、たとえば封筒製造、鉄ペン製造などのような最近数十年間に新たに登場した諸工業は、通例、工場経営への短期の移行局面として、まず手工業経営を、次いでマニュファクチュア経営を、経過した。この変態は、製品のマニュファクチュア的生産が発展工程の一連の段階ではなく、多数の異質な工程からなる場合にはもっとも困難である。このことは、たとえば、鉄ペン工場の一大障害であった。(485) だが、すでに約一五年前に、六つの異種的工程を一挙に遂行する自動装置が発明された。手工業は一八二〇年に最初の鉄ペン一二ダースを七ポンド四シリングで供給し、マニュファクチュアは一八三〇年にそれを八シリングで供給したが、工場はこんにちそれを卸売商に二ペンスないし六ペンスで供給している。(二四九)

（二四六）『児童労働調査委員会、第三次報告書』、一八六四年、一〇八ページ、第四四七号。

（二四七）　アメリカ合衆国では、機械にもとづく手工業のこのような再生産が、しばしば見られる。またそれだからこそ、工場経営への不可避的な移行にさいし、ヨーロッパに比べて、またイギリスに比べてさえも、この国では、集中が、七マイル長靴〔本訳書、第一巻、五三一ページの訳注＊1参照〕のように進行するであろう。

（二四八）　『工場監督官報告書。一八六五年一〇月三一日』、六四ページ参照。

（二四九）　ジロット氏は、バーミンガムで最初の大規模な鉄ペン製造所を設立した。それは、すでに一八五一年には一億八〇〇〇万本以上のペンを供給し、そして年々一二〇トンの鋼板を消費した。バーミンガムは連合王国におけるこの産業を独占しており、いまでは年々数十億本の鉄ペンを生産している。[*3]就業者の数は、一八六一年の国勢調査によると一四二八人であり、そのうちには五歳以上の女性労働者一二六八人が含まれている。[*4]

＊1〔『諸国民の富』、大内・松川訳、岩波文庫、㈠、一〇〇―一〇一ページ〕

＊2〔本訳書、第一巻、六五六ページの訳注＊参照〕

＊3〔『諸国民の産業』第二部、三九二―三九四ページ。『資本論草稿集』9、大月書店、一九九四年、七五―七八ページ参照〕

＊4〔『国勢調査。一八六一年』第二巻、一八六三年、XXXVIII ページ〕

b　マニュファクチュアおよび家内労働におよぼした工場制度の反作用

工場制度が発展し、それにともなって農業が変革されるにつれて、あらゆる他の産業部門において生産規模が拡大されるだけでなく、それら産業部門の性格もまた変化する。生産過程をその構成諸局面に分解し、与えられた諸問題を力学、化学など、要するに自然科学の応用によって解決するという機械経営の原理が、いたるところで決定的となる。こうして、機械は、ときにはこの部分過程を押しのけて、ときにはあの部分過程を押しのけて、マニュファクチュアに侵入する。それによって、古い分業に由来するマニュファクチュアの編制の固い結晶は解体し、絶え間ない変化に席をあける。このことは別にしても、全体労働者すなわち結合された労働人員の構成が根底から変革される。マニュファクチュア時代とは反対に、いまでは、女性労働、あらゆる年齢層の児童労働、不熟練労働者の労働、要するにイギリス人がその特徴から名づけている「チープ・レイバー」、すなわち安い労働を使用できる場合には、つねに分業の計画がこの使用を基礎にして立てられる。このことは、機械を使用するかしないかを問わず、すべての大規模に結合された生産にあてはまるだけでなく、労働者の自宅で行なわれるかあるいは小作業場で行なわれるかを問わず、いわゆる家内工業にもあてはまる。このいわゆる近代的家内工業は、独立の都市手工業、自立した農民経営、とりわけ労働者家族の家を前提とする古い型の家内工業とは、名称以外になんら共通するものをもたない。それは、いまでは、工場、マニュファクチュア、または問屋の外業部に転化している。資本は、自分が大量に空間的に集めて直接に指揮命令する工場労働者、マニュファクチュア労働者、および手工業者のほかにも、大都市のなかや農村に散在している家内労働者という別の一軍を見えない糸で動かしている。たとえば、アイルランドのロンドンデリーにあるティリー〔＝ヘンダースン〕会社のシャツ工場は、一〇〇〇人の工場労働者と農村に散在する九〇〇〇人の家内労働者とを就業させている。(二五〇)

(486)

（二五〇）『児童労働調査委員会、第二次報告書』、一八六四年、LXVIII ページ、第四一五号。

安くて未成熟な労働力の搾取は、近代的マニュファクチュアでは本来の工場におけるよりもいっそう恥知らずなものとなる。なぜなら、工場に存在している技術的基礎、機械による筋力の置き換え、および労働の容易さは、マニュファクチュアではほとんど欠けており、同時に女性のあるいは未成熟者の身体がきわめて無責任に毒性物質などの影響にさらされるからである。この搾取は、いわゆる家内労働においては、マニュファクチュアにおけるよりもさらに恥知らずなものとなる。なぜなら、労働者の抵抗能力は彼らが分散していればいるほど減退するからであり、たくさんの盗人（ぬすっと）的寄生虫が本来の雇い主と労働者とのあいだに介入するからであり、家内労働はいたるところで同一生産部門の機械経営あるいは少なくともマニュファクチュア経営と闘争するからであり、貧困は労働者からもっとも必要な労働諸条件——空間、光、換気など——を奪うからであり、就業の不規則さが増大するからであり、最後に、大工業と大農業とによって「過剰」にされた人々のこの最後の避難所においては、労働者の競争は必然的にその最大限に達するからである。機械経営によってはじめて体系的に完成された生産手段の節約は、同時に、最初から労働力のきわめて容赦のない浪費であり、労働機能の正常な諸前提の略奪であるが、この節約は、いまでは、ある産業部門において労働の社会的生産力と、結合された労働過程の技術的基礎とが未発達であればあるほど、その敵対的で殺人的な側面をますますあらわにする。

c　近代的マニュファクチュア

(487)

さて、いくつかの例によって前述の諸命題を説明しよう。読者は事実上すでに労働日にかんする章〔第八章〕からたくさんの例証を知っている。バーミンガムおよびその周辺における金属マニュファクチュアは、一万人の女性のほかに、三万人の児童および年少者を使用しているが、その大部分はきわめてきびしい労働をしている。彼らはここでは、健康に有害な黄銅鋳造所、ボタン工場、エナメル作業、メッキ作業、ラッカー塗り作業で働いている。〔二五一〕成年者および未成年者にたいする過度労働のためロンドンのさまざまな新聞印刷所、書籍印刷所は、「屠殺場」という名誉ある名前を保証された。〔二五一a〕同じ過度労働は、製本所においても行なわれており、その犠牲者は、ここではとくに女性、少女、児童である。ロープ製造所における未成年者の重労働、製塩所やろうそくマニュファクチュアその他の化学マニュファクチュアでの夜間労働。機械経営でない絹織布業での、織機を回すための少年の殺人的な消耗。〔二五二〕もっとも下等でさげすまれ、もっとも不潔で、しかももっとも賃銀の少ない労働であり、そのために好んで若い娘や女性が使用されるのは、ぼろの選別である。周知のとおり、大ブリテンは、自国の数え切れないほどのぼろは別にして、全世界のぼろ取り引きの中心地をなしている。そこへは、日本、遠い南アメリカの諸国、およびカナリア諸島からぼろが流れ込む。しかし、その主要供給源は、ドイツ、フランス、ロシア、イタリア、エジプト、トルコ、ベルギー、およびオランダである。そのぼろは、肥料、毛屑（寝具用の）、ショディ（再製羊毛）の製造に使われ、また紙の原料として役立つ。ぼろ選別女性工員は、天然痘やその他の伝染病をまきちらす媒介者としての役目をし、彼女たち自身が、その最初の犠牲者である。（二五三）過度労働や困難で不適当な労働、その結果としての、幼いときからこき使われてきた労働者の粗暴化――これらの典型的な例として、鉱山業や炭鉱業のほかに、瓦や煉瓦の製造業があるが、後者にたいして、イギリスでは、新発明の機械はまだ散在的にしか使用されていない（一八六六年）。その労働は、五月から九月までは、朝の五時から晩の八時まで続き、そして屋外での乾燥が行なわれるときにはしばしば朝の四時から晩の九時まで続く。朝の五時から晩の七時までの労働日は、「短縮された」、「ほどよい」ものとされている。男女の児童が、六歳から、また四歳からさえ、使用される。彼らは大人と同じ時間働き、大人以上に長く働くこともしばしばである。労働はきびしく、そして夏の暑さは消耗をいっそう強める。たとえば、モックスリーのある瓦製造所では、二四歳のある未婚女性が粘土を運んだり瓦を積み上げたりする二人の未成年の少女を助手として、毎日二〇〇〇枚の瓦をつくっていた。この少女たちは、毎日一〇トンもの物を、深さ三〇フィー
(488) トの粘土坑の滑りやすい斜面を引きずり上げ、二一〇フィート以上も離れたところに運んだ。「ひどい道徳的堕落もせずに、瓦製造所の煉獄をくぐり抜けることは、児童には不可能である。……彼ら彼女らがもっとも感じやすい年ごろから聞き慣れた下品な言葉、彼らを無知で粗暴なままに成長させるまわりの卑猥（ひわい）で不作法で恥知らずな習慣――それらは、彼ら彼女らをのちの生涯において無法で無頼で自堕落なものにさせている。……退廃の恐ろしい源泉の一つは、居住の様式である。それぞれの型造り工」（本来の熟練労働者で、労働者グループの長）「は、七人からなる彼の組に、自分の小屋すな

わちコテージで宿泊と食事を提供している。彼の家族であろうとなかろうと、大人も少年も少女も、その小屋で寝る。この小屋は通常は二部屋から、例外的にのみ三部屋からなっており、すべて一階であって通風はよくない。日中に大汗をかくため身体は疲れ果てているので、健康法も清潔さも作法もちっとも守られない。これらの小屋の多くは、無秩序と汚物やほこりの真の標本である。……この種の労働に若い少女を使役するこの制度の最大の害悪は、彼女たちを、通例、幼いころからその後の全生涯にわたってまったく堕落したあばずれにしてしまうことにある。彼女たちは、自分が女性であるということを自然が教えてくれるまえに、粗野で口ぎたない悪たれ小僧になる。わずかのきたないぼろをまとい、脚を膝よりずっと上までむき出しにし、髪や顔をほこりまみれにしていて、彼女たちは礼儀正しさや恥じらいのいっさいの感情を軽蔑するようになる。食事のあいだ、彼女たちは、野原で寝ころんだり、近くの運河で水あびする青年を盗み見したりしている。きびしい一日の仕事がやっと終わると、彼女たちはよりましな服を着て、男性たちと一緒にビール酒場へ行く」。この階級全体に幼いときから大酒飲みが多いことは、まったく当然である。「一番悪いのは、煉瓦製造工たちが自暴自棄になっていることである。少しまともな一人がサウソールフィールドの牧師に言った──煉瓦製造工を向上させ改心させようなどとすることは、悪魔を向上させ改心させようとするようなもんです、牧師さん！　と」(二五四)。

(二五二)　そしていまでも確かに、シェフィールドでは、やすりかけに児童が使われている！

(二五二a)　『児童労働調査委員会、第五次報告書』、一八六六年、三ページ、第二四号。六ページ、第五五、五六号。七ページ、第五九、六〇号。
(二五二)　同前、一一四、一一五ページ、第六―七号。委員は、ほかの場合には機械が人間に取って代わるのに、この場合には少年が〝文字通り〟機械に取って代わると、正しく述べている。
(二五三)　ぼろ取り引きにかんする報告、ならびに多数の証拠については『公衆衛生、第八次報告書』、ロンドン、一八六六年、付録、一九六―二〇八ページを見よ。
(二五四)　『児童労働調査委員会、第五次報告書』、一八六六年、XVI〔―XVIII〕ページ、第九六〔正しくは八六〕―九七号。および〔一三〇―〕一三三ページ、第三九―六一〔正しくは七一〕号。同前第三次報告書、一八六四年、四八、五六ページ参照。

(489)

近代的なマニュファクチュア（ここでは、本来の工場以外の大規模なすべての作業場のこと）における労働諸条件の資本家的節約については、第四次（一八六一年）および第六次（一八六四年）の『公衆衛生報告書』に、公式のきわめて豊富な資料が見いだされる。仕事場、とくにロンドンの印刷工や裁縫工の仕事場の描写は、われわれの小説家のはき気をもよおさせるような想像をも超えている。労働者の健康状態におよぼす影響は、自明のことである。〝枢密院〟の主席医務官で、『公衆衛生報告書』の公式編纂官であるサイモン博士は、とりわけ次のように述べている――「私の第四次報告書」（一八六一年）「で示したように、労働者たちの第一の衛生権、すなわち、彼らの雇い主が彼らをどのような仕事のために集めようと、その労働が雇い主しだいである限り、すべての回避できる不健康な状態から労働が解放されるべきだという権利を主張することは、労働者にとっては実際には不可能である。私は、労働者が自分でこの衛生上の正義を獲得することが実際にできないあいだは、彼らは、

各産業で使用されているあらゆる年齢層の人員数	健康にかんして比較された諸産業	各産業における10万人あたり年齢別死亡率		
		25—35歳	35—45歳	45—55歳
958,265	イングランドおよびウェイルズの農業	743	805	1,145
男 22,301 女 12,377	ロンドンの裁縫工	958	1,262	2,093
13,803	ロンドンの印刷工	894	1,747	2,367

保健警察当局からなんらかの有効な援助を得ることができないと指摘した。……無数の男女労働者の生命は、いまでは、彼らの就業そのものが生み出す終わりのない肉体的苦痛によって、いたずらに苦しめられ、切り縮められている」(二五五)。仕事場が健康状態におよぼす影響の例証として、サイモン博士は、上の死亡率表をあげている(二五六)。

(二五五)『公衆衛生、第六次報告書』、ロンドン、一八六四年、〔二九〕三一ページ。

(二五六)同前、三〇ページ。サイモン博士の述べるところによると、ロンドンの二五歳から三五歳までの裁縫工および印刷工の死亡率は実際にははるかに大きいが、それは、彼らのロンドンの雇い主が、三〇歳までの多数の若い人々を田舎から「徒弟」や「〝見習職人〟」(彼らは自分の手職を修業したがっている)として受け入れるからである。これらの人々は、国勢調査ではロンドン人として現われ、ロンドンの死亡率が計算されるさいに基礎となる人数を膨脹させるが、それに比例してロンドンの死亡数を増加させはしない。すなわち彼らの大部分は、ことに重病の場合には、田舎へ帰るからである(同前)。

（490）

d　近代的家内労働

次に、いわゆる家内労働に目を転じよう。大工業の背後でつくりあげられた資本のこの搾取部面およびその恐ろしい状態についてイメージするためには、イングランドのいくつかのへんぴな村々で営まれている見かけはまったく牧歌的な釘製造業を見ればよい。〔二五七〕ここでは、レース製造所と麦稈さな編み業という、機械による経営がまったく行なわれていないか、あるいは機械経営およびマニュファクチュア経営と競争していない諸部門から、二、三の例をあげるだけで十分である。

〔二五七〕 ここで問題にしているのは、ハンマーでつくられる釘であって、それは機械で切断され、製造される釘とは違っている。『児童労働調査委員会、第三次報告書』、XI, XIX ページ、第一二五―一三〇号。五二〔正しくは五二〕ページ、第一一号。〔一一三―〕一一四ページ、第四八七号。一三七ページ、第六七四号を見よ。

イギリスのレース生産に就業している一五万人のうち、一八六一年の工場法*の適用を受けるようになったのは約一万人である。残りの一四万人のうちの大多数は、女性、男女の年少者および児童である――もっとも、男性はごくわずかである。この「安価な」搾取材料の健康状態は、ノッティンガムの〝一般無料診療所〟の医師、トルーマン博士の次の表から明らかである。ほとんどが一七歳から二四歳までの女性レース製造工である六八六人の患者のうち、肺結核〔の割合〕は次のとおりである。〔二五八〕

1852年……45人中１人
1853年……28人中１人
1854年……17人中１人
1855年……18人中１人
1856年……15人中１人
1857年……13人中１人
1858年……15人中１人
1859年…… 9 人中１人
1860年…… 8 人中１人
1861年…… 8 人中１人

（二五八）『児童労働調査委員会、第二次報告書』、XXIIページ、第一六六号。

＊〔一八五〇年の工場法は、繊維工業に限って女性、年少者（一三―一八歳）の労働時間を一〇時間に制限したが、一八六一年にはレース工場と靴下工場に拡大された〕

肺結核の割合のこの増加は、もっとも楽天主義的な進歩論者や、ファウハーばりにでたらめをしゃべりまくるドイツの自由貿易行商人＊にとっては、満足であるに違いない。

＊〔マルクスはここで、ドイツの俗流経済学者ファウハーにちなみ lügenfauchendsten という新語を編み出して皮肉っている。本訳書、第一巻、四一五ページの訳注＊を参照〕

一八六一年の工場法は、レースの本来の製作を、それが機械で行なわれる範囲内で規制している――このことは、イギリスでは通例のことである。われわれがここで手短かに考慮しようとしている諸部門――しかも労働者がマニュファクチュアや問屋などに集中しているのではなく、それらがいわ

（491）

ゆる家内労働である限りで――は、（一）〝仕上げ〟（機械で製造されたレースの最後の仕上げ作業、すなわち、さらに多数の支部門を含む一部門）と、（二）レース編み、とに分かれる。

〝レース仕上げ〟は、家内労働として、いわゆる「〝女主人の家〟」で営まれるか、あるいは女性たちにより、単独でかあるいは子供とともに、彼女たちの自宅で営まれる。「〝女主人の家〟」を経営している女性たち自身も貧しい。仕事場は、彼女たちの自宅の一部である。彼女たちは、工場主や問屋の持ち主などから注文を受け、そして、自分の部屋の広さおよび仕事の需要の変動に応じて、女性、少女および児童を使用する。就業している女性労働者の数は、いくつかの仕事場では二〇人から四〇人のあいだで変動し、他のところでは一〇人から二〇人のあいだで変動する。児童が仕事を始める最低年齢の平均は六歳であるが、五歳未満の場合も多い。普通の労働時間は、食事時間の一時間半を含め、朝の八時から晩の八時まで続くが、食事時間は不規則で、しかもしばしば穴のような臭い仕事場でとられる。景気のよいときには、労働は、しばしば朝の八時（ときには六時）から夜の一〇時、一一時、一二時まで続く。イギリスの兵営では、兵士一人にたいする規定の空間は五〇〇ないし六〇〇立方フィートであり、軍病院では一二〇〇立方フィートである。あの穴のような仕事場では、一人あたり六七ないし一〇〇立方フィートである。同時にガス灯が空気中の酸素を消費する。レースをよごさないようにするため、児童たちは、床が敷石や煉瓦でできているのに、冬でも、しばしば靴を脱がなければならない。「ノッティンガムでは珍しいことではないのだが、一五人から二〇人の児童が、おそらく一二フィート平方を超えない小部屋のなかにぎっしり詰め込まれている。しかも、彼らは、退屈と単調さのためそもそも疲れやすいうえに、ありとあらゆる非衛生的な状態のもとで行なわれる仕事に、二四時間のうち一五時間も従事している。……きわめて幼い児童でも、おどろくほど張りつめた注意と速さとで働いており、その指を休めたりゆっくりと動かしたりはほとんどしない。彼らは、もし人から問いかけられても、一瞬をも失うのを恐れて、決して仕事から目を離さない」。労働時間が延長されるにつれて、「長い棒切れ」が刺激剤として「〝女主人〟」の役に立つ。「児童たちは、単調な、目を痛める、姿勢が変わらないために疲れやすい仕事に長く拘束されていて、それが終わるころにはしだいに疲労し、小鳥のように落ち着きがなくなる。それはまさしく奴隷労働である」[二五九]。女性たちが自分の子供たちとともに自宅で、すなわち近代的な意味では借り部屋で、しばしば屋根裏部屋で、働いている場合には、状況はおそらくもっと悪いであろう。この種の仕事は、ノッティンガムの周辺（492）八〇マイルのところまで外注されている。問屋で働いている児童が晩の九時か一〇時に退勤するとき、さらに一束もって帰らされて家で仕上げることもしばしばある。資本家的パリサイ人は、このようなことをするとき、もちろん、彼の賃銀奴隷に彼の代理として「これはお母さんの分だ」というもったいぶった言葉をそえさせるが、この哀れな子供が寝ないで手伝わなければならないことは百も承知なのである[二六〇]。

（二五九）『児童労働調査委員会、第二次報告書』、一八六四年、〔XVIII,〕XIX, XX, XXI ページ。

（二六〇）同前、XXI, XXII ページ。

レース編み業は、おもに、イングランドの二つの農業地域で営まれている。その一つは、ホニトンのレース地域で、デヴォンシャー〔イングランド南西部の州〕の南海岸沿いの二〇マイルから三〇マイルにわたり、北デヴォンの二、三の地方を含んでいる。いま一つの地域は、バッキンガム、ベッドフォード、ノーサンプトンの諸州の大部分と、オックスフォードシャーおよびハンティンドンシャー〔いずれもイングランド南東部の州〕の隣接部分を含んでいる。農業日雇い労働者の〝小屋〟が、普通、仕事場になっている。多くの製造業主は三〇〇〇人を超えるこのような家内労働者を使用しているが、彼らはおもに児童と年少者たちで、それももっぱら女性である。〝レース仕上げ〟の場合に述べた状態がここでも再現される。ただ「〝女主人の家〟」に代わって登場するのがいわゆる「〝レース学校〟」で、それは貧しい女性たちによって、彼女たちの小屋で営まれている。児童たちは、五歳から、ときにはもっと幼いころから、一二歳あるいは一五歳までこの学校で働くが、最初の一年間は、最年少者で四時間から八時間、のちには朝の六時から晩の八時、一〇時まで労働する。「部屋は、一般に小さな小屋の普通の居間であり、煙突は通風を防ぐためにふさがれており、部屋のなかにいる者は、冬でもしばしば自分自身の体温だけで暖をとる。その他の場合でも、このいわゆる教室は、暖炉のない、小さな物置のような部屋である。この穴のような部屋への詰め込みすぎと、それによって生ずる空気のよごれは、しばしば極端にひどい。そのうえ、下水溝、便所や、小さな小屋の入口によくある腐敗物やその他の汚物、これらの有害な作用が加わる」。空間について言えば――「あるレース学校では、一八人の少女と女性教師がいて、一人あたり三三立方フィートである。別の学校では、臭くてたまらないところだが一八人いて、一人あたり二四½立方フィートである。この産業では、二歳か二歳半の児童が使われているのが見かけられる[二六一]」。

（二六一）『児童労働調査委員会、第二次報告書』、一八六四年、XXIX, XXX ページ。〔最後の「この産業では、二歳か二歳半の児童が使われている」というのは、同報告書、XIX ページに一八四二年当時のこととして書かれていることを指していると思われる〕

(493)

バッキンガムとベッドフォードの農村諸州でレース編み業が見られなくなるあたりから、麦稈さなだ編み業が始まる。それは、ハートフォードシャーの大部分と、エセックスの西部および北部とに広がっている。一八六一年には麦稈さなだ編みと麦わら帽製造に四万八〇四三人[*1]が従事していたが、そのうち三八一五人があらゆる年齢層の男性であり、その他のものは女性で、しかも、一万四九一三人は二〇歳未満であり、そのうち約七〇〇〇人は児童であった。[*2] レース学校に代わって、ここでは「麦稈さなだ編み学校」が現われる。ここで、児童は、普通は四歳から、ときには三歳と四歳のあいだから、麦稈さなだ編みの授業を受け始める。もちろん、彼女らは教育はなにも受けない。児童たち自身が小学校を「自然の学校」と呼んで、この吸血施設と区別しているが、この施設では、彼女らは飢えに苦しむ母親たちから命じられた製品をたいていは一日に三〇ヤード仕上げるために、もっぱら労働だけさせられる。この母親たちは、そのあともなお家で、夜の一〇時、一一時、一二時まで彼女らを働かせることがしばしばある。麦わらは、彼女らの指を切り、また絶えず麦わらを湿らせるため口を切る。バラード博士が要約したロンドンの医務官たちの全体的見解によると、三〇〇立方フィートが寝室または作業室での一人あたりの最小限空間である。ところが麦稈さなだ編み学校では、その空間の割り当てはレース学校でよりもずっと狭く、一人あたり一二⅔立方フィート、一七立方フィート、一八½立方フィートであって、二二立方フィート未満である。「これらの数字の小さいものが示す空間は、一人の児童が各辺三フィートの箱に詰められたときに占める空間の半分にもならない」と、委員のホワイトが言っている。これが、一二歳または一四歳にもならない児童たちの生の喜びなのである。貧しく零落した親たちは、ただ、子供たちからできるだけ多くを絞り出すことしか考えていない。子供たちは、成長すれば、もちろん親たちのことなど少しも気にかけず、親たちを見捨ててしまう。「このような育ちの人々のあいだに、無知と悪徳とが満ちあふれているのは、なんらおどろくにあたらない。……彼らの道徳は最低の段階にある。……多数の女性たちが婚外子をもっており、しかもかなりの者が、犯罪統計の精通者でさえもおどろくほど未成熟な年齢である」(二六二)。そして、この模範的家族の母国は、キリスト教では確かに権威者であるモンタランベール伯[*3]に言わせると、ヨーロッパのキリスト教の模範国なのだ！

(二六二)『児童労働調査委員会、第二次報告書』、一八六四年、XL, XLI ページ。

＊1〔初版以来「四万四三人」となっていた。『児童労働調査委員会、第二次報告書』、XXXIX ページにより、ヴェルケ版で訂正〕

＊2〔同前ページでは、「児童は約六〇〇〇人、年少者約七〇〇〇人」となっている〕

＊3〔フランスの政治家、政論家。カトリック党の党首〕

これまで述べてきた産業諸部門では、労賃は一般にみじめなものであるが（麦稈さなだ編み学校での児童の例外的な最高賃銀が三シリング）、それが、とくにレース地域で広く行なわれている現物支給制度（トラック・システム）*によって、その名目額よりさらに低く押し下げられる。(二六三)

(二六三)『児童労働調査委員会、第一次報告書』、一八六三年、一八五ページ。

*〔現物支給制度（トラック・システム）については、本訳書、第一巻、三〇五―三〇六ページ参照〕

(494)

e　近代的マニュファクチュアおよび近代的家内労働の大工業への移行。それらの経営諸様式への工場法の適用によるこの変革の促進

女性の労働力および未成熟の労働力のむきだしの濫用、あらゆる正常な労働条件および生活条件のむきだしの強奪、そして過度労働および夜間労働のむき出しの残虐さ――これらによる労働力の低廉化は、ついには、踏み越えられない一定の自然的諸制限に突きあたる。それとともに、これらを基礎とする商品の低廉化および資本主義的搾取一般も、同じ自然的諸制限に突きあたる。ついにこの点に到達するやいなや――それは長くかかるのだが――、機械を採用するとともに分散した家内労働（あるいはマニュファクチュアも）を工場経営に急転化させる時が告げられる。

この運動の大規模な実例を、「〝服飾品〟」（衣服の付属品）の生産が示している。「児童労働調査委員会」の分類によると、この産業が包括するものは、麦わら帽・婦人帽製造業者、縁なし帽製造業者、

裁縫業者、ミリナーおよびドレスメイカー、(二六四) シャツ製造業者および女性裁縫工、コルセット製造業者、手袋製造業者、靴製造業者、そのほかに、ネクタイ、カラーなどの製造のような多数の小部門である。イングランドおよびウェイルズでこれらの諸産業に就業していた女性は、一八六一年に五八万六二九八人であり、そのうち少なくとも一一万五二四二人は二〇歳未満、一万六五六〇人は一五歳未満であった。連合王国におけるこれらの女性労働者の数（一八六一年）は七五万三三三四人であった。* 同じ時期に、イングランドおよびウェイルズで帽子製造業、靴製造業、手袋製造業、および裁縫業に就業していた男性労働者の数は四三万七九六九人であり、そのうち一万四九六四人が一五歳未満、八万九二八五人が一五―二〇歳、三三万三一一七人が二〇歳以上であった。この報告には、この産業に付属する多くの小部門が落ちている。しかし、数字を取って見ても、右にあげた一八六一年の国勢調査によれば、イングランドおよびウェイルズだけで合計が一〇二万四二六七人となり、したがって農業と牧畜が吸収している数とほぼ同じである。機械が、なんのためにこのように膨大な生産物総量を魔法のように呼び出し、このように膨大な労働者大衆を「遊離させる」のを手助けするのかが、いまようやく理解され始めている。

（二六四）　ミリナリー〔婦人帽製造業〕は、もともとは頭飾りだけに関係するものであるが、また女性用コートやケープとも関係しており、他方、ドレスメイカーはドイツのプッツマッヘリン〔婦人服仕立女性工〕と同じである。

＊〔『児童労働調査委員会、第二次報告書』、XLVIページ〕

(495)「〃服飾品〃」の生産は、マニュファクチュアによって営まれているが、そのマニュファクチュアは分業――それの〃引き裂かれたる四肢〃[*1]はすでにでき上がったものとして目の前にあった――をその内部で再生産したにすぎない。また、この生産は、小さな手工業親方によっても営まれているが、彼らは、以前のように個々の消費者のためではなく、マニュファクチュアや問屋のために仕事をしており、そのため都市全体および地域全体が製靴業などのような部門を専門に営むこともよくある。最後に、この生産はもっとも広範に、いわゆる家内労働者によって営まれているが、この家内労働者は、マニュファクチュア、問屋、および小親方さえもの外業部をなしている。(二六五)大量の労働材料、原料、半製品などは大工業が供給しており、大量の安価な人間材料（〃慈悲憐憫(れんびん)にまかされた〃[*2]）は、大工業と大農業によって「遊離された者」からなっている。この部面のマニュファクチュアの起源は、主として、需要の変動に応じていつでも出動できる一軍を手もとにおこうとする資本家の要望によるものであった。(二六六)しかしこれらのマニュファクチュアは、それ自身のかたわらに、分散した手工業的経営および家内経営を広範な基礎として存続させた。これらの労働部門における剰余価値の大量生産――同時にその製品がますます安くなることとともに――は、主として、人間に可能な最大限の労働時間と結びついた、かろうじて露命をつなぐに必要な最小限の労賃のおかげであったし、いまもそうである。販売市場を――とくにイギリスにとっては、イギリスの習慣や趣味までもが支配的となっている植民地市場をも――絶えず拡大させたもの、また日々拡大させているものは、まさに、商品に転化された人間の汗と人間の血との安さであった。ついに、転換点がやってきた。旧来の方法の基礎、すなわち労働者材料の野蛮なだけの搾取は、体系的に発展した分業を多少ともともなってはいるが、増大する市場、およびいっそう急速に増大する資本家たちの競争にとっては、もはや十分ではなかった。機械の時代を告げる鐘が鳴った。婦人服仕立業、裁縫業、製靴業、縫物業、帽子製造業など、こうした生産部面の無数の部門全体を一様にとらえた決定的に革命的な機械――それは、ミシンである。

（二六五）　イギリスのミリナリーとドレスメイキングは、たいていは雇い主の建物のなかで、一部は住み込みの常雇いの女性労働者により、一部は通勤の日雇いの女性労働者によって営まれている。

（二六六）　委員ホワイトは、ある軍服マニュファクチュアを訪れたが、そこで使用している一〇〇〇人から一二〇〇人のほとんどすべては女性であった。彼はまた靴マニュファクチュアを訪れたが、そこにいる一三〇〇人の約半分が児童と年少者であった（『児童労働調査委員会、第二次報告書』、XLVII ページ、第三一九号）。

＊1〔本訳書、第一巻、六〇六ページの訳注＊2参照〕

＊2〔これは中世にフランスの農奴に適用された用語であったが、のちに法律上の権利のないことを表現する用語になった〕

（496）　ミシンが労働者におよぼす直接の作用は、大工業時代に新たな事業部門を征服するあらゆる機械の作用とほぼ同じである。きわめて未成熟な年齢の児童は、遠ざけられる。家内労働者――その多くは「貧者中の極貧者」に属する――の賃銀に比べると、ミシン労働者の賃銀は上昇する。よりましな状況にあった手工業者の賃銀は、ミシンの競争相手となって、低落する。新たなミシン労働者は、もっぱら少女と若い女性である。彼女たちは、機械力に助けられて、比較的むずかしい仕事においては男性の労働の独占を打破し、そして比較的軽い仕事からは大量の高齢の女性と未成熟な児童とを追放する。強力な競争が、もっとも弱い手工労働者を打ち倒す。最近一〇年間のロンドンにおける餓死の恐ろしい増加は、ミシン裁縫業の拡大と並行している。(二六七) 裁縫ミシンの新たな女性労働者たちは、ミシンの重さ、大きさ、および特性に応じて、手と足を使うかあるいは手だけで、腰かけたり立ったりしながら、ミシンを動かすのであり、多大な労働力を支出する。彼女たちの就業は、その工程が旧制度の場合よりもたいていは短いとはいえ、長く続くため不健康なものとなる。靴製造、コルセット製造、帽子製造などの場合のように、元来狭いうえに詰め込まれた仕事場にミシンがはいり込んでくると、必ずミシンは不健康な影響を増加させる。委員ロードは言う――「三〇人から四〇人のミシン労働者が一緒に働いている、天井の低い仕事場に足を踏み入れたときの感じは耐えがたい。……アイロンを暖めるためのガス炉のせいもあって熱気がすさまじい。……そのような仕事場では、いわゆる適度の労働時間、すなわち朝の八時から晩の六時までの労働時間が支配的に行なわれていても、毎日三人か四人の者が決まって失神する(二六八)」。

(二六七) 一例。一八六四年二月二六日に、〝戸籍本署長官〟*の死亡週報は五件の餓死を記載している。同日、『タイムズ』紙は、新しい餓死の一件を報じている。一週間で餓死の犠牲者六人！

(二六八) 『児童労働調査委員会、第二次報告書』、一八六四年、LXVII ページ、第四〇六―四〇九号。八四ページ、第一二四号。LXXIII ページ、第四四一号。六六〔正しくは六八〕ページ、第六号。八四ページ、第一二六号。七八ページ、第八五号。七六ページ、第六九号。LXXII ページ、第四八三〔正しくは四三八〕号。

＊〔本来の業務は出生、死亡、結婚の登録制度全体を包括するが、このほかに一〇年に一回の国勢調査を施行

した〕

社会的経営様式の変革という、生産手段の変化のこの必然的産物は、過渡的諸形態が多様に錯綜するなかで遂行される。これらの過渡的形態は、ミシンがすでにあれこれの産業分野をとらえている範(497)囲とその時間的長さによって違ってくるし、労働者の現状によっても、マニュファクチュア経営、手工業経営、あるいは家内労働経営のいずれが優勢かによっても、また仕事場の賃借料など[二六九]によっても違ってくる。たとえば、婦人服仕立業においては、労働がほとんどすでに主として単純協業によって組織されていたので、ミシンは、さしあたりはマニュファクチュア経営の新しい要因をなすにすぎない。裁縫業、シャツ製造業、製靴業などにおいては、あらゆる形態が入りまじっている。こちらには本来の工場経営があり、あちらには中間雇い主が、〝親方の〟資本家から原料を受け取り、「小部屋」あるいは「屋根裏部屋」で、一〇人から五〇人、またさらに多くの賃労働者をミシンのまわりに集めている。最後に、どのような機械であれ編制された体系をなさず、小型で使用できる場合にそうであるように、手工業者あるいは家内労働者が、自分の家族とともにあるいは少数の外部の労働者を雇い入れて、やはり自分自身のものであるミシンを利用している。[二七〇] いまのイギリスで実際に広く行なわれているのは、資本家がかなり多数のミシンを自分の建物に集中し、次いでそのミシン生産物を家内労働者軍のあいだに配布して、それ以後の加工をさせるという制度である。[二七一] しかし、過渡的形態の多様性は、本来の工場経営への転化の傾向を隠すものではない。この傾向は、ミシンそのものの性格――その多様な応用性が、これまで分離していた事業諸部門を同じ建物の中で同一資本の指揮権のもとに結合させる――によって、また、準備的な針仕事やその他若干の作業も、ミシンのあるところでやるのがもっとも適当だという事情によって、そして最後に、自分自身のミシンで生産する手工業者や家内労働者の不可避的な収奪によって、助長される。この収奪の運命は、すでにこんにち彼らをある程度までとらえている。ミシンに投下される資本の総量の絶えざる増大(二七二)は、生産に拍車をかけ、市場停滞を引き起こすが、この市場停滞は家内労働者がミシンを売却する合図の鐘を鳴らすのである。こう(498)したミシンそのものの過剰生産は、それを販売しようとする生産者に週ぎめの賃貸料でミシンを貸し出すよう強制し、それによって、ミシンの小所有者にとって致命的な競争をつくりだす(二七三)。さらにやむことなく続くミシンの構造変化と低廉化とは、その古い型のものを同じようにつねに減価させる。そしてそれらは、大量に捨て値で買われて、大資本家の手中で有利に使用されるしかない。最後に、蒸気機関が人間に取って代わることで、すべての同じような変革過程の場合のように、この場合にも決着がつけられる。蒸気力の応用は、最初は、機械の振動、機械速度の調整の困難、軽量機械の急速な破損などのような、純粋に技術的な障害につきあたるが、それらは、経験がやがて克服することを教えるような障害にすぎない(二七四)。一方では、比較的大きなマニュファクチュアに多数の作業機が集中されることで、蒸気力の使用が推進され、他方では、蒸気と人間の筋肉との競争によって、大工場における労働者と作業機の集中が促進される。このように、イギリスは、現在、「〝服飾品〟」の巨大な生産部面において、その他のほとんどの営業と同じように、工場経営への、マニュファクチュア、手工業、そして家内労働の変革を経験しているが、それ以前から、これらのすべての形態は、大工業の影響のもとにすっかり変形され、分解され、歪められて、久しい以前から、工場制度のすべての恐るべきことがらをその肯定的な発展契機ぬきに再生産してきたのであり、しかもやりすぎるほどであった。〔二七五〕

〔二六九〕「仕事場の賃貸料は、結局のところ、この点を決定する要因であるように思われる。したがって、仕事を小雇用主や家庭に出す旧制度がもっとも長く維持され、またもっとも早く回復されたのは、首都においてであった」（『児童労働調査委員会、第二次報告書』、八三ページ、第一二三号）。この結びの句は、もっぱら製靴業にかんするものである。

〔二七〇〕労働者の状態が受救貧民の状態とほとんど区別できない手袋製造業などにおいては、このようなことは見られない。

〔二七一〕『児童労働調査委員会、第二次報告書』、八二〔正しくは八三〕ページ、第一二二号。

〔二七二〕卸売り向けに生産しているレスターの長靴および短靴の製造業だけでも、一八六四年に、すでに八〇〇台のミシンが使用されていた。

〔二七三〕『児童労働調査委員会、第二次報告書』、八四ページ、第一二四号。

〔二七四〕ロンドンのピムリコウ陸軍被服廠、ロンドンデリーのティリー＝ヘンダースン会社のシャツ工場、一二〇〇人の「工員」を雇用するリメリクのテイト商会の衣服工場では、そうであった。〔同前、XLVII ページ、第四〇五号〕

〔二七五〕「工場制度への傾向」（前出『第二次報告書』、LXVII ページ）。「この事業全体が、いまでは過渡段階にあって、レース産業、織布業などが経験したと同じ諸変化を受けつつある」（同前、第四〇五号）。「完全な革命」（同前、XLVI ページ、第三一八号）。一八四〇年の「児童労働調査委員会」当時には、靴下編み業はなお手工労働であった。一八四六年以来さまざまな機械が採用され、いまでは蒸気によって運転されている。イギリスの靴下製造業に就業している三歳以上のあらゆる年齢層の男女人員総数は、一八六二年には約一二万人*であった。そのうち、一八六二年二月一一日の〝議会報告〟によれば、工場法の適用を受けていたのはわずかに四〇六三人にすぎなかった。〔同前、XXXIIページ、第二四四―二五〇号〕

＊〔第三版、第四版では「一二万九〇〇〇人」となっているが、報告書にもとづいて訂正〕

(499)

この自然発生的に進行する産業革命は、女性、年少者、児童が労働しているあらゆる産業部門に工場法が拡張されることによって、人為的に促進される。労働日の、長さ、休憩、始業および終業時刻の強制的規制、児童の交替制度、一定の年齢に満たないすべての児童の使用禁止などは、一方で、機械の増加[二七六]と、動力としての蒸気による筋肉の代替[二七七]とを必要にさせる。他方、時間で失われるものを空間で取りもどすために、共同で利用される生産手段、炉や建物などの拡張が起こる。すなわちひとことで言えば、生産手段のより大きな集中およびそれに照応する労働者のより大きな集合が起こる。工場法によっておびやかされている各マニュファクチュアが熱心に繰り返すおもな抗議は、実は、旧来の規模で事業を続けていくためには、より大きい資本投下が必要だということである。しかし、マニュファクチュアと家内労働とのあいだの中間諸形態および家内労働そのものについて言えば、それらの地盤は、労働日と児童労働とが制限されるのにつれて沈下する。安価な労働力の無制限の搾取が、それらの競争能力の唯一の基礎をなしている。

(二七六)　たとえば、製陶業では、コクレン商会は、「グラスゴウのブリタニア製陶所」*について次のように報告している――「〔生産〕量を維持するために、われわれは、不熟練労働によって操作される諸機械を広範に使用してきたのであり、毎日の経験がわれわれに、旧来の方法によるよりも多くの量を生産しうることを確信させる」（『工場監督官報告書。一八六五年一〇月三一日』、一三ページ）。「工場法の効果は、機械の採用をいっそう推進することである」（同前、一三、一四ページ）。

（二七）　こうして製陶業では、工場法の実施以後、〝手回しろくろ〟に代わって〝動力ろくろ〟がはなはだしく増加した。

＊〔初版以来、「ブリテン製陶所」になっていたが、『工場監督官報告書』にもとづき、ヴェルケ版で訂正された〕

工場経営の本質的条件は、とくに労働日の規制を受けてからは、結果の正常な確実性、すなわち、与えられた時間内に一定分量の商品または所期の有用効果を生産することである。さらに、規制された労働日の法定の休憩は、労働が突然に、または周期的に休止されても、生産過程内にある製品は損害を受けないものと想定している。結果のこの確実性と労働の中断可能性とは、たとえば、製陶業、漂白業、染色業、製パン業、およびたいていの金属製造業などのように、化学的および物理的諸工程が役割を演ずるところよりも、純粋に機械的な工場でのほうが、もちろん、容易に達成されうる。無制限の労働日、夜間労働、および思うままの人間破壊という旧態依然の慣行のもとでは、あらゆる自然発生的な障害は、やがて、生産の永久的な「自然的制限」とみなされる。工場法は、どんな毒薬が害虫を根絶するよりも確実にこのような「自然的制限」を根絶する。製陶業の諸氏ほど大声で「不可
（500）能」を叫んだものはいないが、一八六四年に彼らに工場法が強制され、すべての不可能事は早くも一

六ヵ月後には消滅した。工場法によって呼び起こされた「改良された方法である、蒸発によってではなく圧力によって陶土漿（しょう）〔調合された陶器原料に水を混ぜた泥漿状のもの〕を鋳込む方法、未焼製品を乾燥させるための窯の新しい構造などは、製陶技術における非常に重要な出来事であり、前世紀〔一八世紀〕には見られない製陶技術上の進歩を示している。……石炭の消費はいちじるしく減少して、窯の温度はいちじるしく低下したが、製品への効果はより速くなった」（二七八）。あらゆる予言にもかかわらず、上昇したのは陶器の経費ではなく、生産物総量だったのであり、その結果、一八六四年一二月から一八六五年一二月まで[*1]の一二ヵ月の輸出は、それ以前の三年間の平均を一三万八六二八ポンド上回る価値超過となった。[*2]マッチの製造においては、少年たちが、昼飯をのみ込むあいだでさえあたたかい燐混合液に軸木を浸し、その有毒蒸気を顔に受けることが、自然法則としてまかり通っていた。時間を節約する必要性によって、工場法（一八六四年）[*3]は、蒸気が労働者にかからないような「浸漬機（しんし）」を強制した。（二七九）同様に、まだ工場法の適用を受けていないレース製造業の諸部門ではいまでも、種々のレース原料を乾燥させるために要する時間がまちまちで、三分から一時間まであるいはそれ以上の違いがあるため、食事時間を規則どおりにはできないと主張されている。これにたいして「児童労働調査委員会」の委員は、次のように答えている――「事情は、壁紙印刷業の場合と同じである。この部門におけるおもな工場主たちの何人かは、使用される原料の性質からいって、またその原料が通過する諸工程が多様であるため、食事のために労働を突然休止することは多大の損害なしにはできないとさかんに主張した。〝工場法拡張法〟（一八六四年）の第六節第六条によって、彼らには、この法律の発

(501) 布日から一八ヵ月の猶予期間が認められたが、それが経過した後には、工場法によって規定された休憩時間に従わなければならなかった」(二八〇)。この法律がやっと議会の承認を得たばかりのときに、工場主諸氏は、また次のことを発見した――「われわれが工場法の施行から予期した弊害は起こらなかった。生産がなにかによってさまたげられているようなことは見いだされない。実際、われわれは、同じ時間でまえよりも多く生産している」(二八一)。イギリス議会の独創性を非難する人はおそらくだれもいないであろうが、この議会は、経験によって、労働日の制限と規制にたいする生産のいわゆる自然的障害が、すべて一つの強制法によって簡単に除去できるという洞察に到達したわけである。こうして、ある産業部門に工場法を導入するさいに、六ヵ月ないし一八ヵ月の猶予期間が設けられ、その間に工場主が技術的障害を除去することになった。ミラボーの「〝不可能？　そんなばかげたことを言うな！〟」*4という言葉は、とくに近代技術学(テヒノロギー)にあてはまる。しかし工場法が、このように、マニュファクチュア経営の工場経営への転化に必要な物質的諸要素を温室的に成熟させるとすれば、それは、同時に、資本投下の増大の必然性によって、小親方の没落と資本の集中とを促進する(二八二)。

(二七八)『工場監督官報告書。一八六五年一〇月三一日』、九六および一二七ページ。

(二七九)　マッチ工場におけるあれこれの機械の採用によって、その工場のある部門では、二三〇人の若者が、一四歳から一七歳までの三二人の少年少女によって置き換えられた。労働者のこの節減は、蒸気力の使用によって一八六五年にはいっそう推進された。

(二八〇)『児童労働調査委員会、第二次報告書』、一八六四年、IXページ、第五〇号。

(二八二)　『工場監督官報告書。一八六五年一〇月三一日』、一二一ページ。

(二八三)　「必要な諸改良は……多くの古いマニュファクチュアでは、現在の多くの所有者の資力を超える資本投下なしには採用されえない。……工場法の施行には、必然的に一時的な混乱がともなう。この混乱の範囲は、是正されるべき諸弊害の大きさに正比例している」(同前、九六、九七ページ)。

＊1　〔報告書では「一一月まで」となっている〕

＊2　〔『工場監督官報告書。一八六五年一〇月三一日』、一二七ページ〕

＊3　〔一八六四年の工場法は、工場の定義を「人々が報酬のために働くいかなる場所も工場とみなす」と拡張し、はじめて家内工業を包括した。また工場の清潔さと換気を維持するために特別規則を作成する権限と、その違反にたいし一ポンド以下の罰金を科す権限を監督官に付与した〕

＊4　〔ミラボーはフランス革命初期に活躍した政治家で、大ブルジョアジーとブルジョア化した貴族との利益を代表した。この言葉は、トマス・カーライル『チャーチズム』、ロンドン、一八四〇年、九七ページにある〕

(502)

純粋に技術的な、そして技術的に除去しうる障害を別とすれば、労働日の規制は労働者たち自身の不規則な習慣にぶつかる。とくに、出来高賃銀が支配的に行なわれていて、一日または一週間の一定部分における時間の空費が、その後の過度労働や夜間労働によって埋め合わせできる場合にそうであるが、この方法は、成年男性労働者を粗暴にし、彼の未成熟な仲間や女性の仲間を破滅させるものである。(二八三) 労働力の支出におけるこの不規則性は、単調な労役の退屈さにたいする一つの自然発生的な粗野な反動であるが、しかし、それは比較にならないほど高い程度で生産の無政府性そのものから発生するのであって、この無政府性はそれはそれで、資本による労働力の無拘束な搾取を前提としているのである。産業循環の一般的な周期的変動および各生産部門における特殊な市場の動揺のほかにも、とくに、航海に好都合な季節の周期性にもとづくにせよ、あるいは流行にもとづくにせよ、いわゆるシーズンがあり、またごく短期間で処理されなければならない大注文の突発事がある。このような注文の慣習は、鉄道および電信とともに拡大する。たとえば、あるロンドンの工場主は次のように言う――「全国にわたる鉄道体系の拡張は、短期注文の慣習をはなはだしく促進した。買い手は、いまでは、グラスゴウやマンチェスターやエディンバラから、二週間に一度ずつか、あるいは卸で買うために、われわれが商品を供給しているシティの問屋にやってくる。彼らは、以前に慣習だったように在庫から買うのではなく、ただちに履行されなければならない注文をする。何年か前には、われわれはいつでも、暇なあいだに次のシーズンの需要にそなえてあらかじめ働くことができたが、いまでは、だれも次にどんな需要があるのか予報することはできない」(二八四)。

(二八三)　たとえば溶鉱炉では、「労働時間は、週末になると一般にいちじるしく長くなるが、それは、成年男性労働者が月曜日を、ときには火曜日の一部か全部を怠けるという習慣の結果である」(『児童労働調査委員会、第三次報告書』、VIページ)。「小親方たちの労働時間は一般にきわめて不規則である。彼らは、二日か三日をむだに過ごし、そしてそのあと埋め合わせのために、徹夜で働く。……彼らは、自分自身に子供がいさえすれば、いつでも働かせる」(同前、VIIページ)。「作業開始が規則正しく行なわれないことは、長時間働くことで埋め合わせをする可能性と習慣とによって助長される」(同前、XVIIIページ)。「バーミンガムにおける莫大な時間の損失……時間の一部には怠け、そして残りの時間にはあくせく働く」（同前、XIページ）。
（二八四）『児童労働調査委員会、第四次報告書』、XXXIIページ。「鉄道体系の拡張は、突然の発注というこの慣習におおいに寄与し、その結果である労働者の繁忙、食事時間の無視、超過時間に寄与するところ大であったと言われている」（同前、XXXIページ）。

工場法の適用をまだ受けていない工場とマニュファクチュアでは、いわゆるシーズン中に、突然の注文によって突発的に、恐ろしいほどの過度労働が周期的に支配する。工場やマニュファクチュアや問屋の外業部、すなわち家内労働の領域は、もともとまったく不規則で、その原料および注文についてはすべて資本家の気まぐれに依存しており、しかも、資本家はここでは、建物や機械などの利用を全然顧慮する必要がなく、また労働者自身の皮〔生命と身体〕以外のものを危険にさらすこともないのであるが、この家内労働の領域では、いつでも自由に利用できる産業予備軍がきわめて組織的に大量培養され、一年のある期間中はまったく非人間的な労働強制によって多くの命が奪われ、また他の期間中は仕事不足によって落ちぶれる。「児童労働調査委員会」は、次のように述べている——「雇い(503)主は、家内労働の常習的な不規則性を利用して、臨時作業が必要なときには、夜の一一時、一二時、二時までも、実際にはよく言われているように何時までても家内労働を強制し」、しかもそれは「悪臭が諸君を打ちのめすほどの」場所である。「諸君がたまたま戸口まで行って扉を開いても、そこからさらに進むことは尻ごみするだろう」（二八五）。尋問に応じた証人の一人、ある製靴工は言う——「われわれの雇い主は、奇妙な人たちです。彼らは、一人の少年が半年間は死ぬほど働かされ、あとの半年間はほとんどぶらぶらせざるをえなくされても、その少年になんの害も与えていないと信じています」[二八六]と。

（二八五）『児童労働調査委員会、第四次報告書』、XXXVページ、第二三五号および第二三七号。
（二八六）同前、一二七ページ、第五六号。

技術的な障害と同じように、このいわゆる「営業慣習」（「〝営業の発達につれて発達してきた慣習〟」）も、関係資本家たちによって生産の「自然的制限」だと主張されたし、いまも主張されているが、これは、綿業貴族が工場法によって最初におびやかされたときに好んであげた叫びであった。彼らの産業は、他のどの産業にもまして世界市場に、したがって航海にもとづいているとはいえ、経験は彼らのうそを明らかにした。それ以来、「営業上の障害」と称されるものは、すべてイギリスの工場監督官たちに空虚な言いのがれとして取り扱われている。[二八七]「児童労働調査委員会」の徹底して良心的な調査が、実際に証明しているのは、いくつかの産業において、すでに使用されている労働総量は、労働日の規制によってのみ一年を通じて均等に配分されるであろうこと、[二八八]この労働日の規制は、殺人的で無内容な、それ自体大工業の制度にそぐわない流行の気まぐれにたいする最初の合理的な抑制であること、[二八九]大洋航海および交通手段一般の発達は、季節労働の本来の技術的基礎をとり去ったこと、[二九〇]その他すべての統御できないとされる諸事情も、建物の拡張、機械の追加、同時に就業する労働者数の増加、[二九一]および卸売商業の制度にたいしおのずから起こってくる反作用[二九二]によって一掃されるということである。けれども資本は、その代弁者の口を通じて繰り返し明らかにされているように、労働日を

（504）

強制法的に規制する「一般的な議会制定法の圧力下でのみ」[二九二]、このような変革に同意するのである。

(二八七)「船積みの注文が時間内に履行されなかったために生じる商業上の損害について私が思い出すのは、これが、一八三二年と一八三三年に工場主たちのお気入りの論法であったことである。こんにち、この問題についてなにが言われようとも、蒸気がまだすべての距離を半減せず、また新たな輸送規制が確立されていなかった当時ほど、影響力をもちえないであろう。この主張は、当時でも、実際に調べてみると証明できるものではなかったし、もう一度証明しなければならないとしてもきっと失敗するであろう」(『工場監督官報告書。一八六二年一〇月三一日』、五四、五五ページ)。

(二八八)『児童労働調査委員会、第三次報告書』、XVIII ページ、第一一八号。

(二八九) ジョン・ベラーズは、すでに一六九九年に次のように述べている――「流行の不確実さは、困窮している貧民を増加させている。それは、二つの大きな弊害をもたらしている。第一に、職人たちは冬には仕事がなくてみじめなものである。それは織物商人や織布親方が、春がきてなにが流行するかを知るまでは、彼らの資本を投下して、大胆にも職人を雇い続けようとしないためである。第二に、春になると、職人が足りなくなるが、織布親方は、三ヵ月か半年で王国の商業に供給するために、多くの徒弟を雇い入れなければならず、それは、耕作から人手を奪い、田園から労働者を流出させ、大部分は都市を物乞いで満たし、そして物乞いを恥じる者のうちには、冬に餓死するものもある」(『貧民、製造業……にかんする論集』〔ロンドン、一六九九年〕、九ページ)。

(二九〇)『児童労働調査委員会、第五次報告書』、一七一ページ、第三四号。

(二九一) たとえば、ブラッドフォードの輸出商人の証言のなかでは、次のように言われている――「このような事情のもとでは、少年たちが朝の八時から晩の七時か七時半までよりも長く問屋で働かされる必要がないことは、明白である。それは、ただ、臨時の支出および臨時の人手の問題にすぎない。もし何人かの雇い主たちがそれほど利潤に飢えていなければ、少年たちはそんなに夜遅くまで働く必要はなかった。臨時の機械一台は、一六ないし一八ポンドしかからない。* ……すべての困難は、不十分な設備と場所の不足から生じている」（同前、一七一ページ、第三五、三六、および三八号）。

（二九二）同前〔八一ページ、第三二号〕。とにかく、労働日の強制的規制を、工場主にたいする労働者の保護手段であり、また卸売商業にたいする工場主自身の保護手段であると見ているロンドンの一工場主は、次のように言っている――「われわれの業務上の困難は、船積み荷主によって引き起こされているのであって、彼らは、たとえば、一定のシーズンに目的地に商品を届け、同時に帆船と汽船との運賃格差を手に入れるために、商品を帆船で輸送しようとしたり、あるいは競争者より先に外国市場に現われるために二隻の汽船のうち早く出るほうを選んだりする」。

（二九三）ある工場主は言う――「一般的な議会制定法の圧力下で工場の拡張を犠牲にすることで、これを防止することができるであろう」（同前、Ｘページ、第三八号）。

＊〔第四版では、「もし何人かの」からここまで角括弧でくくられているが、この部分も報告書からの引用である〕

第九節　工場立法（保健および教育条項）。イギリスにおけるその一般化

工場立法、すなわち社会が、その生産過程の自然成長的姿態に与えたこの最初の意識的かつ計画的

（505）
な反作用は、すでに見たように、綿糸や自動精紡機や電信機と同じく、大工業の必然的産物である。われわれは、イギリスにおける工場立法の一般化に移るまえに、なお、イギリスの工場法のなかの労働日の時間数には関係のないいくつかの条項について、簡単に述べなければならない。

保健条項は、その用語が資本家には回避しやすいようにできていることを度外視しても、きわめて貧弱なものであり、実際には、壁を白くすることやその他の二、三の清潔措置、換気、および危険な機械にたいする保護のための諸規定に限られている。われわれは、第三部で、[*1]工場主に彼らの「工員たち」の手足を保護するためのわずかな出費を強制する条項にたいする工場主たちの熱狂的な闘争に立ちもどる。ここでは、利害の対立する社会において、各人はその私利の追求によって公益を促進するという自由貿易の教義が、ふたたび輝かしく確証される。一例をあげれば十分である。周知のようにアイルランドでは最近二〇年間に亜麻工業が非常に増え、それにつれ製線工場（スカッチング・ミル）（亜麻を打ちくだくための工場）も非常に増加した。アイルランドには一八六四年にこうした工場が一八〇〇あった。秋と冬には周期的に、主として年少者と女性、すなわち近隣の小作人の息子や娘や妻で、機械のことはまったく知らない人々が、畑仕事からつれてこられて、粋茎機（スカッチング・ミル）のローラーに亜麻を食わせる。その災害は、数から見ても程度から見ても、機械史上まったく類例のないものである。キルディナン（コーク近郊）のただ一つの製線工場だけでも、一八五二年から一八五六年にかけて、六件の死亡と六〇件の手足を切断するほどの重傷を数えているが、それらはすべて、数シリングしかかからないきわめて簡単な設備で防止できたものであった。ダウンパトリックの諸工場の〝公認証明外科医〟W・ホワイト博士は、一八六五年一二月一六日付のある公式報告書のなかで、次のように説明している――「製線工場における災害は、きわめて恐ろしいものである。多くの場合、手足の一つが胴体からもぎ取られる。死亡か、あるいはみじめな無能力と苦痛の前途が負傷の通常の結果である。この国に工場が増加すれば、当然、身の毛もよだつこの結果が広がるであろう。〔……〕私は、製線工場にたいする適切な国家の監督によって身体と生命の大きな犠牲が回避されうると確信している」[二九四]と。資本主義的生産様式には、もっとも簡単な清潔・保健設備でさえ、国家の強制法によって押しつける必要があるということ、これ以上にこの生産様式をよく特徴づけうるものがほかにあるだろうか？「一八六四年の工場法は、製陶業において二〇〇以上の作業場を白塗りにし清潔にしたが、それまで二〇年間も、あるいはまったく、このようなあらゆる処置が控えられていたのであって」（これが資本の「節欲」なのだ！）「これらの場所では二万七八七八人の労働者が就業しており、いままでに、過度の昼間労働のあいだに、しばしば夜間労働のあいだにも、有毒な空気を呼吸したのであるが、この有毒な空気は、それがなければ比較的無害である就業に病気と死をいっぱいもち込んだ。この法律は、換気装置を非常に増加させた」[二九五]。同時に工場法のこの部分は、資本主義的生産様式が、その本質上、一定の点を超えるとどのような合理的改良をも排除するものだということをはっきりと示している。繰り返し述べたように、イギリスの医師たちは、労働が継続される場合には、一人あたり五〇〇立方フィートの空間がかろうじて不足のない最小限だと口を揃えて明言している。そこでだ！　工場法が、そのあらゆる強制措置によって小作業場の工場への転化を間接的に促進し、したがって小資本家の所有権を

(506)

間接的に侵害して大資本家に独占を保障するものだとすれば、作業場内でのすべての労働者にたいして必要な空間を法律的に強制することは、何千人もの小資本家を一挙に直接に収奪することになるであろう！　この法律的強制は、資本主義的生産様式の根底を、すなわち、労働力の「自由な」購入と消費による、大なり小なりの資本の自己増殖を、おびやかすであろう。それだから、この五〇〇立方フィートの空気の前で、工場立法は力尽きる。保健関係当局、産業調査委員会、工場監督官たちは、五〇〇立方フィートの必要性とそれを資本に強制することの不可能とを、再三にわたって繰り返している。彼らは、このように実際には、労働者[*2]の肺結核その他の肺疾患が資本の生活条件であると宣言しているのである。(二九六)

(二九四)『児童労働調査委員会、第五次報告書』、XVページ、第七二号以下。

(二九五)『工場監督官報告書。一八六五年一〇月三一日』、一二七ページ。

(二九六)　経験によって知られているように、健康な平均的個人が中位の強度の呼吸をするたびに、約二五立方インチの空気が消費され、毎分約二〇回の呼吸が行なわれる。これによれば、一個人の二四時間の空気消費量は約七二万立方インチ、すなわち四一六立方フィートとなる〔一フィートは一二インチ〕。しかし周知のように、一度吸い込まれた空気は、自然という大作業場で浄化されないうちは、もはや同じ過程には役立ちえない。ヴァーレンティーンとブルンナーの実験によれば、一人の健康な男性は、一時間に約一三〇〇立方インチの炭酸ガスを吐き出すようである。固形炭素約八オンス分が二四時間に肺から排出されることになる。「各人は、少なくとも八〇〇立方フィートをもつべきである」（ハクスリー〔『初等生理学講義』、ロンドン、一八六六年、一〇五ページ〕）。

＊1〔第三巻、第一篇、第五章、第二節「労働者を犠牲にしての労働諸条件の節約」参照〕
＊2〔フランス語版、英語版による。ドイツ語各版では「労働」となっている〕

(507) 工場法の教育条項は、全体として貧弱に見えるとはいえ、初等教育を労働の義務的条件として宣言している[二九七]。その成果はまず、知育および体育[二九八]を肉体労働と結合することの可能性、したがってまた、肉体労働を知育および体育と結合することの可能性を証明した。工場監督官たちは、やがて、学校教師の証人尋問から、工場の児童が正規の昼間の生徒に比べて半分しか授業を受けていなくても、それと同じか、あるいはしばしばもっと多く学んでいるということを発見した。「ことは簡単である。ただ半日しか学校にいない生徒たちは、つねに溌剌(はつらつ)としており、ほとんどいつでも授業を受け入れる力があるし、またその気もある。半労半学の制度は、二つの仕事のそれぞれ一方を他方の休養と気晴らしにするものであり、したがって児童にとっては、二つのうちの一つを絶え間なく続けるよりもはるかに適切なのである。朝早くから学校に出ている少年は、とくに暑い天候のときには、自分の仕事を終えて元気溌剌として来る少年とは、とうてい競争できない[二九九]」。さらに詳しい例証は、一八六三年のエディンバラにおける社会科学大会で、シーニアが行なった講演のなかに見いだされる。ここで彼はとりわけ、上流階級および中流階級の児童の一面的な不生産的で長びかされた授業時間が、教師の労働をいたずらに増加させるということ、「他方、このような授業時間が、児童の時間や健康やエネルギーを、ただむだにするだけでなく、まったく有害に浪費させる[三〇〇]」ということを示している。ロバー
(508) ト・オウエンを詳しく研究すればわかるように[＊1]、工場制度から未来の教育の萌芽が芽ばえたのであり、

この未来の教育は、社会的生産を増大させるための一方法としてだけでなく、全面的に発達した人間をつくるための唯一の方法として、一定の年齢以上のすべての児童にたいして、生産的労働を知育および体育と結びつけるであろう。

(二九七)　イギリスの工場法によれば、親たちは、「取り締まりを受けている」工場に一四歳未満の児童をやるためには、同時に初等教育を受けさせなければならない。工場主は、この法律を守る責任がある。「工場教育は義務的であり、またそれは労働の一条件である」(『工場監督官報告書。一八六五年一〇月三一日』、一一一ページ)。

(二九八)　工場児童および貧困生徒の義務的教育と体育(少年にたいしてはまた軍事教練)とを結びつけることのきわめて有益な成果については、『議事報告』、ロンドン、一八六三年、六三、六四ページ所載の「社会科学振興国民協会」の第七年次大会におけるN・W・シーニアの講演や、また『工場監督官報告書。一八六五年一〇月三一日』、一一八、一一九、一二〇ページ、一二六ページ以下を見よ。

(二九九)　『工場監督官報告書』、同前、一一八〔、一一九〕ページ。ある素朴な絹工場主は、「児童労働調査委員会」の調査委員たちに次のように説明している――「私は、有能な労働者をつくる真の秘訣は、幼少期から労働と教育とを統一させることにあるということをまったく確信している。もちろん、労働は、あまり激しすぎたり、また不快かつ不健康であってはならない。私は、自分の子供たちに学業からの気分転換のために労働と遊戯をやらせたいと思っている」(『児童労働調査委員会、第五次報告書』、八二ページ、第三六号)。

(三〇〇)　シーニア、前出『議事報告』、〔六五、〕六六ページ。一定の高度に達した大工業が、物質的生産様式と社会的生産関係との変革によって人間の頭脳を変革するということは、一八六三年のN・W・シーニアの講演と一八三三年の工場法にたいする彼の反対演説[*2]とを比較すればはっきりわかるし、また、前記の大会の諸見解を、イギリスの特定の農村地方では、貧しい親たちが自分の子供たちに教育を受けさせることが餓死という刑罰をもっていまなお禁じられているという事実と比較しても、よくわかる。たとえばスネル氏が、サマシットシャーにおける普通の出来事として報告をしているところによると、貧乏人が教区の救恤(きゅうじゅつ)を求める場合には、彼はその子供を退学させざるをえない。またフェルサム〔ロンドン西部の町〕の牧師ウラストン氏は、いくつかの家族にすべての援助金が拒否された場合について語っている――「それは彼らが自分の子供を学校にやったからである」！　と。〔シーニア、前出『議事報告』、五〇ページ〕

＊1〔本訳書、第一巻、五二八ページの訳注＊4参照〕

＊2〔シーニア『綿業におよぼす影響から見た工場法についての書簡』、ロンドン、一八三七年、のこと〕

すでに見たように、大工業は、一人の人間全体を生涯にわたって一つの細部作業に結びつけるマニュファクチュア的分業を技術的に廃除するが、同時に、大工業の資本主義的形態は、この分業をいっそう奇怪なかたちで再生産する。この再生産は、本来の工場では、労働者を一つの部分機械の自己意識をもった付属部品に転化することによって行なわれ、それ以外のところではどこでも、一部は機械と機械労働との散在的使用によって[三〇一]、一部は分業の新しい基礎として女性労働、児童労働、および不熟練労働を採用することによって行なわれる。マニュファクチュア的分業と大工業の本質との矛盾は、暴力的に自己を貫徹する。その矛盾は、とりわけ、近代的工場およびマニュファクチュアに就業している児童の大部分が、ほんの幼少のころからもっとも単純な操作にかたく縛りつけられ、長年にわたって搾取されていながら、しかも、のちに彼らが同じマニュファクチュアか工場であっても使いもの
(509) になるようなどんな労働をも習得できない、という恐るべき事実のなかに現われている。たとえば、

イギリスの書籍印刷業では、以前は、古いマニュファクチュアや手工業の制度に照応して、徒弟たちが比較的やさしい労働から内容のある労働に移行するということが行なわれていた。彼らは、修業課程を経て一人前の印刷工になった。読み書きができることは、彼らすべてにとって手工業上の必要条件であった。印刷機の出現とともにあらゆることが変化した。印刷機には二種類の労働者が使用され、一人は成年労働者で機械の見張工であり、その他はだいたい一一歳から一七歳までの機械少年工たちである。これらの少年工の仕事は、もっぱら、印刷用紙を機械に差し込んだり、印刷された紙を機械から取り出したりすることである。彼らは、とくにロンドンでは、一週のうち何日かは、一四時間か一五時間か一六時間、中断なしでこの苦役を行ない、しかも、食事と睡眠とのためにわずか二時間の休みがあるだけで三六時間もぶっ続けで行なうこともしばしばである！[二〇二]彼らの大部分は字が読めず、そして、通常、まったく粗野な、まっとうでない人たちである。「彼らにその仕事ができるようにするためには、どんな種類の知的訓練も必要ではない。彼らは熟練を要する機会をほとんどもたず、また判断を要する機会はなおさら少ない。彼らの賃銀は、少年としてはいくらか高いが、彼ら自身が成長するのに比例して増加するわけではなく、そして大多数は、機械見張工という、収入もより多く責任もより重い地位に昇進する見込みもない――なぜなら、機械一台にたいして、見張工はわずか一人で、少年工はしばしば四人もいるからである」[二〇三]。彼らは、年をとりすぎて子供向きの労働に適しなくなると、すなわち少なくとも一七歳になると、ただちに印刷所から解雇される。彼らは犯罪の新兵となる。ほかのどこかで彼らに仕事を世話しようとする試みもいくらか行なわれるが、彼らの無知、粗暴、肉体的および精神的な退廃のためにうまくいかなかった。

（三〇一）　人力で動かされる手工業的機械が、発達した、したがって機械的原動力を前提とする機械と直接または間接に競争する場合には、機械を動かす労働者にかんして、大きな変化が生じる。本来は蒸気機関がこれらの労働者に取って代わったのだが、いまや、労働者が蒸気機関に取って代わらなければならない。そのため、彼の労働力の緊張と支出はなみはずれたものとなる。ましてこの責め苦を宣告された未成年者にとってはまったくひどい！　たとえば委員ロンジはコヴェントリーとその周辺で、一〇歳から一五歳までの少年がリボン織機を回転させるために使用されているのを見いだした。もっと小さな織機を回さなければならない幼い児童たちもいたことは別にしても。「それは非常に骨の折れる労働である。少年は蒸気力の単なる代用品にすぎない」（『児童労働調査委員会、第五次報告書。一八六六年』、一一四ページ、第六号）。「この奴隷制度」――公式報告書がそう名づけている――の殺人的諸結果については、同書を見よ。

（三〇二）　同前、三ページ、第二四号。

（三〇三）　同前、七ページ、第六〇号。

作業場の内部におけるマニュファクチュア的分業についてあてはまることは、社会の内部における分業についてもあてはまる。手工業とマニュファクチュアが社会的生産の一般的基礎をなしている限り、排他的な一生産部門への生産者の包摂、生産者の仕事がもつ本来の多様性の破壊は、[三〇四]必然的な発展契機である。この基礎の上に、それぞれの特殊な生産部門は、みずからに照応する技術的姿態を経験的に見いだし、それをゆっくりと完成させ、一定の成熟度に達するやいなや、それを急速に結晶させる。あちこちで変化を呼び起こすものには、商業が供給する新しい労働材料のほかに、労働用具の

(510)

漸次的な変化がある。経験的に適合した形態がひとたび得られると、労働用具も骨化するのであって、そのことは、しばしば千年にもわたってある世代の手から他の世代の手へと伝えられていくことが証明している。一八世紀までは特殊な生業が〝秘伝技〟(三〇五)と呼ばれ、その神秘の世界には、経験的かつ職業的に秘伝を伝授された者のみがはいることができたことは、特徴的である。人間にたいして彼ら自身の社会的生産過程をおおい隠し、種々の自然発生的に分化された生産諸部門を互いに謎にし、また各部門の秘伝を伝授された者にとってさえ謎にしていたヴェールを、大工業は引き裂いた。[*1]各生産過程を、それ自体として、さしあたりは人間の手のことはなにも考慮せずに、その構成諸要素に分解するという大工業の原理は、技術学(テヒノロギー)というまったく近代的な科学をつくり出した。社会的生産過程の多様な、外見上連関のない、骨化した諸姿態は、自然科学の意識的に計画的な、そしてめざす有用効果に従って系統的に特殊化された諸応用に分解された。技術学は、使用される道具がどれほど多様であろうとも、人間の身体のあらゆる生産行為が必然的にそのなかで行なわれる少数の大きな基本的運動諸形態を発見したのであるが、それはちょうど、機械学が、機械がどんなに複雑であっても単純な機(511)械的力能の絶え間ない反復であることを見誤ることがないのと同じである。近代的工業は、ある生産過程の現存の形態を決して最終的なものとはみなさないし、またそのように取り扱わない。だから、近代的工業の技術的基盤は、革命的である。一方、これまでの生産様式の技術的基盤はすべて本質的に保守的であった(三〇六)。近代的工業は、機械、化学的工程、その他の方法によって、生産の技術的基礎とともに、労働者の諸機能および労働過程の社会的諸結合を絶えず変革する。近代的工業は、それとともに社会の内部における分業も絶えず変革し、大量の資本および大量の労働者をある生産部門から他の生産部門へ間断なく投げ入れる。だから大工業の本性は、労働の転換、機能の流動、労働者の全面的可動性を条件づける。他方、大工業は、その資本主義的形態においては、古い分業をその骨化した分立性とともに再生産する。すでに見たように、この絶対的矛盾が、労働者の生活状態のいっさいの平穏、安定、および確実性をなくしてしまい、絶えず労働者の手から労働手段とともに生活手段をたたき落とそうとしており、（三〇七）そして、労働者の部分機能とともに彼自身を過剰なものにしようとしている。さらに、この矛盾は、労働者階級の絶え間ない犠牲（いけにえ）祭、諸労働力の際限のない浪費、および社会的無政府性の荒廃状態のなかで、暴れ回る。これは、否定的側面である。しかし、労働の転換がいまや、ただ圧倒的な自然法則として、また、いたるところで障害に突きあたる自然法則の見境のない破壊的な作用をともないながら、実現されるならば、（三〇八）大工業は、労働の転換、したがって労働者の可能な限りの多面性を一般的な社会的生産法則として承認し、そしてこの法則の正常な実現に諸関係を適合させることを、自己の破局そのものを通じて、死活の問題とする。（512）大工業は、資本の変転する搾取欲求のために予備として保有され自由に利用されうる窮乏した労働者人口という奇怪事を、変転する労働需要に応じる人間の絶対的な利用可能性で置き換えることを――すなわち、一つの社会的な細部機能の単なる担い手にすぎない部分個人を、さまざまな社会的機能をかわるがわる行なうような活動様式をもった、全体的に発達した個人で置き換えることを、死活の問題とする。大工業を基礎として自然発生的に発展したこの変革過程の一契機は、総合技術および農学の学校であり、もう一つの契機は、労働者の子供たちが技術学とさまざまな生産用具の実際的な取り扱いとについてある程度の授業を受ける「〝職業学校〟」である。工場立法が、資本からやっともぎ取った最初の譲歩として、初等教育を工場労働と結びつけるにすぎないとすれば、労働者階級による政治権力の不可避的な獲得は、理論的および実践的な技術学的教育の占めるべき席を、労働者学校のなかに獲得することになることは、疑う余地がない。また、生産の資本主義的形態とそれに照応する経済的な労働者の諸関係とが、そのような変革の酵素とも、また古い分業の止揚というその目的とも真正面から矛盾することは、同じように疑う余地がない。しかし、一つの歴史的な生産形態の諸矛盾の発展は、その解体と新たな形成との唯一の歴史的な道である。「〝靴匠は靴型以上に出るなかれ〟[*2]」！　というこの〝究極〟の手工業的
(513) 英知は、時計工ワットが蒸気機関を、理髪師アークライトが経糸（たていと）用精紡機を、宝石細工職人フルトンが汽船を、発明した瞬間から、恐るべき愚かさとなった。(三〇九)

(三〇四)　「高地スコットランドのいくつかの地方では、……統計的報告によると、数多くの羊飼いと〝小屋住み農夫たち〟が妻子ともども、自分自身でなめした革から自分でつくった靴をはき、また、自分で刈り取った羊毛や自分で栽培した亜麻を材料にして、自分以外のだれの手もわずらわせずにつくった着物を着て現われた。衣服をつくる場合にも、大針、縫針、指ぬき、それと織るときに使われる鉄具のごくわずかな部品をのぞいては、なにか買った品物は、ほとんど使われなかった。染料も、女たち自身によって樹木や草からつくられた。……」（ドゥガルド・スチュアト『著作集』、ハミルトン編、第八巻、三二七―三二八ページ）。

(三〇五)　エティエンヌ・ボワロの有名な『職業の書』[*3]のなかには、職人が親方のもとに採用されるとき次のような宣誓をするようにとくに記載されている――「その同僚たちを兄弟のように愛し、彼らを援助し、各人はそ

の職業においては、仕事の秘密を勝手にもらさず、ましてや全体の利益のために、自分自身の商品をすすめようとして他人の製品の欠陥を買い手に知らさないこと」。

（三〇六）「ブルジョアジーは、生産用具を、したがって生産諸関係を、したがって社会的諸関係全体を、絶えず変革することなしには、存在することができない。これに反して、古い生産様式をそのまま維持することは、これまでのすべての産業階級の第一の存在条件であった。生産の絶え間ない変革、すべての社会的状態の絶え間ない動揺、永遠の不安定と変動は、ブルジョア時代を、以前のすべての時代と区別するものである。すべての固定した錆びついた諸関係は、それに付属する古くから尊敬されてきた観念や見解とともに解体され、すべての新しく形成された諸関係は、それらが骨化しうる以前に古くさくなる。すべての身分的なものおよび静止的なものは消え去り、すべての神聖なものはけがされる。そして、人間はついに、彼らの生活上の地位、彼らの互いの関係を、冷静な目で見つめざるをえなくなる」（フリードリヒ・エンゲルス、カール・マルクス『共産党宣言』、ロンドン、一八四八年、五ページ〔服部文男訳『共産党宣言／共産主義の諸原理』、新日本出版社、古典選書、一九九八年、五四ページ、邦訳『全集』第四巻、四七八―四七九ページ〕）。

（三〇七）「生命（いのち）をつなぐ私の財産をお取りになるんじゃ、

私の生命（いのち）をお取りになるのも同じことよ」

〔シェイクスピア〔『ヴェニスの商人』第四幕、第一場でのシャイロックのせりふ。小田島雄志訳『シェイクスピア全集』Ⅱ、白水社、一九八五年、四〇二ページ〕〕。

（三〇八）あるフランス人労働者は、彼がサンフランシスコから帰るさいに、次のように書いている――「私は、カリフォルニアでやっていたあらゆる仕事が自分にできようとは、思ってもみませんでした。私は、書籍印刷業のほかにはなんの役にも立たないものと固く信じていました。……自分の仕事をシャツよりも無造作に取り替える冒険者たちのこの世界の真ん中にひとたびはいると、どうでしょう！　私は他の者と同じようにやりました。鉱山労働の仕事はあまりもうからないことがわかったので、それをやめて町に移り、そこで、つぎつぎに植字工、屋根ふき、鉛工などになりました。どんな仕事でもできるというこの経験によって、私は、自分が軟体動物というよりもむしろ人間であるということを感じています」〔A・コルボン『職業教育について』、第二版〔パリ、一八六〇年〕、五〇ページ〕。

（三〇九）　経済学史における真に傑出した人物、ジョン・ベラーズは、社会の両極に、しかも対立した方向に肥大症と萎縮症とを生み出すこんにちの教育と分業との廃止の必然性を、すでに一七世紀末にきわめて明確に把握していた。彼は、とりわけ次のようにみごとに述べている――「怠けながら学ぶことは、怠けることを学ぶよりも、ほんのわずかましであるにすぎない。……肉体労働は、もともと神のおきてである。……労働が肉体の健康にとって必要なのは、食事が肉体の生存にとって必要なのと同じである。なぜなら、安逸によってまぬがれる苦痛は、病気となって現われるだろうからである。……労働は生命のランプに油を注ぎ、思考はランプに点火する。……子供じみた愚かな仕事」（この言葉は、バセドー[*4]派とその近代の模倣者とを予感し、彼らに向けられたものである）「は、子供の精神を愚かなままにしておく」（『あらゆる有益な商工業と農業のための産業高等専門学校設立の提案』、ロンドン、一六九六年、一二、一四、一六、一八ページ〔浜林・安川訳『イギリス民衆教育論』、明治図書出版、一九七〇年、二八―三四ページ〕）。

＊1〔フランス語版では、次のようになっている。「……ヴェールは、マニュファクチュア時代を通じてはぎとられ始め、大工業の到来で全面的に引き裂かれた」。「ヴェールを引き裂く」はシラー「鐘によせる歌」の一句の言い換え。前出、小栗訳、『世界名詩集大成』6、一三六ページ参照〕

＊2〔古代ギリシアの画家のアペレス（前三二五年頃）が、絵のことはなにもわからない靴匠が靴の絵から

個々の欠点だけをみつけて批評したのに答えた言葉。ローマの著述家プリニウスの『博物誌』、第三五巻、三六（八五）。中野定雄ほか訳（英訳からの重訳）『プリニウスの博物誌』Ⅲ、雄山閣、一九八六年、一四二五ページ〕

＊3〔エティエンヌ・ボワロ（一二〇〇頃―一二七〇年頃）がパリ奉行のときに編纂したパリの同業組合にかんする慣習・規約集〕

＊4〔教育制度の改革に努力したルソーとコメニウスの影響を受けたドイツの教育理論家（一七二三―一七九〇）〕

工場立法が、工場やマニュファクチュアなどにおける労働を規制する限りでは、このことは、さしあたり、資本の搾取権にたいする干渉として現われるにすぎない。それに反して、いわゆる家内労働（三二〇）のあらゆる規制は、ただちに〝父権〟にたいする、すなわち近代的に解釈すれば親権[*1]にたいする直接的干渉として現われる。それは、思いやりのあるイギリス議会が長らくしりごみしているかのように装っていた一措置である。しかし事実の力は、ついに、大工業が古い家族制度とそれに照応する家族労働との経済的基礎とともに、その古い家族関係そのものを解体するということを、いやおうなく認めさせた。児童の権利が宣言されなければならなかった。一八六六年の「児童労働調査委員会」の最終報告書では、次のように述べられている――「不幸なことに、証言の全体から明るみに出たことは、男女の児童たちが、ほかのだれからよりも、彼らの親たちからの保護を必要とするということである」。一般に児童労働、とくに家内労働にたいする無際限な搾取の制度は、「親たちが、彼らの幼く、

(514)

か弱い子供たちにたいして、気ままで法外な権力を、なんらの抑制も制御もなしにふるうことによって維持されている。……親たちに、自分の子供たちをいくらかの週賃銀をたたき出すための純粋な機械にしてしまう絶対的権力をもたせてはならない。……児童および年少者は、彼らの肉体力を早くから破壊し、彼らの道徳的および知的な存在の程度を低下させる親権の濫用にたいして、立法府の保護を求める権利をもっている」(三一一)。だが、親権の濫用が資本による未成熟な労働力の直接的あるいは間接的な搾取をつくり出したのではなく、むしろ逆に、資本主義的搾取様式が親権に照応する経済的基礎を廃棄することによって親権の濫用を生み出したのである。資本主義制度の内部における古い家族制度の解体が[*2]、どれほど恐ろしくかつ厭(いと)わしいものに見えようとも、大工業は、家事の領域のかなたにある社会的に組織された生産過程において、女性、年少者、および男女の児童に決定的な役割を割り当てることによって、家族と男女両性関係とのより高度な形態のための新しい経済的基礎をつくり出す。家族のキリスト教的ゲルマン的形態を絶対的なものと考えることは、ともかく相互に一歴史的発展系列をなしている古ローマ的形態、あるいは古ギリシア的形態、あるいはオリエント的形態[*3]を絶対的なものと考えることと同様に、もちろんばかげている。同様に明らかなことであるが、結合された労働人員がきわめてさまざまな年齢層にある男女両性の諸個人から構成されていることは、労働者が生産過程のためにあるのであって、生産過程が労働者のためにあるのではないという自然成長的で野蛮な資本主義的形態においては、退廃と奴隷状態との疫病の源泉であるとはいえ、適切な諸関係のもとでは、逆に、人間的発展の源泉に急変するに違いない(三一二)[*4]。

（三〇）　ところで、家内労働の大部分は、比較的小さな作業場で行なわれているのであって、このことはわれわれがレース製造業および麦稈さなだ編み業で見たとおりであり〔本章、第八節、d〕、またとくにシェフィールド、バーミンガムなどにおける金属製造業において、より詳細に示されうるであろう。

（三一）　『児童労働調査委員会、第五次報告書』、XXV ページ、第一六二号。および『第二次報告書』、XXXVIII ページ、第二八五、第二八九号。XXV, XXVI ページ、第一九一号。

（三二）　「工場労働は、家内労働とまったく同じように、いやおそらくはそれ以上に純粋で、優れたものでありうる」（『工場監督官報告書。一八六五年一〇月三一日』、一二七〔正しくは一二九〕ページ）。

＊1〔父権は、家父長的家族において家長である男性が家族にたいしてもつ絶対的な家父権。近代になると、未成年者にたいする監督・保護の権利および義務は、父母が共同で行なう親権に変化する〕

＊2〔エンゲルス『イギリスにおける労働者階級の状態』、浜林訳、古典選書、上、一八七、二一一―二二〇ページ、邦訳『全集』第二巻、三五四、三七三―三八〇ページ参照〕

＊3〔フランス語版では、「オリエント的、ギリシア的、およびローマ的様式」となっている〕

＊4〔フランス語版では、ここに次の一文がある。「自然界においてと同様に、歴史においても、腐敗は生命の実験室なのである。」〕

工場法を、機械経営の最初の被造物である紡績業および織布業にたいする例外法からすべての社会的生産の法律に一般化する必要性は、すでに見たように、大工業の歴史的な発展行程から生じる。というのは、この大工業の背後では、マニュファクチュア、手工業、および家内労働という伝来の姿態が、完全に変革され、マニュファクチュアは絶えず工場に、手工業は絶えずマニュファクチュアに転

（515）化し、そして最後に手工業と家内労働との諸部面は、比較的におどろくばかりの短期間に、資本主義的搾取の狂暴きわまる残忍行為が自由に演じられる苦難の巣窟になるからである。最後に決定をくだすのは二つの事情である――第一には、絶えず新しく繰り返される経験であるが、資本は、社会的周辺の個々の点でのみ国家の統御を受けるようになると、他の点でいっそう無際限に埋め合わせをするということであり[三一三]、第二には、競争条件の平等すなわち労働搾取の平等な制限を求める資本家たち自身の叫びである[三一四]。これについて、われわれは、心からなる二つの叫びを聞いておこう。W・クックスリー会社（ブリストルの釘、鎖などの製造業者）は、工場規制を自発的にその事業に導入した。「近所の諸工場では古い不規則な制度が続いているので、この会社は、その少年工たちが晩の六時以後は別の所で労働を続けるよう誘惑されるという不利益をこうむった。会社は当然次のように言う――『これは、われわれにたいする不正であり、かつ損失である、なぜなら、少年たちの力による全利益はわれわれのものであるのに、その力の一部がこれで消耗されてしまうからである』と[三一五]」。J・シンプスン氏（〝紙箱・紙袋製造業者〟、ロンドン）は、「児童労働調査委員会」の委員たちに次のように説明している――「自分は、工場法実施のどんな請願にも署名するつもりである。とにかく自分は、仕事場を閉めてから、他人がもっと長く作業させて自分の注文を横取りしないかと考えると、夜もおちおちしていられない[三一六]」。「児童労働調査委員会」は、総括的に次のように言っている――「比較的大きな雇い主の諸工場は規制に服させるのに、小経営は同じ事業部門でも労働時間の法的制限にならんら服していないのは、大きな雇い主にたいし、不当であろう。比較的小規模な作業場を除外すれば、労働時間にかんする競争条件が平等でなくなるという不公平に加えて、大工場主たちにとっては、もう一つの不利益が加わるであろう。彼らにたいする青少年労働および女性労働の供給が、法律の適用をまぬがれている諸作業場に向けられるということである。最後に、このことは、比較的小さな作業場を増加させる刺激となるであろうが、このような作業場は、ほとんど例外なしに国民の健康、快適、教育、および一般的改善にとって、もっとも好ましくないことである(三一七)」。

(三一三)『工場監督官報告書。一八六五年一〇月三一日』、二七、三二ページ。

(三一四)これについての多くの証拠は、『工場監督官報告書』に見られる。

(三一五)『児童労働調査委員会、第五次報告書』、Xページ、第三五号。

(三一六)同前、IXページ、第二八号。

(三一七)同前、XXVページ、第一六五―一六七号。零細経営に比べての大経営の長所については、『児童労働調査委員会、第三次報告書』、一三ページ、第一四四号。二五ページ、第一二一号。二六ページ、第一二五号。二七ページ、第一四〇号などを参照。

(516)

「児童労働調査委員会」は、その最終報告において、一四〇万人を超える児童、年少者、女性――そのほぼ半分が小経営および家内労働によって搾取される――を工場法のもとに置くよう提案している(三一八)。この委員会は、次のように述べている――「議会が、われわれの提案を全面的に受け入れるならば、疑いもなくこのような立法は、まず第一に取り扱う青少年や弱者にたいしてのみならず、直接に」(女性)「また間接に」(男性)「その効力範囲にはいる成年労働者のいっそう多数の人々にたいしても、きわめて有益な影響をおよぼすであろう。その立法は、彼らに、規則正しくて軽減された労働時間を強制するであろう。〔……〕それは、彼ら自身の幸福と国の幸福とがおおいに依存している肉体力の蓄えを節約し蓄積するであろう。それは、発育ざかりの世代を、その体質をそこない早くから衰弱させる幼少期の過大な疲労から保護するであろう。最後にそれは、少なくとも一三歳までは、初等教育の機会を与え、それによって、あの信じられない無知を終わらせるであろう。この無知については、委員会報告のなかで非常に忠実に描かれており、悲痛きわまりない感情と深い国民的屈辱の感なしには考察することができない」[三一九]。トーリー党内閣は、一八六七年二月五日の開院式の勅語のなかで、(517)産業調査委員会の諸提案[三一九a]を「〝法案〟」に作成したと発表した。[*1] そのためには、新たな二〇年間におよぶ〝価値低い身体における実験[*2]〟を必要としたのである。すでに一八四〇年に児童労働にかんする調査のための議会委員会が任命されていた。一八四二年のその報告は、N・W・シーニアの言葉によれば、「資本家や親たちの貪欲、私欲、残酷さを描いた、また児童や年少者の困窮、堕落、および破滅を描いた、これまで世人の目を引いたなかでもっとも恐ろしい絵」を広げて見せることになった。「……人々は、たぶん、この報告がある過去の時代の惨状を描いていると思い違いをしている。しかし残念ながら、この惨状が昔と同じようなひどさで続いていると報告されている。二年前にハードウィックによって公表された一小冊子は、一八四二年に非難された悪弊が、こんにちも」（一八六三年）「満開状態にあると説明している。……この報告」（一八四二年の）「は、二〇年間も、かえりみられることもなく放置され、その間に、われわれが道徳と呼ぶものについても、学校教育、宗教あるいは自然な家族愛についても、なに一つ知らずに成長したあの子供たち――この子供たちが、いまの世代の親になることを許されたのである」。(三二〇)*3

(三一八)　処置されるべき産業部門は、次のとおり――レース製造業、靴下製造業、麦稈さなだ編み業、さまざまな種類の〝服飾品〟の製造業、造花製造業、靴・帽子・手袋製造業、裁縫業、溶鉱炉から縫針工場などにいたるすべての金属工場、製紙工場、ガラス製造業、タバコ製造業、インドゴム工場、綜絖製造業（織布業のための）、じゅうたん手織業、雨傘・日傘製造業、紡錘・糸巻製造業、印刷業、製本業、文房具業（これには紙箱、カード、色紙などの製造が属する）、ロープ製造業、黒玉装飾品製造業、煉瓦製造業、手織絹製造業、コヴェントリー織布業、製塩業、ろうそく製造業、セメント製造業、精糖業、ビスケット製造業、種々の木材加工、およびその他の雑工業。

(三一九)　『児童労働調査委員会、第五次報告書』、XXVページ、第一六九号。

(三一九a)　〝工場法拡張法〟は、一八六七年八月一二日に通過した。それは、次の諸産業を規制する――すべての金属鋳造・鍛造業、機械製造工場を含むすべての金属加工業、さらにガラス・紙・グッタペルカ〔ゴム質〕・弾性ゴム・タバコの製造業、印刷業、製本業、最後に五〇人以上が就業する全作業場。――〝労働時間規制法〟は、一八六七年八月一七日に通過し、小規模作業場およびいわゆる家内労働を規制している。これらの法律や一八七二年の新〝鉱山法〟などには、第二巻で立ちもどろう〔これらに関連した記述はフランス語版で追加され、次の段落以下に取り入れられている〕。〔この原注三一九aは、末尾の一文を除き初版巻末の「補遺」でマルクスにより原注三一九に追加するよう指示されていた。第二版でも同様に、その巻末の「補遺」で追加の指示がされたが、そのさい末尾の一文が加わり、第三版で独立した注となった〕

(三二〇)　シーニア、『社会科学大会』〔前出『議事報告』〕、五五―五八ページ。

＊1〔『タイムズ』一八六七年二月六日付の記事による。マルクスが「産業調査委員会」と呼んでいるのは児童労働調査委員会のことである〕

＊2〔本訳書、第一巻、八〇四ページの訳注＊5参照〕

＊3〔第三版までは、このあとに次のような文章があった。「現在の〔児童労働〕調査委員会は同じように、鉱山業の新しい規制を提案している。(三二一) 最後に、フォーシット教授が、下院（一八六七年）で農業労働者のための同じような決議案を提出した」（初版では、続けて「それは〔トーリー党〕内閣がイニシアチブをとったものであった」という一文があった）。

フランス語版でマルクスは、この文章を削除し、一八六七年以後の動きについての叙述を拡充した。そのさい、この文章に付された原注三二一が本文に組み入れられた（本訳書、第一巻、八六五―八七六ページ）。これらは第四版でドイツ語版に取り入れられた〕

[*1]その間に、社会状態は変化してしまった。議会は、一八六三年の〔児童労働調査〕委員会の諸要求を、[*2]かつての一八四二年の要求[*3]のようにあえて拒絶しようとはしなかった。そのため、委員会がその報告の一部をはじめて公表した一八六四年には、すでに、土器工業（製陶業を含む）、壁紙・マッチ・弾薬筒・雷管の製造、ビロード剪毛（せんもう）業が、繊維工業に適用される法律のもとにおかれた。一八六七年二月五日の開院式の勅語のなかで、当時のトーリー党内閣は、その間一八六六年にその仕事を完了していた〔児童労働調査〕委員会の最終提案にもとづいて、さらに別の諸法案を発表した。

＊1〔以下の叙述は、エンゲルスによりフランス語版から第四版に取り入れられた。本訳書、第一巻、五二ページ参照〕

＊2〔一八六二年に設置された児童労働調査委員会の報告書をさす。同委員会は、一八六三年から一八六七年までに六次にわたる報告書を提出した〕

＊3〔一八四〇年に設置された児童労働調査委員会が提出した一八四二年の報告書をさす。本訳書、第一巻、八五九ページ参照。同委員会は、一八四二年に第一次報告書（鉱山および炭鉱）、翌一八四三年に第二次報告書（商業および製造業）を提出した〕

一八六七年八月一五日には〝工場法拡張法〟が、八月二一日には〝作業場規制法〟＊が勅裁を受けた。前者は大きな事業部門を規制し、後者は小さい事業部門を規制する。

＊〔原注三一九aに出てくる「労働時間規制法」のこと〕

〝工場法拡張法〟が規制するものは、溶鉱炉、製鉄所および製銅所、鋳造所、機械製造工場、金属加工工場、グッタペルカ工場、製紙工場、ガラス工場、タバコ工場、さらに印刷業および製本業、そして一般に、この種の工業的作業場で、五〇人以上の者が一年のうち少なくとも一〇〇日間は同時に就業しているすべての作業場である。

(518) この法律によって包括される領域の範囲を思い描くために、ここで、その法律のなかで規定されている二、三の定義をあげておこう。

「手工業とは」（この法律では）「なんらかの物品またはその一部の販売のための、製造、改変、装飾、修理、または仕上げにさいし、あるいはそれらに付随して、職業的あるいは営利的に行なわれるなんらかの手工労働を意味するものとする」。

「作業場とは、そのなかで『手工業』が、なんらかの児童、年少労働者あるいは女性によって行なわれるところの、そしてこのような児童、年少労働者あるいは女性を就業させる者が出入りおよび管理の権利を有するところの、屋内または屋外のなんらかの部屋または場所を意味するものとする」。「就業とは、一人の親方、または以下に詳細に規定される親の一人のもとで、賃銀を受けるかいなかにかかわらず、『手工業』に従事していることを意味するものとする」。「親とは、なんらかの……児童または年少労働者にたいして後見または監督をする、父、母、後見人、あるいはその他の者を意味するものとする」。

第七条、すなわち、この法律の諸規定に違反して、児童、年少労働者、および女性を就業させることにたいする罰則条項は、作業場の所有者──親であるかどうかにかかわらず──にたいしてのみならず、「児童、年少労働者あるいは女性の保護者であるか、あるいはその労働から直接の利益を受ける、親またはその他の者」にたいしても、罰金を規定している。

大工場に適用される〝工場法拡張法〟は、ひどい例外諸規定や資本家とのいくじのない妥協が多いため、工場法より後退している。

〝作業場規制法〟は、そのすべての細目にわたってひどいものであり、その施行を委任された都市および地方の諸官庁の手のなかで死文のままになっていた。議会が、一八七一年に、その全権をこれらの官庁から取り上げて、工場監督官に委任したので、彼らの監督地域では一挙に一〇万以上の作業場が増え、煉瓦製造所だけで三〇〇も増えたが、工場監督官の職員は、すでにそれまででもひどい手不足であったのに、慎重至極にもわずか八人の補助員が増員されただけであった(三二)。

（三二）　工場監督の職員は、二人の監督官、二人の副監督官、および四一人の補助監督官からなっていた。さらに八人の補助監督官が、一八七一年に任命された。イングランド、スコットランド、およびアイルランドにおける工場法の執行の総費用は、一八七一―一八七二年には、違反にたいする訴訟のさいの裁判費用を含めて、わずか二万五三四七ポンドにすぎなかった。

(519)

したがって、一八六七年のこのイギリスの立法で目立つことは、一面では、資本主義的搾取の行きすぎにたいし、まったくなみはずれた広範な対策を原則的に採用する必要が、支配階級の議会に強要されたことであり、他面では、議会がそのあとでこの対策を現実に実行するにあたって示した中途半端、嫌悪、および〝不誠意〟である。

一八六二年の〔児童労働〕調査委員会は、また、鉱山業の新たな規制を提案したが、この鉱山業は、土地所有者と産業資本家との利害が両立するという点で、他のすべての産業と相違している一産業であった。この両者の利害が対立していることは工場立法にとって好都合であったが、この対立が欠如しているということは、鉱山立法における遅延と意地悪さを十分に説明している。

すでに一八四〇年の〔児童労働〕調査委員会が、実に恐ろしく腹立たしい暴露を行ない、全ヨーロッパに大きなスキャンダルを引き起こしたので、議会は、一八四二年の〝鉱山法〟によって、自分の良心を救わなければならなかったのであるが、この法律は、女性と一〇歳未満の児童の坑内労働を禁止するにとどまった。

次いで一八六〇年に〝鉱山監督法〟が成立したが、それによると、鉱山は特別に任命された官吏によって監督され、そして、一〇歳から一二歳までの少年は、修学証明書を持っているか、あるいは一定の時間数だけ登校する場合のほかは使用されてはならない。この法律は、任命された監督官の数がこっけいなほど少なかったこと、彼らの権限がごく小さかったこと、またのちにより詳しく明らかにする他の諸原因のためにまったく死文にとどまった。*

＊〔以上がフランス語版から取り入れられた叙述。また、以下の鉱山労働者にかんする叙述と引用は、初版から原注であったものを、フランス語版により、エンゲルスが英語版および第四版で本文に組み入れた。本訳書、第一巻、五二ページ、ならびに八六一ページの訳注＊3を参照〕

鉱山にかんする最新の青書の一つは、『鉱山特別委員会報告書。……証言記録付。一八六六年七月二三日』である。これは、下院議員から構成されていて、証人を召喚して尋問する権限を与えられた委員会の手になるものである。それは、分厚いフォリオ〔二つ折り〕版であるが、そのうち「報告」そのものはわずか五行だけで、その内容は、こうである——委員会はなにも言うことはない、もっと多くの証人が尋問されなければならない！

(520) 証人尋問の仕方は、イギリスの法廷での〝反対尋問〟を思わせる。イギリスの法廷では、弁護士が、厚かましい、意味のわかりにくい反対尋問によって証人を狼狽させ、ねじ曲げられた証言をさせようとする。その弁護士がこの場合には議会の尋問委員自身であって、そのなかには鉱山所有者と採鉱業者がはいっており、証人は鉱山労働者で、ほとんどは炭鉱の労働者である。このまったくの茶番劇は、あまりにもよく資本の精神を特徴づけているので、ここでは二、三のと言わず抜粋を示しておこう。いっそう概観しやすくするために、調査の結果などを項目別に示そう。なお、イギリスの青書では質問と義務的答弁は番号を付されていること、ここに引用される供述を行なった証人は炭鉱の労働者だということ、を注意しておきたい。

（1）鉱山における一〇歳以上の少年の就業。鉱山現場へのやむをえない往復を含めて、労働は、通常、一四時間から一五時間であり、例外的にはもっと長く、朝の三時、四時、五時から夕方の四時、五時まで続く（第六、第四五二、第八三号）。成年労働者は二交替制で、すなわち八時間ずつ労働するが、少年には、費用を節減するためにこのような交替はない（第八〇、第二〇三、第二〇四号）。幼い児童は、主として、鉱山のさまざまな区画の引き戸の開閉に使用されており、やや年かさの児童は、石炭運搬などの重労働に使用されている（第一二二、第七三九〔、第七四〇〕、第一七四七〔正しくは第一七一七〕号）。地下での長時間労働は、一八歳か二二歳まで続き、その年ごろに本来の鉱山労働に移される（第一六一号）。児童と年少者は、こんにちでは、以前のどの時期よりもひどく酷使される（第一六六三―一六六七号）。鉱山労働者は、ほとんどみな一致して一四歳以下の鉱山労働を禁止する議会法を要求している。そこで、ハッシ・ヴィヴィアン（彼自身が採鉱業者である）は質問する――「この要求は、親の貧乏の程度によるものではないか？」――またブルース氏も質問する――「父親が死んだり手足を失ったりした場合に、家族からこの収入源を取り上げるのは酷ではないだろうか？　それでも、一般的な法規は適用されなければならない。君たちは、どういう場合にも、一四歳以下の児童が地下で働かされるのを禁止してもらいたいのか?」。答え――「どういう場合にも、親です」(第一〇七―一一〇号)。ヴィヴィアン――「もし鉱山で一四歳未満の労働が禁止されると、親は、子供たちを工場などにやりはしないだろうか?――普通では、そんなことはありません」(第一七四号)。労働者――「戸の開閉は楽なように見えますが、それは非常に苦しい仕事です。絶えず戸を引っぱることは別にしても、少年は閉じこめられていて、暗い牢獄の一室にいるのとまったく同じです」。ブルジョアのヴィヴィアン――「少年は、明かりがあれば、戸の番をしながら読書できるのではないか?――第一に、彼は自分でろうそくを買わなければならないでしょう。しかし、そんなことは、許されないでしょう。彼がそこにいるのは、注意して自分の仕事をするためであり、彼には、果たさなければならない義務があります。私は、少年が坑内で本を読んでいるのを見たことがありません」(第〔一三九、〕一四一―一六〇号)。

(521)（2）教育。鉱山労働者たちは、工場におけるように、児童の義務的教育のための法律を要望している。彼らは、一〇―一二歳の少年を使用するためには教育証明書が必要であるという一八六〇年の法律の条項は、まったく幻想であると主張している。資本家的予審判事の「きびしい」尋問ぶりは、ここではまったくこっけいなものとなる。(第一一五号)「その法律がもっと必要なのは、雇い主にたいしてか、それとも親にたいしてか?――両方にたいしてです」。(第一一六号)「一方にたいしてよりも他方によりも余計にか?――どう答えたらいいでしょう?」。(第一三七号)「雇い主は、労働時間を学校教育に合わせようとなんらかの要望を示しているのか?――決して」。(第二一一号)「鉱山労働者は、〔鉱山で働き始めた〕あとで自分たちの教育を向上させるのか？――彼らは一般に悪くなります。彼らは、悪習に染まり、飲酒や賭けごとなどにふけり、そしてまったく手のつけようがなくなるでしょう」。（第一〇九号〔正しくは第四五四号〕）「なぜ子供を夜学にやらないのか？――たいていの炭鉱地域には、そのようなものはありません。しかし肝心なことは、子供らは、長い過度労働で疲れ切っているので、疲労のため目もあかないということです」。「では」と、このブルジョアは結論して言う――「諸君は教育に反対なのか？――決してそんなことはありません。でも……」。（第四四三号）「鉱山所有者などは、一八六〇年の法律によって、一〇歳から一二歳までの児童を使う場合に、修学証明書を要求しなければならないことになっているのではないか？――法律ではそうですが、雇い主はそんな要求はしません」。（第四四四号）「諸君の意見では、この法律条項は、一般に実施されていないのか？――それは、まったく実施されていません」。（第七一七号）「鉱山労働者たちは、教育問題にたいして非常に関心をもっているのか？――大多数はそうです」。（第七一八号）「彼らは、その法律の実施を熱望しているのか？――大多数はそうです」。（第七二〇号）「それならなぜ彼らはその実施を強要しないのか？――多くの労働者は、修学証明書のない少年を採用しないよう望んでいるのですが、そんなことを言えば、〝要注意人物〟になります」。（第七二一号）「要注意にするのはだれか？――彼の雇い主です」。（第七二二号）「でも諸君はまさか、ある人が法律を守るからといって、雇い主が迫害するとは思わないだろう？――雇い主はそうするだろうと、私は思います」。（第七二三号）「労働者は、なぜ、そのような少年を使うことを拒否しないのか？――それは、彼らの勝手にならないことです」。（第一六三四号）「諸君は、議会の干渉を望んでいるのか？——鉱山労働者の子供たちの教育にとって、なにか有効なことが行なわれるべきであるならば、その教育は議会法によって強制的になされなければなりません」。（第一六三六号）「それは、大ブリテンのすべての労働者の子供についての話か、それとも鉱山労働者だけについての話か？——私がここに来たのは、鉱山労働者の名で語るためです」。（第一六三八号）「なぜ炭坑児童を他の児童から区別するのか？——彼らは、例外をなしているからです」。（第一六三九号）「どの点でか？——肉体的にです」。（第一六四〇号）「なぜ、彼らにとっては、他の部類の児童たちにとってよりも教育が大切であるべきなのか？——私は、教育が彼らにとってより大切だと言うのではありません。でも彼らは、鉱山での過度労働のために、昼間の学校や日曜学校で教育を受ける機会がより少ないのです」。（第一六四四号）「この種の問題を絶対的に論ずることは不可能ではないか？」。（第一六四六号）「これらの地域には、学校は十分あるのか？——ありません」。（第一六四七号）「もし国家が、あらゆる児童が学校に行くことを要求したとしても、すべての児童を入れる学校がいったいどこにあるというのか？——私は事情が必要とするならば、学校はおのずとできると思います」。「児童ばかりでなく、大人の鉱山労働者も、大多数が書くことも読むこともできません」（第七〇五、七二六号）。

(522)
（3）女性労働。確かに一八四二年以来、女性労働者は、地下ではもう使用されないが、地上では、石炭の積み込みなどをしたり、運河や鉄道貨車まで炭車を引いていったり、石炭の選別などをしたりするために使われる。女性労働者の使用は、最近三、四年間に非常に増加した（第一七二七号）。彼女たちは、ほとんどが鉱山労働者の妻や娘や寡婦であり、一二歳から五〇歳、六〇歳までの者である（第六四五〔正しくは第六四七〕、第一七七九〔、第一七八二〕号）。（第六四八号）「鉱山労働者は、鉱山で女性が働くことについて、どう考えているのか？——彼らは、一般に非難しています」。（第六四九号）「なぜか？——彼らは、それが女性を堕落させるとみています〔」〕。〔「〕……彼女たちは、男の服のようなものを着ています。多くの場合に、あらゆる羞恥心をなくします。多くの女性は、タバコを吸います。仕事は、坑内そのものにおける仕事と同じように真っ黒に汚れています。なかには、結婚している女性も多いのですが、彼女たちは、家庭のつとめを果たすことができません」（第六五一号以下〔および第七〇一号〕）。（第七〇九号）「寡婦は、そんなに収入の多い仕事（週に八—一〇シリング）をどこかほかでみつけられるだろうか？——それについてはなにも言えません」。（第七一〇号）「それでも」（冷血漢よ！）「諸君は、彼女たちからこの生計の道をもぎ取るつもりか？——そのとおりです」。（第一七一五号〔、一七一七号〕）「どこから、そんな気持ちが生まれるのか？——われわれ鉱山労働者は、女性をおおいに尊敬しているので、彼女たちが炭坑に追い込まれているのを見ていられないのです。……この仕事は、大部分がすごい重労働です。これらの娘の多くは、一日に一〇トンのものを持ち上げています」。（第一七三二号）「諸君は、鉱山で働いている女性労働者たちが、工場で働いている女性労働者よりも不道徳だと思うか？——不良者の割合は工場の娘の場合より多いのです」。（第一七三三号）「だが諸君は、工場における道徳の状態にも満足していないだろう？——していません」。（第一七三四号）「では諸君は、工場での女性労働をも禁止させたいのか？——いいえ、そうは思いません」。（第一七三五号）「なぜ思わないのか？――工場労働のほうが女性にとって名誉あるものでふさわしいものです」。（第一七三六号）「それでも、工場労働は、彼女たちの道徳にとって有害だと考えているのだろう？――いいえ、炭坑での労働に比べれば、はるかに有害ではありません。そのうえ、私は道徳的な理由からだけでなく、肉体的および社会的な理由からも言っているのです。娘たちの社会的堕落は、いたましく、ひどいものです。これらの娘たちが鉱山労働者の妻になると、夫たちはこの堕落にひどく苦しみ、そのために家をあけ、酒に走ります」。（第一七三七号）「しかし、同じことは製鉄所で働いている女性についても言えるのではないか？――ほかの事業部門についてはわかりません」。（第一七四〇号）「しかし、製鉄所で働く女性と鉱山で働く女性とのあいだには、いったいどんな違いがあるのか？――そんな問題を考えたことはありません」。（第一七四一号）「諸君は、ある部類と他の部類とのあいだに違いを見いだすことができるのか？――それについてなにも確かめたことはありませんが、家々を訪ねて、われわれの地区のひどい状況を知っています」。（第一七五〇号）「女性の就業が堕落のもとになる場合には、諸君は、どこでもそれを廃止したいという気がおおいにあるのではないか？――そうです。……子供たちの最良の情操は、母親のしつけから生まれるに違いありません」。（第一七五一号）「しかし、そのことは、女性の農業の仕事にもあてはまるのか？――農業の仕事は、二季続くだけですが、われわれのところでは、女性は四季の全部を通じて働きます――〔（第一七八三、一七八四、一七八六、一七九〇号）〕ときには昼も夜も、肌までぬれて、自分たちの体質を弱くし、健康を害しながら」。（第一七五三号）「諸君はこの問題」（すなわち女性就

（523）業の問題）「を全般的には研究していないのか？――自分の周囲を見回して言えることは、炭坑での女性の就業に相等するものをどこにも見いださなかったということだけです。〔（第一七九三、一七九四、一八〇八号）〕それは、男性の仕事であり、しかも体力のある男性向きの仕事です。鉱山労働者のうちで比較的ましな部類の者たちは、自分を向上させ人間らしくなろうとしていますが、その妻たちから支えてもらうどころか彼女らによってだめにされてしまうのです」。ブルジョアがさらにあれこれと質問したあとで、ついに、寡婦や貧困家庭などにたいする彼らの「同情」の秘密が明らかになる――「炭鉱所有者は、ある種のジェントルマンたちを監督に任命していますが、このジェントルマンたちは炭坑主たちに気に入られようと、万事をできるだけ経済的な土台に乗せる策をとっているので、使われている少女たちは、一日に、男性なら二シリング六ペンスもらうはずのところを、一シリングないし一シリング六ペンスもらっています」（第一八一六号）。

（４）検死陪審員。（第三六〇号）「諸君の地区における〝検死法廷〟にかんしてであるが、労働者は、災害が発生した場合に、裁判手続きに満足しているのか？――いいえ、満足していません」。（第八六一号〔正しくは第三六一―三七五号〕）「なぜ満足していないのか？――とくに、鉱山のことをまったく知らない人々が陪審員にされるからです。労働者は、証人としてのほかは、決して呼ばれません。だいたいは、近所の小売商人が採用されますが、彼らは、自分の顧客である鉱山所有者の勢力下にあるし、証人たちの専門用語を少しも理解しません。われわれは、鉱山労働者が陪審員の一部を構成するよう要望します。判決は、概して、証人たちの供述と矛盾しています」。（第三七八号）「陪審員たちは、公平であるはずがないというのか？――そうです」。（第三七九号）「労働者たちは公平だろうか？――彼らが公平でありえないというような動機は認められません。彼らは、専門的知識をもっています」。（第三八〇号）「しかし彼らは、労働者の利益のために、不当にきびしい判決をくだす傾向をもっていないだろうか？――いいえ、私はそうは思いません」。

（５）不正な度量衡など。労働者は、二週間ごとの支払いではなくて一週間ごとの支払い、石炭桶の容積による計量ではなくて重量による計量、不正な度量衡の使用にたいする保護などを要望している。（第一〇七一号）「もしいんちきな手を使って石炭桶が大きくされるならば、労働者は、一四日間の予告期間ののちに鉱山をやめることができるではないか？――しかし、労働者は、他所へ行っても同じことです」。（第一〇七二号）「しかし労働者は、それでも、不正が行なわれている場所から去ることができるではないか？――不正は、一般に行なわれています」。（第一〇七三号）「しかし労働者は、その行く先々の場所から、一四日間の予告期間ののちに去ることができるだろう？――そうです」。もうたくさんだ！

(524) （６）鉱山監督。労働者は、爆発性ガスによる災害で苦しむだけではない。（第二三四号以下）「炭坑の悪い換気のため、坑内でほとんど息もできないありさまであることについてもわれわれは、同じように強く訴えなければなりません。そのために、どんな種類の仕事もできなくなります。たとえば、私が働いている坑区では、ちょうどいま、毒気のために多くの人々が数週間も病床についています。主要な坑道は、たいてい通風が十分ですが、われわれが働いている場所はそうではありません。換気について監督官に苦情を送ると、その人は解雇され、『要注意』人物になり、他の所でも仕事を見つけられません。一八六〇年の『〝鉱山監督法〟』はまったくの紙屑です。監督官は、その数があまりにも少なすぎて、おそらく七年に一度ぐらい、形式的な巡察をするだけです。〔(第五五四〇号)〕われわれのところの監督官は、まったく無能な七〇歳の人で、一三〇以上の炭鉱を監督しています。もっと多くの監督官のほかに、補助監督官が必要です」。(第二八〇号)「では、労働者自身からの情報がなくても、諸君が望むことはなんでもできるような監督官一隊を、政府がおくべきだというのか？——それは不可能ですが、彼らは自分で鉱山そのものの情報を集めにくるべきです」。(第二八五号)「諸君は、その結果が、換気などにたいする責任（！）を鉱山所有者から政府の官吏に転嫁することになると思わないか？——決して思いません。現行の法律を守ることを強制することが、役人の仕事でなければなりません」。(第二九四号)「諸君が補助監督官と言うのは、現在の監督官よりも俸給の少ないもっと下級の人々のことなのか？——もっと良い人々が得られるなら、下級の人を望むわけでは決してありません」。(第二九五号)「諸君は、もっと多くの監督官を望んでいるのか、それとも監督官よりも下級の部類の人々を望んでいるのか？——われわれに必要なのは、鉱山そのもののなかをかけ回る人々、自分のことをかえりみない人々です」。(第二九六号〔正しくは第二九七号〕)「もし諸君の希望に従って下級の監督官が補充されたならば、彼らの熟練不足のため危険が生じたりなどしないだろうか？——いや、適当な人物を選任することは政府の仕事です」。この種の尋問は、ついに、調査委員長にとってさえあまりにもばかばかしくなる。彼は言葉をさしはさんで言う——〔(第二九八、二九

（525）

九号）〕「諸君が望んでいるのは、鉱山そのもののなかを自分で視察して、監督官に報告するような実務的な人々である。そうなると監督官も自分の高度な学問を使えるというわけである」。（第五三一号）「これらの古い炭坑のすべてを換気すると、多くの費用がかかりはしないか？——はい、出費はかさむかも知れませんが、人命は保護されるでしょう」。（第五八一号）ある炭鉱労働者は、一八六〇年の法律の第一七条に抗議して言う——「現在は、鉱山のどこか一部分が操業できない状態にあることを鉱山監督官が発見したならば、彼はそのことを鉱山所有者と内務大臣に報告しなければなりません。そののち、鉱山所有者には二〇日間の考慮期間があります。二〇日間が終わると、彼はいっさいの変更を拒否できます。ただし、そうするには、彼は内務大臣に書面を出して、五人の鉱山技師を推薦しなければならず、内務大臣は、そのなかから裁定人を選ばなければなりません。この場合、鉱山所有者が実質的に自分自身の裁判官を任命しているとわれわれは主張するのです」。（第五八六号）みずから鉱山所有者であるブルジョアの尋問官は言う——「これは、まったく思惑をもった抗議だ」。（第五八八号）「すると諸君は鉱山技師の誠実さをほとんど認めていないのではないか？——私は、それ〔彼らのやり方〕が非常に不当で不公平だと言っているのです」。（第五八九号）「鉱山技師は一種の公的性格をもっていて、諸君が心配するような不公平な決定をしないのではないか？——私は、これらの人々の個人的な性格にかんする質問に答えることをお断わりします。私は、彼らが、多くの場合、きわめて不公平に行動していること、そして人命にかかわるような場合は、彼らからこうした権力を取り上げるべきであることを、確信しています」。同じブルジョアは、恥知らずにも質問する——

「諸君は、爆発のさいには、鉱山所有者も損をするとは思わないのか？」。最後に（第一〇四二号）――「君たち労働者は、政府の援助を求めないで、自分で自分の利益を守ることはできないのか？――できません」。一八六五年には、大ブリテンに三二一七の炭鉱があり、そして――監督官は一二人であった。ヨークシャーのある鉱山所有者が（『タイムズ』一八六七年一月二六日付）自分で計算したところでは、純粋に役所的な事務が監督官の全時間を吸収してしまうことは別にして、各鉱山を視察できるのは、一〇年間にただ一回だけということになる。近年（とくに一八六六年および一八六七年）になって、大災害が、件数でも規模でも（しばしば二〇〇―三〇〇人の労働者の犠牲をともなって）累進的に増大してきたことは、なんら不思議ではない。これが、「自由な」資本主義的生産の美点なのである！＊

＊〔以上が第四版で原注から本文に組み入れられた叙述と引用。また、以下の二つのパラグラフは、フランス語版で追加された部分で、エンゲルスが第四版に取り入れた〕

とにかく、一八七二年の法律〔新鉱山法〕は、どんなに欠陥だらけであっても、鉱山で働く児童の労働時間を規制し、採鉱業者および鉱山所有者に、ある程度まで、いわゆる災害にたいする責任を負わせる最初の法律である。

農業における児童、年少者、および女性の就業を調査するための一八六七年の勅命委員会は、いくつかの非常に重要な報告を公表した。工場立法の諸原則を修正された形で農業に適用しようとするさまざまな試みがなされたが、こんにちまでのところ、それらすべてはまったく失敗に終わった。しかし、私がここで注意を促さなければならないことは、こうした諸原則を一般的に適用しようとするさからいがたい傾向が存続していることである。

労働者階級の肉体的および精神的な保護手段として工場立法の一般化が不可避的になると、他方で、それは、すでに略述したように、矮小（わいしょう）な規模の分散した労働過程から大きな社会的規模での結合された労働過程への転化を、したがって資本の集中と工場体制の排他的支配とを一般化し、かつ促進する。（526）工場立法の一般化は、資本の支配をなお部分的に背後におおい隠しているすべての古い諸形態および過渡的諸形態を破壊して、資本の直接的なむき出しの支配に置き換える。したがってそれは、資本の支配にたいする直接的な闘争をも一般化する。工場立法の一般化は、個々の作業場においては、斉一性、規則正しさ、秩序、および節約を強要するが、他方では、労働日の制限と規制が技術に押しつける強大な刺激によって、全体としての資本主義的生産の無政府性と破局、労働の強度、そして機械と労働者との競争を増大させる。工場立法の一般化は、小経営および家内労働の領域とともに、「過剰人口」の最後の避難所を破壊し、そしてそれとともに全社会機構の従来の安全弁を破壊する。工場立法の一般化は、生産過程の物質的諸条件および社会的結合とともに、生産過程の資本主義的形態の諸矛盾と諸敵対とを、それゆえ同時に、新しい社会の形成要素と古い社会の変革契機とを成熟させる。[三二二]

（三二二）ロバート・オウエンは協同組合工場と協同組合売店の父であるが、それでも、すでに述べたように、これらの切り離された転換諸要素の有効範囲について彼の追随者たちがもっていた幻想などを決してもっていなかったのであって、彼は自分の試みにおいて実際に工場制度から出発しただけでなく、理論的にも工場制度を社会革命の出発点であると宣言した。*ライデン大学の経済学教授フィセリング氏は、平凡な俗流経済学をもっともそれにふさわしい形で講述している彼の『実践経済学提要』、一八六〇―六二年、のなかで、大工業に反対して手工業を熱心に擁護するとき、そのようなことを予感しているように見える。――〔第四版のために。――互いに矛盾している〝工場法〟、〝工場法拡張法〟、および〝作業場〔規制〕法〟によって、イギリスの立法が引き起こした「新たな法律的な紛糾」（二六四ページ〔本訳書、第一巻、五二八ページ参照〕）はついに耐えられないほどのものとなり、そこで一八七八年の〝工場および作業場法〟において、関係立法すべての法典編纂ができ上がった。イギリスのこの現行産業法典を詳しく批判することは、むろんここではできない。だから以下の覚え書きで満足してほしい。この法律は、次のものを包括している。（一）繊維工場。ここでは、ほとんどすべてが、もとのままである。一〇歳以上の児童のために許された労働時間は、一日五時間半であり、六時間の場合は、土曜日が休みとなる。年少者と女性は、五日間は一〇時間で、土曜日は最高六時間半である。――（二）非繊維工場。ここでは諸規定は、従来よりは（一）の諸規定にいっそう近づいているが、相変わらず資本家たちに都合のよい例外がいくつも残っており、この例外は、多くの場合、内務大臣の特別許可によってさらに拡大されうる。――（三）従来の法律においてとほぼ同様に定義された〝作業場〟。児童、年少労働者あるいは女性が就業している限り、〝作業場〟は、非繊維工場とほぼ同等に扱われるが、細目ではやはり緩和措置が行なわれている。――（四）児童または年少労働者は使用せず、一八歳以上の男女の人員だけが就業している〝作業場〟。この部類にたいしては、なおいっそうの緩和措置が適用される。――（五）家族員だけがその家族の住居のなかで就業する〝家庭作業場〟。ここではいっそう弾力的な諸規定があり、また同時に、監督官は、大臣または判事の特別許可なしには、居室として同時利用されているのではないような場所にしか立ち入れないという制限があり、そして最後に、家庭内での麦稈さなだ編み業、レース編み業、および手袋製造業については、無条件に放任されている。この法律は、そのあらゆる欠陥にもかかわらず、いまなお、一八七七年三月二三日のスイス連邦工場法とならんで、この対象にかんする格別にすぐれた法律である。これを右のスイス連邦の法律と比較することは、とくに興味がある。というのはこの比較によって双方の立法上の方法——イギリス的な、「歴史的な」、臨機応変的な方法と、大陸的な、フランス革命の伝統の上に築かれた、より普遍化する方法——の長所と短所が、きわめて明瞭になるからである。残念ながら、イギリスのこの法典は、作業場への適用においては、大部分がいまなお死文である——それも監督官の人員が足りないためである。

——F・エンゲルス〕

＊〔オウエン『マンチェスターで行なわれた六つの講演』、一八三七年、五八ページ。『資本論草稿集』2、大月書店、五〇一—五〇三ページ参照〕

(527)

第一〇節　大工業と農業

大工業が、農業およびその生産当事者たちの社会的関係に引き起こす革命は、もっとあとになってはじめて述べることができる。ここでは、二、三の結果を先取りして簡単に略述するだけで十分である。農業における機械の使用は、機械工場労働者が受ける肉体的損傷の恐れはだいたいにおいてないが、(三二三)のちに詳しく見るように、機械は、ここでは、労働者を「過剰化」させる点では、いっそうきびしく、また抵抗なしに作用する。たとえば、ケンブリッジ州、サフォーク州では、耕地面積は最近二〇年以来非常に拡大したが、他方、農村人口は同じ期間に相対的のみならず絶対的にも減少した。北アメリカ合衆国では、農業機械は、いまのところ、ただ潜在的に労働者に取って代わったにすぎない。すなわち、農業機械は、生産者がより大きな地面を耕作することを可能にするが、現実には就業労働者を駆逐していない。イングランドとウェイルズで、一八六一年に、農業機械の製造に従事した人員数は一〇三四人であったが、他方、蒸気機関および作業機を使って働いていた農業労働者の数は、わずか一二〇五人であった。

(528)

(三二三)　イギリスの農業で使用される機械の詳しい叙述は、『イギリスの農具と農業機械』、W・ハム博士著、第二版、一八五六年、に見られる。イギリスの農業の発展過程にかんするその素描では、ハム氏は、あまりにも無批判的にレオーンス・ド・ラヴェルニュ氏〔フランスの政治家、経済学者〕に追随している。〔第四版のために。――いまではもちろん陳腐。――F・エンゲルス〕

農業の部面において、大工業は、それが古い社会の堡塁(ほうるい)である「農民」を破滅させ、彼らを賃労働者と置き換える限りにおいて、もっとも革命的に作用する。こうして、農村の社会的変革要求および社会的諸対立は、都市におけるそれらと均等化される。陳腐きわまる、また非合理きわまる経営に代わって、科学の意識的な技術学的応用が現われる。農業およびマニュファクチュアの幼稚で未発展な姿態にまといついていた両者の本源的な家族のきずなの解体は、資本主義的生産様式によって完成される。しかし、資本主義的生産様式は、同時に、農業と工業との対立的に形成された姿態を基礎とする、両者の新しいより高い総合、両者の結合の物質的諸前提をつくり出す。資本主義的生産は、それが大中心地に堆積させる都市人口がますます優勢になるに従って、一方では、社会の歴史的原動力を蓄積するが、他方では、人間と土地とのあいだの物質代謝を、すなわち、人間により食料および衣料の形態で消費された土地成分の土地への回帰を、したがって持続的な土地豊度の永久的自然条件を撹乱する。こうしてこの資本主義的生産は、都市労働者の肉体的健康と農村労働者の精神生活とを、同時に破壊する。[三二四]しかしそれは同時に、あの物質代謝の単に自然発生的に生じた諸状態を破壊することを通じて、その物質代謝を、社会的生産の規制的法則として、また完全な人間の発展に適合した形態において、体系的に再建することを強制する。農業においては、製造業におけると同様に、生産過程の資本主義的転化は同時に生産者たちの殉難史として現われ、労働手段は労働者の抑圧手段、搾取手(529)段、および貧困化手段として現われ、労働過程の社会的結合は労働者の個人的な活気、自由、および自立性の組織的圧迫として現われる。より広い地面の上に農村労働者が分散していることは、同時に彼らの抵抗力を弱くするが、他方、集中は、都市労働者の抵抗力を高める。都市工業におけると同様に、近代的農業においては、労働の生産力の上昇と流動化の増大とは、労働力そのものの荒廃と衰弱という犠牲によって手に入れられる。そして、資本主義的農業のあらゆる進歩は、単に労働者から略奪する技術における進歩であるだけでなく、同時に土地から略奪する技術における進歩でもあり、一定期間にわたって土地の豊度を増大させるためのあらゆる進歩は、同時に、この豊度の持続的源泉を破壊するための進歩である。ある国が、たとえば北アメリカ合衆国のように、その発展の背景としての大工業から出発すればそれだけ、この破壊過程はますます急速に進行する。[三二五]それゆえ資本主義的生

（530）産は、すべての富の源泉すなわち土地および労働者を同時に破壊することによってのみ社会的生産過程の技術および結合を発展させる。

（三四）「諸君は、民衆を、二つの敵対する陣営に、ぶこつな田舎者と柔弱な侏儒（しゅじゅ）に分割する。やれやれ！　農業的利害と商業的利害とに分裂した一国民は、この奇怪で不自然な分割にもかかわらず、それどころかまさにこの分割の結果として、みずからを健全な国民、またそれどころか、開明的かつ文明的な国民と称している」（デイヴィド・アーカート『常用語』、一一九ページ）。この一節は、現代を評価したり非難したりすることを知っていても、それを理解することを知らないある種の批判の強さと弱さとを同時に示している。

（三五）リービヒ『化学の農業および生理学への応用』、第七版、一八六二年、またとくに第一巻における「農耕の自然法則への緒論」を参照。自然科学的見地からする近代的農業の消極的側面の展開は、リービヒの不滅の功績の一つである。農業史にかんする彼の歴史的概観も、粗雑な誤りがなくもないが、卓見を含んでいる。彼があて推量で次のような意見をあえて述べたことは、惜しむべきである――「さらに細かく粉砕し、重ねて鋤き返すことによって、有孔性土壌の内部での換気が助長され、空気が作用をおよぼす土壌面積が拡大され更新される。しかし容易に理解されるように、耕地の収穫の増加は、耕地に使用された労働に比例するものではありえないのであって、はるかに少ない割合でしか増加しない」。リービヒは、つけ加えて言う――「この法則は、ジョン・スチュアト・ミルにより、彼の『経済学原理』第一巻、一七ページ〔正しくは二一七ページ〕ではじめて、次のように言い表わされている[*1]――『他の事情が同じならば、土地の収穫が、使用労働者数の増加に比べて、逓減的（ていげん）な割合で増加することは』」（そのうえミル氏は、リカードウ学派の法則をまちがった公式で繰り返している。というのは、「就業労働者の減少」がイギリスでは絶えず農業の進歩と歩調を合わせているので、イギリスについてイギリスで発見された法則が、少なくともイギリスでは適用されないということになるからである）「『農業の一般的法則である』と。これは十分注目に値する。なぜなら、ミルはその理由を知らなかったからである」（リービヒ、同前、第一巻、一四三ページおよび注）。リービヒは「労働」という言葉を経済学とは少し違った意味で理解しているが、その解釈の誤りは別として、彼がジョン・スチュアト・ミル氏を一つの理論の最初の提唱者にしているのは、ともかく「十分注目に値する」ことである——その理論は、アダム・スミスの時代にジェイムズ・アンダースンが最初に発表し、そして一九世紀初頭にいたるまでさまざまな著作のなかで繰り返されたものであり、[*2]また、一般に剽窃（ひょうせつ）の大家であるマルサス（彼の人口論全体が恥知らずな剽窃である）が一八一五年に自分のものにしたものであり、[*3]またウェストが同じ時代にアンダースンとは独立に展開したものであり、[*4]またリカードウが一八一七年に一般的価値論と連関させ、[*5]その後リカードウの名のもとで世界を一周したものであり、また、一八二〇年にジェイムズ・ミル（ジョン・スチュアト・ミルの父）によって通俗化され、[*6]そして最後に、とりわけジョン・スチュアト・ミルによっても、すでに決まり文句となった学派的ドグマとして繰り返されているものである。ジョン・スチュアト・ミルのともかく「注目に値する」権威は、ほとんどもっぱらこうした〝見当違い〟のおかげであることは否定しがたい。

＊1〔末永茂喜訳『経済学原理』、㈠、三三五ページ参照〕

＊2〔アンダースン『穀物法の性質にかんする研究』（匿名）、エディンバラ、一七七七年、『論集。農業および農村事情に関連して』、同前、一七七五—一七九六年、『従来ヨーロッパの農業の進歩を遅らせていた諸原因の研究』、同前、一七七九年、『農業、博物学、技芸……にかんする閑話』、ロンドン、一七九九—一八〇二年〕

＊3〔マルサス『地代の性質および増進にかんする研究』、ロンドン、一八一五年、（楠井・東訳『穀物条例論および地代論』、岩波文庫）〕

＊4〔ウェスト『土地への資本投下にかんする小論』、ロンドン、一八一五年（橋本比登志訳『穀物価格論』、未来社、一九六三年）〕

＊5〔リカードウ『経済学および課税の原理』、ロンドン、一八一七年（堀訳『リカードウ全集』I、雄松堂書店）〕

＊6〔ジェイムズ・ミル『経済学要綱』、ロンドン、一八二一年（渡辺輝雄訳『経済学綱要』、春秋社）〕

（531）

第五篇　絶対的および相対的剰余価値の生産*

*〔この篇（初版では章）の表題は第二版からのもので、初版では「絶対的および相対的剰余価値の生産にかんする追加的研究」となっており、現行の「第六篇　労賃」もこの篇に含まれていた〕

第一四章　絶対的および相対的剰余価値

労働過程は、なによりもまず、その歴史的諸形態にかかわりなく、人間と自然とのあいだの過程として、抽象的に考察された（第五章を見よ）。そこでは次のように述べられている――「全労働過程を、その結果の〔すなわち生産物の〕立場から考察すれば、労働手段と労働対象の両者は生産手段として、労働そのものは生産的労働として現われる」〔本訳書、第一巻、三二五―三二六ページ〕。そして、注七では、次のように補足された――「生産的労働のこの規定は、単純な労働過程の立場から生じるのであって、資本主義的生産過程にとっては決して十分なものではない」〔本訳書、同前、三二六ページの原注七〕。このことが、ここで、さらに展開されなければならない。

労働過程が純粋に個人的な労働過程である限りは、のちには分離されるすべての機能を同じ労働者が一つに結合している。彼は、自分の生活目的のために自然対象を個人的に取得するにあたって、自分自身を管理している。のちには、彼が管理される。個々の人間は、彼自身の頭脳の管理のもとで彼自身の筋肉を動かすことなしには、自然に働きかけることはできない。自然体系のなかで頭と手が一組になっているように、労働過程は頭の労働と手の労働を結合する。のちには、この二つは分離して、敵対的に対立するまでになる。生産物は、一般に、個人的生産者の直接的生産物から一つの社会的生産物に、一つの全体労働者、すなわち一つの結合された労働人員――その成員は労働対象の処理に直接または間接にかかわっている――の共同生産物に、転化する。そのため労働過程そのものの協業的性格とともに、生産的労働の概念や、その担い手である生産的労働者の概念も、必然的に拡大される。
(532) 生産的に労働するためには、みずから手をくだすことはもはや必要でない。全体労働者の器官となって、そのなんらかの部分機能を果たせば十分である。生産的労働にかんする前述の本源的な規定は、物質的生産そのものの性質から導き出されたものであり、総体として見た場合の全体労働者については依然として真実である。しかし、その規定は、個々に取り上げられたその各成員については、もはやあてはまらない。

しかし他面、生産的労働の概念はせばめられる。資本主義的生産は商品の生産であるだけでなく、本質的には剰余価値の生産である。労働者は自分のためにではなく、資本のために生産する。だから、彼が一般に生産を行なうというだけでは、もはや十分でない。彼は剰余価値を生産しなければならない。資本家のために剰余価値を生産する、すなわち資本の自己増殖に役立つ労働者だけが、生産的である。物質的生産の部面外から一例をあげてもよいのであれば、学校教師は、児童の頭脳を加工するだけでなく、〔学校を所有する〕企業家を富ませるための労働にみずから苦役する場合に、生産的労働者である。企業家がその資本を、ソーセージ工場の代わりに、教育工場に投下したということは、この関係を少しも変えない。それだから、生産的労働者の概念は、決して単に活動と有用効果との、労働者と労働生産物との関係だけでなく、労働者を資本の直接的増殖手段とする、独自に社会的な、歴史的に成立した生産関係をも含んでいる。それゆえ、生産的労働者であるということは、幸福ではなく、むしろ不運である。本書のうち理論の歴史を取り扱う第四部で、古典派経済学はずっと以前から剰余価値の生産を生産的労働者の決定的な性格としたことが、詳細に示されるであろう。* そのため、古典派経済学が剰余価値の本性をどう理解するかによって、生産的労働者についてのその定義も変わってくる。たとえば重農主義者は、農耕労働だけが剰余価値をもたらすので、農耕労働だけが生産的である、と説明している。ただし重農主義者にとっては、剰余価値はもっぱら地代の形態でだけ存在する。

＊〔マルクスは、『一八六一―一八六三年草稿』の「剰余価値に関する諸学説」のなかで、この問題をめぐる学説史の膨大な批判的研究を行なっていた。「c　A・スミス」の「生産的労働および不生産的労働の区別」および「収入と資本との交換」(『資本論草稿集』5、大月書店、一九八〇年、一七〇―四六八ページ。または『剰余価値学説史』の「第四章　生産的および不生産的労働に関する諸学説」、邦訳『全集』第二六

巻、第一分冊、一六〇―三七五ページ）参照〕

労働者がその労働力の価値の等価だけを生産する点を超えて労働日が延長されること、そして資本によってこの剰余労働が取得されること――これは絶対的剰余価値の生産である。それは資本主義制度の一般的基礎をなし、また相対的剰余価値の生産の出発点をなしている。相対的剰余価値の生産の場合には、労働日ははじめから二つの部分に――すなわち必要労働と剰余労働とに分かれている。剰余労働を延長するために、労賃の等価がより短時間で生産される諸方法によって、必要労働が短縮される。(533) 絶対的剰余価値の生産では労働日の長さだけが問題である。相対的剰余価値の生産は労働の技術的諸過程および社会的諸編成を徹底的に変革する。*

＊〔フランス語版では、ここに、「だから、それは、本来の資本主義的生産様式とともに発展する。」の一文がある〕

したがって、相対的剰余価値の生産は、一つの独自の資本主義的生産様式*を想定するのであって、この生産様式は、その方法、手段、および条件そのものとともに、最初は、資本のもとへの労働の形式的包摂（ほうせつ）を基礎として、自然発生的に成立し、発展させられる。形式的包摂に代わって、資本のもとへの労働の実質的包摂が現われる。

＊〔資本主義の成立と発展の最初の段階では、資本主義的生産は旧来の労働様式をそのまま引きついでそれを支配のもとに置く。より発展した段階では、資本が独自の労働様式をつくりだして、資本主義的搾取を本格化する。マルクスは、最初の段階を資本による「労働の形式的包摂」、より発展した段階を「労働の実質的

包摂」と呼び、後者の段階にすすんだ資本主義を、「独自の資本主義的生産様式」と命名した。「第四篇　相対的剰余価値の生産」で分析した、協業、分業とマニュファクチュア、機械と大工業の三章は、独自の資本主義的生産様式の発展の諸区分を示すもので、第七篇の「第二三章　資本主義的蓄積の一般的法則」では、そのもとでの資本主義の急速な発展と諸矛盾の深刻化の過程が分析される〕

剰余労働が直接的強制によって生産者から汲み出されるのではなく、また資本のもとへの生産者の形式的従属も生じていない中間諸形態については、それらを指摘しておくだけで十分である。ここでは資本はまだ労働過程を直接には征服していない。祖先伝来の経営様式で手工業や農業を営む自立的な生産者たちとならんで、高利貸しまたは商人が現われ、これらの自立的な生産者を寄生虫的に搾り取る高利資本または商業資本が現われる。一つの社会のなかでこの搾取形態が優勢であることは、資本主義的生産様式を排除するが、他面、この搾取形態は、中世後期におけるように、資本主義的生産様式への過渡を形成しうる。最後に、近代的家内労働の実例が示しているように、ある種の中間諸形態は、その外貌がまったく変化しているにしても、大工業の背後でところどころに再生産される。

絶対的剰余価値の生産のためには、資本のもとへの労働の単なる形式的包摂だけで――たとえば以前には自分自身のために、あるいはまた同職組合親方の職人として労働していた手工業者が、いまでは賃労働者として資本家の直接的管理のもとにはいるということで――十分であるが、他面では、相対的剰余価値の生産のための方法は、同時に絶対的剰余価値の生産のための方法でもあることが明らかとなった。それどころか、労働日の無際限な延長は、大工業のもっとも独自な産物として現われた。

(534)

一般に、独自の資本主義的生産様式は、それが一つの生産部門全体を征服してしまえば、ましてすべての決定的な生産諸部門を征服してしまえば、相対的剰余価値の生産のための単なる手段ではなくなる。それは、いまや、生産過程の一般的で社会的に支配的な形態となる。それが相対的剰余価値の生産のための特殊な方法として作用するのは、第一には、それが、従来はただ形式的にのみ資本に従属していた諸産業をとらえる限りにおいてであり、したがってその普及の場合である。第二には、すでにそれにとらえられた諸産業が、生産方法の変化によって引き続き変革される限りにおいてである。

特定の観点からすれば、絶対的剰余価値と相対的剰余価値との区別は、一般に幻想的に見える。相対的剰余価値は絶対的である。というのは、労働者自身の生存に必要な労働時間を超える労働日の絶対的延長を、それは条件としているからである。絶対的剰余価値は相対的である。というのは、必要労働時間を労働日のうちの一部分に限定することを可能にするような労働生産性の発展を、それは条件としているからである。しかし剰余価値の運動に注目すると、同一性のこの外観は消えうせてしまう。資本主義的生産様式がひとたび確立されて、一般的な生産様式になってしまえば、剰余価値率を一般に高めることが問題になると、ただちに絶対的剰余価値と相対的剰余価値との区別は感知されうるものとなる。労働力がその価値どおりに支払われることを前提すれば、われわれは次の二者択一を迫られる。労働の生産力および労働の標準的な強度が与えられているならば、剰余価値率は労働日の絶対的延長によってのみ高められうる。他方、労働日の限界が与えられているならば、剰余価値率は、必要労働および剰余労働という労働日の構成部分の大きさの相対的変動によってのみ高められ、この変動はまた、賃銀が労働力の価値よりも低く下がらないとすれば、労働の生産性または強度における変動を前提している。

もし労働者が、彼自身と彼の種族の維持に必要な生活手段を生産するために彼のすべての時間を用いるとすれば、彼には第三者のために無償で労働する時間は残されていない。一定程度の労働の生産性なしには、労働者にとってこのように自由に処分できる時間はないのであり、そしてこのような余分な時間がなければ、剰余労働もなく、したがって資本家もなく、しかもまた奴隷所有者もなく、封建貴族もなく、ひとことで言えば大所有者階級はないのである。[一]

（一）「一つの独自の階級としての資本家親方の存在そのものが、労働の生産性に依存している」（ラムジー『富の分配にかんする一論』、二〇六ページ）。「もし各人の労働が、彼自身の食料を生産するのに足りるだけならば、どのような財産も存在しえないであろう」（レイヴンストン『減債基金制度とその影響にかんする考察』、一四、一五ページ〔正しくは一四ページ〕）。

(535) このように、剰余価値の自然的基盤について語ることができるが、しかしそれは、ある人が自分の生存のために必要な労働を自分自身から他のある人に転嫁するのをさまたげる絶対的な自然的障害はなにもないという、まったく一般的な意味においてである。それは、たとえば、ある人が他人の肉を食料として利用するのをさまたげる絶対的な自然的障害がないのと同じようなものである。[一a]――ときどき行なわれることであるが、労働のこの自然発生的な生産性に神秘的な諸観念を結びつけることは、決してしてはならない。人間がその最初の動物的状態からようやく脱出し、したがって人間の労働そのものがすでに一定程度まで社会化されているときにのみ、ある人の剰余労働が他の人の生存条件となるような諸関係が生じる。文化の初期においては、労働の既得の生産諸力は取るに足らないものであるが、諸欲求もまたそうであって、諸欲求は、その充足手段とともに、またその手段によって発展する。さらに、このような文化の初期には、他人の労働によって生活する社会部分の割合は、大量の直接的生産者に比べるときわめて小さい。労働の社会的生産力の進展とともに、この社会部分の割合は、絶対的にも相対的にも増大する。[二] それはともかく、資本関係は、長い発展過程の産物である経済的基盤の上に発生する。資本関係が生まれる基礎である労働の既存の生産性は、自然の賜物ではなくて、何十万年にもわたる歴史の賜物である。

（一a）　最近に行なわれた計算によれば、すでに調査が行なわれた地域だけでも、少なくともなお四〇〇万人の食人族が住んでいる。〔フランス語版にもとづく第三版への注〕

（二）　「アメリカの未開段階にある先住民の場合には、ほとんどすべての物が働く者のものである。一〇〇のうち九九の部分が、労働の勘定に記入される。イギリスでは、労働者はおそらく三分の二さえも得ていない」（〔H・マーティン〕『イギリスにとっての東インド貿易の諸利益』、〔七二、〕七三ページ）。

社会的生産の姿態がどの程度に発展しているかということは別にして、労働の生産性はやはり自然的諸条件に結びつけられている。この自然的諸条件は、すべて、人種などのような人間そのものの自然と、人間を取り巻く自然とに、還元できる。外的な自然的諸条件は、経済学的には、生活手段の自然的豊かさ、すなわち土地の豊度、魚の豊富な海や川などと、労働手段の自然的豊かさ、すなわち勢いのよい落流、航行できる河川、材木、金属、石炭などとの、二大部類に分かれる。文化の初期には、自然的豊かさの第一の種類が決定的であり、より高度な発展段階では、第二の種類が決定的である。たとえば、イギリスをインドと、あるいは古代世界ならばアテネやコリントを黒海沿岸諸国と、比較してみればよい。

絶対的に充足されなければならない自然的諸欲求の数が少なければ少ないほど、また自然的な土地の豊度や気候の恩恵が大きければ大きいほど、生産者の維持と再生産のために必要な労働時間は、それだけ少なくなる。したがって、生産者が自分自身のためにする労働を超えて他人のために行なう超過分の労働が、それだけ大きなものでありうる。たとえばすでにディオドロスは、古代エジプト人について次のように語っている――「彼らの子供の養育のために彼らが負担する骨折りと費用がいかに少ないかは、まったく信じがたいほどである。彼らは子供たちに、手あたりしだいの簡単な食物を料理してやる。また彼らは、火であぶることができれば、パピルス〔当時の製紙原料植物〕の下茎を食べさせ、また湿地植物の根や茎をときには生のままで、ときには煮たり焼いたりして、食べさせる。外(536)気がおだやかなので、たいていの子供たちは、靴も衣服もなしで歩いている。だから、一人の子供は、成人するまでに、その親にとっては概して二〇ドラクマ〔古代の銀貨〕以上はかからない。エジプトではは人口があれほど数多く、またそれによってあれほど多くの大工事がなされえたのは、主としてこの点から説明できる」[三]。それでも、古代エジプトの大建造物は、その人口が多かったことによるよりも、人口のうちで自由に利用できる割合が大きかったことによっている。個々の労働者は、彼の必要労働時間が少なければ少ないほど、それだけ多くの剰余労働を提供できるが、それと同じように、労働者人口のうちで生活必需品の生産に必要な部分が少なければ少ないほど、ほかの仕事のために自由に利用できる部分はそれだけ大きい。

（三）　ディオドロス・シクルス『歴史文庫』第一巻、第八〇章〔一二六ページ〕。

資本主義的生産がすでに前提されていて、ほかの事情が不変であり、また労働日の長さも与えられていれば、剰余労働の大きさは、労働の自然的条件によって、ことに土地の豊度によって、変動するであろう。しかしその反対に、もっとも肥沃な土地が、資本主義的生産様式の成長にもっとも適している土地だということには決してならない。資本主義的生産様式は、自然にたいする人間の支配を前提としている。あまりに豊かな自然は、「幼な子を歩みのひもで支えるように、人間をその手で支える」[*1]。このような自然は、自然必然的に人間自身の発展をもたらすものではない（四）。資本の母国は、植物の繁茂している熱帯風土ではなく、むしろ温帯地域である。社会的分業の自然的基礎をなし、そし(537)て、人間が居住している自然的環境の変化によって人間を刺激し、人間自身の諸欲求や諸能力、労働手段、および労働様式を多様化するようにするのは、土地の絶対的な豊度ではなく、その分化、その自然的産物の多様性である。自然力を社会的に管理し、それを節約し、それを人間の手になる工事によって大規模にまず自分のものにする、すなわち飼い馴らす必要性が、産業史においてもっとも決定的な役割を演じている。たとえば、エジプト（五）やロンバルディア、オランダなどにおける治水工事がそうである。あるいはインドやペルシアなどでも、人工運河による潅漑は、土地に欠かせない水を供給するだけでなく、その泥水と一緒に鉱物性肥料を山々から運んでくる。アラビア人の支配下でのスペインやシチリアの産業が繁栄した秘密は、運河の開削であった。(六)

(四)「前者」〔自然的富〕「は、非常に貴重であり、有利なので、それは、人民を軽率にし、尊大にさせ、そしてまったく放縦にさせてしまう。それにたいして後者〔人工的富〕は、慎重さ、学識、技能、政治的手腕を促進する」(『外国貿易によるイギリスの財宝。または、わが国の外国貿易の差額はわが国の財宝の法則である。ロンドンの商人トマス・マン著、その息子ジョン・マンによりここに公益のために公刊される』、ロンドン、一六六九年、一八一、一八二ページ〔渡辺源次郎訳『外国貿易によるイングランドの財宝』、東京大学出版会、一九六五年、一四二ページ〕)。「また、人民の全体にとって、生活手段や食料の生産が大部分自然に行なわれ、そして気候が衣服や住居についてほとんど心配を必要としないし、その余地もないといった土地に居住させられることほど、ひどい禍いはないと思われる……もちろん、その反対の極端もあるであろうが。労働しても生産物が得られない土地は、労働しないでも豊富に生産する土地とまったく同様に、悪いものである」(〔ナサニエル・フォースター〕『食料の現在の高価格の諸原因の研究』、ロンドン、一七六七年、一〇ページ)。

(五)　ナイル川の水量の変動の諸時期を計算する必要性は、エジプトの天文学を生み出し、またそれとともに、農業の指導者としての僧侶階層の支配を生み出した。「日至(にっし)〔夏至と冬至のこと。ここでは夏至〕は一年のうちでナイル川の増水が始まる時点であり、そのためエジプト人は、きわめて注意深くその時点を観察しなければならなかった[*2]……この太陽年こそ、それに応じて彼らがその農作業を行なうために確定しなければならないものであった。だから、彼らは、この太陽年の回帰の明白な徴候を天体に求めなければならなかった」(キュヴィエ『地表の変革にかんする論究』、エーフェル版、パリ、一八六三年、一四一ページ)。

(六)　インドの相互につながりのない小生産有機体におよぼす国家権力の物質的基礎の一つは、潅漑の調整であった。インドの回教徒支配者たちは、このことについては、彼らのイギリス人後継者よりもよく理解していた。ベンガル州のオリッサ地方で一〇〇万人以上のヒンズー人の生命を犠牲にした一八六六年の飢饉を、思い出すだけでよかろう。

＊1〔ドイツの詩人、劇作家、シュトルベルク伯フリードリヒ・レーオポルト（一七五〇―一八一九年）の詩「自然によせる歌」のなかの一句（『著作集』第一巻、ハンブルク、一八二八年、一一三ページ）の軽い言い換え。マルクスは、その兄のシュトルベルク伯クリスティアン・レーオポルト（一七四八―一八二一年）のアンティパトロスの訳詩を本訳書、第一巻、七一七ページの原注一五六で引用している〕

＊2〔ヘロドトス『歴史』巻二に、ナイルは夏至から一〇〇日間増水し、氾濫し、それから減水して、ふたたび夏至にいたる、と説明されている。松平千秋訳、岩波文庫、上、一九七一年、一七三―一七七ページ〕

自然的諸条件の恵みは、つねに、剰余労働の、したがって剰余価値または剰余生産物の、可能性を与えるだけであって、決してその現実性を与えるのではない。労働の自然的諸条件が異なることによって、同じ量の労働が、異なる国々において、異なる欲求量を充足するのであり、（七）したがって他の事情が類似していれば、必要労働時間が異なるということになる。自然的諸条件は、自然的制限としてのみ、すなわち、他人のための労働が開始できる時点を規定することによってのみ、剰余労働に作用するのである。産業が前進するのと同じ程度で、このような自然的制限は後退する。西ヨーロッパ社会では、労働者は剰余労働を行なうことによってのみ、自分自身の生存のために労働する許しをあたえられるので、剰余生産物を提供することが、人間の労働に固有な性質であるのだが、その社会のただなかでは、(538)剰余生産物を提供することが、人間の労働に固有な性質であるかのように思い込まれやすい。（八）しかし、たとえば、サゴヤシが森林に野生しているアジア多島海＊の東部諸島の住民をとってみよう。「住民がサゴヤシの樹に穴をあけ髄が熟していることを確かめると、幹は切り倒されていくつかに切断され、髄が掻き出されて、水と混ぜられ濾される――そうするとそれは立派に使用できるサゴ粉である。一本の樹から、普通三〇〇重量ポンドがとれ、五〇〇から六〇〇重量ポンドがとれることもある。したがって、そこでは人々は、森林にはいって、ちょうどわれわれがまきを伐り出すように、彼らのパンを伐採するのである」(九)。そのような東アジアのパン伐採者が、自分のすべての欲求を満たすのに週に一二労働時間を要するとしよう。自然の恵みが彼に直接に与えるものは、多くの暇な時間である。彼がこの暇な時間を自分自身のために生産的に使うためには、一連の歴史的な事情が必要であり、彼がこの暇な時間を他人のための剰余労働に支出するためには、外部からの強制が必要である。資本主義的生産が導入されるならば、この正直者は、一労働日の生産物を自分自身のものにするためには、おそらく週に六日間も労働しなければならないであろう。なぜ彼がいまや週に六日間労働するのか、あるいは、なぜ彼は五日間の剰余労働を提供するのか、ということは、自然の恵みによっては説明されない。自然の恵みが説明するのは、なぜ彼の必要労働時間が週のうち一日に限定されているのかということだけである。しかしどのような場合でも、彼の剰余生産物が、人間の労働に固有の神秘的な性質から生まれるということはないであろう。

（七）「同じ数の生活必需品を同じ豊富さでしかも同量の労働で供給するという国は二つとはない。人間の諸欲求は、彼らが生活する気候がきびしいかおだやかであるかによって、増えもし減りもする。したがって、異なる国々の住民がぜひともしなければならない仕事の割合は同じではありえないのであり、また寒暑の程度による以外には、その相違の程度を確かめられない。そこから、一定数の人々にとって必要な労働の量は、寒帯で最大であり熱帯で最小である、という一般的結論をくだすことができる。なぜなら寒帯では、熱帯でよりも、より多くの衣服を必要とするだけでなく、土地もよりよく耕されなければならないからである」（『自然的利子率を支配する諸原因にかんする一論』、ロンドン、一七五〇年、六〇〔正しくは五九〕ページ）。この画期的な匿名の著作の著者は、Ｊ・マッシーである。ヒュームは、これから彼の利子論を引き出した。

（八）「あらゆる労働は、ある超過分を残さなければならない〔なければならないとは〕まるで〝市民の権利および義務〟の一部であるように見える」」（プルードン〔『経済的諸矛盾の体系、または貧困の哲学』第一巻、パリ、一八四六年、七三ページ〕）。

（九）Ｆ・スコウ『土地、植物、人間』、第二版、ライプツィヒ、一八五四年、一四八ページ。

＊〔アジア多島海は、インドネシアのスンダ列島からニューギニア島にかけての海域をさす〕

歴史的に発展した社会的な労働の生産諸力と同じように、自然に制約された労働の生産諸力も、労働が合体される資本の生産諸力として現われる。――＊

＊〔第二版では、ここで第一四章は終わっていた。以下、第一四章末尾までは、フランス語版の文章がほぼそのまま第三版で追加された〕

(539) リカードウは、剰余価値の源泉には無関心である。彼は、剰余価値を、彼から見れば社会的生産の自然的な形態である資本主義的生産様式に内在する一つのことがらのように、取り扱っている。労働の生産性について語る場合、彼は、そこに剰余価値の定在の原因を求めるのではなく、ただ、剰余価値の大きさを規定する原因を求めているにすぎない。これにたいして、彼の学派は、労働の生産力を利潤（剰余価値と読め）の発生原因として声高く宣言した。いずれにしても、重商主義者――彼らの方では、生産物の価格がその生産費を超える超過分を、交換から、生産物をその価値より高く販売することから、導き出している――よりは、一つの前進である。とはいえ、リカードウ学派も、この問題を回避しただけであって解決しはしなかった。実際、これらのブルジョア経済学者たちは、剰余価値の源泉にかんする焦眉の問題をあまり深く究明することは非常に危険である、という正しい本能をもっていた。しかし、リカードウより半世紀のちに、ジョン・スチュアト・ミル氏が、リカードウを最初に浅薄化した連中の愚にもつかない逃げ口上をへたに繰り返すことによって、重商主義者にたいする自分の優越性を堂々と確言しているのは、なんと言えばよいであろうか？

ミルは次のように言う――「利潤の原因は、労働が、労働の維持に必要であるよりも多くを生産することである」〔末永訳『経済学原理』、岩波文庫、㈡、一九六〇年、四〇九ページ〕。これだけでは、陳腐な説以外のなにものでもない。しかしミルは、自分の説をこれにつけ加えようとする――「あるいは命題の形を変えると、次のようになる――なにゆえに資本が利潤をもたらすかという理由は、食物、衣服、原料、および労働手段が、それらの生産に必要な時間よりも長時間持続するということである」〔同前訳、四一〇ページ〕。ミルは、ここで、労働時間の持続をその生産物の持続と混同している。このような見解からすると、その生産物が一日しかもたない製パン業者は、その生産物が二〇年も、またそれ以上も長もちする機械製造業者と同じ利潤を、その賃労働者から引き出すことはできないであろう。確かに、もし鳥の巣が、それをつくるのに必要な時間よりも長もちしないならば、鳥は巣なしですまさなければならないであろうが。

このような根本的真理をまず確かめておいて、ミルは重商主義者にたいする自分の優越性を、次のように確かめる――「したがって、利潤は諸交換の偶然事から生じるのではなく、労働の生産力から生じることがわかる。一国の総利潤は、つねに労働の生産力によって規定されるのであって、交換が行なわれるかどうかはどうでもよい。もし仕事の分業が存在しなければ、購買も販売もないであろうが、利潤は相変わらず存在するだろう」〔同前訳、四一〇ページ〕。すなわちこの場合には、交換、売買、(540)すなわち資本主義的生産の一般的諸条件は、まったくの偶然事であって、労働力の売買がなくても利潤は相変わらず存在するのである！

さらにミルは言う――「一国の労働者の全体が、彼らの賃銀総額よりも二〇％多く生産するとすれば、物価の状態がどうであろうと、利潤は二〇％となるであろう」〔同前訳、四一〇ページ〕。これは、一面では、まったくおかしな同義反復である。というのは、労働者が彼らの資本家のために二〇％の剰余価値を生産するなら、利潤は、労働者の総賃銀にたいして二〇対一〇〇の比率になるからである。他面、利潤が「二〇％となるであろう」というのは、絶対に誤りである。利潤はいつももっと小さくなければならない。なぜなら、利潤は、前貸資本の総額にたいして計算されるからである。資本家は、たとえば五〇〇ポンドを前貸しし、うち四〇〇ポンドを生産諸手段に、一〇〇ポンドを労賃に、前貸ししたとしよう。剰余価値率が仮定したように二〇％であるならば、利潤率は、二〇対五〇〇、すなわち四％であって、二〇％ではないであろう。

これに続いて、ミルが社会的生産のさまざまな歴史的形態をどのように取り扱っているかのみごとな見本がある――「どこでも、私は、わずかな例外をのぞけばいたるところで行なわれている現在の事態を前提している。*すなわち、資本家は、労働者への支払いを含めて、すべての前貸しをするということである」〔同前訳、四一一ページ〕。こんにちまでのところ、地球上でただ例外的に行なわれている状態をいたるところで見るという珍しい目の錯覚！　しかしまだ先がある。ミルは、「資本家がそうすることは、絶対的な必要性ではない」とすなおに認めている。それどころか、こう言う。「労働者は、もしその間の彼の生活維持に必要な資力をもっているならば、労働が完全になされるまで、彼の賃銀の全額の支払いをさえ待つこともできるであろう。しかし、このような場合には、彼はある程度までは、事業に資本を投下して、事業の継続に必要な資金の一部を提供する資本家であるということになろう」〔同前訳、四一一ページ〕。(541) これと同じようにミルは、次のように言うこともできるだろう――労働者は自分自身に、生活手段だけでなく労働手段をも前貸しするならば、実際には、彼自身の賃労働者である、と。あるいは、アメリカの農民は、彼みずからの奴隷であって、この奴隷は、主人である他人のためにではなく、自分自身のためにのみ強制労働をするのである、と。

＊〔ミルの原文では、この一文は「私は、労働者と資本家とが別個の階級であるところでは、わずかな例外をのぞいて、どこでも広く行なわれている現在の事態を前提している」となっている。マルクスは、一八七八年一一月二八日付のダニエリソーン宛の手紙で、ここをそのように訂正するとともに、そのあとの「こんにちまでのところ、地球上にただ例外的に行なわれている状態をいたるところで見るという珍しい目の錯覚！　しかしまだ先がある」を削除し、「ミルは、『資本家がそうすることは、絶対的な必要性ではない』とすなお

に認めている」を「ミルは、資本家がそうすることは絶対的な必要性ではない——労働者と資本家とが別個の階級である経済体制においてさえも——と喜んで信じようとしている」と変更するように伝えている〔邦訳『全集』第三四巻、二九〇ページ参照〕〕

ミルはこのように、資本主義的生産は、それが存在していないときでさえなお存在しているであろうとわれわれにはっきり証明してくれたあとで、こんどは、資本主義的生産が存在するときにはそれはまさしく存在しないということを証明している点で、まったく首尾一貫している。「そしてまえの場合」（資本家が賃労働者にその生活維持手段のすべてを前貸しする場合）「でさえも、労働者は、同じ観点から」（すなわち資本家として）「考察されうる。なぜなら、労働者は、彼の労働を市場価格より安く（！）引き渡すことによって、その差額（？）をその企業主に前貸しするものとみなされうるからである……」[九a]〔同前訳、四一一ページ〕。実際の現実においては、労働者は、資本家に自分の労働を一週間等々のあいだ無償で前貸しし、週末などにその市場価格を受け取る。ミルによれば、このことが労働者を資本家にするのである！　坦々とした平地では、盛土でも丘に見えるものである。われわれのこんにちのブルジョアジーの平凡さを、彼らの「偉大な精神」と呼ばれる者の寸法によってはかるべきであろう。

（九a）〔フランス語版にもとづく第三版への注〕Ｊ・Ｓ・ミル『経済学原理』、ロンドン、一八六八年、二五二—二五三ページの各所〔第二篇、第一五章、第五節および第六節〕。〔これらの引用個所は『資本論』フランス語版からドイツ語訳されている。——Ｆ・エンゲルス〕

（542）

第一五章　労働力の価格と剰余価値との大きさの変動*

＊〔フランス語版では、章の表題は「剰余価値と労働力の価値とのあいだの大きさの比率の変動」となっている。また、初版には、冒頭に次のようなパラグラフがあった。「われわれは、第三章第三節〔現行版では第三篇第七章〕で剰余価値率を分析したが、それは絶対的剰余価値生産の立場からにすぎなかった。われわれは第四章〔第四篇〕で追加的な規定〔相対的剰余価値生産のこと〕を見いだした。大事なことは、あとで使うために、ここで短く要約することである」

このパラグラフは第二版にもあったが、フランス語版で削除された〕

労働力の価値は、平均労働者が慣習的に必要とする生活諸手段の価値によって規定されている。この生活諸手段の総量は、その形態が変動することはあっても、一定の社会の一定の時代には与えられており、したがって不変の大きさとして取り扱うことができる。変動するのはこの総量の価値である。さらに二つの他の要因が、労働力の価値規定のなかにはいり込む。一方では、生産様式とともに変化する労働力の育成費であり、他方では、男性か女性か、成年か未成年か、という労働力の自然的相違である。これらの異なる諸労働力の使用は、これまた生産様式によって制約されているが、労働者家族の再生産費および成年男性労働者の価値において大きな差異をつくる。しかし、この二つの要因は以下の研究ではなお除外されている。（九b）

（九b）　二八一ページ〔第四版のページ数。本訳書、第一巻、五六一―五六二ページ参照〕で取り扱われた場合

も、もちろんここでは除外されている。〔第三版への注。――Ｆ・エンゲルス〕

われわれは次のように想定する。（一）商品は、その価値どおりに売られる。（二）労働力の価格は、ときにはその価値よりも高くなることはあっても、その価値よりも低くなることはない、と。

このように想定すると、労働力の価格と剰余価値との相対的な大きさは、次の三つの事情によって制約されていることがわかった。（一）労働日の長さ、すなわち労働の外延的大きさ。（二）労働の標準的強度、すなわち労働の内包的大きさ。つまり、一定の時間内に、一定の労働分量が支出されるということ。（三）最後に労働の生産力。つまり、生産諸条件の発展の程度によって、同分量の労働が同じ時間内に、より大きいまたはより小さい分量の生産物を提供するということ。これらの三つの要因の一つが不変で二つが可変であるか、または、二つの要因が不変で一つが可変であるか、または最後に、三つの要因すべてが同時に可変であるかによって、きわめて多様な組み合わせが可能であることは明らかである。これらの組み合わせは、いろいろな要因が同時に変化する場合でも、その変化の大きさや方向がさまざまでありうることからさらに多様化される。以下においてはその主要な組み合わせだけを述べる。

(543)

第一節　労働日の大きさおよび労働の強度が不変で（与えられていて）労働の生産力が可変である場合

この前提のもとでは、労働力の価値と剰余価値とは、三つの法則によって規定されている。

第一に。与えられた大きさの労働日は、たとえ労働の生産性が、またそれとともに生産物総量が、したがってまた個々の商品の価格がどのように変動しようとも、つねに同じ価値生産物で表わされる。一二時間労働日の価値生産物がたとえば六シリングであるとすれば、それは、たとえ、生産された使用価値の総量が労働の生産力にともなって変動し、したがって六シリングの価値がより多くの商品またはより少ない商品に配分されても、変わらない。

第二に。労働力の価値と剰余価値とは、互いに反対の方向に変動する。労働の生産力における変動、それの増加または減少は、労働力の価値には逆の方向に作用し、剰余価値には同じ方向に作用する。一二時間労働日の価値生産物は、一つの不変な大きさであり、たとえば六シリングである。この不変の大きさは、剰余価値の総額と、労働者が等価によって補填する労働力の価値との合計に等しい。一つの不変の大きさの二つの部分のうち、一方が減少しなければ他方が増加できないことは自明である。剰余価値が三シリングから二シリングに低下しなければ、労働力の価値は三シリングから四シリングに上昇できないのであり、また労働力の価値が三シリングから二シリングに低下しなければ、剰余価値は三シリングから四シリングに上昇できない。したがって、このような事情のもとでは、絶対的大きさにおける変動は、それが労働力の価値の大きさであっても、剰余価値の大きさであっても、それらの相対的なまたは比較的な大きさが同時に変動することなしには不可能である。この二つが同時に低下したり上昇したりすることは不可能である。

さらに、労働の生産力が上昇しなければ、労働力の価値は低下できないし、したがって剰余価値は

（544）上昇できない。たとえば、右に見た場合では、労働の生産力が高められて、以前にはその生産に六時間かかっていたのと同じ量の生活手段を、四時間で生産できるようにならなければ、労働力の価値は三シリングから二シリングに低落できない。逆に、労働の生産力が低下して、以前には同じ量の生活手段の生産に六時間で十分であったのが、八時間かかるのでなければ、労働力の価値は三シリングから四シリングに上昇できない。このことから、次のような結論が出てくる。すなわち、労働の生産性の増加は、労働力の価値を低落させ、したがってまた剰余価値を上昇させるが、他方では、逆に、生産性の減少は、労働力の価値を上昇させ、剰余価値を低落させる。

この法則の定式化にさいして、リカードゥは、一つの事情を見落とした。すなわち、剰余価値または剰余労働の大きさにおける変動は、労働力の価値または必要労働の大きさにおける逆方向の変動が条件になっているが、この二つが同じ比率で変動するということには決してならない、ということである。この二つは、同じ大きさだけ増加したり減少したりする。しかし、価値生産物または労働日の各部分が増加したり減少したりする割合は、労働の生産力の変動の前に行なわれた最初の分割に依存している。労働力の価値が四シリング、または必要労働時間が八時間であり、剰余価値が二シリング、または剰余労働が四時間であった場合に、労働の生産力が高められることによって、労働力の価値が三シリングに、または必要労働が六時間に低下すると、剰余価値は三シリングに、または剰余労働は六時間に上昇する。一方でつけ加えられ、他方で取り去られるのは、二時間または一シリングという同じ大きさである。しかし、比率的な大きさの変動は、双方では異なっている。労働力の価値は、四シリングから三シリングに、したがって $\frac{1}{4}$ すなわち二五%だけ低落するのにたいして、剰余価値は、二シリングから三シリングに、したがって $\frac{1}{2}$ すなわち五〇%だけ上昇する。それだから、労働の生産力におけるある与えられた変動の結果である剰余価値の増加または減少の比率は、労働日のうち剰余価値で表わされる部分が、最初に小さければそれだけ大きく、最初に大きければそれだけ小さいということになる。

第三に。剰余価値の増加または減少は、つねに労働力の価値のそれに照応する減少または増加の結果であって、決してその原因ではない(一〇)。

(一〇)　この第三の法則にたいして、なかでもマカロックは、ばかばかしい補足をつけた。すなわち、資本家が以前には支払わなければならなかった租税が廃止されることによって、剰余価値は労働力の価値の低下がなくても上昇できる、というのである。そのような租税の廃止は、産業資本家が労働者から直接くみ出す剰余価値の分量を、絶対に変化させるものではない。それが変化させるのは彼が剰余価値を自分自身のポケットに入れる比率、または第三者と分配しなければならない比率だけである。したがって、租税の廃止は、労働力の価値と剰余価値との関係をなんら変化させない。したがって、マカロックがもち出した例外は、この法則にたいする彼の誤解——これは、彼がリカードウを俗流化するときに、J・B・セーがA・スミスを俗流化するときと同じように、しばしばぶつかった不運である——を証明しているにすぎない。

(545) 労働日は不変の大きさであって、ある不変の価値の大きさで表わされ、剰余価値の大きさの変動には、いつも労働力の価値の大きさにおける逆の変動が照応し、そして労働力の価値は労働の生産力における変動につれてのみ変動しうるのであるから、これらの条件のもとでは、明らかに、剰余価値の大きさの変動は、どの場合でも労働力の価値の大きさの逆の変動から生じるということになる。だから、すでに見たように、労働力の価値と剰余価値とにおける絶対的な大きさの変動は、それらの相対的な大きさの変動なしには不可能であるが、こんどは、その二つの相対的な価値の大きさの変動は、労働力の絶対的な価値の大きさにおける変動なしには不可能であるということになる。

第三の法則によれば、剰余価値の大きさの変動は、労働の生産力における変動によって引き起こされた労働力の価値運動を前提している。剰余価値の変動の限界は、労働力の価値の新しい限界によって与えられている。しかし、諸事情がこの法則の作用を許す場合であっても、中間的諸運動が起こりうる。たとえば、労働の生産力が高められた結果、労働力の価値が四シリングから三シリングに、または必要労働時間が八時間から六時間に、低下しても、労働力の価格は、三シリング八ペンス、三シリング六ペンス、三シリング二ペンス等々にしか低下せず、そのため剰余価値は、三シリング四ペンス、三シリング六ペンス、三シリング一〇ペンス[*1]等々にしか上昇しないということがありうる。三シリングを最小限度[*2]とする低下の程度は、一方の側から資本の圧力が、他方の側から労働者の抵抗が、天秤皿に投げ入れる相対的重量による。

＊1〔一二時間労働日の価値生産物は六シリングというこれまでの前提からすれば、ここでの剰余価値は「二シリング四ペンス、二シリング六ペンス、二シリング一〇ペンス」となるはずである。フランス語版では正しく計算されている〕

＊2〔初版以来のこの「最小限度」は、マルクスの初版自用本で「最大限度」に訂正されている〕

労働力の価値は、一定分量の生活諸手段の価値によって規定されている。労働の生産力とともに変動するのは、この生活諸手段の価値であって、それらの総量ではない。この総量そのものは、労働の生産力が上昇する場合には、労働力の価格と剰余価値とのあいだになんらかの大きさの変動がなくても、労働者と資本家とにとって、同時にそして同じ割合で増大しうる。労働力の最初の価値が三シリングで、必要労働時間が六時間であり、剰余価値は同じく三シリングで、また剰余労働も六時間であるならば、労働の生産力が二倍になっても、労働日の分割が同じままである場合には、労働力の価格と剰余価値とは、不変のままであろう。ただ、それぞれが、量では二倍になったが、同じ割合で安価（546）になった使用価値で、表わされる。労働力の価格は不変であるにもかかわらず、それは労働力の価値よりも高くなっているであろう。労働力の価格が低下するが、しかし労働力の新価値によって与えられた一シリング半という最小限度にまでは低下しないで、二シリング一〇ペンス、二シリング六ペンス等々に低下するとすれば、この低下した価格は、やはりなお生活諸手段の総量の増大を表わすであろう。だから、労働の生産力が上昇する場合には、労働者の生活手段総量が同時に持続して増大しながら、労働力の価格は絶えず低下するということがありうる。しかし、相対的には、すなわち剰余価値と比較するならば、労働力の価値は絶えず低落するであろうし、したがって労働者の生活状態と資本家の生活状態のあいだの隔たりは拡大されるであろう。（一一）

（一一）「産業の生産性に変化が生じて、一定量の労働と資本とによって生産されるものが増加または減少する場合には、賃銀の割合は、それが表わしている数量は同じであっても、明らかに変化することがありうるし、または賃銀の割合が不変であっても、数量は変化することがありうる」（〔J・キャザノウヴ〕『経済学概論』、六七ページ）。

リカードウは、上述の三つの法則をはじめて厳密に定式化した。彼の叙述の欠陥は、次のとおりである。（一）彼は、これらの諸法則が妥当するさいの特殊的諸条件を、資本主義的生産の自明な一般的かつ排他的な諸条件とみなしている。彼は労働日の長さの変動も、労働の強度の変動も知らないので、彼にあっては、労働の生産性がおのずから唯一の可変的要因となる。――（二）しかし、そしてこのことが彼の分析をもっと大きな程度に誤らせているのであるが、彼は、他の経済学者と同じく、剰余価値をそれ自体としては、すなわち利潤や地代などのような剰余価値の特殊的諸形態から独立させては、研究したことがない。そのため彼は、剰余価値率にかんする諸法則を、直接に利潤率の諸法則と混同している。すでに述べたように、[*1] 利潤率は前貸総資本にたいする剰余価値の比率であるが、剰余価値率はこの資本のうちの可変部分だけにたいする剰余価値の比率である。五〇〇ポンドの資本（C）が、合計四〇〇ポンドの原料・労働手段など（c）と、一〇〇ポンドの労賃（v）に分かれるものとし、さらに剰余価値が一〇〇ポンド（m）であるとしよう。そうすると、剰余価値率は、$\frac{m}{v}=\frac{100\text{ポンド}}{100\text{ポンド}}=100\%$ である。しかし利潤率は、$\frac{m}{C}=\frac{100\text{ポンド}}{500\text{ポンド}}=20\%$ である。さらに利潤率は、剰余価値率には決して影響しない諸事情によって左右されうることも明らかである。私は、のちに本書(547)の第三部[*2]で、同じ剰余価値率がきわめて多様な利潤率で表現され、また一定の事情のもとでは、さまざまな剰余価値率が同じ利潤率で表現されうる、ということを証明するであろう。

* *1 〔第一巻、第七章「剰余価値率」第一節参照〕
* *2 〔第三巻、第三章「利潤率の剰余価値率にたいする関係」参照〕

第二節　労働日と労働の生産力とが不変で労働の強度が可変である場合

労働の強度の増大は、同一時間内での労働支出の増加を意味する。だから、強度のより大きい労働日は、同じ時間数の強度のより小さい労働日よりも、より多くの生産物に体化される。なるほど、生産力が高くなることによっても、同じ労働日がより多くの生産物を提供する。しかし、この後者の場合には、個々の生産物は、以前よりも少ない労働しか費やさないので、その価値は低落する。しかし、前者の場合には、生産物は依然として同量の労働を費やすので、個々の生産物の価値は、不変のままである。この場合には、生産物の数は増加するが、生産物の価格は低下しない。生産物の数にともなってその価格総額は増大するが、一方、生産力が高くなる場合には、同一の価値総額が、増大した生産物総量で表わされるにすぎない。したがって、時間数が同じままであれば、強度のより大きい労働日は、より高い価値生産物に体化され、したがって、貨幣の価値が同じままであるならば、より多くの貨幣に体化される。強度のより大きい労働日の価値生産物は、その強度が社会的標準度からどれほど背離するかによって、変化する。したがって、同一の労働日は、以前のように不変の価値生産物にではなく、可変の価値生産物で表わされる。たとえば、強度のより大きい一二時間労働日は、通常の強度の一二時間労働日のように六シリングではなく、七シリング、八シリングなどで表わされる。一労働日の価値生産物が、たとえば六シリングから八シリングに変化すると、この価値生産物の二つの部分、すなわち労働力の価格と剰余価値とが、同程度か違う程度かはともかく、同時に増大しうるということは明らかである。価値生産物が六シリングから八シリングに上昇するならば、労働力の価格と剰余価値とは、二つとも、同時に、三シリングから四シリングに増大しうる。労働力の価格の騰貴は、ここでは、その価格がその価値よりも高くなることを、必ずしも含んではいない。逆に、労働力の価格の騰貴が、労働力の価値の低下*をともなうことがありうる。労働力の価格の騰貴が、労働力の速められた消耗をつぐなわない場合には、このことはいつでも起こる。

＊〔ヴェルケ版は、「労働力の価値未満への低下」と変更している〕

すでに述べたように、一時的な例外はあっても、労働の生産性における変動が、労働力の価値の大
（548）きさ、したがってまた剰余価値の大きさにおける変動を引き起こすのは、その産業諸部門の生産物が労働者の慣習的な消費にはいり込む場合だけである。この制限は、ここでは〔強度が変動する場合には〕なくなる。労働の大きさの変動が外延的であろうと内包的であろうと、その大きさの変動には、その価値生産物の大きさの変動が、この価値が表わされる物品の性質にかかわりなく、照応する。

労働の強度がすべての産業部門において同時にまた同じ程度に増加すれば、この新しいより高い強度は通常の社会的標準度となり、したがって、外延的な大きさとして数えられなくなるであろう。と

はいえ、この場合でも、労働の平均的な強度は国民が異なれば異なっており、そのため相異なる国民的諸労働日への価値法則の適用を修正するだろう。ある国民の強度のより大きい労働日は、他の国民の強度のより小さい労働日よりも、より大きな貨幣表現で表わされる。(二二)

(二二)「他の事情が等しければ、イギリスの製造業者は、一定の時間内に、外国の製造業者よりもはるかに大きな数量の仕事を仕上げることができるのであり、それは、イギリスでの週六〇時間と、外国での七二時間ないし八〇時間との労働日の差を埋め合わせるほどに大きい」(『工場監督官報告書。一八五五年一〇月三一日』、六五ページ)。大陸の諸工場での労働日を法律的にさらに大きく短縮することは、大陸とイギリスとの労働時間のあいだのこの差を縮小するもっとも確実な手段であろう。

第三節　労働の生産力と強度とが不変で労働日が可変である場合

労働日は二つの方向に変化しうる。それは、短縮されうるしあるいは延長されうる。*

＊〔フランス語版ではこのあとに、次のような文章があり、続く本文の叙述も大きく書き換えられている。――「新しい与件で、われわれは次の諸法則を得る。(1) 労働日はその長さに正比例して、より大きな、あるいはより小さな価値のうちに実現される――だから可変的であって不変的でない。(2) 剰余価値の大きさと労働力の価値の大きさとの比率におけるすべての変動は、剰余労働の、したがって剰余価値の絶対的

な大きさにおける変化から生じる。（３）労働力の絶対的価値は、剰余労働の延長が労働力の消耗度におよぼす反作用によってしか、変動しえない。それだから労働力の絶対的価値におけるすべての変動は、剰余価値の大きさの変動の結果であって、決して原因ではない」〕

（一）与えられた諸条件の場合、すなわち労働の生産力と強度とが変わらない場合の労働日の短縮は、労働力の価値を、したがって必要労働時間を変化させない。それは、剰余労働すなわち剰余価値を縮小させる。剰余価値の絶対的大きさとともに、その相対的大きさ、すなわちもとのままの労働力の価値の大きさにたいする剰余価値の大きさも、低下する。資本家は、労働力の価格をその価値よりも低く押し下げることによってのみ、損失を埋め合わせることができるであろう。

(549) 労働日の短縮に反対する従来のすべての決まり文句は、この現象が、ここで前提された事情のもとで起こるものと想定しているが、実際には、逆に、労働の生産性および強度における変動が、労働日の短縮に先行するか、あるいはそれにすぐ続いて起こっているのである。(二三)

(二三)「一〇時間法の実施によって明るみに出た……相殺的な諸事情がある」（『工場監督官報告書。一八四八年一〇月三一日』、七ページ）。

（二）労働日の延長。必要労働時間が六時間、または労働力の価値が三シリングであり、同様に剰余労働が六時間、剰余価値が三シリングであるとしよう。そうすると、総労働日は一二時間であって、六シリングの価値生産物で表わされる。労働日が二時間だけ延長され、しかも労働力の価格が変化しないとすれば、剰余価値の絶対的大きさとともに、その相対的大きさも増大する。労働力の価値の大きさは、絶対的には不変のままであるが、相対的には低下する。第一節の諸条件のもとでは、労働力の相対的な価値の大きさは、その絶対的大きさの変動がなければ、変動できなかった。ここでは、反対に、労働力の価値における相対的な大きさの変動は、剰余価値の絶対的な大きさの変動の結果である。

労働日が表わされる価値生産物は、労働日そのものの延長とともに増大するから、労働力の価格および剰余価値は、増大量が等しいか等しくないかは別として同時に増加しうる。したがって、この同時的な増大は、二つの場合において、すなわち労働日が絶対的に延長される場合と、そのような延長なしに労働の強度が増大する場合に可能である。

労働日が延長されると、労働力の価格は、名目的には不変のままかまたは上昇する場合でも、労働力の価値よりも低下することがある。すなわち、労働力の日価値は、思い出されるとおり、労働力の標準的な平均的持続に、すなわち労働者の標準的な寿命にもとづいて、また生命実体の運動への、それにふさわしい、正常で人間性に適した転換にもとづいて、評価されている。(一四) 労働日の延長と不可分な労働力の消耗の増大は、一定の点までは、代償の増大によってつぐなわれうる。この点を超えると、消耗は幾何級数的に増大し、同時に労働力のすべての正常な再生産の諸条件と活動諸条件が破壊される。労働力の価格とその搾取度とは、相互に同じ単位で計量される大きさではなくなる。

(一四)「ある人が二四時間のあいだに行なった労働量は、彼の身体のなかで発生した化学的変化の検査によって、ほぼ確定されうる。なぜなら、物質における諸形態の変化は、それに先立つ運動力の行使をさし示すからである」(グロウヴ『物理的諸力の相関関係について』〔第五版、ロンドン、一八六七年、三〇八、三〇九ページ〕)。

(550)

第四節　労働の持続、生産力、および強度が同時に変動する場合

この場合には明らかに多くの組み合わせが可能である。要因の二つずつが変化して、一つが不変であるか、あるいは三つの要因がすべて同時に変化することもありうる。それらの要因は、同じ程度かまたは等しくない程度で、同じ方向かまたは反対方向で、変化しうるのであり、そのためこれらの変化は、部分的または全体的に相殺されることもありうる。とはいえ、すべての可能な場合を、第一節、第二節、および第三節でなされた説明によって分析することは容易である。順次に、それぞれの一要因を可変とし、他の二要因をまず不変とすることによって、それぞれの可能な組み合わせの結果が見いだせる。だから、ここでは、われわれは、二つの重要な場合について、簡単に注意するだけにとどめる。

(一)労働の生産力が減少し、同時に労働日が延長される場合。

われわれがここで労働の生産力が減少するというのは、それらの部門の生産物が労働力の価値を規定するような労働部門について、したがってたとえば、土地の不毛度の増加にともなって労働の生産力が減少し、それに照応して土地生産物が騰貴するような場合についてである。労働日は一二時間、

その価値生産物が六シリングであり、それの半分は労働力の価値を補塡し、残りの半分は剰余価値を形成するものとしよう。したがって、労働日は、六時間の必要労働と六時間の剰余労働とに分かれる。土地生産物の騰貴によって、労働力の価値は三シリングから四シリングに、すなわち必要労働時間は六時間から八時間に上昇するとしよう。労働日が不変のままであるならば、剰余労働は六時間から四時間に、剰余価値は三シリングから二シリングに低下する。労働日が二時間だけ延長されるならば、したがって一二時間から一四時間になると、剰余労働は六時間、剰余価値は三シリングのままであるが、剰余価値の大きさは、必要労働によってはかられる労働力の価値との比較では、低下する。労働日が四時間だけ延長されて、一二時間から一六時間になると、剰余価値と労働力の価値との、剰余労働と必要労働との、大きさの比率は元の場合と同じであるが、しかし剰余価値の絶対的大きさは三シリングから四シリングに、剰余労働の絶対的大きさは六労働時間から八労働時間に、したがって $\frac{1}{3}$ すなわち三三$1/3$%だけ増大する。したがって、労働の生産力が減少し、同時に労働日が延長される場合には、剰余価値の大きさの比率が低下しても、剰余価値の絶対的大きさは不変のままでありうる。剰余価値の絶対的大きさが増加しても、その大きさの比率は不変のままでありうる。そして〔労働日の〕延長の程度によっては、両方とも増大しうる。

(551)　一七九九年から一八一五年までの期間に、イギリスでは生活手段の価格上昇が、名目的な賃銀上昇をもたらした——生活手段で表わされる現実の労賃は低下したが。このことから、ウェストとリカードウ*は、農耕労働の生産性の減退が、剰余価値率の低下を引き起こしたと結論し、そしてこのような彼らの幻想のなかでのみ通用する仮定を、労賃、利潤、および地代の相対的な大きさの関係についての重要な分析の出発点とした。ところが、労働の強度の増大と労働時間の強制的な延長とのおかげで、剰余価値は、そのころ、絶対的にも相対的にも増大していた。当時は、労働日の無際限な延長が市民権を獲得した時代であり、［一五］また、一方では資本の、他方では受救貧民的貧困の、急速な増加によって、とくに特徴づけられた時代であった。［一六］

（一五）「穀物と労働とが、完全に並行して変動することはまれである。しかし、この両者がそれ以上には引き離されえない一つの明白な限界がある。証言」（すなわち一八一四―一五年の議会調査委員会での）「で注目されたような、賃銀の低下を生じさせる物価騰貴の時代に労働者階級によって行なわれた尋常でない努力についていえば、それらは個々人においてはおおいに称賛すべきことであるし、確かに資本の成長には好都合である。しかし、人道的な人ならだれも、そのような努力がいつまでも中断せずに続いてほしいとは願わないであろう。その努力は、一時的な救済策としてはきわめて称賛すべきものである。しかし、もしその努力がずっと続くとしたら、そこからは、一国の人口がその食糧のぎりぎりの限界まで増大した場合とよく似た結果がもたらされるであろう」（マルサス『地代の性質および増進にかんする研究』、ロンドン、一八一五年、四八〔、四九〕ページの注〔楠井・東訳『穀物条例論および地代論』、岩波文庫、一五二ページ〕）。リカードウやその他の人々が、まったくまぎれもない事実を目の前にしながら、労働日の不変の大きさを彼らのすべての研究の基礎としたのにたいして、マルサスが、彼のパンフレットの他の個所においても直接に言及されている労働日の延長を強調していることは、彼にとってたいへんな名誉である。ところがマルサスは下僕として保守的利益に仕えていたため、労働日の無際限な延長が、機械の非常な発展、および女性労働と児童労働の搾取と同時に――とくに戦争需要やイギリスの世界市場の独占が終わるやいなや――労働者階級の大きな部分を「過剰」にせざるをえないということを、見るのをさまたげられた。この「過剰人口」を、自然の永久的法則から説明することは、資本主義的生産の単に歴史的な自然法則から説明するよりも、もちろんずっと便利であり、またマルサスがまことに僧侶らしく偶像崇拝している支配階級の利益にはるかに適応していた。

(一六)「戦争中の資本の増大の一つの根本的な原因は、どの社会でももっとも数の多い労働諸階級のより大きな努力と、おそらくまたより大きな窮乏にあった。貧困状態によって、いっそう多くの女性や児童がつらい仕事につくことを余儀なくされた。そして、以前からの労働者は、同じ理由から、彼らの時間のいっそう大きな部分を、生産の増加にささげることを余儀なくされた」〔G・ロバートスン〕『経済学にかんする論集。現在の国民的苦難の主要原因の説明』、ロンドン、一八三〇年、二四八ページ)。

＊〔ウェスト『土地への資本投下にかんする小論』、ロンドン、一八一五年(橋本訳、前出)。リカードウ『穀物の低価格が資本の利潤におよぼす影響についての一論』、ロンドン、一八一五年(木下彰訳、『リカードウ全集』Ⅳ、雄松堂書店、一九七〇年、所収)〕

(552)

(二) 労働の強度と生産力が増加し、同時に労働日が短縮される場合。

労働の生産力の上昇とその強度の増大とは、一面からすれば同じように作用する。両方とも、それぞれの期間内に得られる生産物の総量を増加させる。したがって両方とも、労働日のうち、労働者が自分の生活手段またはその等価を生産するのに要する部分を、短縮させる。労働日の絶対的な最小限度は、一般に、この労働日のうちの必要な、しかし収縮可能な構成部分によって形成される。全労働日がそこまで収縮するならば、剰余労働が消滅するであろうが、このようなことは資本の支配体制のもとでは不可能である。資本主義的生産形態が廃止されれば、労働日を必要労働に限定することが可能となる。とはいえ、必要労働は、他の事情が同じままであっても、その範囲を拡大するであろう。なぜなら、一面では、労働者の生活諸条件がもっと豊かになり、また彼の生活上の諸要求がもっと大きくなるからである。他面では、こんにちの剰余労働の一部は、必要労働に、すなわち社会的な予備元本および蓄積元本を獲得するのに必要な労働に、算入されるであろう。

労働の生産力が増大すればするほど、労働日はますます短縮されうるのであり、そして、労働日が短縮されればされるほど、労働の強度はますます増大しうる。社会的に考察すると、労働の生産性は、労働の節約によっても増大する。労働の節約は、生産手段の節約だけでなく、あらゆる無用な労働を避けることをも含んでいる。資本主義的生産様式は、個々の事業所内では節約を強制するが、その無政府的な競争制度は、社会的な生産手段と労働力の際限のない浪費を生み出し、それとともに、こんにちでは不可欠であるがそれ自体としては不必要な無数の機能を生み出す。

労働の強度と生産力が与えられているとすれば、そして労働が社会の労働能力あるすべての成員のあいだに均等に配分されていればいるほど、また、ある社会層が労働の自然的必要性を自分自身から他の社会層に転嫁することができなくなればなるほど、社会的労働日のうちで物質的生産のために必要な部分がそれだけ短くなり、したがって、諸個人の自由な精神的および社会的な活動のために獲得される時間部分がそれだけ大きくなる。労働日短縮のための絶対的限界は、この面からすれば、労働の普遍性である。[*1] 資本主義社会においては、一階級の自由な時間は、大衆のすべての生活時間を労働時間へ転化することによって生み出される。[*2]

＊1〔フランス語版では「手の労働の普遍化」となっている〕
＊2〔未来社会における労働時間短縮の意義についての『資本論』での最初の叙述。本格的な展開は、現行版第三部、第七篇、第四八章の冒頭部分で行なわれる〕

（553）

第一六章　剰余価値率を表わす種々の定式

すでに見たように、剰余価値率は次のような定式で表わされる――

$$\text{I}\quad \frac{\text{剰余価値}}{\text{可変資本}}\left(\frac{\mathrm{m}}{\mathrm{v}}\right)=\frac{\text{剰余価値}}{\text{労働力の価値}}=\frac{\text{剰余労働}}{\text{必要労働}}$$

はじめの二つの定式は価値の比率を表わし、第三の定式はこれらの価値が生産される時間と時間の比率を表わしている。これらの相互に補足し合う諸定式は概念的に厳密なものである。そのため、これらの定式は、古典派経済学では、事実上仕上げられているが、意識的には仕上げられていない、ということが見いだされる。古典派経済学では、われわれはむしろ、次の派生的な定式に出会う――

$$\text{II}\quad \frac{\text{剰余労働}^{*}}{\text{労働日}}=\frac{\text{剰余価値}}{\text{生産物価値}}=\frac{\text{剰余生産物}}{\text{総生産物}}$$

ここでは、同一の比率が、順々に労働時間の形態、労働時間が体現される価値の形態、これらの価値が存在している生産物の形態で、表現されている。もちろん、生産物の価値というのは、ただ労働日の価値生産物だけをさすと理解すべきであり、生産物価値の不変部分は除外されていることが想定される。

＊〔フランス語版では、この第一の定式が括弧のなかに入れられ、次の注が付されている。――「剰余労働と

いう概念は、ブルジョア経済学では明確には表現されていないから、われわれは第一の定式を括弧のなかに入れる」〕

これら〔IIの〕すべての定式において、労働の現実の搾取度または剰余価値率は、まちがって表現されている。労働日は一二時間であるとしよう。その他の仮定については以前の例のとおりとすると、この場合には、労働の現実の搾取度は、次の比率で表わされる――

$$\frac{6\text{時間の剰余労働}}{6\text{時間の必要労働}}=\frac{3\text{シリングの剰余価値}}{3\text{シリングの可変資本}}=100\%$$

これにたいして定式IIによれば、次のようになる――

$$\frac{6\text{時間の剰余労働}}{12\text{時間の労働日}}=\frac{3\text{シリングの剰余価値}}{6\text{シリングの価値生産物}}=50\%$$

(554)

この派生的な定式は、実際には、労働日またはその価値生産物が、資本家と労働者とのあいだに分割される比率を表現している。だから、この定式が、資本の自己増殖度の直接的表現として妥当するならば、剰余労働または剰余価値は決して一〇〇％に達することができない、というまちがった法則が妥当することになる。[一七] 剰余労働はつねに労働日の一可除部分でしかありえず、または剰余価値はつねに価値生産物の一可除部分でしかありえないから、剰余労働は必然的につねに労働日より小さく、または剰余価値はつねに価値生産物より小さい。ところが、$\frac{100}{100}$ という比率であるためには、この二つは等しくなければならないであろう。剰余労働が全労働日を吸収するためには（ここでは労働週や労働年などの平均日を問題にしている）、必要労働はゼロにまで低落しなければならないであろう。しかし必要労働が消滅すれば、剰余労働もまた消滅する、なぜなら、剰余労働は必要労働の一つの機能にすぎないからである。したがって、$\frac{剰余労働}{労働日}=\frac{剰余価値}{価値生産物}$ という比率は、決して $\frac{100}{100}$ という限界には達することができず、まして $\frac{100+x}{100}$ に上昇することはできない。ところが、剰余価値率または労働の現実の搾取度では、それが可能である。たとえば、L・ド・ラヴェルニュ氏の査定によれば、*
（555）イギリスの農業労働者は、[一八]生産物またはその価値の $\frac{1}{4}$ を受け取るだけであり、それにたいして、資本家（借地農場経営者）は、その $\frac{3}{4}$ ――その獲物が、のちに資本家や土地所有者などのあいだで、どのように再配分されようとも――を受け取っている。これによれば、イギリスの農業労働者の剰余労働は、その必要労働にたいして、三対一の割合であり、これは、三〇〇％の搾取率である。

（一七）たとえば『ロートベルトゥスのフォン・キルヒマン宛第三書簡。リカードウ地代論の論駁と新賃料論の基礎づけ』、ベルリン、一八五一年〔山口正吾訳『改訳　地代論』、岩波文庫、一九五〇年〕においてそうである。私はのちにこの著書に立ちもどるが、この著作は、地代論ではまちがっているにもかかわらず、資本主義的生産の本質を見抜いている。〔第三版への補足。――ここでわかるとおり、マルクスは、自分の先行者たちのなかに、現実的な進歩や、正しい新しい考えをみつけ出すと、それを好意的に評価した。ところが、ロートベルトゥスのルードルフ・マイアー宛の書簡の公刊によって、右の称賛にかなりの制限を加えられることになった。そこでは次のように述べられている――「われわれは資本を、単に労働にたいしてのみならず、それ自身にたいしても、救わなければならない。そしてこの救済が実際にもっともよく行なわれるのは、企業家＝資本家の活動を、資本所有を通じて彼に委託されている国民経済的および国家経済的な諸機能として理解し、彼の利得を俸給形態として理解する場合である。なぜなら、われわれはまだ他の社会組織を知らないからである。ところで、諸俸給は、規制することができるし、また、それが賃銀からあまり多くを奪い取るときには、引き下げることもできる。こうして、社会へのマルクスの闖入（ちんにゅう）——私は彼の著作をこう名づけたい——も、防ぐことができる。……一般に、マルクスの著書は、資本にかんする研究であるというよりも、むしろこんにちの資本形態にたいする論難であって、マルクスはこの資本形態を資本概念そのものと混同しており、ここから、まさに彼の誤謬が発生している」（『ロートベルトゥス・ヤゲツォー博士の書簡および社会政策論集』、ルードルフ・マイアー博士編、ベルリン、一八八一年〔正しくは一八八二年〕、第一巻、一一一ページ。ロートベルトゥスの第四八書簡）。——ロートベルトゥスの『社会的書簡』の実に大胆な突進は、このようなイデオロギー的な決まり文句に埋もれてしまっている。——F・エンゲルス〕

（一八）　生産物のうち、投下された不変資本だけを補填する部分は、この計算では、もちろん控除されている。——イギリスの無批判な賛美者であるL・ド・ラヴェルニュ氏は、高すぎるよりも、むしろ低すぎる比率を与えている。

＊〔ラヴェルニュ『イングランド、スコットランド、およびアイルランドの農村経済』（パリ、一八五四年）、英語版、ロンドン、一八五五年、八七ページ〕

労働日を不変の大きさとして取り扱う〔古典〕学派の方法は、定式Ⅱの適用によって確立された。なぜなら、ここでは、剰余労働はつねにある与えられた大きさの労働日と比較されるからである。価値生産物の分割がもっぱら注目される場合も、同様である。ある価値生産物にすでに対象化された労働日は、つねに与えられた限界をもつ労働日である。

剰余価値と労働力の価値とを価値生産物の分割部分として表わすことは――ところで、この表現様式は資本主義的生産様式そのものから生ずるものであって、その意義はのちに解明されるであろう――資本関係の特殊な性格、すなわち、可変資本と生きた労働力との交換、およびそれに照応した生産物からの労働者の排除をおおい隠す。それに代わって、労働者と資本家とが生産物をそのさまざまな形成諸要因の割合にもとづいて配分するある協同関係、という偽りの外観が現われる。(一九)

(一九)　資本主義的生産過程のすべての発展した諸形態は、協業の諸形態であるから、もちろん、A・ド・ラボルド伯の『共同社会の全利益における協同の精神について』（パリ、一八一八年）におけるように、これらの諸形態の特殊な敵対的な性格を捨象し、そしてそれらを自由な協同形態に見せかけるほど容易なことはない。北米人のH・ケアリは、ときおり、奴隷制度の諸関係についてさえも、この曲芸を同じようにうまくやってのけている〔ケアリ『奴隷貿易』、第五、六章、フィラデルフィア、一八五三年〕。

なお、定式Ⅱは、つねに定式Ⅰに逆転化されうる。たとえば、$\frac{\text{6時間の剰余労働}}{\text{12時間の労働日}}$ とするならば、必要労働時間は一二時間の労働日から六時間の剰余労働を引いたものに等しく、次のようになる――

$$\frac{\text{6時間の剰余労働}}{\text{6時間の必要労働}} = \frac{100}{100}$$

（556）

第三の定式は、私がすでにときおり先取りしていたものであるが、次のとおりである――

$$\text{Ⅲ}\quad \frac{\text{剰余価値}}{\text{労働力の価値}} = \frac{\text{剰余労働}}{\text{必要労働}} = \frac{\text{不払労働}}{\text{支払労働}}$$

定式 $\frac{\text{不払労働}}{\text{支払労働}}$ は、資本家が支払うのは、労働にであって、労働力にではないという誤解を招くかも知れないが、この誤解はさきに与えられた説明によって解消する。$\frac{\text{不払労働}}{\text{支払労働}}$ は、$\frac{\text{剰余労働}}{\text{必要労働}}$ の通俗的な表現にすぎない。資本家は、労働力の価値、あるいはその価値から背離した労働力の価格を支払って、それと引き換えに生きた労働力そのものの処分権を受け取る。資本家によるこの労働力の利用は、二つの期間に分かれる。一つの期間では、労働者は、一つの価値＝彼の労働力の価値、したがって等価を生産するだけである。こうして資本家は、前貸しした労働力の価格にたいして、同じ価格の生産物を受け取る。それは、あたかも彼がこの生産物をでき合いのものとして市場で買ったようなものである。それにたいして剰余労働の期間では、労働力の利用は、資本家のために価値を形成するが、それは資本家にとっては価値の代償を要しない。[二〇] 資本家は労働力のこの流動化を無償で手に入れる。この意味において、剰余労働は不払労働と呼ばれうる。

（二〇）　重農主義者は、剰余価値の秘密を見抜かなかったけれども、彼らにとっても剰余価値は「彼」（その所有者）「が買ったのではないのに売るところの、独立のそして自由に処分できる富である」ということだけは、きわめて明白であった（チュルゴ『富の形成および分配にかんする諸考察』、一一ページ〔津田訳『チュルゴ経済学著作集』、岩波書店、七四ページ。永田訳『チュルゴオ　富に関する省察』、岩波文庫、二八ページ〕）。

したがって、資本は、A・スミスが言うように、[*] 労働にたいする指揮権であるだけではない。それは、本質的に不払労働にたいする指揮権である。すべての剰余価値は、それがのちに利潤、利子、地代などのどのような特殊な姿態に結晶化しようとも、その実体からすれば、不払労働時間の体化物である。資本の自己増殖についての秘密は、一定分量の他人の不払労働にたいする資本の処分権に解消される。

＊〔Ａ・スミス『諸国民の富』、大内・松川訳、岩波文庫、㈠、一五二ページ参照〕

（557）

第六篇　労　賃

第一七章　労働力の価値または価格の労賃への転化

ブルジョア社会の表面では、労働者の賃銀は、労働の価格、すなわち一定分量の労働にたいして支払われる一定分量の貨幣として現われる。ここでは、人は、労働の価値について語り、この価値の貨幣表現を労働の必要価格または自然価格と名づける。*他方、人は、労働の市場価格、すなわち労働の必要価格の上下を変動する価格について語る。

＊〔価値を貨幣で表わした場合の評価を、アダム・スミスは「自然価格」と名づけ、フランスの重農主義者チュルゴらは「必要価格」「基本価格」と名づけた。本訳書、第一巻、九三六ページの訳注＊1参照〕

しかし、商品の価値とはなにか？　商品の生産に支出される社会的労働の対象的形態である。また、われわれは、この価値の大きさをなにによってはかるのか？　商品に含まれる労働の大きさによってである。それでは、たとえば一二時間労働日の価値は、なにによって規定されるのであろうか？　一

二時間労働日に含まれる一二労働時間によって――これは、ばかげた同義反復である。(二二)

(二二)「リカードウ氏は、一見したところ、価値は生産に用いられる労働量に依存するという彼の理論と衝突する恐れのある困難を、実に巧妙に避けて通る。もしこの原理が厳重に守られるなら、労働の価値は労働の生産に用いられる労働量に依存するということになる――これは明らかに無意味である。だから、リカードウ氏は、巧みに方向を変えて、労働の価値を、賃銀の生産に必要な労働の量に依存させる。あるいは彼自身の言葉で言えば、労働の価値は賃銀の生産に必要な労働量によって評価されるべきであると主張する。ここで彼が意味するものは、労働者に与えられる貨幣または商品の生産に必要な労働量のことである。これは、布の価値はその生産に費やされた労働量によってではなく、布と交換される銀の生産に費やされた労働量によって評価されると言うのと同じである」(〔S・ベイリー〕『価値の性質……にかんする批判的論究』、五〇、五一ページ〔鈴木鴻一郎訳『リカアド価値論の批判』、日本評論社、世界古典文庫、一九四八年、六四ページ〕)。

(558) 労働は、商品として市場で売られるためには、それが売られる以前にともかく存在していなければならないであろう。しかし労働者が労働に自立的な存在を与えうるのであれば、彼は、商品を売るのであって、労働を売るのではないであろう。(二三)

(二三)「諸君が労働を商品と呼ぶとしても、労働は、商品――まず交換するために生産され、次いで市場にもっていかれ、そこで、そのとき市場にありうる他の商品とそれぞれの量にしたがって交換されなければならない商品――には似ていない。労働は、それが市場にもっていかれる瞬間につくり出される。いやそれどころか、労働は、それがつくり出される前に、市場にもっていかれるのである」(〔H・ブルーム〕『経済学におけるある種の用語論争の考察』、七五、七六ページ)。

このような矛盾は別として、貨幣すなわち対象化された労働と、生きた労働との直接的交換は、まさに資本主義的生産の基礎上ではじめて自由に展開される価値法則を廃除するか、または、まさに賃労働にもとづく資本主義的生産そのものを廃除するであろう。一二時間の労働日は、たとえば六シリングの貨幣価値で表わされる。いま、等価物どうしが交換されるものとしよう。そのときには、労働者は一二時間の労働と引き換えに六シリングを受け取る。彼の労働の価格は、彼の生産物の価格と等しいであろう。この場合、彼は、労働の買い手のためになんの剰余価値も生産せず、六シリングは資本に転化せず、資本主義的生産の基礎は消滅することになるであろうが、しかし、この資本主義的生産の基礎上においてこそ、労働者は自分の労働を売り、彼の労働は賃労働なのである。そうではなくて、労働者は一二時間の労働と引き換えに六シリングよりも少なく、すなわち一二時間の労働よりも少なく受け取るものとしよう。一二時間の労働が、一〇時間、六時間などの労働と交換される。このように不等な大きさを等置することは、価値規定を廃除するだけではない。このような自己自身を廃除する矛盾は、およそ法則として言い表わし、または定式化することすらもできない。[三三]

（三三）「労働を一商品として取り扱い、また労働の生産物である資本を他の一商品として取り扱う場合に、もしそれら二商品の価値が等しい量の労働によって規制されるとすれば、ある与えられた量の労働は……それと等しい量の労働によって生産された量の資本と交換されるであろう。過去の労働が……それと同じ量の現在の労働と交換されるであろう。しかし、労働の価値は、他の商品との関係では……等しい量の労働によって規定されはしない」（E・G・ウェイクフィールド編、A・スミス著『諸国民の富』、ロンドン、一八三六〔正しくは一八三五〕年、第一巻、〔二三〇、〕二三一ページの編者注）。

(559) 一方は対象化された労働であり、他方は生きた労働であるという形態的区別から、より多くの労働とより少ない労働との交換を導き出すことは、なんの役にも立たない[二四]。一商品の価値は、現実にその商品のうちに対象化されている労働の分量によってではなく、その商品の生産に必要な生きた労働の分量によって規定されるのであるだけに、右のやり方は、なおのことばかげている。ある商品が六労働時間を表わすとしよう。もしこの商品を三時間で生産しうる諸発明がなされるならば、すでに生産された商品の価値も半減する。この商品は、いまや、以前の六時間ではなく、三時間の社会的必要労働を表わす。したがって、商品の価値の大きさを規定するのは、その商品の生産に必要な労働の分量であって、労働の対象的形態ではない。

〔二四〕「行なわれた労働が、行なわれるべき労働と交換されるときには、いつでも、後者」（資本家）「が前者」（労働者）「よりもより高い価値を受け取るべきであると取り決められ」（「社会契約」の新版だ）「なければならなかった」（シモンド（すなわちシスモンディ））『商業的富について』、ジュネーヴ、一八〇三年、第一巻、三七ページ）。

商品市場で貨幣所有者に直接に相対するのは、実際には労働でなくて労働者である。労働者が売るものは彼の労働力である。彼の労働が現実に始まるやいなや、彼の労働はすでに彼のものではなくなっており、したがってもはや彼によって売られることはできない。労働は価値の実体であり、価値の内在的尺度であるが、労働そのものはなにも価値をもたない[二五]。

（二五）「労働は、価値の唯一の尺度……すべての富の創造者であって、商品ではない」（Th・ホジスキン『民衆経済学』、一八六ページ）。

「労働の価値」という表現においては、価値概念が完全に消し去られているだけでなく、その反対物に変えられている。この表現は、たとえば土地の価値と同じように、一つの想像上の表現である。とはいえ、これらの想像上の表現は、生産諸関係そのものから発生する。それらは、本質的諸関係の現象形態を表わすカテゴリーである。現象においては事物がしばしばさかさまに表わされるということは、経済学以外のすべての科学ではかなり知られている。[二六]

（二六）これにたいして、これらの表現を単なる〝詩的許容〟[*1]であると言明することは、分析の無力さを示すだけである。だから、私は、「労働が価値を有すると言われるのは、労働が商品そのものである限りにおいてではなく、価値が労働のなかに潜勢的に含まれていると考えられるからである。労働の価値とは、比喩的な表現なのである……」というプルードンの空文句に反対して、次のように述べる――「一つの恐るべき現実性である商品としての労働のなかに、彼は、文法上の略語法しか見ない。こうして、商品である労働に基礎をおくこんにちの社会全体が、今後は、詩的許容のうえに、比喩的表現のうえに、その基礎をおく。もし社会が、自分を苦しめる『すべての支障を取りのぞ』こうと思うなら、社会は、この耳ざわりな表現を取りのぞき、言葉を変えればよい。そのためには、社会がアカデミーに辞書の新版を出版するように申し出るだけでよい」（K・マルクス『哲学の貧困』、三四、三五ページ〔邦訳『全集』第四巻、八五、八六ページ〕）。もちろん、価値についてはまったくなにも考察しないほうが、もっと好都合である。その場合には、すべてをあっさりとこのカテゴリーのもとに包摂することができる。たとえばJ・B・セーがそうしている。「〝価値〟とはなにか？　答え――「ある物が値するところのものである」。また「〝価格〟」とはなにか？　答え――「貨幣で表現されたある物の価値[*2]」。それでは、なぜ「土地の労働が……価値をもつのか？　人がそれに価格をつけるからである[*3]」。したがって、価値とはある物が値するところのものであり、土地は、人がその価値を「貨幣で表現する」から「価値」をもつのである。これは、いずれにせよ、物の〝なにゆえに〟および〝なんのために〟について了解するためのきわめて簡単な一方法である。

＊1〔詩的効果をあげるための自由な破格・逸脱の表現法〕

＊2〔セー『経済学概論』第三版、パリ、一八一七年、第二巻、四八四、四六四ページ。増井幸雄訳『経済学』下巻、岩波書店、五九八、五九九ページ参照〕

＊3〔コラン『経済学。革命といわゆる社会主義的ユートピアとの源泉』第三巻、パリ、一八五七年、三七六ページ〕

(560)　古典派経済学は、日常生活からたいした批判なしに「労働の価格」というカテゴリーを借用し、そのあとで、この価格がどのように規定されるか？　と自問した。まもなく古典派経済学は、次のことを――すなわち、需要供給の関係における変動は、労働の価格についても、他のあらゆる商品の価格についてと同じように、価格の変動、すなわちある一定の大きさの上下へ市場価格が動揺するということのほかには、なにも説明しないということを認識した。需要と供給とが一致すれば、その他の諸事情が不変ならば、価格の動揺はやむ。しかしそのときには、需要供給もまた、なにかを説明することをやめる。労働の価格は、需要と供給が一致するとき、需要供給の関係とは独立に規定される労働の価格、すなわち労働の自然価格であり、こうしてこの価格が、実際に分析されるべき対象であることが見いだされた。あるいは、たとえば一年というかなり長期の市場価格の諸動揺を取り上げてみると、その騰落が相殺されて、ある中位の平均的大きさ、ある不変の大きさになることが見いだされた。この平均的大きさは、もちろん、互いに相殺されるそれ自身からの諸背離とは別に規定されなければならなかった。労働の偶然的な市場価格を支配し規制するこの価格、すなわち労働の「必要価格」（重農主義者）または「自然価格」（アダム・スミス）[*1]は、他の諸商品の場合と同じように、貨幣で表現された労働の価値でしかありえない。このようなやり方で、経済学は、労働の偶然的な諸価格を通して労働の価値に迫っていくことを考えた。次には、この労働の価値は、他の諸商品の場合と同じように、さらに生産費によって規定された。しかし、生産費――労働者の生産費、すなわち労働者そのものを生産あるいは再生産するための費用とはなにか？　経済学にあっては、本来の問題〔労働の価値〕が無意識的にこの問題にすり替えられた。というのは、経済学は、労働そのものの生産費でどう（561）どうめぐりをして、少しも進まなかったからである。したがって、経済学が労働の価値と名づけるものは、実際には労働力の価値であり、この労働力は、労働者の人身のうちに存在するのであって、その機能である労働とは別のものであることは、機械がその作動とは別のものであるのと同じである。労働の市場価格と労働のいわゆる価値との区別、この価値と利潤率との、また、労働によって生産される商品価値などとの関係に没頭したので、だれも、分析の進行が、労働の市場価格から労働のいわゆる価値に行きついただけでなく、この労働の価値そのものをふたたび労働力の価値に分解するところにまですでに行きついていたことには、一度も気がつかなかった。自分たち自身の分析のこの帰結を意識していなかったこと、考察の対象である価値関係の最終的な妥当な表現として「労働の価値」、「労働の自然価格」などの諸カテゴリーを無批判的に採用したことは、のちに見るであろうように[*2]、古典派経済学を解決しえない混乱と矛盾におとしいれたのであり、他方ではそのことは、俗流経済学に、原則として外観だけに忠誠を尽くす彼らの浅薄さのための確実な作戦根拠地を提供したのである。

*1　〔「必要価格」については、メルシエ・ド・ラ・リヴィエール『政治社会の自然的および本質的秩序』、パリ、一七六七年、四〇七ページ以下、また「自然価格」については、アダム・スミス『諸国民の富』、第一篇、第七章「諸商品の自然価格および市場価格について」、大内・松川訳、岩波文庫、㈠、二〇一―二一八ページ、参照〕

*2　〔予定していた第四部をさしている〕

そこで、われわれは、まず、労働力の価値および価格が、労賃というそれらの転化形態にどのように表わされるかを見てみよう。

周知のように、労働力の日価値は、労働者の一定の寿命――これには労働日の一定の長さが照応する――にもとづいて計算されている。慣習的な労働日が一二時間であり、労働力の日価値が三シリング、すなわち、六労働時間を表わす一つの価値の貨幣表現であると仮定しよう。労働者は、三シリングを受け取るならば、一二時間にわたって機能する彼の労働力の価値を受け取るのである。いま、労働力のこの日価値が日労働の価値として表現されるならば、一二時間労働は三シリングの価値をもつ、という定式が生じる。こうして労働力の価値が労働の価値を規定し、または――貨幣で表現されるならば――労働の必要価格を規定する。これに反して、労働力の価格がその価値から背離するならば、労働の価格も、同じように、そのいわゆる価値から背離する。

労働の価値とは労働力の価値を表わす不合理な表現にすぎないから、労働の価値は、つねに労働の価値生産物よりも小さくなければならないという結果がおのずから生じる。というのは、資本家はつねに、労働力そのものの価値の再生産に必要であるよりも長く、労働力を機能させるからである。右の例では、一二時間のあいだ機能する労働力の価値は三シリングであり、労働力はこの価値の再生産に六時間を必要とする。これにたいして、労働力の価値生産物は六シリングである、なぜなら、労働力は実際に一二時間のあいだ機能し、そして労働力の価値生産物は、労働力自身の価値によってではなく、労働力が機能する継続時間によって決まるからである。こうして、六シリングの価値をつくり出す労働が、三シリングの価値をもつという、一見ばかげた結論が得られる。(二七)

(562)

(二七)『経済学批判』、四〇ページ〔邦訳『全集』第一三巻、四六ページ〕参照。そこでは私は、「単なる労働時間によって規定される交換価値を基礎にして、どのようにして生産は、労働の交換価値が労働の生産物の交換価値よりも小さいという結果を生じるのか?」という問題は、資本を考察するさいに解決されるはずであると予告している。

さらに明らかなように、労働日の支払部分すなわち六時間の労働を表わしている三シリングの価値が、六不払時間を含む一二時間の総労働日の価値または価格として現われる。したがって、労賃の形態は、必要労働と剰余労働とへの、支払労働と不払労働とへの労働日の分割のあらゆる痕跡を消してしまう。すべての労働が支払労働として現われる。夫役労働では、夫役者による自分自身のための労働と彼による領主のための強制労働とは、空間的にも、時間的にも、はっきり感覚的に区別される。奴隷労働では、労働日のうち、奴隷が自分自身の生活手段の価値を補填するにすぎない部分、したがって、彼が実際に自分自身のために労働する部分さえも、彼の主人のための労働として現われる。彼のすべての労働が不払労働として現われる。(二八)逆に、賃労働では、剰余労働または不払労働さえも支払労働として現われる。奴隷の場合には所有関係が、奴隷の自分自身のための労働を隠蔽し、賃労働の場合には貨幣関係が、賃労働者の無償労働を隠蔽する。

(二八)　愚鈍とも言えるほど単純なロンドンの自由貿易主義機関紙『モーニング・スター』は、アメリカの南北戦争のあいだ、人間にできるあらゆる道徳的憤激をもって、「南部連合」*の黒人がまったく無償で働いていると繰り返し断言した。このような一人の黒人の日々の費用を、たとえばロンドンのイースト・エンド〔極貧区〕の一人の自由な労働者の日々の費用と比較すべきであったろうに。

＊〔合衆国から脱退した奴隷制擁護の南部諸州が一八六一年に結成し、一一州が参加。州権の維持、奴隷制擁護をかかげ、北部にたいし武装反乱を開始し、いわゆる南北戦争となった。南部軍の敗北により一八六五年に解体〕

そこから、労働力の価値および価格を労賃の形態に——または労働そのものの価値および価格に——転化することの決定的重要性が理解される。現実の関係を見えなくさせ、まさにその正反対のことを示すこの現象形態は、労働者および資本家のもつあらゆる法律観念、資本主義的生産様式のあらゆる神秘化、この生産様式のあらゆる自由の幻想、俗流経済学のあらゆる弁護論的たわごとの、基礎をなしている。

世界史が労賃の秘密を見破るには多大の長い時間を要するとしても、逆にこの現象形態の必然性、〝存在理由〟を理解することほどたやすいことはない。

（563）
資本と労働とのあいだの交換は、われわれの知覚には、さしあたり、他のすべての商品の売買とまったく同じ仕方で現われる。買い手が一定の貨幣額を与え、売り手が貨幣とは違うある物品を与える。法律意識は、ここではせいぜい素材的区別を認識するのみであって、その区別は、〝あなたが与えうるために私は与える、あなたがなしうるために私は与える、あなたが与えうるために私はなす、あなたがなしうるために私はなす〟＊という法律的等置の定式で表わされる。

＊〔ユスティアヌスやウルピアヌスに由来するローマ法の契約にかんする格言〕

そのうえ、交換価値と使用価値とは、それ自体としては同単位で計量できない大きさであるため、「労働の価値」「労働の価格」という表現は、「綿花の価値」「綿花の価格」という表現よりも不合理であるようには見えない。さらに加えて労働者は、労働を提供したあとに支払いを受ける。そして貨幣は、支払手段としてのその機能においては、提供された物品の価値または価格、すなわちこの場合では提供された労働の価値または価格を、事後において実現する。最後に、労働者が資本家に提供する「使用価値」は、実際には彼の労働力ではなく、労働力の機能、すなわち裁縫労働、製靴労働、紡績労働などというある特定の有用的労働である。この同じ労働が、他の面からすれば、一般的な価値形成要素であるということは、労働を他のすべての商品から区別する属性であるが、そのことは普通の意識の領域からは抜け落ちる。

一二時間労働にたいして、たとえば六時間労働の価値生産物、すなわち三シリングを受け取る労働者の立場に立って見れば、彼にとっては、実際は、彼の一二時間の労働が三シリングの購買手段である。彼の労働力の価値は、彼の通例の生活手段の価値の変化につれて三シリングから四シリングに、もしくは三シリングから二シリングに変化するかもしれないし、または、彼の労働力の価値は不変なのにその価格が需要供給関係の変動によって四シリングに騰貴、もしくは二シリングに低下するかもしれないが、彼はつねに一二労働時間を与える。だから、彼が受け取る等価物の大きさにおける各変動は、彼にとっては必然的に彼の一二労働時間の価値または価格の変動として現われる。この事情は、逆に、労働日を不変の大きさとして取り扱うアダム・スミス(二九)を誤らせて、こう主張するにいたらせた——生活手段の価値が変動し、そのため同じ労働日が労働者にとってはより多くの、またはより少ない貨幣として表わされるとしても、労働の価値は不変である、と。[*1]

(二九)　A・スミスは、出来高賃銀を論じるさいに、偶然的に労働日の変化について、ほのめかしているだけである。[*2]

*1 〔フランス語版では、スミスの文章そのものが引用されている。「労働者が支払う価格は、彼が彼の労働の報酬として受け取る財貨の量がおよそどのようなものであろうと、つねに同一である〔……〕。実際のところ、この価格は、あるときは比較的多量の財貨を、あるときは比較的少量の財貨を購買することができる

が、変動するのはそれらの財貨の価値であって、それらを購買する労働の価値ではない。……等量の労働は、つねに〔労働者にとっては〕等しい価値である」（『諸国民の富』、ガルニエ訳、パリ、一八〇二年、六六、六五ページ。大内・松川訳、岩波文庫、㈠、一五六、一五五ページ〕）

＊2〔『諸国民の富』、第一篇、第八章「労働の賃銀について」。とくに大内・松川訳、岩波文庫、㈠、二五五―二五七ページ参照〕

（564）他方、資本家のほうを見ると、彼は、もちろん、できるだけ少ない貨幣で、できるだけ多くの労働を手に入れようとする。だから、資本家が実際に関心をもつのは、労働力の価格と労働力の機能がつくり出す価値とのあいだの差だけである。しかし、資本家は、すべての商品をできるだけ安く買おうとしており、そしていつでも、自分の利潤を、価値より安く買い価値より高く売るという単純なトリックから、説明する。それだから、もし労働の価値というようなものが現実に存在しており、彼がこの価値を現実に支払うとすれば、資本は存在しないであろうし、彼の貨幣は資本に転化しないであろうということは、彼にはわからない。

加えて、労賃の現実の運動の示す諸現象は、支払われるのは労働力の価値ではなく、労働力の機能すなわち労働そのものの価値であるということを証明するように見える。これらの現象は、二大部類に還元できる。第一は、労働日の長さの変動にともなう労賃の変動である。同様に、機械を一週間賃借するほうが、一日賃借するよりも費用がかかるのだから、支払われるのは機械の価値ではなく、機械の作動の価値であると結論することもできたであろう。第二には、同じ機能を果たすさまざまな労働者たちの労賃における個人的な違いである。この個人的な違いは、労働力そのものがあからさまに、とりつくろいなしに売られる奴隷制度においても——しかし錯覚の余地なく——見いだされる。ただ、平均を超える労働力の利益、または平均を下回る労働力の不利益が、奴隷制度では奴隷所有者のものとなり、賃労働制度では労働者自身のものとなるだけである。なぜなら、彼の労働力は、後者の場合には労働者自身によって売られ、前者の場合には第三者によって売られるからである。

ところで、「労働の価値および価格」または「労賃」という現象形態は労働力の価値および価格という本質的関係——これが現象となって現われる——とは区別されるが、この現象形態については、あらゆる現象形態とそれらの隠されている背景について言えるのと同じことが言える。現象形態は、直接に自然発生的に、普通の思考形態として再生産されるが、その隠されている背景は、科学によってはじめて発見されなければならない。古典派経済学は、真の事態にほぼふれてはいるが、しかしそれを意識的に定式化してはいない。古典派経済学は、そのブルジョア的な皮をまとっている限り、そうすることはできない。

（565）

第一八章　時間賃銀

労賃そのものは、また、きわめて多様な形態をとるが、この事情は、経済学の概説書からは知ることのできないものである――これらの概説書は、素材にたいして強烈な関心をもつだけで、どのような形態的区別をも考慮しない。とはいえ、これらの形態のすべてを叙述することは、賃労働の特殊理論の範囲に属し、したがって本書の範囲外である。その代わりここで、二つの支配的な基本形態を簡単に展開しなければならない。

労働力の販売は、思い出されるように、つねに一定の時間を基準にして行なわれる。だから、労働力の日価値、週価値などを直接に表示する転化形態は、「時間賃銀」の形態、すなわち日賃銀などである。

さて、まず注意しておかなければならないことは、第一五章で述べた労働力の価格と剰余価値との大きさの変動にかんする諸法則は、簡単な形態変化によって労賃の諸法則に転化されるということである。同じように、労働力の交換価値と、この価値が転化する生活手段の総量との区別は、いまや、名目賃銀と実質賃銀との区別として現われる。本質的形態においてすでに展開したことを現象形態において繰り返すことは無用であろう。そこで、時間賃銀を特徴づけるいくつかの点に限って述べることにしよう。

(566)

労働者が自分の日労働、週労働などと引き換えに受け取る貨幣額[三〇]は、彼の名目的労賃、すなわち価値によって評価された労賃の額を形成する。しかし、労働日の長さに応じて、したがって労働者により日々提供される労働の量に応じて、同じ日賃銀、週賃銀などが、きわめて異なる労働の価格、すなわち同じ分量の労働に支払われるきわめて異なる貨幣額を表わしうる、ということは明らかである[三一]。したがって、時間賃銀にかんしては、さらに、日賃銀、週賃銀などの労賃の総額と労働の価格とを区別しなければならない。それでは、労働の価格、すなわちある与えられた分量の労働の貨幣価値は、どのようにして見いだされるか？　労働の平均的価格は、労働力の平均的日価値を平均的労働日の時間数で割ることによって得られる。たとえば労働力の日価値が三シリング、すなわち六労働時間の価値生産物であり、労働日が一二時間であるとすれば、一労働時間の価格は、$\frac{3\text{シリング}}{12}=3$ペンスである。こうして見いだされた一労働時間の価格が、労働の価格の尺度単位として用いられる。

〔三〇〕 ここでは貨幣価値そのものは、つねに不変であると前提される。

〔三一〕 「労働の価格とは、ある与えられた量の労働にたいして支払われる金額である」〔サー・エドワード・ウェスト『穀物の価格と労働の賃銀』、ロンドン、一八二六年、六七ページ〔橋本訳『穀物価格論』、未来社、一三八ページ〕〕。ウェストは、経済学の歴史において画期的な匿名の著書『土地への資本投下にかんする小論。オックスフォード大学のユニヴァーシティ・カレッジの一フェロー〔評議員〕著』、ロンドン、一八一五年〔同前訳書、所収〕、の著者である。

そのため、労働の価格が絶えず低落しても、日賃銀、週賃銀などは依然として同じままでありうる、ということになる。たとえば、普通の一労働日が一〇時間で、労働力の日価値が三シリングであったとすると、一労働時間の価格は、三3/5ペンスであった。一労働日が一二時間に延長されると、一労働時間の価格は三ペンスに低落し、一五時間に延長されると、二2/5ペンスに低落する。それでも日賃銀、週賃銀は変わらない。逆に、労働の価格が不変のままか、または下落しさえしても、日賃銀や週賃銀は騰貴することがありうる。たとえば、一労働日が一〇時間で、労働力の日価値が三シリングであれば、一労働時間の価格は三3/5ペンスである。もし労働者が、仕事が増えたために、労働の価格が不変なままで一二時間労働するならば、いまや、彼の日賃銀は、労働の価格の変動をともなわずに、三シリング七1/5ペンスに騰貴する。労働の外延的大きさの代わりに、労働の内包的大きさが増加する場合にも、これと同じ結果が生じうるであろう。(三二)だから、名目的な日賃銀または週賃銀が騰貴しても、それにともなって労働の価格は不変のままである、あるいは低落することがありうる。労働者家族の収入についても、家長によって提供される労働分量に家族員の労働がつけ加わると、同じことが言える。(567)したがって、名目的な日賃銀または週賃銀の引き下げによらず、労働の価格を切り下げる諸方法が存在する。(三三)

(三二)「労賃は、労働の価格と、遂行された労働の量とによって決まる。……労賃の増加は、必ずしも労働の価格の騰貴を意味しない。仕事がより多くなり、緊張がより大きくなれば、労賃は、いちじるしく増大しうるが、労働の価格は同じままでありうる」(ウェスト『穀物の価格と労働の賃銀』、六七、六八、一一二ページ〔同前訳、一三八、一七七ページ〕)。なお、ウェストは、「〝労働の価格〟」はどのように規定されるのかという主要問題を、月並みな決まり文句でかたづけている。

（三二）　しばしば引用した『工業および商業にかんする一論』〔ロンドン、一七七〇年〕の著者である、一八世紀の産業ブルジョアジーのもっとも熱狂的な代弁者〔ジョン・カニンガム〕は、事態を混乱して述べているとはいえ、このことを正しく感知している――「食糧その他の生活必需品の価格によって規定されるのは、労働の量であって、労働の価格」（名目的な日賃銀または週賃銀のことである）「ではない。生活必需品の価格がひどく下がれば、諸君はもちろんそれに応じて、労働の量を減少させる。……工場主は、労働の価格の名目的な額を変化させること以外にも、労働の価格を騰貴させたり低下させたりするいろいろな方法があることを知っている」（同書、四八、六一ページ）。Ｎ・Ｗ・シーニアは、ウェストの著書をことわりなしに利用している彼の著書『賃銀率にかんする三つの講義』、ロンドン、一八三〇年、において、とりわけ、次のように言う――「労働者が主として関心をもつのは賃銀の額である」（一四〔正しくは一五〕ページ）と。したがって労働者が主として関心をもつのは、彼が受け取るもの、すなわち賃銀の名目額であって、彼が与えるもの、すなわち労働の量ではない！

しかし、一般的法則としては、次のようになる――日労働、週労働などの量が与えられているならば、日賃銀または週賃銀は、労働の価格によって決まるのであり、労働の価格そのものは、労働力の価値とともに変動するか、さもなければ労働力の価値からの価格の背離とともに変動する。これに反して、労働の価格が与えられているならば、日賃銀または週賃銀は、日労働または週労働の量によって決まる、と。

時間賃銀の度量単位すなわち一労働時間の価格は、労働力の日価値を、通例の労働日の時間数で割った商である。いま時間数が一二時間であり、労働力の日価値が三シリング、すなわち六労働時間の価値生産物であるとしよう。この事情のもとでは、一労働時間の価格は三ペンスであり、その一労働時間の価値生産物は六ペンスである。いま、もし労働者が日々一二時間よりも少なく（または一週に六日よりも少なく）、たとえば六時間または八時間しか就業させられないならば、彼は、この労働の価格では、二シリングまたは一シリング半の日賃銀しか受け取らない。(三四) 前提によれば、労働者は、自分の労働力の価値に対応する日賃銀を生産するためだけで、平均して日々六時間労働しなければならないから、また同じ前提によれば、労働者は、各一時間のうち半分だけは自分自身のために労働し、半分は資本家のために労働するから、一二時間よりも少なく就業させられる場合には、彼が六時間の価値生産物をかせぐことができないことは、明らかである。われわれは、さきに、過度労働の破滅的諸結果を見たが、ここでは、過少就業から労働者に生じる苦しみの源泉を発見する。(568)

(三四)　このような異常な過少就業の影響は、労働日の全般的な、法律による強制的な短縮の影響とは、まったく異なる。前者は、労働日の絶対的長さとは関係がなく、一五時間労働日の場合にも六時間労働日の場合にも同じように現われうる。労働の標準価格は、第一の場合には労働者が一日に平均して一五時間労働し、第二の場合には六時間労働するものとして計算されている。したがって、労働者が第一の場合に七時間半しか、第二の場合に三時間しか就業させられないならば、結果は同じ〔過少就業〕である。

もし時間賃銀が、資本家は日賃銀または週賃銀を支払う義務を負わず、自分の好きなだけ労働者を就業させてその労働時間にたいしてのみ支払う義務を負うという仕方で確定されるならば、資本家は、もともと時間賃銀または労働の価格の度量単位を計算する基礎となっている時間よりも少なく、労働者を就業させることができる。この度量単位は、$\frac{\text{労働力の日価値}}{\text{与えられた時間数の労働日}}$という比率によって規定されているから、労働日が一定の時間数に達しなくなれば、もちろんなんの意味ももたなくなる。支払労働と不払労働とのあいだの連関は廃棄される。いまや、資本家は、労働者にたいして労働者自身の維持に必要な労働時間を与えることなしに、労働者から一定分量の剰余労働をしぼり取ることができる。資本家は、就業のすべての規則正しさを破壊し、まったく自己の都合、恣意、および眼前の利害に従って、法外このうえない過度労働と相対的または全部的失業とを、かわるがわる生じさせることができる。資本家は、「労働の標準価格」を支払うという口実のもとに、労働日を、労働者にそれに対応したなんらかの補償をも与えずに、異常に延長することができる。それだから、このような時間賃銀を押しつけようとする資本家たちの企てに反対して、建築業に従事するロンドンの労働者たちが蜂起した（一八六〇年）[*1]のは、まったく理にかなったことであった。労働日の法律的制限は、このような不法を終わらせるものである――もちろん、機械の競争、使用される労働者の質の変動[*2]、ならびに部分的および全般的恐慌、から生じてくる過少就業を終わらせはしないが。

＊1〔労働時間短縮を要求して、一八五九年七月二一日から一八六〇年二月七日までたたかわれたストライキをさす。イギリス全土の支援を受けたこのストライキの成果として、ロンドン労働組合協議会が結成された（五月）〕

＊2〔「使用される労働者の質の変動」は、フランス語版では、「熟練労働に代わる非熟練労働の、成年男性に

代わる児童および女性の、等々の使用」となっている〕

日賃銀または週賃銀が増大しても、労働の価格は、名目的には不変でありながら、それにもかかわらずその標準的水準よりも低く低落するということがありうる。このようなことは、労働――または一労働時間――の価格が不変で、労働日が通例の長さよりも延長されるときには、いつも起こる。(569) 労働力の日価値／労働日 という分数においては、分母が増大すれば、分子はさらに急速に増大する。労働力の価値は、労働力が消耗するので、それの機能時間とともに増大し、しかも機能時間の増加よりももっと急速な割合で増大する。そのため、労働時間の法律的制限がなくて、時間賃銀が支配的である多くの産業部門では、労働日は、ある一定の時点まで――たとえば一〇時間の終了まで――でありさえすれば標準的なものとみなすという慣習が、自然発生的につくり上げられた（「〝標準労働日〟」、「〝一日仕事〟」、「〝正規労働時間〟」）。労働時間は、この限界を超えると、超過時間（〝残業時間（オーバータイム）〟）を形成し、時間を度量単位として、割り増しで支払われる（〝割増給〟）――ただし、その率は、しばしば、ばかばかしいほど小さいのであるが(三五)。この場合、標準労働日は、現実の労働日の一部分として存在し、しかも現実の労働日は、しばしば一年中にわたって標準労働日よりも長く続く(三六)。ある一定の標準限界を超えて労働日が延長されることによる労働の価格の増大は、イギリスのさまざまな産業部門で、次のようにして形成される――いわゆる標準時間内での労働の価格が低いために、一般に十分な労賃をかせごうと思うならば、労働者はより多く支払われる超過時間の労働を余儀なくされる、というように(三七)。(570) 労働日の法律的制限は、この楽しみを終わらせる(三八)。

（三五）「超過時間にたいする支払率」（レース製造業における）「はきわめて低く、たとえば一時間あたり$\frac{1}{2}$ペンスなどであって、この率は、それが労働者の健康および生命力に加える大きな損害と痛々しい対照をなしている。……そのうえ、このようにしてかせいだわずかな余分の金も、しばしば、余分の飲食物にふたたび支出されなければならない」（『児童労働調査委員会、第二次報告書』、〔一八六四年、〕XVIページ、第一一七号）。

（三六）たとえば、工場法の最近の施行[*1]以前の壁紙印刷業においてそうである。「われわれは、食事のための休憩もなく働いたので、一〇時間半の一日仕事は午後四時半に終わってしまい、それ以後はすべて超過時間で、それは晩の六時以前に終わることはめったにない。そのためわれわれは、実際に一年中ぶっ通しで、超過時間労働をしている」（『児童労働調査委員会、第一次報告書』、〔一八六三年、〕一二五ページにおけるスミス氏の証言）。

（三七）たとえばスコットランドの漂白業においてそうである。「スコットランドのいくつかの地方では、この産業は」（一八六二年の工場法施行以前には）「超過時間制度によって経営された。すなわち一〇時間が標準労働日とみなされた。これにたいして男性は一シリング二ペンスを受け取った。しかしこれに加えて、毎日、三時間または四時間の超過時間があり、これにたいしては、一時間あたり三ペンスが支払われた。この制度の結果、標準時間だけ働いた男性は、八シリングの週賃銀しかかせぐことができなかった。[*2]超過時間なしでは、賃銀は足りなかった」（『工場監督官報告書。一八六三年四月三〇日』、一〇ページ）。「超過時間にたいする割増給は、労働者のさからうことのできない誘惑である」（『工場監督官報告書。一八四八年四月三〇日』、五ページ）。ロンドンのシティの製本業は、一四―一五歳のきわめて多くの少女を、しかも一定の労働時間を定める徒弟契約のもとで、使用している。それにもかかわらず彼女たちは、毎月の最後の週には、夜の一〇時、一一時、一二時、一時まで、年長の男性労働者と一緒に、ごちゃまぜになって働いている。「雇い主たちは、割増給とおいしい夜食代とで彼女たちを誘惑する」。彼女たちは、この夜食を近所の居酒屋でとる。こうしてこの「〝不滅の若者たち〟」のあいだに生まれる大変な不身持ちさは（『児童労働調査委員会、第五次報告書』、四四ページ、第一九一号）、彼女たちによってとりわけ多くの聖書や信仰書も製本されるということのなかに、そのつぐないを見いだすのである。

（三八）『工場監督官報告書。一八六二年四月三〇日』、一〇ページを見よ。建築業で働くロンドンの労働者たちは、この事態をまったく正しく批判し、一八六〇年の大ストライキおよびロック・アウト中に、次の二つの条件のもとでのみ時間賃銀を受け入れるであろうと宣言した。[*3] すなわち、（一）一労働時間の価格とともに、九時間および一〇時間のそれぞれの標準労働日を確定し、一〇時間労働日の一時間の価格を、九時間労働日の一時間の価格よりも大きくすること、（二）標準労働日を超える各時間を超過時間として、もっと高く支払うこと。

＊1〔壁紙印刷業は、一八六四年に、工場法（一八五〇年）の適用を受けるようになった。本訳書、第一巻、五二一ページおよび八六二ページ参照〕

＊2〔報告書原文では「週に八シリング以上をかせぐことはできなかった」となっている〕

＊3〔本訳書、第一巻、四〇四ページの原注四〇参照〕

一産業部門における労働日が長ければ長いほど、労賃はそれだけ低いということは、周知の事実である。（三九） 工場監督官A・レッドグレイヴは、一八三九―一八五九年の二〇年間を比較した概観によってこのことを例証しているが、それによると、労賃は、一〇時間法のもとにおかれた工場では上昇したが、一日に一四から一五時間も働かされている工場では、低下した。（四〇）

（三九）「また、長時間労働が通例であるところでは、低賃銀も通例であるということは、きわめて注目すべきことがらである」(『工場監督官報告書。一八六二年一〇月三一日』、九ページ)。「わずかなかつかつの食物を入手する仕事は、たいてい過度に長引かされている」(『公衆衛生、第六次報告書』、一八六四年、一五ページ)。

(四〇)『工場監督官報告書。一八六〇年四月三〇日』、三一、三二ページ。

まず、「労働の価格が与えられている場合には、日賃銀または週賃銀は、提供される労働の量によって決まる」という法則〔本訳書、第一巻、九四六ページ〕からは、労働の価格が低ければ低いほど、労働者がみじめな平均賃銀を確保するためだけでも、労働分量はそれだけ大きくなければならない、または労働日はそれだけ長くなければならない、という結論が出てくる。この場合には、労働の価格の低いことが、労働時間の延長への誘因として作用する。(四一)

(四一)たとえば、イギリスの手打ち釘製造工は、労働価格が低いために、みじめきわまる週賃銀をかせぐために、日々一五時間労働しなければならない。「それは、一日のうちの多大の時間(午前六時から午後八時まで)であり、一一ペンスか一シリングをかせぐために、彼はこの時間中ずっと激しく苦役しなければならないのであり、しかも、そのうち二ペンス半ないし三ペンスは、道具の摩滅、燃料、鉄屑の分として失われる」(『児童労働調査委員会、第三次報告書』、一三六ページ、第六七一号)。女性たちのかせぐ週賃銀は、同じ労働時間で五シリングにしかならない(同前、一三七ページ、第六七四号)。

(571)しかし、その逆に、労働時間の延長そのものがまた、労働価格の低下、したがって日賃銀、週賃銀の低下を生み出す。

$\frac{\text{労働力の日価値}}{\text{与えられた時間数の労働日}}$による労働価格の規定は、もしなんの補償も行なわれなければ、労働日の単なる延長は、労働価格を低下させるという結果を生む。しかし、長期的に労働日を延長することを資本家に可能にする同じ事情が、資本家に、この増加した時間数の総価格、つまり日賃銀または週賃銀が低落するにいたるまで、名目的にも労働価格を引き下げることを、はじめは可能にし、ついには余儀なくさせるのである。ここでは、二つの事情を指摘するだけで十分である。もし一人が一人半分または二人分の仕事をするならば、たとえ市場にある労働力の供給が不変であっても、労働の供給は増大する。こうして労働者のあいだに引き起こされる競争が、資本家に、労働の価格を切り下げることを可能にするのであり、他方では、また逆に、この労働の価格の下落が、資本家に、労働時間をさらにいっそう引き延ばすことを可能にする。[四二] とはいえ、この異常な、すなわち社会的平均水準を超え出る不払労働分量の自由な利用が、やがて資本家たち自身のあいだの競争手段になる。商品価格の一部分は、労働の価格からなっている。労働の価格のうちの支払われない部分は、商品価格では計算する必要はない。この部分は、商品購買者にただで贈呈することができる。これは、競争のかり立てる第一歩である。競争が強制する第二歩は、労働日の延長によって生み出される異常な剰余価値の少なくとも一部分を、同じように商品の販売価格から除外することである。このようにして、商品の異常に低い販売価格が、まず散在的に形成され、しだいに固定されて、それ以後は、過度な労働時間のもとでのみじめな労賃の恒常的基礎となる――それ〔異常に低い販売価格〕はもともとこうした事情の産物であったのであるが。競争の分析はここでの範囲外なので、われわれは、この運動を単に指摘する(572)だけにする。とはいえ、しばらく資本家自身に語らせよう。「バーミンガムでは、業主間の競争がきわめて激しいので、われわれのなかには、普通なら恥とするようなことを雇い主として行なわざるをえない者が多い。しかも、金はもはやもうからず、公衆だけが利益を得ている」(四三)。思い出されるのは、ロンドンの二種類の製パン業者であるが、*その一方は、パンを正常価格で売り(〝「正常価格売り」製パン業者〟)、他方は、正常価格より安く売る(「〝安売り業者〟」)。「〝正常価格売り業者〟」は、議会の調査委員会で競争者たちを次のように告発している――「彼らが存続しているのは、ただ、第一に、公衆をあざむくことによって」(商品の不純物混和によって)「第二に、彼らの職人から一二時間労働の賃銀で一八時間の労働をしぼり出すことによって、である。……労働者の不払労働が〔……〕競争戦を行なうために使われる手段〔……〕である。……製パン業主間の競争は、夜間労働廃止の困難さの原因である。麦粉価格にともなって変動する費用価格より安くパンを売る安売り業者は、その職人たちからより多くの労働を手に入れることで埋め合わせをする。〔……〕私が私の職人から一二時間の労働しか手に入れていないのに、私の隣人が一八時間または二〇時間の労働を手に入れるならば、彼は販売価格で私を打ち負かすに違いない。労働者が超過時間にたいする支払いを要求できるようになれば、この策略もやがてだめになるであろうが。……安売り業者によって働かされている者の大部分は、もらえるならほとんどどんな労賃であってもがまんせざるをえない外国人、若者その他である」(四四)。

(四二)　たとえば、ある工場労働者が、在来の長時間労働をすることをこばむならば、「彼はすぐさま、どんな長時間でも労働しようとする者と取り替えられ、こうして、失業させられるであろう」(『工場監督官報告書。一八四八年一〇月三一日』、証言、三九ページ、第五八号)。「一人が二人分の仕事を行なうならば……労働の追加供給が労働の価格を低下させる結果……一般に利潤率が高められるであろう」(シーニア『賃銀率にかんする三つの講義』、一五ページ)。

(四三)『児童労働調査委員会、第三次報告書』、証言、六六ページ、第二二号。

(四四)『製パン職人によって申し立てられた苦情にかんする……〔第一次〕報告書』、ロンドン、一八六二年、LIIページ、および同書の証言、第四七九、三五九、二七号。とはいえ、〝正常価格売り業者〟も、以前に言及したように、またその代弁者ベネット自身が白状したように、その職人たちに「夜の一一時またはそれより早く仕事を始めさせ〔……〕しばしば翌晩の七時までも続け」させている(同前、二二ページ)。

＊〔本訳書、第一巻、三〇四ページの原注五一参照〕

このような嘆きは、資本家の頭脳のなかにはいかに生産諸関係の外観しか反映されないかを示しており、その点でも、興味あるものである。資本家は、労働の標準価格にも一定分量の不払労働が含まれており、この不払労働こそが彼の利得の標準的な源泉であることを知らない。剰余労働時間というカテゴリーは、資本家にとってはそもそも存在しない。というのは、このカテゴリーは標準労働日に含まれており、彼が日賃銀でそれを支払っていると信じているからである。もっとも、超過時間、すなわち普通の労働価格に対応する制限を超えた労働日の延長は、彼にとっても存在している。彼は、(573)彼の安売り競争者に向かって、この超過時間にたいする割増給を払えとさえ主張する。この割増給も、普通の労働時間の価格とまったく同じように不払労働を含んでいることは、やはり彼は知らない。たとえば、一二時間労働日のうちの一時間の価格は、三ペンスすなわち $1\frac{1}{2}$ 労働時間の価値生産物であり、他方、超過の一労働時間の価格は、四ペンスすなわち $\frac{2}{3}$ 労働時間の価値生産物であるとしよう。資本家は、前者の場合には、一労働時間の半分を、後者の場合にはその $\frac{1}{3}$ を、支払いもせずに自分のものにしているのである。

第一九章　出来高賃銀

(574)

時間賃銀が労働力の価値または価格の転化形態であるのと同じように、出来高賃銀は時間賃銀の転化形態にほかならない。

出来高賃銀では、一見したところ、労働者によって売られる使用価値は、彼の労働力の機能、生きた労働ではなく、すでに生産物に対象化されている労働であるかのように見え、そしてこの労働の価格は、時間賃銀のように、$\frac{\text{労働力の日価値}}{\text{与えられた時間数の労働日}}$[四五]という分数によって規定されるのではなく、生産者の作業能力によって規定されるかのように見える。

（四五）「出来高仕事の制度は、労働者の歴史において一時期を画する。それは、資本家の意志しだいの単なる日雇い労働者の地位と、遠くない将来に手工業者と資本家とを一身にかねることが期待される協同組合的手工業者との中間にある。出来高払労働者は、雇い主の資本のもとで働いていても、事実上は自分自身の主人である」（ジョン・ウォッツ『労働組合とストライキ、機械と協同組合』、マンチェスター、一八六五年、五二、五三ページ）。私がこの小著を引用するのは、これが、とっくに腐敗したあらゆる弁護論的決まり文句の真の下水溝であるからである。同じウォッツ氏は、以前にはオウエン主義を売り物にし、一八四二年に別の小著『経済学〔者〕の事実と虚構』を出版したが、そのなかではとりわけ、〝財産〟は〝強奪〟であると説明している。遠い昔話である。*

*〔フランス語版では、「時代はそれ以後大きく変わった」となっている〕

(575)

まず、この外観を正しいとする確信は、労賃のこの二つの形態が同じ時期に同じ事業部門で並存しているという事実によって、すでに強くゆるがされるに違いないであろう。たとえば、「ロンドンの植字工たちは、通例、出来高賃銀によって働いており、時間賃銀は、彼らのもとでは例外である。地方の植字工の場合にはその逆であって、そこでは時間賃銀が通例であり、出来高賃銀は例外である。ロンドン港の船大工は出来高賃銀で支払われ、イギリスの他のすべての港の船大工は時間賃銀で支払われる」[四六]。ロンドンの同じ馬具製造所でも、しばしば、同じ労働にたいして、フランス人には出来高賃銀が、イギリス人には時間賃銀が支払われる。出来高賃銀が一般に支配している本来的工場においても、二、三の労働職能は、技術的理由からこの計算法を適用せず、そのため時間賃銀で支払われる[四七]。とはいえ、労賃の支払いにおける形態の相違は——一方の形態が、他方の形態よりも、資本主義的生産の発展にとってより有利でありうるとしても——労賃の本質をなにも変えないことは、それ自体として明らかである。

(四六)　T・J・ダニング『労働組合とストライキ』、ロンドン、一八六〇年、二二ページ。

(四七)　労賃のこの二形態の同時的並存が、工場主たちのごまかしにとっていかに好都合であるかは、次のとおりである——「ある工場は四〇〇人を使用しているが、そのうちの半数は、出来高賃銀で働き、より長時間働くことに直接的関心をいだいている。他の二〇〇人は、日賃銀で支払いを受け、他方のものと同じ時間働くが、しかし超過時間にたいしてはびた一文ももらわない。……この〔日払いの〕二〇〇人の毎日半時間の仕事*は、一人の者の五〇時間の仕事、または一人の者の一週間の仕事の $\frac{5}{6}$ に等しく、雇い主にとっては確実な利益である」（『工場監督官報告書。一八六〇年一〇月三一日』、九ページ）。「超過労働は、いまなおいちじるしく広く行なわれており、しかもたいていの場合、発見と処罰ができないように法律そのものが守ってくれている。私は、これまでの多くの報告書のなかで……出来高仕事で使用されずに週賃銀をもらっている勤労者すべてにたいする不当な扱い……を挙示してきた」（『工場監督官報告書。一八五九年四月三〇日』、八、九ページにおけるレナド・ホーナーの報告）。

＊〔報告書は、引用の省略部分で、五分早く作業を始め、五分遅く作業をやめさせることで一日三〇分余計に働かせる習慣が広まったと書いている〕

普通の労働日が一二時間であり、そのうち六時間が支払われ、六時間は不払いであるとしよう。その価値生産物は六シリングであり、したがって一労働時間の価値生産物は六ペンスであるとしよう。平均程度の強度と熟練で労働する一労働者、したがってある物品を生産するために実際に社会的必要労働時間だけを費やす一労働者が、二四個――別々の二四個であれ、または連続的製品の二四個分の測定可能な部分としてであれ――を一二時間のうちに提供するということが、経験的に明らかであるとしよう。その場合には、この二四個の価値は、それに含まれている不変資本部分を差し引けば、六シリングであり、各一個の価値は三ペンスである。労働者は、一個につき1½ペンスを受け取り、こうして一二時間では三シリングをかせぐ。時間賃銀の場合に、労働者が六時間を自分のために、六時間を資本家のために労働すると考えるか、または、各一時間のうち半分を自分のために、残り半分を資本家のために労働すると考えるかは、どちらでもよいが、それと同じように、この場合にも、それ

(576)

ぞれ一個の半分が支払われ、半分が不払いであると言うか、または、一二個の価格が労働力の価値を補填するだけで、他の一二個には剰余価値が体化されていると言うかは、どちらでもよい。

出来高賃銀の形態は、時間賃銀の形態と同じく非合理的である。たとえば二個の商品は、それに費やされた生産手段の価値を差し引けば、一労働時間の生産物として六ペンスの価値があるが、労働者は、この二個にたいして三ペンスの価格を受け取る。実際には出来高賃銀は、どんな価値関係も直接的には表現しない。ここで問題となるのは、一個の価値を、それに体化されている労働時間によってはかることではなく、その逆に、労働者によって支出された労働を、彼によって生産された個数によってはかることである。時間賃銀では、労働は、その直接的持続時間によってはかられ、出来高賃銀では、労働は、一定の持続時間中の労働がそのなかに凝縮される生産物の分量によってはかられる。(四八) 労働時間そのものの価格は、結局は、日労働の価値＝労働力の日価値 という等式によって規定されている。したがって、出来高賃銀は、時間賃銀の変化された形態にすぎない。

(四八) 「賃銀は、二つの方法ではかられうる――労働の持続によってか、または労働の生産物によって」（『経済学原理概要』、パリ、一七九六年、三二ページ）。この匿名の書の著者はG・ガルニエである。

次にわれわれは、出来高賃銀の特徴的な独自性を、もっと立ち入って考察しよう。

労働の質は、この場合には、製品そのものによって規制されているのであって、出来高価格が完全に支払われるためには、その製品は、平均的な品質をもっていなければならない。出来高賃銀は、この側面から見れば、賃銀減額および資本主義的ごまかしのきわめて実り豊かな源泉となる。

出来高賃銀は、資本家たちに、労働の強度をはかるまったく確かな尺度を与える。あらかじめ定められかつ経験によって確定されたある商品分量に体化される労働時間のみが、社会的に必要な労働時間とみなされ、そのようなものとして支払われる。だから、ロンドンの比較的大きな裁縫作業所では、ある一個の製品たとえば一着のベストなどが、一時間、半時間などと呼ばれ、この一時間が六ペンスに値する。一時間の平均生産物がどれだけかは、実際の経験からよく知られている。新しい流行品や修繕などの場合には、一定の出来高が一時間分に等しいかどうかなどについて、雇い主と労働者とのあいだに紛争が起こるが、結局はこの場合にも経験が決定する。ロンドンの家具製造所などでも、これと同様である。労働者が平均的な作業能力をもっていないならば、したがって一定の最小限の日仕事を提供できないならば、彼は解雇される。(四九)

(四九)「彼」(精紡工)「にある重量の綿花が渡され、彼は、その代わりに、一定時間内に、一定程度の繊度〔糸の太さ〕をもった所定の重量の経糸(たていと)用糸または糸を返さなければならず、こうして返す製品のすべてにたいして一重量ポンドにつき、しかじかの額の支払いを受ける。彼の製品の質に欠陥があれば、彼はペナルティを受ける。その量が、所定の時間について決められた最小限の量よりも少ない場合には、彼は解雇されて、より有能な労働者が雇い入れられる」(ユア『工場哲学』、前出、〔三一六、〕三一七ページ)。

(577) ここでは、労働の質と強度が労賃の形態そのものによって規制されるので、この労賃の形態は大部分の労務監督を不用とする。それだから、この労賃の形態は、前述した近代的家内労働*の基礎をなすとともに、等級的に編制された搾取および抑圧の制度の基礎をなす。この制度には、二つの基本形態がある。出来高賃銀は、一方では、資本家と賃労働者とのあいだへの寄生者の介入、仕事の下請けを容易にする。介在者たちの利得は、もっぱら、資本家の支払う労働価格と、この価格のうち介在者が労働者に現実に手渡す部分との差額から生じる。(五〇) この制度は、イギリスではその特徴を表現して「苦汗制度(スウエッティング・システム)」と呼ばれている。他方では出来高賃銀は、資本家に、班長労働者と――マニュファクチュアでは組長と、鉱山では採炭夫などと、工場では本来の機械労働者と――一個あたりいくらというある価格で契約を結ぶことを可能にし、班長労働者自身がその価格で自分の補助労働者の募集と支払いを引き受ける。この場合には、資本による労働者の搾取は、労働者による労働者の搾取を介して実現される。(五一)

(五〇)「製品が数人の手を通り、その各々の人が利潤の分け前を取り、仕事をするのは最後の人だけである場合には、女性労働者の手にはいる給金は、みじめなほど不つり合いなものとなる」(『児童労働調査委員会、第二次報告書』、LXXページ、第四二四号)。

(五一) 弁護論者のウォッツでさえも、述べている――「もし、一人の人が、自分自身の利益のために彼の仲間を過度に労働させることに関心をもつことの代わりに、一つの仕事に従事するすべての者がそれぞれ自分の能力に応じて契約上のパートナーとなるならば、それは、出来高制度の大きな改善であろう」(『労働組合とストライキ、機械と協同組合』、五三ページ)。この制度の卑劣さについては、『児童労働調査委員会、第三次報告書』、六六ページ、第二二号、一一ページ、第一二四号、XIページ、第一三、五三、五九号などを参照。

＊〔本巻、第一三章、第八節、b、c、d、e、参照〕

出来高賃銀がひとたび行なわれるようになれば、労働者が自分の労働力をできる限り強度に緊張さ

(578)せることは、もちろん労働者の個人的利益であるが、そのことは、資本家が労働強度の標準度を高めるのを容易にする。(五一a) それと同じように、労働日を延長することも、労働者の個人的利益である——なぜなら、それにともなって彼の日賃銀または週賃銀が増大するからである。(五二) それとともに、時間賃銀のところで既述した反動*が生じてくる——労働日の延長は、出来高賃銀が不変な場合にさえ、それ自体として労働の価格における引き下げを含むということを別にしても。

(五一a)　この自然発生的な結果は、しばしば人為的に助長される。たとえば、ロンドンの〝機械製造業〟では次のようなことが伝来の〝秘訣〟とみなされている。「資本家は、人なみ優れた体力と敏速さをもつ者を何人かの労働者たちの長に選ぶ。資本家は、この者にたいし、四半期または他の期限に割増賃銀を支払うが、そのさい、普通の賃銀しか受け取っていない一緒の労働者たちをかり立てて力いっぱい張り合わさせるために全力を尽くすという了解がなされる、……。このことは、これ以上の注釈を加えなくても、『労働組合が活動や人なみ優れた熟練や労働力を無力化すること』についての資本家たちの苦情の原因を明らかにする」(ダニング『労働組合とストライキ』、二二、二三ページ)。この著者自身が、労働者であり一労働組合〔ロンドン製本工連合会〕の書記でもあるので、これは、誇張だともみなしえよう。しかし、たとえば、J・Ch・モートンの「〝きわめて立派な〟農学大辞典〔『実用的科学的農業百科辞典』第二巻、一八五五年〕の「労働者」の項目を見られたい——そこでは、この方法が、試験ずみのものとして借地農場経営者に推奨されている。

(五二)　「出来高で支払われているすべての者は……労働の法定限度を超えることによって利益を得る。すすんで超過時間の労働をすることについてのこの観察は、織布工やかせ糸工として使用されている女性にとくにあてはまる」(『工場監督官報告書。一八五八年四月三〇日』、九ページ)。「資本家にとってこのように有利なこの出来高賃銀制度は……出来高で、しかし低い価格で支払いを受ける四、五年のあいだ、若い陶工にひどい超過労働を直接奨励する傾向がある。これこそが、陶工の肉体的退化を引き起こしている大きな原因の一つである」（『児童労働調査委員会、第一次報告書』、XIII ページ）。

＊〔本訳書、第一巻、九五二ページ参照〕

(579) 時間賃銀では、ほとんど例外なく、同一の機能にたいする同一の労賃が支配しているが、出来高賃銀では、労働時間の価格は、確かに一定分量の生産物によってはかられるとはいえ、日賃銀または週賃銀は、労働者の個人的な違いによって変動する——そのなかのある者は、与えられた時間内に最小限の生産物だけを生産し、他の者は平均の生産物を、第三の者は平均よりも多くの生産物を生産する。したがってこの場合には、実際の収入については、労働者個人の熟練、力、エネルギー、持久力などの違いに応じて、大きな差が生じてくる。〔五三〕もちろんこのことは、資本と賃労働とのあいだの一般的関係をなにも変えはしない。第一に、個人的な相違は、作業場全体にとっては相殺され、その結果、作業場は、一定の労働時間内に平均生産物を提供して、その支払われる総賃銀は、その事業部門の平均賃銀であろう。第二に、個々の労働者によって個人的に提供される剰余価値の総量は、その労働者の個人的賃銀に対応しているから、労賃と剰余価値との比率は変化しない。しかし、出来高賃銀が個人により大きな活動の余地を提供することは、一方では、労働者たちの個性、したがって自由感、自立性、および自制を発展させる傾向があり、他方では、彼ら相互の競争を発展させることになる。だから出来高賃銀は、個人の労賃を平均水準を超えて引き上げるとともに、この水準そのものを低下させる傾向をもつ。しかし、一定の出来高賃銀が長いあいだにわたって伝統的に固定されていて、そのために、それを切り下げることが特別にむずかしい場合には、業主たちが、例外的に出来高賃銀の時間賃銀への強行的転化に逃げ場を求めることもあった。これに反対して、たとえば、一八六〇年にはコヴェントリー〔イングランド中部、バーミンガム東南東の都市〕のリボン製織工たちのあいだで大ストライキが起こったのである。〔五四〕最後に、出来高賃銀は、前述した時間制度の主要支柱の一つである。〔五五〕*1

〔五三〕「なんらかの事業において、労働が出来高によって、一個あたりいくらで、支払われているところでは……賃銀は、金額の点できわめていちじるしく異なりうる。……しかし、日給仕事の場合には、一般に画一的な率があり……それが、雇い主と雇われ人の双方によって、その事業における労働者の一般的仕事量にたいする標準賃銀として認められている」（ダニング、前出、一七ページ）。

〔五四〕「手工業職人の労働は、一日あたりでまたは個数あたりで規制される。……親方は、働き手がそれぞれの〝手職〟において日にどれだけの仕事をなしうるかをほぼ知っており、そのため、働き手が行なう仕事に比例して支払うことがしばしばである。こうしてこれらの職人たちは、別に監督されなくても、彼ら自身の利益のためにできる限り多く労働する」（カンティロン『商業一般の性質にかんする試論』、アムステルダム、一七五六年版、〔第三巻〕二〇二、一八五ページ〔津田内匠訳『商業試論』、名古屋大学出版会、一九九二年、一二八、一四一ページ〕。初版は一七五五年に出版された）。つまりカンティロンは――ケネー、サー・ジェイムズ・スチュアト、およびアダム・スミスはカンティロンから多くのものを摂取したが――ここですでに、出来高賃銀を時間賃銀の単に変形された形態として叙述しているのである。カンティロンのこのフランス語版は、表題で英語版からの翻訳であると言明しているが、しかし、英語版の『シティ・オブ・ロンドン、商人、故フィリップ・カンティロン著、産業・商業……の分析』は、後の日付（一七五九年）であるだけでなく、その内容によっても後日の書き換えであることがわかる。たとえば、フランス語版ではヒュームはまだ挙げられていないし、逆に英語版ではペティはもうほとんど出てこない。英語版は、理論的にはフランス語版よりも重要でないが、しかし、とくにイギリスの商業・地金取引などにかんするいろいろなこと――フランス語版には欠けているもの――を含んでいる。だから、この著書は「〝主として、故人となっているきわめて独創的な一紳士の原稿から取り、〔わが国の産業と商業の現状に〕適応させた〟」という英語版の表題にある言葉は、当時ごく普通に行なわれていた単なる作り話ではないと思われる。*2

（五五）「若干の作業場で、仕事をするのに必要とされるよりも多くの労働者を雇っているのを、われわれはどれだけしばしば見てきたことであろうか？　まだときには架空的でさえある不確かな仕事を見越して、労働者を雇い入れる。彼らには出来高賃銀で支払うから、人は次のように自分に言う――時間の損失はすべて仕事のない者の負担となるのであるから、なにも危険をおかすわけではない」（H・グレゴワール『ブリュッセルの軽罪裁判所における印刷工』、ブリュッセル、一八六五年、九ページ）。

*1〔「最後に」以下は、フランス語版では、「最後に、出来高賃銀は、雇い主が一日または一週間のあいだ規則正しく労働者を就業させると約束せずに労働にたいして時間で支払うという、すでに述べた制度の主要支柱の一つである」となっている。この時間賃銀については、本訳書、第一巻、九四七ページ以下参照〕

*2〔フランス語で刊行された『商業一般の性質にかんする試論』の著者はリチャード・カンティロンだが、その英語版は、彼の親戚といわれるフィリップ・カンティロンが一部をずさんに英訳し、ヒュームや自分の文などをつぎ足したものだった。この両著は長らく同一人の著書と思われていた〕

（580）以上の叙述から、出来高賃銀は、資本主義的生産様式にもっともそった労賃形態であることが明らかになる。出来高賃銀は、決して新しいものではない――それはとりわけ一四世紀のフランスおよびイギリスの労働法令のなかに、時間賃銀とならんで公式に登場する――とはいえ、それがはじめて比較的大きな活動の場を得るのは、本来的マニュファクチュア時代中のことである。大工業の疾風怒涛時代、ことに一七九七―一八一五年の時期には、出来高賃銀は、労働時間を延長し労賃を切り下げるための槓杆（てこ）として役立った。この時期の労賃の変動にかんするきわめて重要な資料は、次の青書に見いだされる――『穀物法にかんする請願についての特別委員会の報告および証言』（一八一三―一四年議会会期）ならびに『穀物の生育、取引、および消費の状態についての上院委員会の報告書ならびにいっさいの関係法律』（一八一四―一五年議会会期）。そこには、反ジャコバン戦争*開始以来の労働価格の連続的低落について記録に裏づけられた証拠が見いだされる。たとえば織布業では、出来高賃銀がひどく低下したので、労働日が非常に延長されたにもかかわらず、日賃銀は、いまや以前よりも低くなった。「織布工の実質収入は、以前よりもはるかに少ない。普通の労働者にたいする織布工の優越は、最初はきわめて大きかったが、ほとんどまったく消滅している。実際、熟練労働と普通労働との賃銀における相違は、いまや、以前のどの時期におけるよりもはるかに小さい」[五六]。出来高賃銀とともに増大した労働の強度および時間延長が、農村プロレタリアートにとってどれほど効果がなかったかは、地主および借地農場経営者を擁護する党派的一著作から取ってきた次の文がこれを示している――「農耕作業のはるかに大きな部分は、日ぎめまたは出来高仕事で雇われている人々によって行なわれる。彼らの週賃銀は約一二シリングであって、出来高賃銀の場合には、労働への刺激がより大

（581）きいので、週賃銀の場合よりも一シリングまたはおそらく二シリングも多くかせぐものと想定しうるとはいえ、彼の総収入を見積もると、一年のあいだには仕事のないことがあるために、この増収が相殺されることがわかる。……さらに、この人たちの賃銀は、生活必需品の価格とある一定の比例関係になっているので、その結果、二人の子供をもつ一人の男性は、教区救済にたよらなくても彼の家族を養うことができる、ということが一般に見いだされるであろう[五七]」。当時、マルサスは、議会によって公表された諸事実にかんして、次のように述べた――「実を言えば、私は、出来高賃銀の実行がおおいに広まっていることには不快の念をもって見ている。なにほどか長期にわたる、日に一二時間または一四時間の真に激しい労働は、そもそも人間にとっては過度である[五八]」。

（五六）『大ブリテンの商業政策にかんする所見』、ロンドン、一八一五年、四八ページ。

（五七）『大ブリテンの地主および借地農場経営者の擁護』、ロンドン、一八一四年、四、五ページ〔正しくは、『穀物法にかんする諸考察』、ロンドン、一八一五年、三四ページ〕。

（五八）マルサス『地代の性質……にかんする研究』、ロンドン、一八一五年〔四九ページの注。楠井・東訳『穀物条例論および地代論』、岩波文庫、一九五二年、一五二―一五三ページ〕。

＊〔イギリスが、フランス共和国およびナポレオンのフランスに反対するヨーロッパ連合の一員としておこなった戦争。戦争は、中断の期間をふくめて、一七九二年から一八一五年まで続き、この時期、イギリスの支配層は、国内で野蛮なテロリズムの体制を敷き、反乱の鎮圧や労働者の組織の禁止などを行なった〕

工場法の適用を受けた作業場では、出来高賃銀が一般的通例となる。なぜなら、そこでは資本はもはや労働日を内包的にしか拡大できないからである[五九]。

（五九）「出来高賃銀による労働者は、おそらく諸工場の全労働者の $\frac{4}{5}$ を占めるであろう」（『工場監督官報告書。一八五八年四月三〇日』、九ページ）。

労働の生産性が変動するにつれて、同分量の生産物が表わす労働時間が変動する。したがって、出来高賃銀も変動する。というのは、出来高賃銀は一定の労働時間の価格表現だからである。前述の例では、一二時間に二四個が生産されたが、この一二時間の価値生産物は六シリング、労働力の日価値は三シリング、一労働時間の価格は三ペンスであり、また一個あたりの賃銀は一½ペンスであった。一個のうちには $\frac{1}{2}$ 労働時間が吸収されていた。いま、たとえば労働の生産性が二倍になった結果、同じ労働日が二四個ではなく四八個を供給するとすれば、そして他の事情がすべて変わらないとすれば、出来高賃銀は、一½ペンスから $\frac{3}{4}$ ペンスに低落する。というのは、各一個は、いまでは $\frac{1}{2}$ 労働時間ではなく、わずか $\frac{1}{4}$ 労働時間しか表わさないからである。まえには $24\times1\frac{1}{2}$ ペンス＝3シリングであったが、同じように、いまは $48\times\frac{3}{4}$ ペンス＝3シリングである。言い換えれば、出来高賃銀は、同じ時間内に生産される出来高の数が増加する（六〇）——したがって同じ一個の出来高に費(582)やされる労働時間が減少する——のと同じ割合で、引き下げられる。出来高賃銀のこの変動は、その限りで純粋に名目的であるが、資本家と労働者とのあいだの絶え間ない闘争を呼び起こす。なぜなら、資本家がそれを口実にして労働の価格を実際に引き下げるか、または、労働の生産力の増大には労働の強度の増大がともなうからである。そうでなければ、労働者が、彼には自分の生産物に支払われるのであって、彼の労働力に支払われるのではないかのように見える出来高賃銀の外観を真に受け、そのために、商品の販売価格の引き下げが対応しないような賃銀の引き下げにたいして反抗するからである。「労働者は、原料の価格と製品の価格とを注意深く監視しており、こうして彼らの雇い主の利潤を正確に見積もることができる」(六一)。資本は、当然、このような要求を、賃労働の本性にかんするはなはだしい思い違いとしてはねつける。(六二)資本は、産業の進歩に課税しようとするこの越権を痛罵し、労働*の生産性は労働者にはそもそもなんのかかわりもない、とあからさまに言明する。(六三)

(六〇)「彼の精紡機の生産力は正確に測定されており、この機械を使ってなされた労働にたいする支払いの率は、この機械の生産力の増加にともなって――それと同じだけではないにしても――減少する」（ユア『工場哲学』、前出、三一七ページ）。この最後の弁護論的な言い回しは、ユア自身がふたたび取り消す。たとえば彼は、ミュール精紡機を長くする場合には、長くすることから追加的労働が生じることを認めている。したがって労働は、機械の生産性が増大するのと同じ程度に減少するのではない。さらに、「この増加によって、機械の生産力は五分の一だけ増大するであろう。そうなれば、精紡工は、なされた労働にたいして以前と同じ率で支払われないであろうが、しかしこの率は、五分の一という比率では減らされないであろうから、この改良は、どの与えられた労働時間数にたいする彼の貨幣収入をも増大させるであろう」――しかし、しかし――「以上の記述は、ある修正を必要とする。……精紡工は、彼の追加六ペンスのうちから、少年補助工に追加的にいくらかを支払わなければならず、これに加えて成年工の一部分は駆逐される」（同前、〔三二〇、〕三二一ページ）のであって、これは、決して、労賃を引き上げる傾向があるわけではない。

(六一) H・フォーシット『イギリスの労働者の経済状態』、ケンブリッジおよびロンドン、一八六五年、一七八〔、一七九〕ページ。

（六二）　一八六一年一〇月二六日付のロンドンの『スタンダード』紙には、ロッチデイルの〝治安判事〟にたいするジョン・ブライト商会の「じゅうたん織物の労働組合の代表者を脅迫のゆえに告訴」する訴訟にかんする報道が載っている。「ブライト商会は、以前ならば一六〇ヤードのじゅうたんを生産するのに必要であった時間と労働（！）で、二四〇ヤードのじゅうたんを生産する新しい機械を採用した。労働者たちは、機械の諸改良に彼らの雇い主が資本投下したことによってつくり出された利潤の分け前にあずかるなんらの要求権もなかった。そこで、ブライト商会は、支払率を一ヤードあたり一½ペンスから一ペニーに下げることを提案した。これは、労働者の収入を、同じ労働にたいし以前とまったく同じにするものであった。しかしこれは名目額の引き下げであって、それについて労働者たちは、彼らの主張によれば、まえもって妥当な通告を受けていなかった」。

（六三）　「労賃を維持しようと躍起になっている労働組合は、改良機械の利益の分け前にあずかろうと努めている！」（〝なんて恐しいことを！〟）「……彼らは、労働が短縮されたという理由で、賃上げを要求する……言い換えれば、彼らは、産業的改良に課税しようとするのである」（『諸職業の団結について』、新版、ロンドン、一八三四年、四二ページ）。

＊〔第四版では、誤って「労働者」となっていた〕

（583）

第二〇章　労賃の国民的相違

第一五章でわれわれは、労働力の価値の絶対的または相対的（すなわち剰余価値と比較しての）大きさにおける変動を引き起こしうる多様な組み合わせを研究したが、他方また、労働力の価格が実現される生活手段の分量は、労働力の価格の変動からは独立した（六四）、またはそれとは異なる運動をすることができた。すでに述べたように、労働力の価値または価格を労賃という外面的な形態に置き換えるだけで、前述したすべての法則は、労賃の運動の法則に転化する。この運動の内部では組み合わせの変動として現われるものが、異なる国々にかんしては、国民的諸労賃の同時的な相違として現われうる。したがって、国民的諸労賃の比較にあたっては、労働力の価値の大きさの変動を規定するすべての契機――すなわち自然的な、および歴史的に発展してきた第一次的生活必要品の価格と範囲、労働者の教育費、女性労働および児童労働の役割、労働の生産性、労働の外延的および内包的大きさ――が、考慮されなければならない。きわめて表面的に比較するだけでも、まず、異なる国々における同じ職業の平均的日賃銀を、同じ長さの労働日に換算することを必要とする。日賃銀をこのように均等化したあとで、時間賃銀は、ふたたび出来高賃銀に置き換えられなければならない。というのは、労働の生産性および労働の内包的大きさの測定器になるのは出来高賃銀だけだからである。

（六四）「より安い物品をより多く買うのであるから、賃銀」（ここではその価格が問題とされている）「が上昇したと言うのは、正しくない」（デイヴィド・ビュキャナン編、A・スミス『諸国民の富』、一八一四年、第一巻、四一七ページの編者注）。

(584)
どの国においても、一定の中位の労働強度というものがあり、それよりも低い強度の労働は、商品の生産にあたって社会的に必要な時間よりも多くの時間を消費し、したがって標準質の労働としては計算されない。ある所与の国で、労働時間の単なる長さによる価値の測定を変化させるものは、国民的平均よりも高められている強度だけである。個々の国々を構成部分とする世界市場においては、事情は異なる。中位の労働強度は、国によって変動する。それは、ある国ではより大きいが、他の国ではより小さい。したがって、これらの国民的諸平均は階段状をなし、その度量単位は世界的労働の平均単位である。したがってより強度の高い国民的労働は、強度の低いそれに比べて、同じ時間内に、より多くの価値を生産し、その価値はより多くの貨幣で表現される。[*]

＊〔ここから、本訳書、九七八ページ、「H・ケアリは」で始まる段落の前までは、フランス語版で叙述が大幅に拡充された部分で、マルクスの指示にもとづいて第三版に取り入れられた〕

しかし、価値法則は、それが国際的に適用される場合には、次のことによってさらに修正される――すなわち、世界市場では、より生産的な国民的労働は、このより生産的な国民が競争によって自国の商品の販売価格をその価値にまで引き下げることを余儀なくされない限りは、強度のより高い国民的労働として同じように計算されるということによって修正される。

一国で資本主義的生産がどの程度発展しているかに応じて、その国では、労働の国民的な強度および生産性も同程度に国際的水準よりも高められる。[六四a] したがって、異なる国々で同じ労働時間内に生産される同種の商品のさまざまな分量は、不等な国際的価値をもち、これらの価値は、それぞれ異なる価格で、すなわち国際的価値に応じてそれぞれ異なる貨幣額で表現される。したがって貨幣の相対価値は、資本主義的生産様式のより発展した国民のもとでのほうが、発展の低い国民のもとでよりも、小さいであろう。したがって、名目的労賃、すなわち貨幣で表現された労働力の等価物も、やはり、第一の国民〔資本主義的生産様式のより発展した国民〕のもとでのほうが、第二の国民のもとでよりも、高いであろう、ということになる――しかしこのことは、現実の労賃、すなわち労働者の自由な処分にゆだねられる生活手段についても同じように言えるということを決して意味しない。

(六四a) どのような事情が、生産性との関連において個々の生産部門のためにこの法則を修正しうるかについては、われわれは、他のところで研究するであろう。〔フランス語版にもとづく第三版への注〕

しかし、異なる国々における貨幣価値のこの相対的相違を度外視しても、しばしば見いだされるであろうことは、日賃銀、週賃銀などは、第一の国民のもとでのほうが第二の国民のもとでよりも高いが、相対的な労働価格、すなわち剰余価値や生産物価値との割合から見た労働価格は、第二の国民のもとでのほうが第一の国民のもとでよりも高いということである。[六五]

(六五) ジェイムズ・アンダースン〔スコットランドの経済学者〕は、A・スミスとの論争のなかで、次のように述べている――「同じように述べるに値することだが、土地の生産物とくに穀物一般が安い貧乏な国では、労働の価格は、見かけでは低いのが普通であるが、実際には、そこでは、たいてい他の諸国よりも高い。なぜなら、労働者に一日あたりで与えられる賃銀は、労働の見かけの価格ではあるが、しかし労働の真実価格を構成してはいないからである。真実価格は、既製の一定量の生産物が雇い主に実際に要費させるものである。そして、この見地から見ると、穀物その他の生活品の価格は、通常、貧乏な国のほうが、富裕な国よりはるかに低いが、労働は、ほとんどすべての場合、富裕な国のほうが、貧乏な国よりも安い。……日ではかられる労働は、スコットランドのほうが、イングランドよりもはるかに低い。……出来高ではかられる労働は、一般にイングランドのほうが安い」（ジェイムズ・アンダースン『国民的産業精神の振興策にかんする諸考察……』、エディンバラ、一七七七年、三五〇、三五一ページ）――〔以下、第二版への追加〕反対に、労賃の低さそのものがまた、労働の騰貴を生み出す。「労働は、アイルランドのほうがイングランドよりも高い……なぜなら賃銀がそれだけ低いからである」（『勅命鉄道委員会、証言記録』、一八六七年、のなかの第二〇七四号）。

(585)
一八三三年の工場調査委員会の委員J・W・コウエルは、紡績業を綿密に調査したのちに、「賃銀は、イギリスでは、大陸でよりも労働者にとっては高いかもしれないが、工場主にとっては実質上は低い」（ユア〔『工場哲学』、前出〕、三一四ページ）という結論に達した。*イギリスの工場監督官アリグザーンダー・レッドグレイヴは、一八六六年一〇月三一日の工場報告書において、大陸諸国との比較統計により、大陸の労働は、イギリスの労働に比べ、賃銀が低く労働時間ははるかに長いにもかかわらず、生産物との比較では、より高価であるということを証明している。オルデンブルク〔ドイツ北西の商工業都市〕の綿工場のあるイギリス人支配人が言明するところによれば、そこでは労働時間は、土曜日も含めて、朝の五時半から晩の八時まで続くが、そこの工場の労働者はこの時間中に、イギリス人の労働監督者のもとでも、イギリス人労働者が一〇時間で供給するのとちょうど同じ量の生産物

（586）

すら供給せず、ドイツ人監督者のもとでは、もっとずっと少ない生産物しか供給しない。その賃銀は、イギリスにおけるよりもはるかに低く、多くの場合に五〇％も低いが、機械と比較した働き手の数は、はるかに多く、いくつかの部門では五対三の割合である。レッドグレイヴ氏は、ロシアの綿工場について、きわめて詳細に述べている。そのデータは、つい最近までそこで働いていたあるイギリス人〝支配人〟によって彼に提供されたものである。あらゆる破廉恥なことの実に豊富なこのロシアの土地では、イギリスの〝工場〟の幼年期に見られた昔ながらの残虐行為も満開状態である。現地出身のロシア人資本家は、工場業務には役立たずなので、支配人たちはもちろんイギリス人である。あらゆる超過労働、連続的な昼夜労働、労働者にたいする法外きわまる過少支払いにもかかわらず、ロシア製品は、外国製品の禁止によってのみ、かろうじて息をついている。――最後に、なお、ヨーロッパ諸国の一工場あたりおよび一精紡工あたりの平均紡錘数にかんするレッドグレイヴ氏の比較一覧表をあげよう。レッドグレイヴ氏がみずから述べるところによれば、これらの数値は数年前に収集したもので、それ以後イギリスにおける工場の大きさおよび一労働者あたりの紡錘数は増大しているとのことである。しかし彼は、一覧表に列挙されている大陸諸国においても、比較的に同程度の大きな進歩がなされたものと想定しており、したがって、この数字表は比較のための価値は失ってはいないとしている。

＊〔この段落の冒頭からここまでは、もともと初版、第二版では注だった。またマルクスは、巻末の「補遺」で、その注にさらに、一八六六年一〇月の『工場監督官報告書』から、次の二つの表をふくむ二つの段落の

追加を指示していた。フランス語版でこの章の叙述が拡充されたときに、これが本文に組み入れられ、第三版に引きつがれた〕

１工場あたりの平均紡錘数

イングランド	12,600錘
スイス	8,000錘
オーストリア	7,000錘
ザクセン	4,500錘
ベルギー	4,000錘
フランス	1,500錘
プロイセン	1,500錘

１人あたりの平均紡錘数

フランス	14錘
ロシア	28錘
プロイセン	37錘
バイエルン	46錘
オーストリア	49錘
ベルギー	50錘
ザクセン	50錘
ドイツの諸小邦	55錘
スイス	55錘
大ブリテン	74錘

レッドグレイヴ氏は言う――「この比較は、他の理由は別として、とくに次の理由からも、大ブリテンには不利である。なぜなら、大ブリテンでは、機械織布業が紡績業と結合されている工場が実に数多く存在しているが*、他方で、この計算では、織機のための工員が差し引かれていないからである。これにたいして、外国の工場は、たいていは単なる紡績工場である。もしまったく同じものどうしを比較することができるのであれば、私は、私の管区の多くの綿紡績工場を列挙できるであろう。そこ

では二二〇〇錘の紡錘をそなえたミュール精紡機が、ただ一人の男性（〃見張工（マインダー）〃）と二人の女性補助工とによって見張られていて、一日に、二二〇〇重量ポンドの綿糸――長さにして四〇〇（英）マイル〔「四〇〇〇（英）マイル」の誤りか〕――が製造される」（『工場監督官報告書。一八六六年一〇月三一日』、三一―三七ページの各所）。

＊〔「が、他方で……差し引かれていない」は、報告書にはない〕

周知のように、イギリスの諸会社は、東ヨーロッパでもアジアでも、鉄道建設を請け負っており、その場合には、地元の労働者とともに、一定数のイギリス人労働者を使用している。こうして、実際の必要に迫られて、労働の強度における国民的相違を考慮せざるをえなかったが、会社にとっては、このことは、なんの損害をももたらさなかった。これらの会社の経験の教えるところでは、賃銀の高さは、多かれ少なかれ中位の労働強度に照応するとはいえ、相対的な労働価格（生産物と比較して(587)の）は、概して正反対の方向に動く。

H・ケアリは、彼のもっとも初期の経済学的著作の一つである『賃銀率にかんする試論』[六六]において、異なる国民的労賃は、国民的労働日の生産性の程度に正比例することを証明して、この国際的関係から、労賃は一般に労働の生産性に応じて騰落するという結論を引き出そうとしている。剰余価値の生産にかんするわれわれの全分析は、この推論の愚かしさを証明している――たとえケアリ自身が、例によって無批判にかつ皮相的にかき集めた統計資料を雑然とごたまぜにする代わりに、自分の前提を証明したとしても、である。ただ彼が、事態は理論上そうなるように現実にもなっていると主張していないのは、なによりである。* つまり国家の干渉が、自然的経済関係をゆがめたからである。だから国民的労賃は、そのなかで租税の形態で国家の手に帰する部分も労働者自身の手に帰するかのように計算されなければならない〔と彼は言う〕。ケアリ氏は、さらに進んで、この「国家経費」もまた資本主義的発展の「自然的果実」ではないかについて熟考すべきではなかろうか？　この推論は、ケアリにまったくふさわしい――すなわちこの男は、まず、資本主義的な生産諸関係は、国家干渉によってのみその自由で調和的な作用が撹乱される永遠の自然的理性的法則であると宣言し、そのあとで、世界市場にたいするイギリスの悪魔的影響――すなわち資本主義的生産の自然法則からは生じてこないように見える影響――が、国家干渉を、すなわち国家による自然的理性的法則の保護、〝通称〟保護制度を、必要にするということを発見する。彼は、さらに、現存する社会の諸対立と諸矛盾が定式化されているリカードウなどの諸定理が、現実の経済的運動の観念的産物ではなく、逆に、イギリスその他の国における資本主義的生産の現実的諸対立が、リカードウなどの理論の結果である、ということを発見した！　彼は最後に、資本主義的生産様式の生まれながらの美点と調和とを破壊するものは、(588) 結局のところ商業であることを発見した！　さらに一歩を進めるならば、彼はおそらく、資本主義的生産における唯一の不都合は資本そのものであることを発見するであろう。このように恐ろしく無批判的で、このような〝まがいものの〟学識をもつ男だけが、彼の保護貿易主義的な異端にもかかわらず、バスティアおよび現代の他のすべての自由貿易主義的楽観論者たちの調和的英知の隠れた源泉となるのにふさわしかったのである。

（六六）『賃銀率にかんする試論――全世界の労働人口の状態における相違の原因の検討を含む』、フィラデルフィア、一八三五年。

＊〔この文章は、フランス語版では、「しかし、結局、彼は、実際が彼の理論にそむいている、と告白する」となっている〕

マルクス　新版 資本論　第3分冊

2020年1月20日　初　版
2022年4月25日　第3刷

監修者　日本共産党中央委員会社会科学研究所
発行者　田　所　　稔

郵便番号　151-0051　東京都渋谷区千駄ヶ谷4-25-6
発行所　株式会社　新日本出版社
電話　03（3423）8402（営業）
03（3423）9323（編集）
info@shinnihon-net.co.jp
www.shinnihon-net.co.jp
振替番号　00130-0-13681
印刷・製本　光陽メディア

落丁・乱丁がありましたらおとりかえいたします。

ISBN978-4-406-06377-7 C0033　Printed in Japan